この本の特長と使い方

問題回数ギガ増しドリル！

1年間で学習する内容が、この1冊でたっぷり学べます。

※音読みはカタカナ、訓読みはひらがなになっています。
※色になっている文字は送りがなです。
※（　　）は、小学校で習わない読みです。

1枚ずつはがして使うこともできます。

17 人の気持ちや動作①

学習した日　月　日
名前
目標時間 20分
得点　/100点
解説↓173ページ
2517

漢字	画数	読み方	使い方
喜	12画	音 キ　訓 よろこぶ	喜劇　喜色　悲喜　喜怒　大喜び　ぬか喜び
志	7画	音 シ　訓 こころざす　こころざし	意志　志望　志願　大志　有志　寸志
精	14画	音 セイ（ショウ）	精神　精米　精密　精気　よう精　精いっぱい
態	14画	音 タイ	態度　状態　事態　実態　生態　形態
迷	9画	音（メイ）　訓 まよう	迷いこむ　迷路　迷宮　迷信　迷わく　★迷子

1 □に漢字を書きましょう。

(1) 試合に勝ったことを□（よろこ）ぶ。
(2) 強い□（こころざし）をもって取り組む。
(3) □□（せいしん）を集中させる。
(4) 失礼な□□（たいど）を反省する。
(5) どの道に進めばよいのか□（まよ）う。
(6) □（き）劇を見るのを楽しむ。
(7) 兄は作家を□□（しぼう）している。
(8) □（せい）いっぱい努力する。
(9) 作家になることを□（こころざ）す。
(10) □□（まいご）になってうろたえる。

1つ8点【80点】

スパイラルコーナー　□に漢字を書きましょう。

(1) こわれた機械を□□（しゅうり）する。
(2) □（か）していた辞書を返してもらう。

1つ10点【20点】

35

もう1回チャレンジできる！

裏面には、表面と同じ問題を掲載。
解きなおしや復習がしっかりできます。

裏面

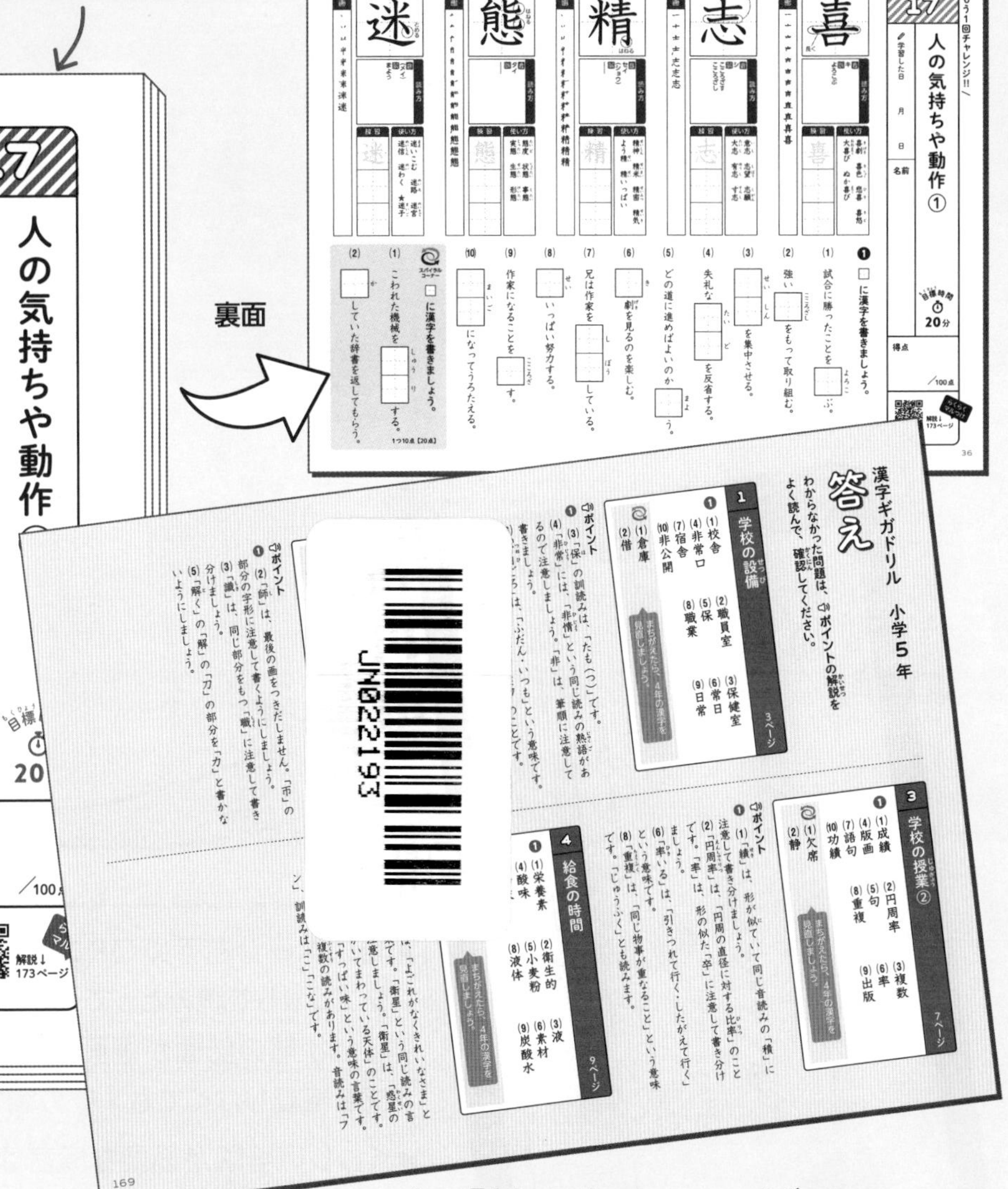

スパイラルコーナー！

何回か前に学習した内容が登場。
くり返し学習で定着させます。

※「使い方」の部分に★が付いている語は特別な読みをするもの（熟字訓）です。

マルつけはスマホでサクッと！

その場でサクッと、赤字解答入り誌面が見られます。

くわしくはp.2へ

「答え」のページはていねいな解説つき！

解き方がわかるポイントがついています。

スマホでサクッと!
らくらくマルつけシステム

「答え」のページを
見なくても!
その場でスピーディーに!

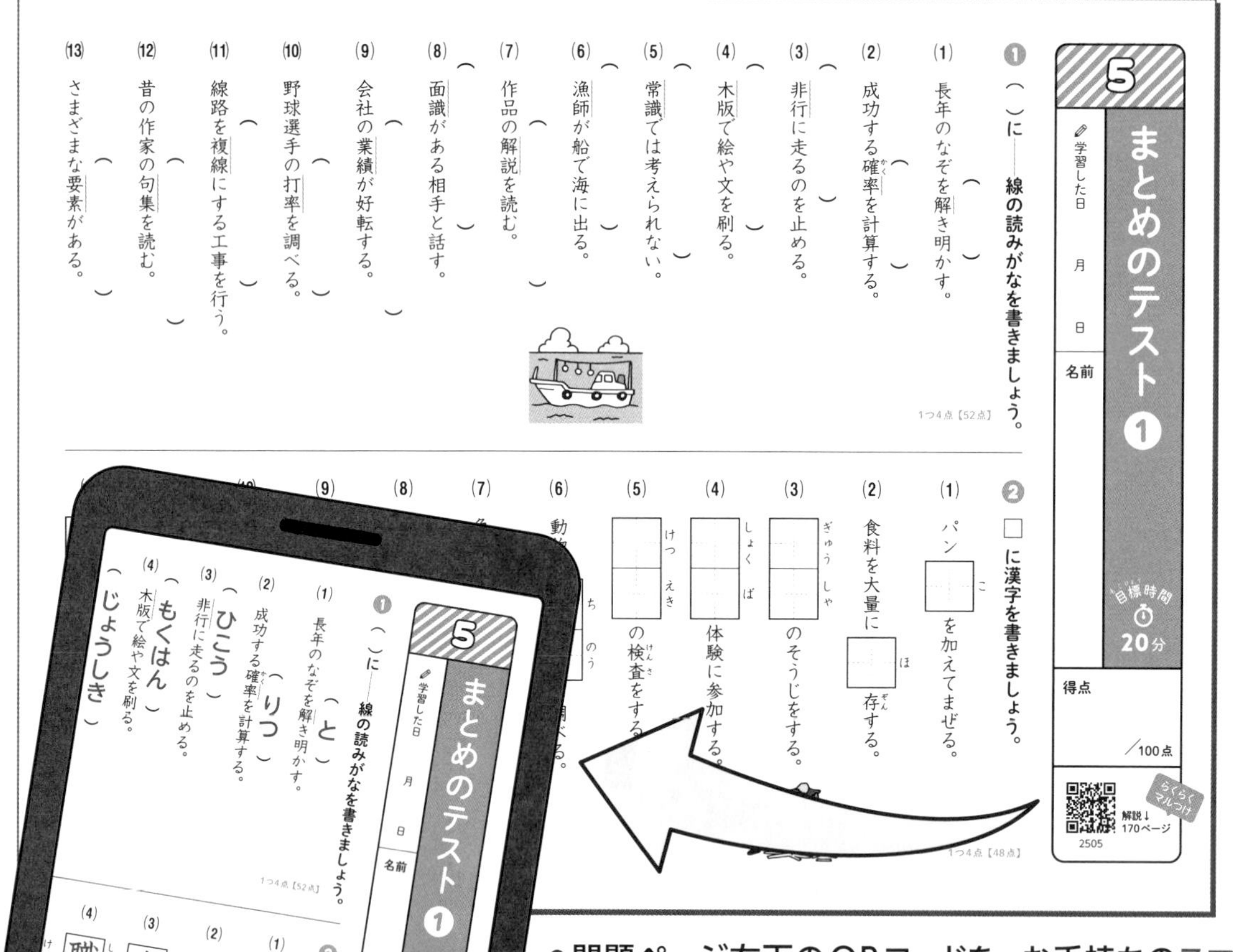

- 問題ページ右下のQRコードを、お手持ちのスマートフォンやタブレットで読みとってください。そのページの解答が印字された状態の誌面が画面上に表示されるので、「答え」のページを確認しなくても、その場ですばやくマルつけができます。
- くわしい解説が必要な場合は、「答え」のページのポイントをご確認ください。

プラスαの学習効果で
成績ぐんのび!

パズル問題で考える力を育みます。

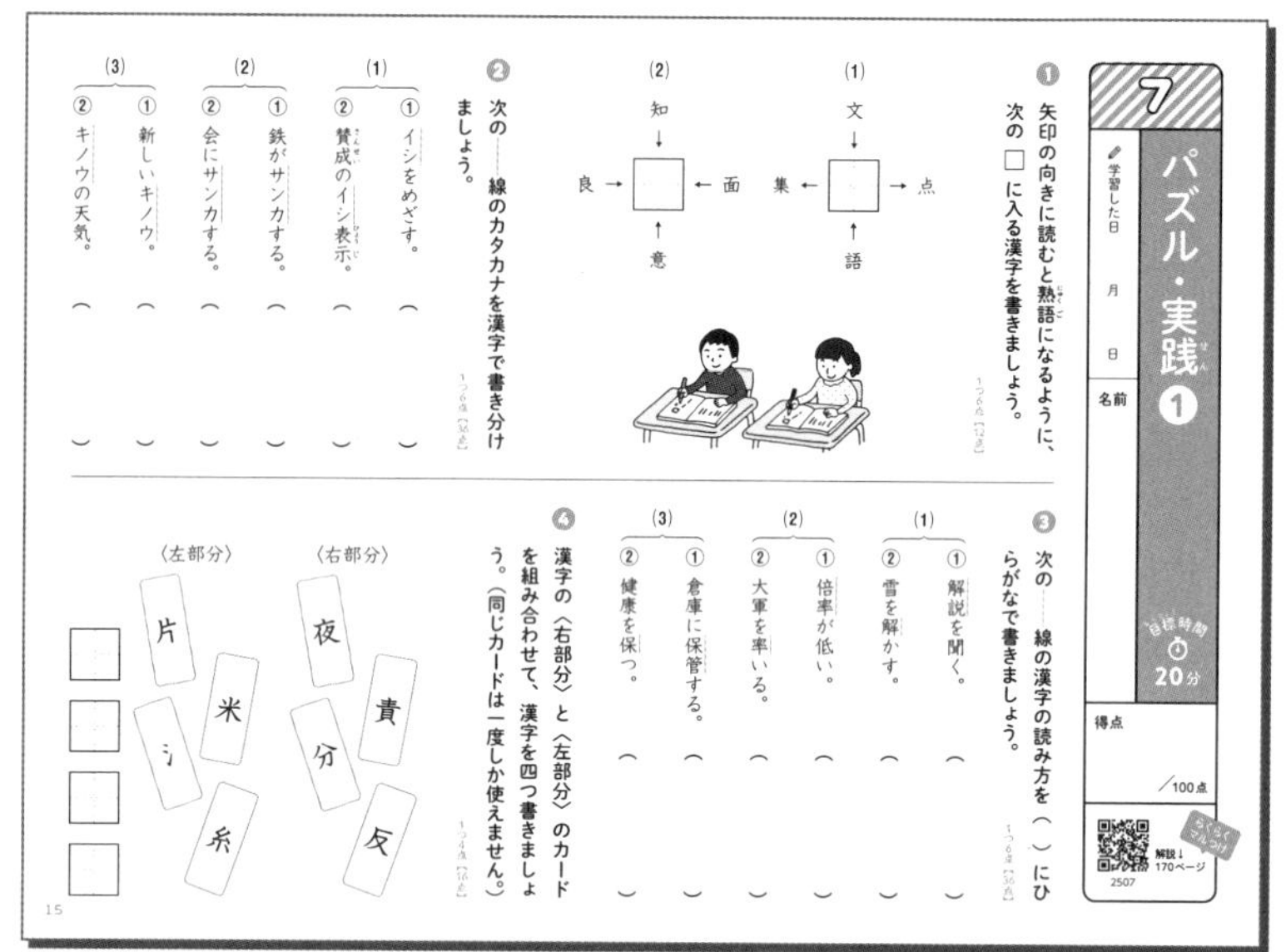

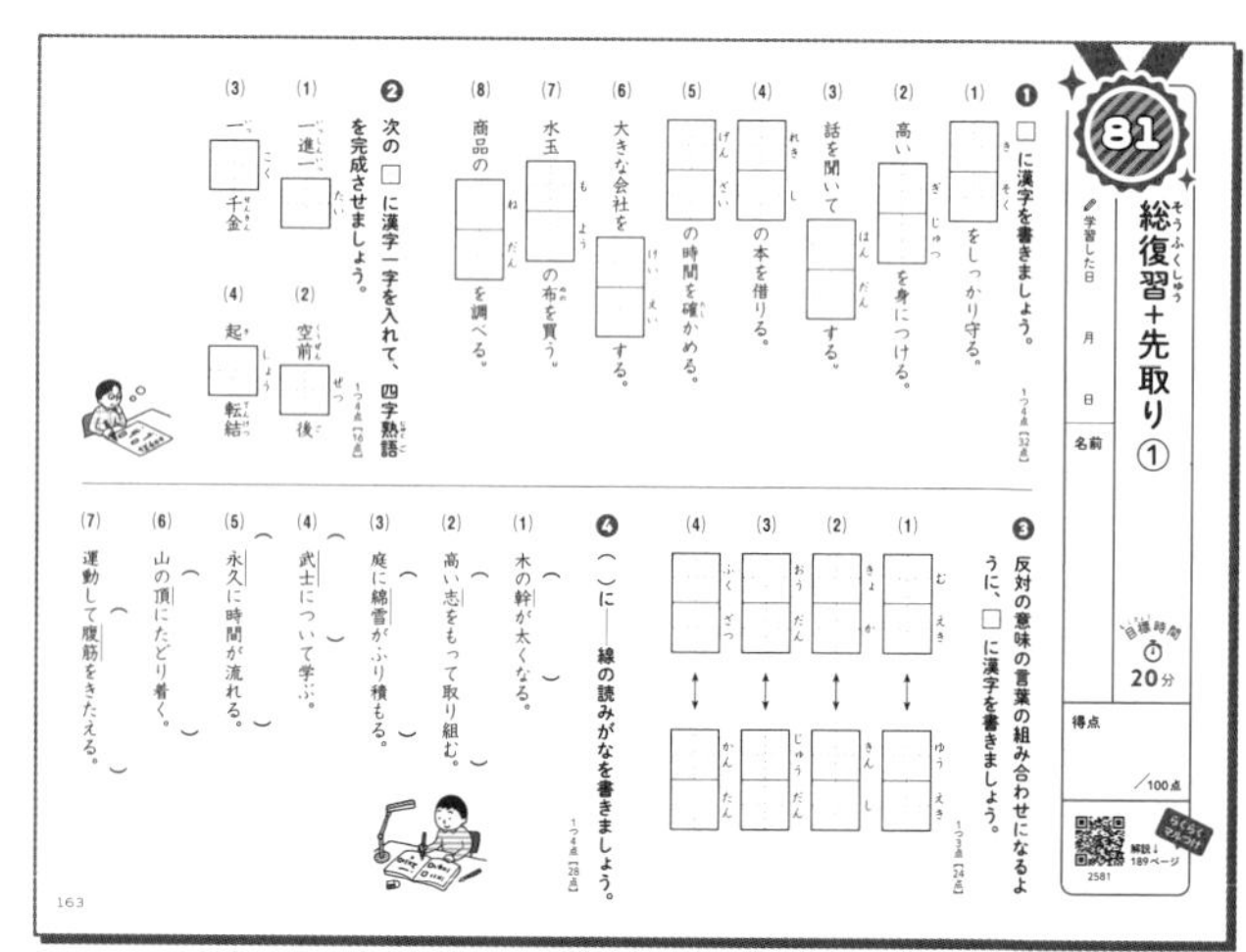

巻末の総復習+先取り問題で、
今より一歩先までがんばれます。

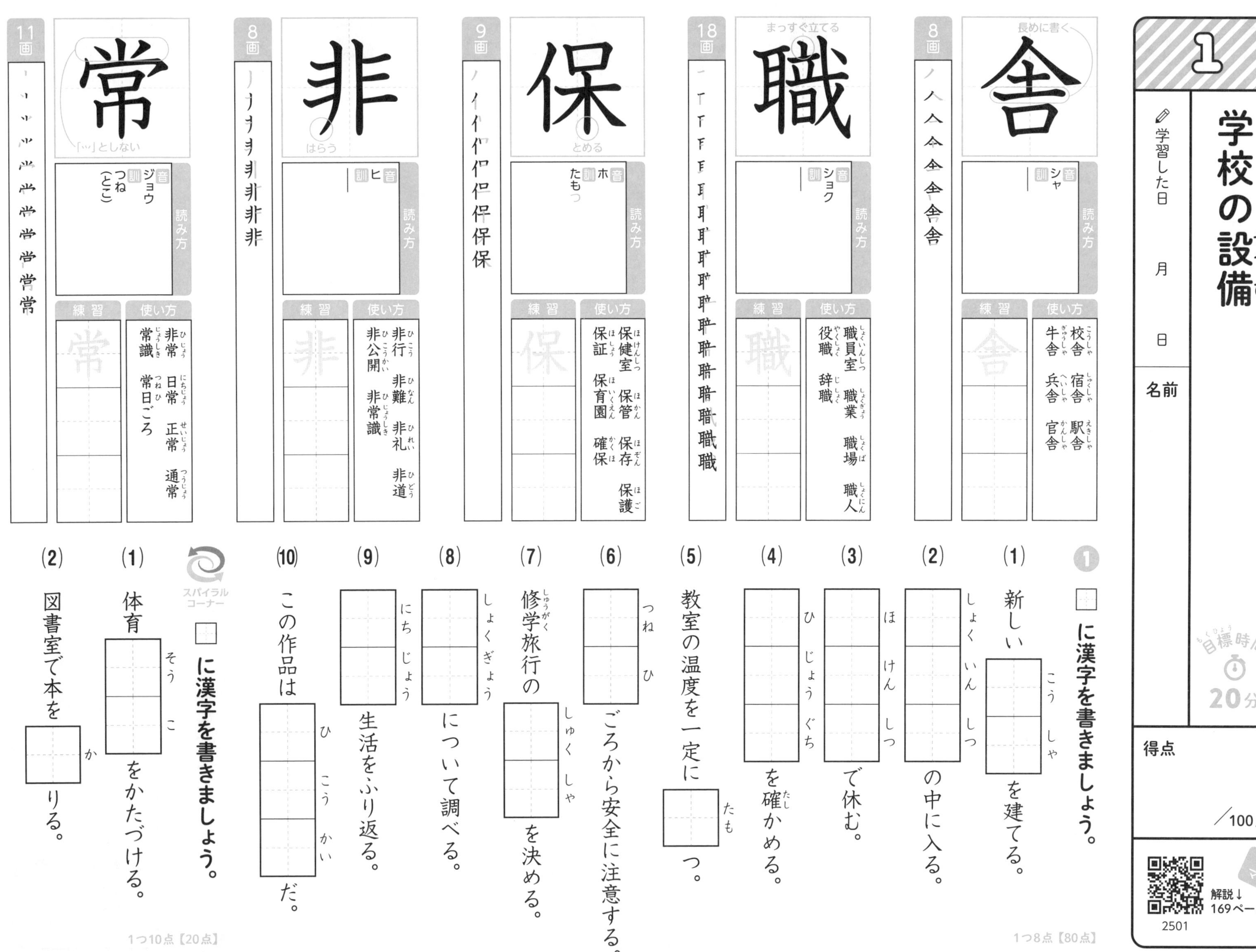

1 学校の設備（せつび）

学習した日　月　日

名前

目標時間（もくひょうじかん） 20分

得点　／100点

解説↓ 169ページ

2501

らくらくマルつけ

舎（8画）

長めに書く

ノ 𠆢 亼 今 全 全 舎 舎

読み方　音 シャ　訓 ―

使い方　校舎（こうしゃ）　宿舎（しゅくしゃ）　駅舎（えきしゃ）　牛舎（ぎゅうしゃ）　兵舎（へいしゃ）　官舎（かんしゃ）

練習　舎

職（18画）

まっすぐ立てる

一 丅 F F E 耳 耳 耴 聀 聀 聀 聀 聀 聀 職 職 職 職

読み方　音 ショク　訓 ―

使い方　職員室（しょくいんしつ）　職業（しょくぎょう）　職場（しょくば）　職人（しょくにん）　役職（やくしょく）　辞職（じしょく）

練習　職

保（9画）

とめる

ノ イ 亻 仁 仁 但 伻 保 保

読み方　音 ホ　訓 たもつ

使い方　保健室（ほけんしつ）　保管（ほかん）　保存（ほぞん）　保護（ほご）　保証（ほしょう）　保育園（ほいくえん）　確保（かくほ）

練習　保

非（8画）

はらう

丿 丿 ヺ ヺ 非 非 非 非

読み方　音 ヒ　訓 ―

使い方　非行（ひこう）　非難（ひなん）　非礼（ひれい）　非道（ひどう）　非公開（ひこうかい）　非常識（ひじょうしき）

練習　非

常（11画）

「⺍」としない

丨 丷 ⺍ 㐅 尚 尚 尚 尚 常 常 常

読み方　音 ジョウ　訓 つね（とこ）

使い方　非常（ひじょう）　日常（にちじょう）　正常（せいじょう）　通常（つうじょう）　常識（じょうしき）　常日（つねひ）ごろ

練習　常

---

1 □に漢字を書きましょう。

(1) 新しい［こうしゃ］を建てる。

(2) ［しょくいんしつ］の中に入る。

(3) ［ほけんしつ］で休む。

(4) ［ひじょうぐち］を確（たし）かめる。

(5) 教室の温度を一定に［たも］つ。

(6) ［つねひ］ごろから安全に注意する。

(7) 修学（しゅうがく）旅行の［しゅくしゃ］を決める。

(8) ［しょくぎょう］について調べる。

(9) ［にちじょう］生活をふり返る。

(10) この作品は［ひこうかい］だ。

1つ8点【80点】

スパイラルコーナー　□に漢字を書きましょう。

(1) 体育［そうこ］をかたづける。

(2) 図書室で本を［か］りる。

1つ10点【20点】

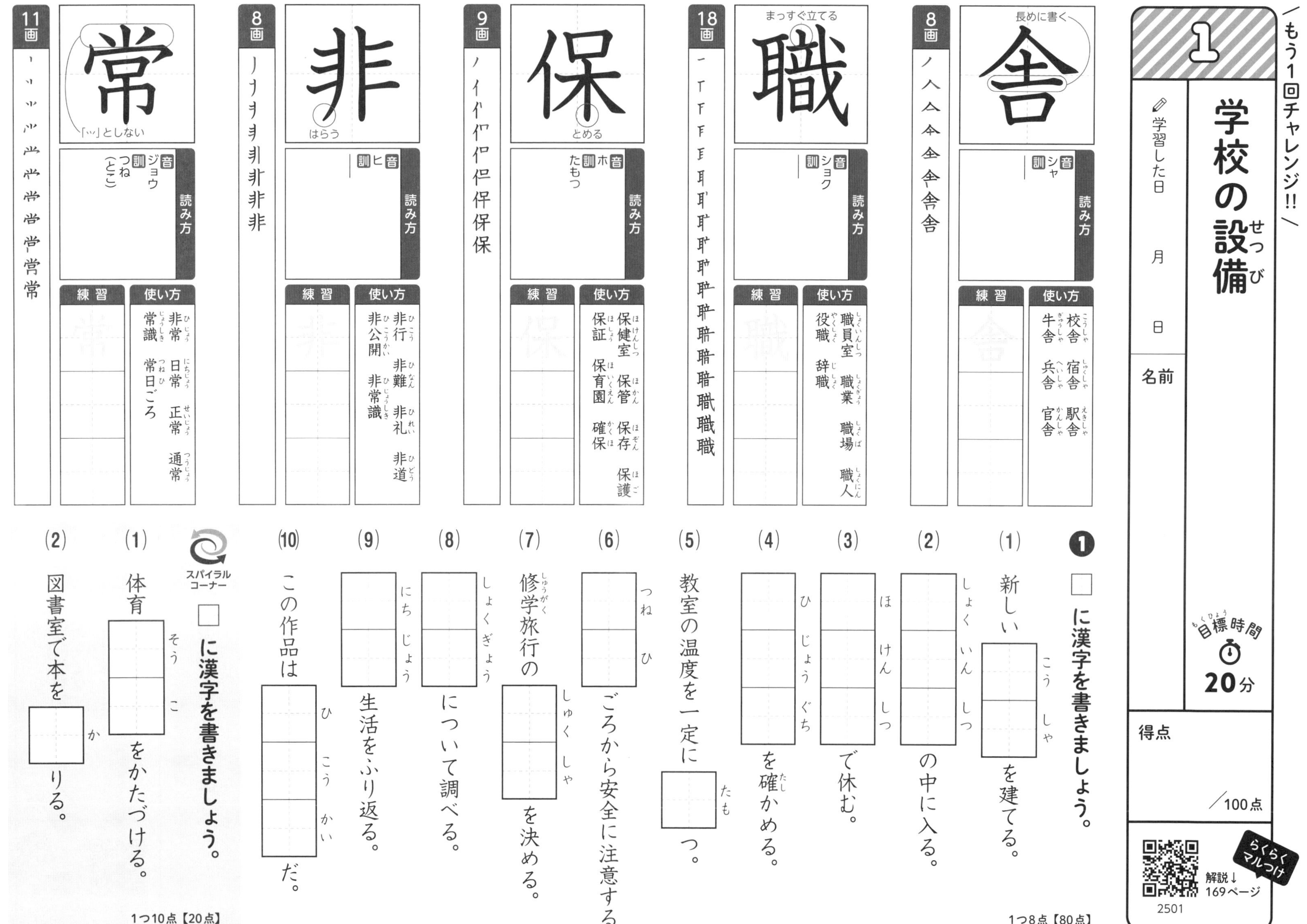

もう1回チャレンジ!!

1

学校の設備（せつび）

学習した日　月　日

名前

目標時間 20分

得点　／100点

解説↓ 169ページ

2501

舎　8画　ノ 人 𠆢 今 全 舎 舎 舎
長めに書く
読み方　音 シャ　訓 ―
使い方　校舎（こうしゃ）　宿舎（しゅくしゃ）　駅舎（えきしゃ）　牛舎（ぎゅうしゃ）　兵舎（へいしゃ）　官舎（かんしゃ）

職　18画
まっすぐ立てる
読み方　音 ショク　訓 ―
使い方　職員室（しょくいんしつ）　職業（しょくぎょう）　職場（しょくば）　職人（しょくにん）　役職（やくしょく）　辞職（じしょく）

保　9画　ノ イ 亻 𠆢 但 但 保 保 保
とめる
読み方　音 ホ　訓 たもつ
使い方　保健室（ほけんしつ）　保管（ほかん）　保存（ほぞん）　保護（ほご）　保証（ほしょう）　保育園（ほいくえん）　確保（かくほ）

非　8画
はらう
読み方　音 ヒ　訓 ―
使い方　非行（ひこう）　非難（ひなん）　非礼（ひれい）　非道（ひどう）　非公開（ひこうかい）　非常識（ひじょうしき）

常　11画
「ﾂ」としない
読み方　音 ジョウ　訓 つね　（とこ）
使い方　非常（ひじょう）　日常（にちじょう）　正常（せいじょう）　通常（つうじょう）　常識（じょうしき）　常日ごろ（つねひごろ）

練習

1 □に漢字を書きましょう。　1つ8点【80点】

(1) 新しい［こうしゃ］を建てる。

(2) ［しょくいんしつ］の中に入る。

(3) ［ほけんしつ］で休む。

(4) ［ひじょうぐち］を確（たし）かめる。

(5) 教室の温度を一定に［たも］つ。

(6) ［つねひ］ごろから安全に注意する。

(7) 修学旅行（しゅうがくりょこう）の［しゅくしゃ］を決める。

(8) ［しょくぎょう］について調べる。

(9) ［にちじょう］生活をふり返る。

(10) この作品は［ひこうかい］だ。

スパイラルコーナー

□に漢字を書きましょう。　1つ10点【20点】

(1) 体育［そうこ］をかたづける。

(2) 図書室で本を［か］りる。

2 学校の授業(じゅぎょう)①

学習した日　月　日

名前

目標時間 20分

得点 ／100点

解説↓ 169ページ

2502

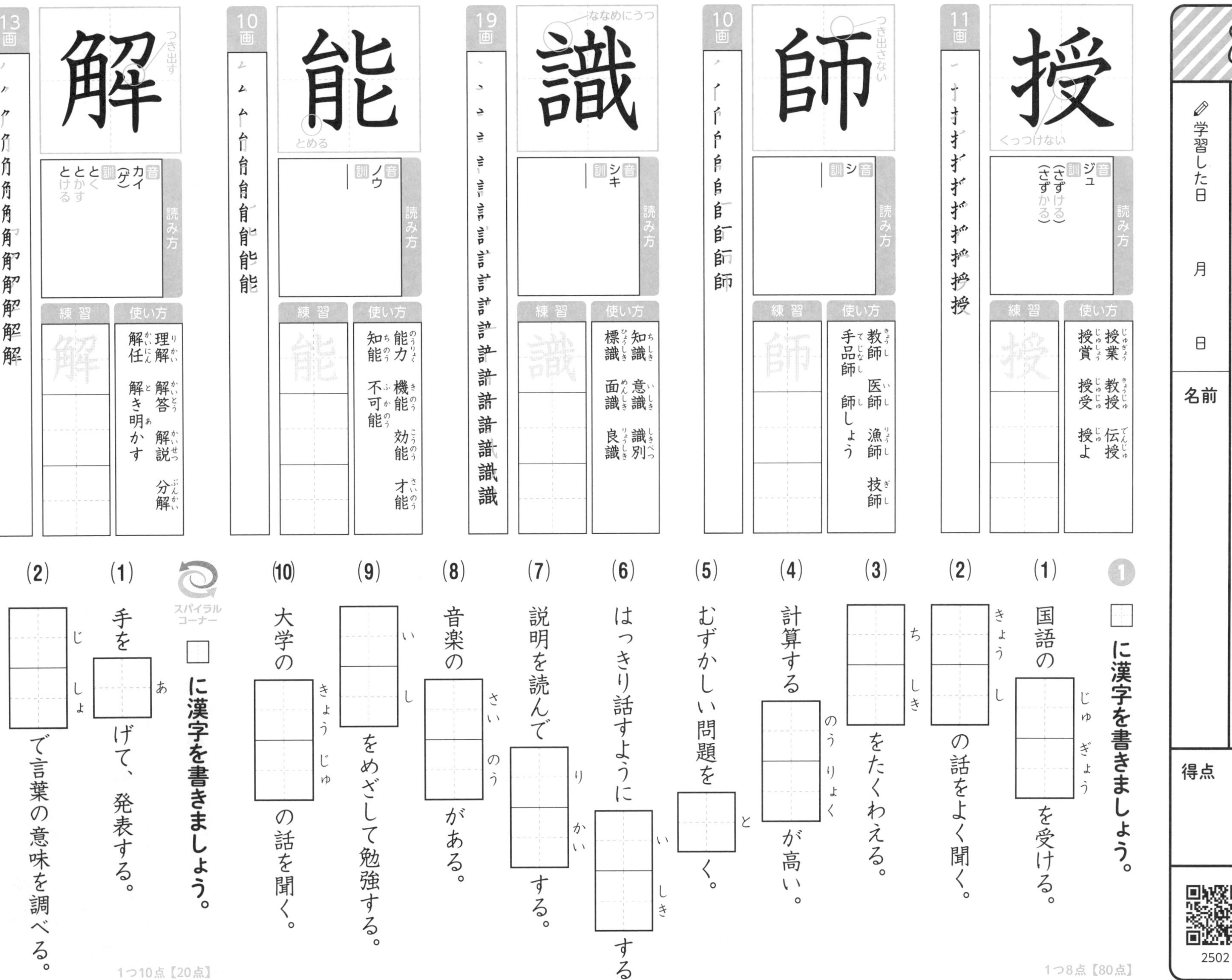

授　11画
音 ジュ
訓 (さずける)(さずかる)
使い方：授業(じゅぎょう)　教授(きょうじゅ)　伝授(でんじゅ)　授賞(じゅしょう)　授受(じゅじゅ)　授よ(じゅよ)

師　10画
音 シ
訓 ―
使い方：教師(きょうし)　医師(いし)　漁師(りょうし)　技師(ぎし)　手品師(てじなし)　師(し)しょう

識　19画
音 シキ
訓 ―
使い方：知識(ちしき)　意識(いしき)　識別(しきべつ)　標識(ひょうしき)　面識(めんしき)　良識(りょうしき)

能　10画
音 ノウ
訓 ―
使い方：能力(のうりょく)　機能(きのう)　効能(こうのう)　才能(さいのう)　知能(ちのう)　不可能(ふかのう)

解　13画
音 カイ (ゲ)
訓 とく　とかす　とける
使い方：理解(りかい)　解答(かいとう)　解説(かいせつ)　分解(ぶんかい)　解任(かいにん)　解(と)き明(あ)かす

1 □に漢字を書きましょう。　1つ8点【80点】

(1) 国語の□(じゅぎょう)を受ける。
(2) □(きょうし)の話をよく聞く。
(3) □(ちしき)をたくわえる。
(4) 計算する□(のうりょく)が高い。
(5) むずかしい問題を□(と)く。
(6) はっきり話すように□(いしき)する。
(7) 説明を読んで□(りかい)する。
(8) 音楽の□(さいのう)がある。
(9) □(いし)をめざして勉強する。
(10) 大学の□(きょうじゅ)の話を聞く。

スパイラルコーナー

□に漢字を書きましょう。　1つ10点【20点】

(1) 手を□(あ)げて、発表する。
(2) □(じしょ)で言葉の意味を調べる。

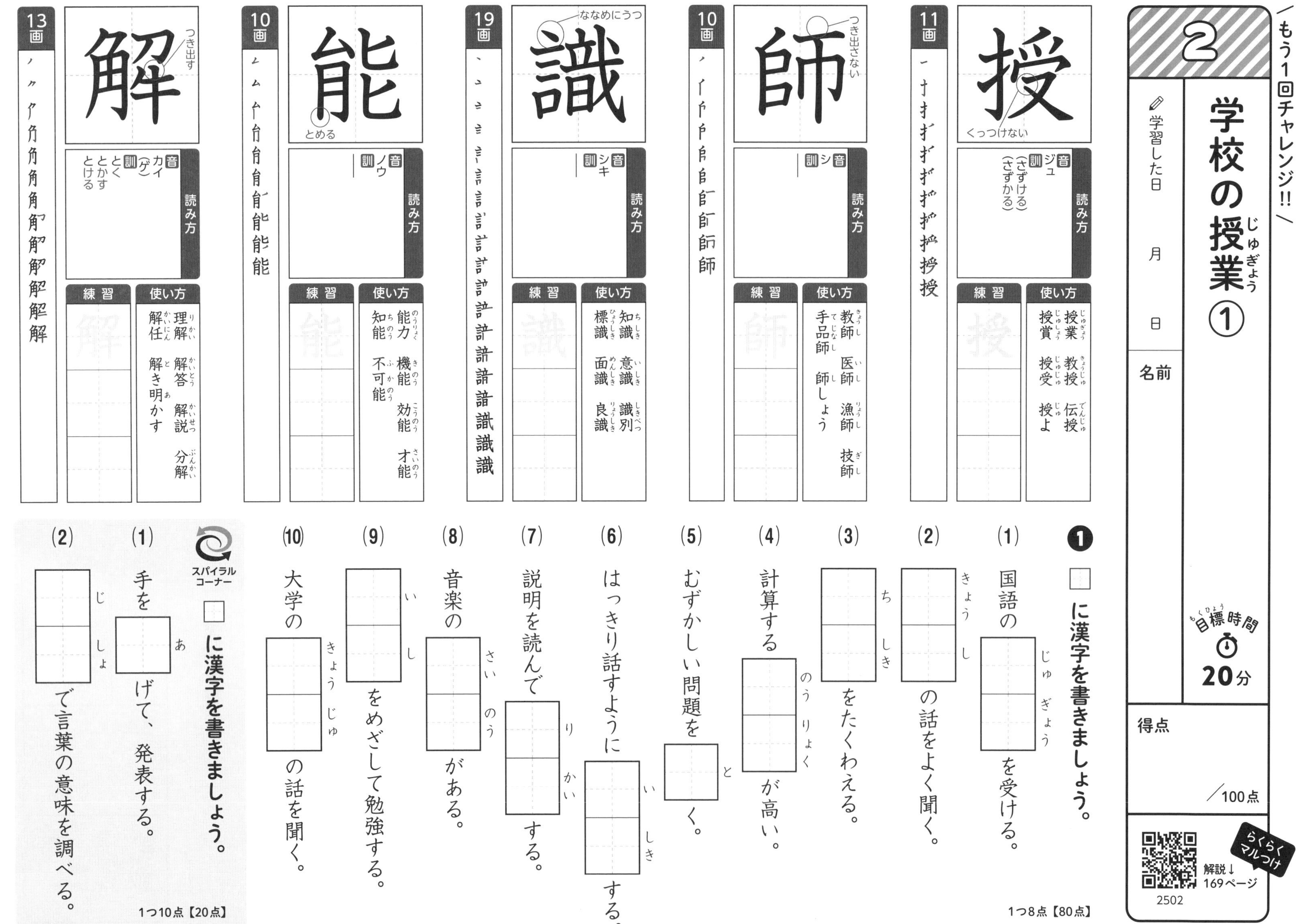

2 学校の授業(じゅぎょう)①

学習した日　月　日

名前

目標(もくひょう)時間 20分

得点 ／100点

らくらくマルつけ　解説↓169ページ

2502

授　11画

つき順：一 十 才 扌 扌 扌 扌 扌 扌 扌 授

音 ジュ　訓 (さずける)(さずかる)

使い方：授業(じゅぎょう)　教授(きょうじゅ)　伝授(でんじゅ)　授賞(じゅしょう)　授受(じゅじゅ)　授(じゅ)よ

くっつけない

師　10画

つき順：ノ 亻 户 户 自 自 自 訂 訂 師

音 シ　訓 —

使い方：教師(きょうし)　医師(いし)　漁師(りょうし)　技師(ぎし)　手品師(てじなし)　師(し)しょう

つき出さない

識　19画

つき順：丶 亠 亠 言 言 言 言 言 言 計 計 計 詳 詳 諳 諳 識 識 識

音 シキ　訓 —

使い方：知識(ちしき)　意識(いしき)　識別(しきべつ)　標識(ひょうしき)　面識(めんしき)　良識(りょうしき)

ななめにうつ

能　10画

つき順：ム ム 么 台 台 自 自 能 能 能

音 ノウ　訓 —

使い方：能力(のうりょく)　機能(きのう)　効能(こうのう)　才能(さいのう)　知能(ちのう)　不可能(ふかのう)

とめる

解　13画

つき順：ノ 个 介 角 角 角 角 角 角 解 解 解 解

音 カイ (ゲ)　訓 とく　とかす　とける

使い方：理解(りかい)　解答(かいとう)　解説(かいせつ)　分解(ぶんかい)　解任(かいにん)　解(と)き明(あ)かす

つき出す

❶ □に漢字を書きましょう。

1つ8点【80点】

(1) 国語の□□(じゅぎょう)を受ける。

(2) □□(きょうし)の話をよく聞く。

(3) □□(ちしき)をたくわえる。

(4) 計算する□□(のうりょく)が高い。

(5) むずかしい問題を□(と)く。

(6) はっきり話すように□□(いしき)する。

(7) 説明を読んで□□(りかい)する。

(8) 音楽の□□(さいのう)がある。

(9) □□(いし)をめざして勉強する。

(10) 大学の□□(きょうじゅ)の話を聞く。

スパイラルコーナー　□に漢字を書きましょう。

1つ10点【20点】

(1) 手を□(あ)げて、発表する。

(2) □□(じしょ)で言葉の意味を調べる。

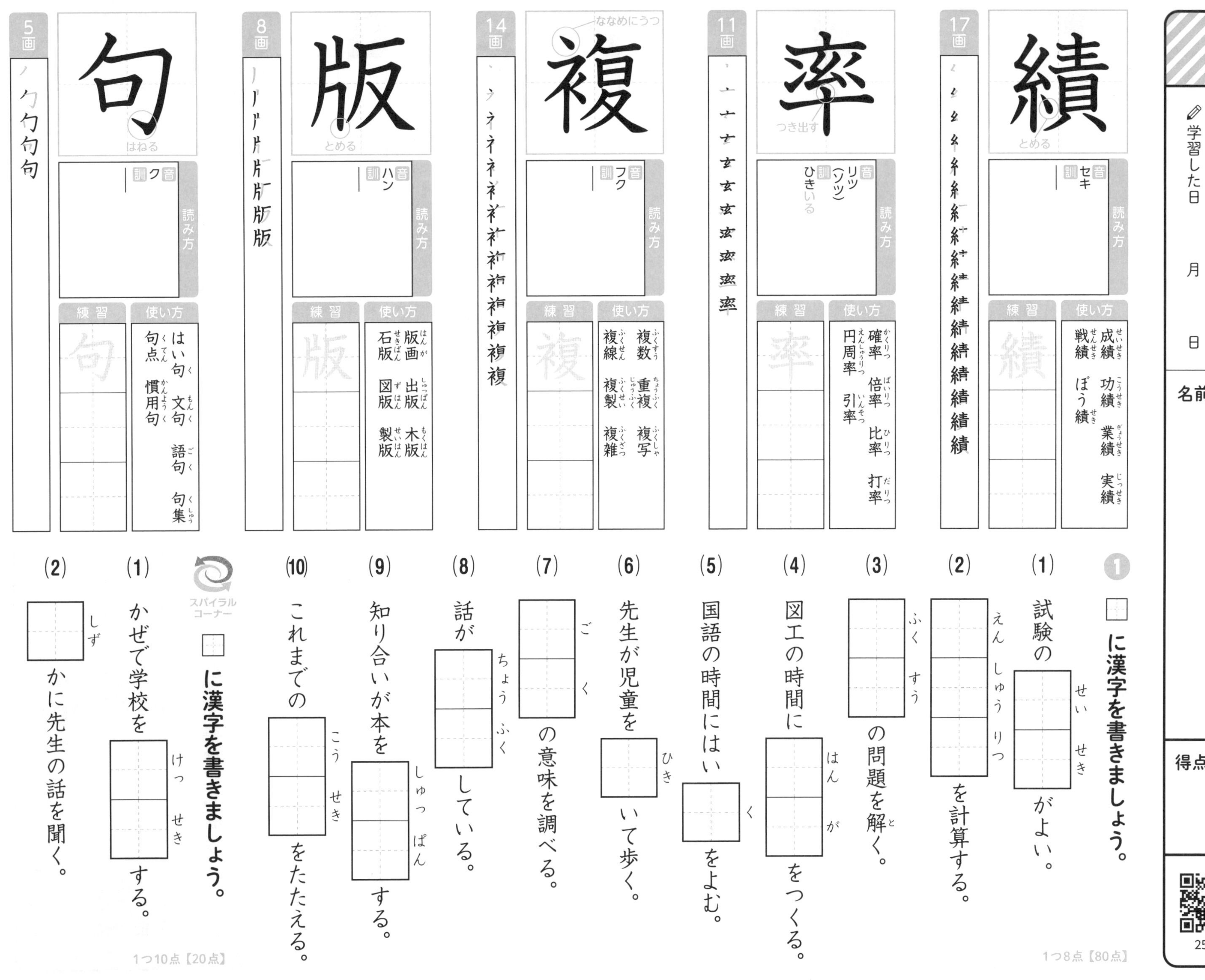

3 学校の授業(じゅぎょう)②

学習した日　月　日

名前

目標時間(もくひょうじかん) 20分

得点 ／100点

績（17画）

とめる

読み方：音 セキ　訓 ―

使い方：成績(せいせき)　功績(こうせき)　業績(ぎょうせき)　実績(じっせき)　戦績(せんせき)　ぼう績(せき)

率（11画）

つき出す

読み方：音 リツ（ソツ）　訓 ひきいる

使い方：確率(かくりつ)　倍率(ばいりつ)　比率(ひりつ)　打率(だりつ)　円周率(えんしゅうりつ)　引率(いんそつ)

複（14画）

ななめにうつ

読み方：音 フク　訓 ―

使い方：複数(ふくすう)　重複(ちょうふく)(じゅうふく)　複写(ふくしゃ)　複線(ふくせん)　複製(ふくせい)　複雑(ふくざつ)

版（8画）

とめる

読み方：音 ハン　訓 ―

使い方：版画(はんが)　出版(しゅっぱん)　木版(もくはん)　石版(せきばん)　図版(ずはん)　製版(せいはん)

句（5画）

はねる

読み方：音 ク　訓 ―

使い方：はい句(く)　文句(もんく)　語句(ごく)　句集(くしゅう)　句点(くてん)　慣用句(かんようく)

1 □に漢字を書きましょう。

(1) 試験の□□(せいせき)がよい。

(2) □□□(えんしゅうりつ)を計算する。

(3) □□(ふくすう)の問題を解(と)く。

(4) 図工の時間に□□(はんが)をつくる。

(5) 国語の時間にはい□(く)をよむ。

(6) 先生が児童を□(ひき)いて歩く。

(7) □□(ごく)の意味を調べる。

(8) 話が□□(ちょうふく)している。

(9) 知り合いが本を□□(しゅっぱん)する。

(10) これまでの□□(こうせき)をたたえる。

1つ8点【80点】

スパイラルコーナー　□に漢字を書きましょう。

(1) かぜで学校を□□(けっせき)する。

(2) □(しず)かに先生の話を聞く。

1つ10点【20点】

らくらくマルつけ

解説↓ 169ページ

2503

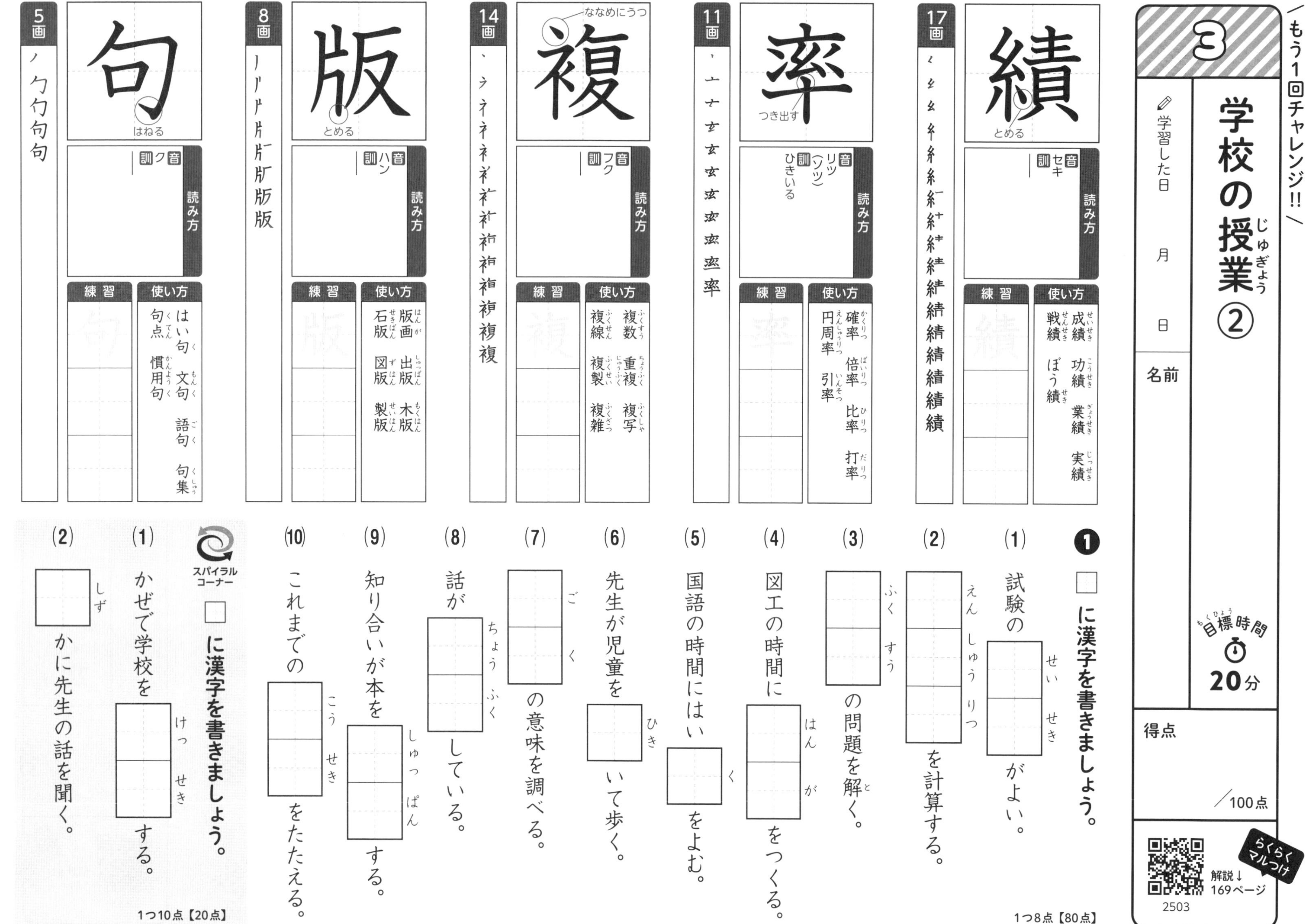

もう1回チャレンジ!!

3

学校の授業（じゅぎょう）②

学習した日　月　日

名前

目標（もくひょう）時間 20分

得点　／100点

解説↓ 169ページ

らくらくマルつけ

2503

績 17画
とめる
読み方　音 セキ　訓
使い方　成績（せいせき）　功績（こうせき）　業績（ぎょうせき）　実績（じっせき）　戦績（せんせき）　ぼう績（せき）
練習

率 11画
つき出す
読み方　音 リツ（ソツ）　訓 ひきいる
使い方　確率（かくりつ）　倍率（ばいりつ）　比率（ひりつ）　打率（だりつ）　円周率（えんしゅうりつ）　引率（いんそつ）
練習

複 14画
ななめにうつ
読み方　音 フク　訓
使い方　複数（ふくすう）　重複（ちょうふく）　複写（ふくしゃ）　複線（ふくせん）　複製（ふくせい）　複雑（ふくざつ）
練習

版 8画
とめる
読み方　音 ハン　訓
使い方　版画（はんが）　出版（しゅっぱん）　木版（もくはん）　石版（せきばん）　図版（ずはん）　製版（せいはん）
練習

句 5画
はねる
読み方　音 ク　訓
使い方　はい句（く）　文句（もんく）　語句（ごく）　句集（くしゅう）　句点（くてん）　慣用句（かんようく）
練習

1 □に漢字を書きましょう。

(1) 試験の［せいせき］がよい。
(2) ［えんしゅうりつ］を計算する。
(3) ［ふくすう］の問題を解（と）く。
(4) 図工の時間に［はんが］をつくる。
(5) 国語の時間にはい［く］をよむ。
(6) 先生が児童を［ひき］いて歩く。
(7) ［ごく］の意味を調べる。
(8) 話が［ちょうふく］している。
(9) 知り合いが本を［しゅっぱん］する。
(10) これまでの［こうせき］をたたえる。

1つ8点【80点】

スパイラルコーナー

□に漢字を書きましょう。

(1) かぜで学校を［けっせき］する。
(2) ［しず］かに先生の話を聞く。

1つ10点【20点】

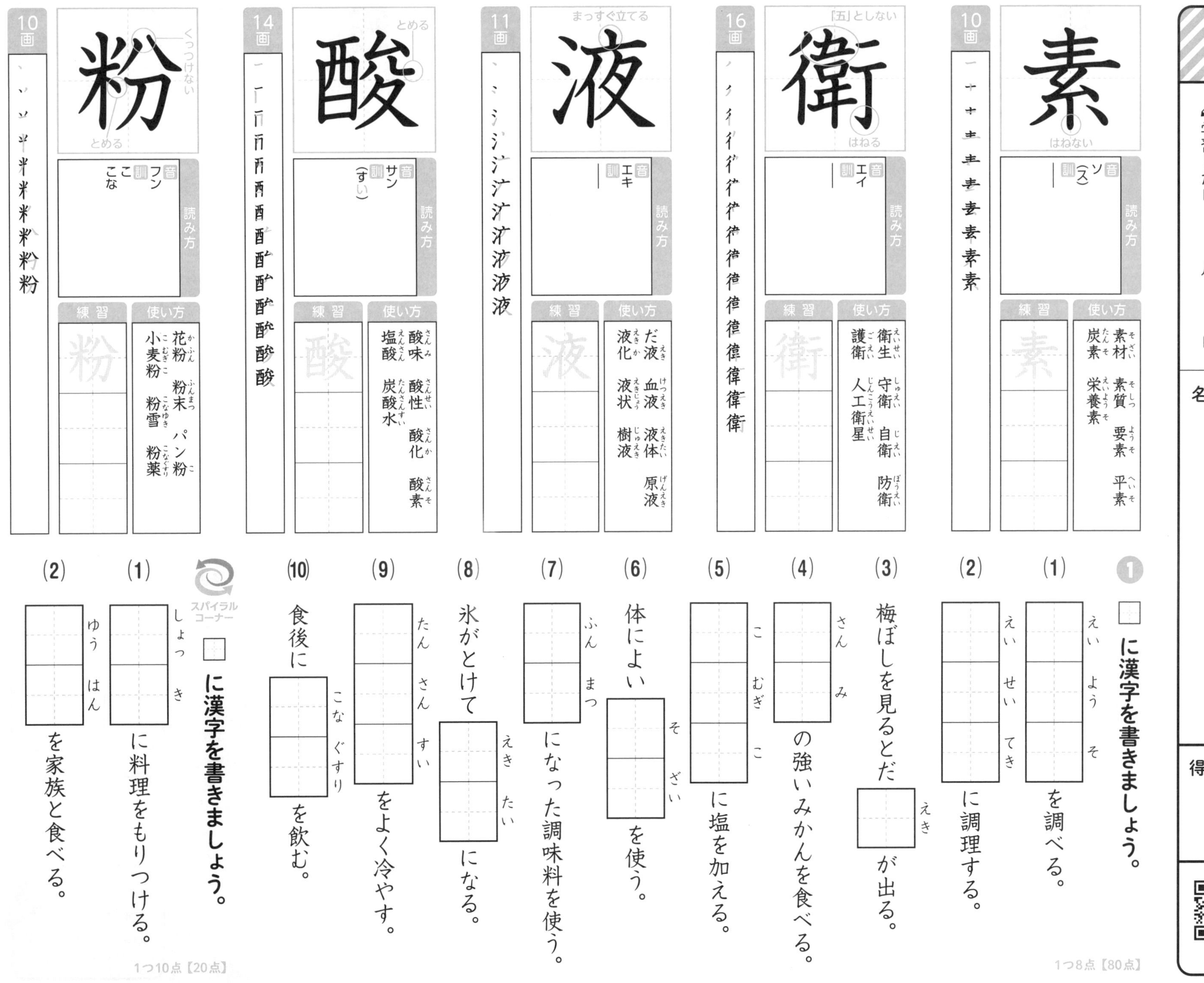

4 給食の時間

学習した日　月　日

名前

目標時間 20分

得点　／100点

解説↓169ページ　2504　らくらくマルつけ

素 10画（はねない）
読み方：音 ソ（ス）　訓 —
使い方：素材（そざい）　素質（そしつ）　要素（ようそ）　平素（へいそ）　炭素（たんそ）　栄養素（えいようそ）
筆順：一 十 キ 圭 丰 丰 麦 素 素 素

衛 16画（「五」としない／はねる）
読み方：音 エイ　訓 —
使い方：衛生（えいせい）　守衛（しゅえい）　自衛（じえい）　防衛（ぼうえい）　護衛（ごえい）　人工衛星（じんこうえいせい）

液 11画（まっすぐ立てる）
読み方：音 エキ　訓 —
使い方：だ液（えき）　血液（けつえき）　液体（えきたい）　原液（げんえき）　液化（えきか）　液状（えきじょう）　樹液（じゅえき）

酸 14画（とめる）
読み方：音 サン　訓（すい）
使い方：酸味（さんみ）　酸性（さんせい）　酸化（さんか）　酸素（さんそ）　塩酸（えんさん）　炭酸水（たんさんすい）

粉 10画（くっつけない／とめる）
読み方：音 フン　訓 こ　こな
使い方：花粉（かふん）　粉末（ふんまつ）　パン粉（こ）　小麦粉（こむぎこ）　粉雪（こなゆき）　粉薬（こなぐすり）

1 □に漢字を書きましょう。

(1) □（えいようそ）を調べる。
(2) □（えいせいてき）に調理する。
(3) 梅ぼしを見るとだ□（えき）が出る。
(4) □（さんみ）の強いみかんを食べる。
(5) □（こむぎこ）に塩を加える。
(6) 体によい□（そざい）を使う。
(7) □（ふんまつ）になった調味料を使う。
(8) 氷がとけて□（えきたい）になる。
(9) □（たんさんすい）をよく冷やす。
(10) 食後に□（こなぐすり）を飲む。

1つ8点【80点】

スパイラルコーナー　□に漢字を書きましょう。

(1) □（しょっき）に料理をもりつける。
(2) □（ゆうはん）を家族と食べる。

1つ10点【20点】

もう1回チャレンジ!!

4 給食の時間

学習した日　月　日

名前

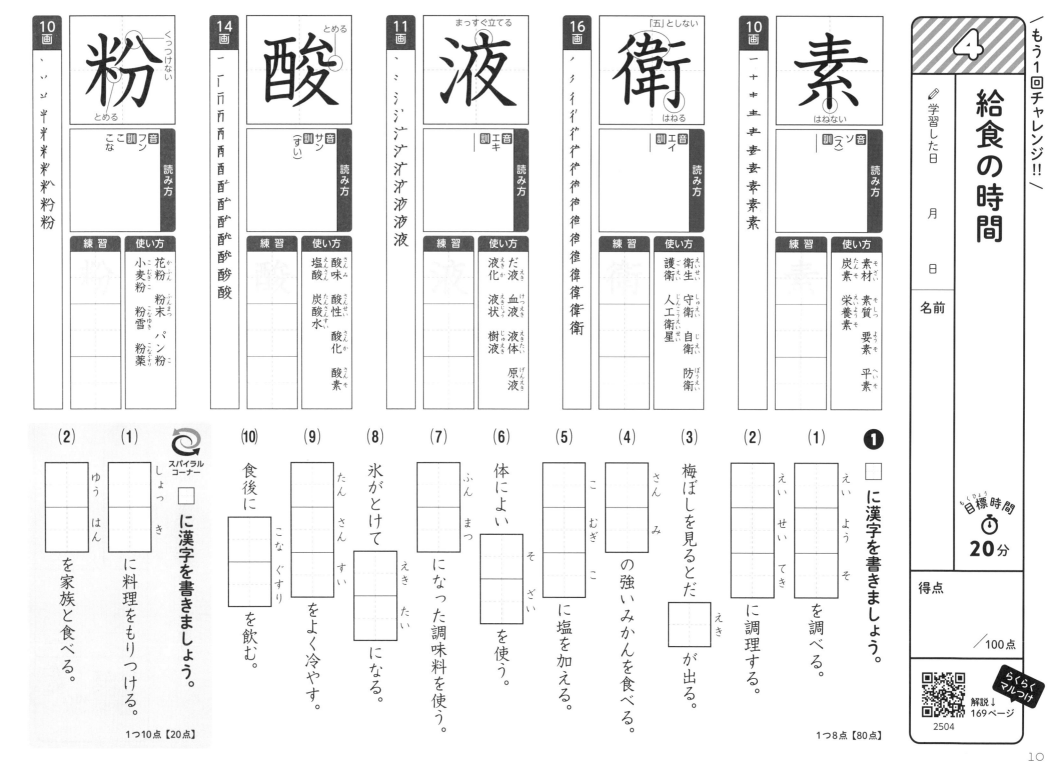

目標時間 20分

得点　／100点

解説↓ 169ページ

2504

らくらくマルつけ

素

10画

とめる　はねない

一 十 キ 圭 圭 妻 妻 妻 素 素 素

読み方　音 ソ　（ス）　訓

使い方　素材（そざい）　素質（そしつ）　要素（ようそ）　平素（へいそ）　炭素（たんそ）　栄養素（えいようそ）

練習

衛

16画

「五」としない　はねる

ノ 彳 彳 彳' 彳⺈ 彳⺈ 彳⺈ 徫 徫 徫 徫 徫 衛 衛 衛 衛

読み方　音 エイ　訓

使い方　衛生（えいせい）　守衛（しゅえい）　自衛（じえい）　防衛（ぼうえい）　護衛（ごえい）　人工衛星（じんこうえいせい）

練習

液

11画

まっすぐ立てる

丶 冫 氵 氵 汁 汸 汸 液 液 液 液

読み方　音 エキ　訓

使い方　だ液（えき）　血液（けつえき）　液体（えきたい）　原液（げんえき）　液化（えきか）　液状（えきじょう）　樹液（じゅえき）

練習

酸

14画

とめる

一 丆 币 两 西 酉 酉 酉' 酉' 酢 酢 酸 酸 酸

読み方　音 サン　訓 （すい）

使い方　酸味（さんみ）　酸性（さんせい）　酸化（さんか）　酸素（さんそ）　塩酸（えんさん）　炭酸水（たんさんすい）

練習

粉

10画

くっつけない　とめる

丶 丷 ⺍ 半 米 米 米' 米八 粉 粉

読み方　音 フン　訓 こ こな

使い方　花粉（かふん）　粉末（ふんまつ）　パン粉（こ）　小麦粉（こむぎこ）　粉雪（こなゆき）　粉薬（こなぐすり）

練習

---

1 □に漢字を書きましょう。　1つ8点【80点】

(1) □□□（えいようそ）を調べる。

(2) □□□（えいせいてき）に調理する。

(3) 梅ぼしを見るとだ□（えき）が出る。

(4) □□（さんみ）の強いみかんを食べる。

(5) □□□（こむぎこ）に塩を加える。

(6) 体によい□□（そざい）を使う。

(7) □□（ふんまつ）になった調味料を使う。

(8) 氷がとけて□□（えきたい）になる。

(9) □□□（たんさんすい）をよく冷やす。

(10) 食後に□□（こなぐすり）を飲む。

スパイラルコーナー

□に漢字を書きましょう。　1つ10点【20点】

(1) □□（しょっき）に料理をもりつける。

(2) □□（ゆうはん）を家族と食べる。

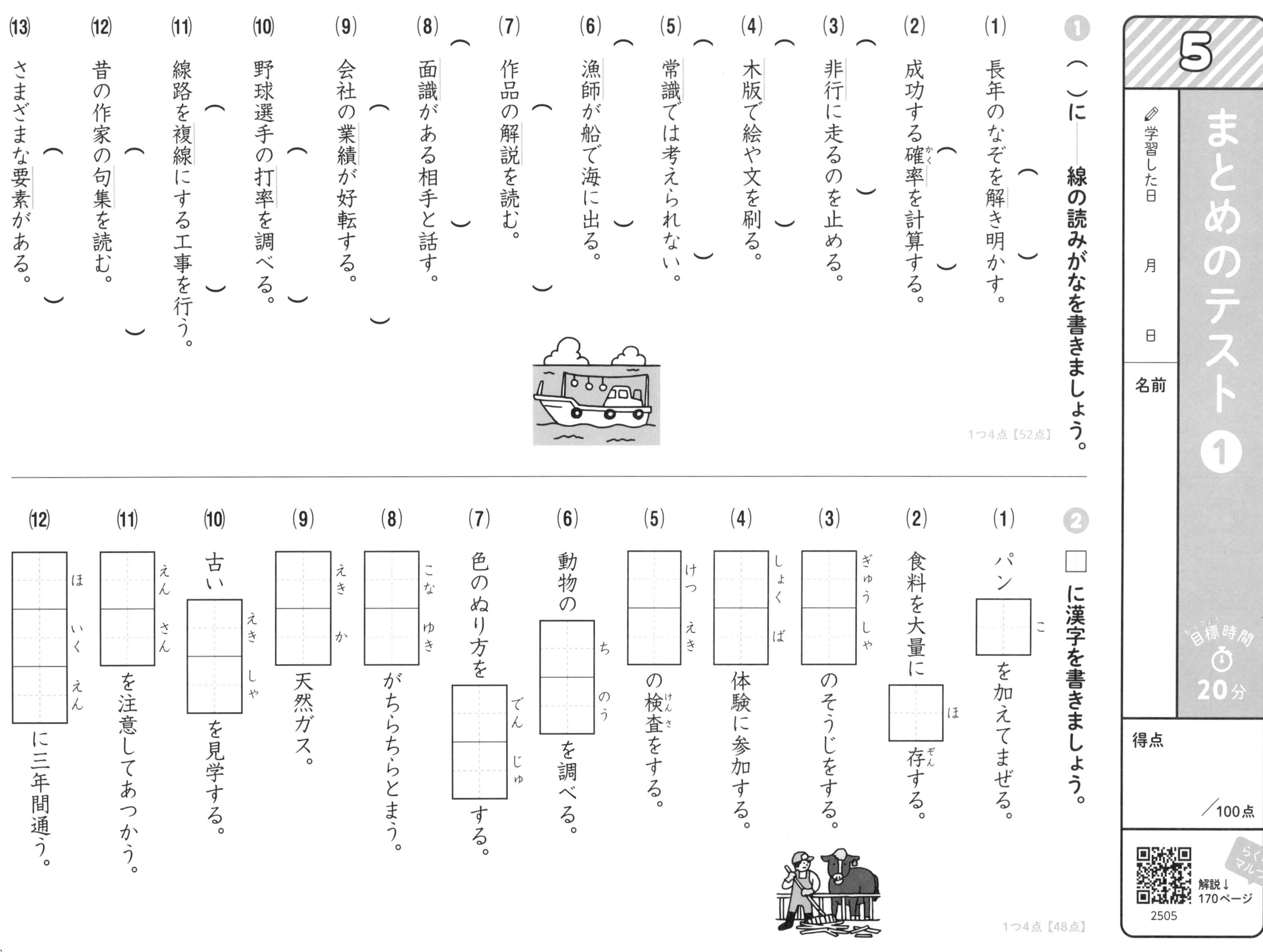

5 まとめのテスト 1

学習した日　月　日

名前

目標時間 20分

得点 ／100点

解説↓170ページ

らくらくマルつけ

2505

1 （　）に――線の読みがなを書きましょう。

1つ4点【52点】

(1) 長年のなぞを<u>解</u>き明かす。（　　）
(2) 成功する確率（かく）を計算する。（　　）
(3) 非行に走るのを止める。（　　）
(4) 木版で絵や文を刷る。（　　）
(5) 常識では考えられない。（　　）
(6) 漁師が船で海に出る。（　　）
(7) 作品の解説を読む。（　　）
(8) 面識がある相手と話す。（　　）
(9) 会社の業績が好転する。（　　）
(10) 野球選手の打率を調べる。（　　）
(11) 線路を複線にする工事を行う。（　　）
(12) 昔の作家の句集を読む。（　　）
(13) さまざまな要素がある。（　　）

2 □に漢字を書きましょう。

1つ4点【48点】

(1) パン□（こ）を加えてまぜる。
(2) 食料を大量に□（ほ）存（ぞん）する。
(3) □□（ぎゅうしゃ）のそうじをする。
(4) □□（しょくば）体験に参加する。
(5) □□（けつえき）の検査（けんさ）をする。
(6) 動物の□□（ちのう）を調べる。
(7) 色のぬり方を□□（でんじゅ）する。
(8) □□（こなゆき）がちらちらとまう。
(9) □□（えきか）天然ガス。
(10) 古い□□（えきしゃ）を見学する。
(11) □□（えんさん）を注意してあつかう。
(12) □□□（ほいくえん）に三年間通う。

5 まとめのテスト 1

学習した日　月　日

名前

目標時間(もくひょうじかん) 20分

得点　／100点

解説↓170ページ

2505

らくらくマルつけ

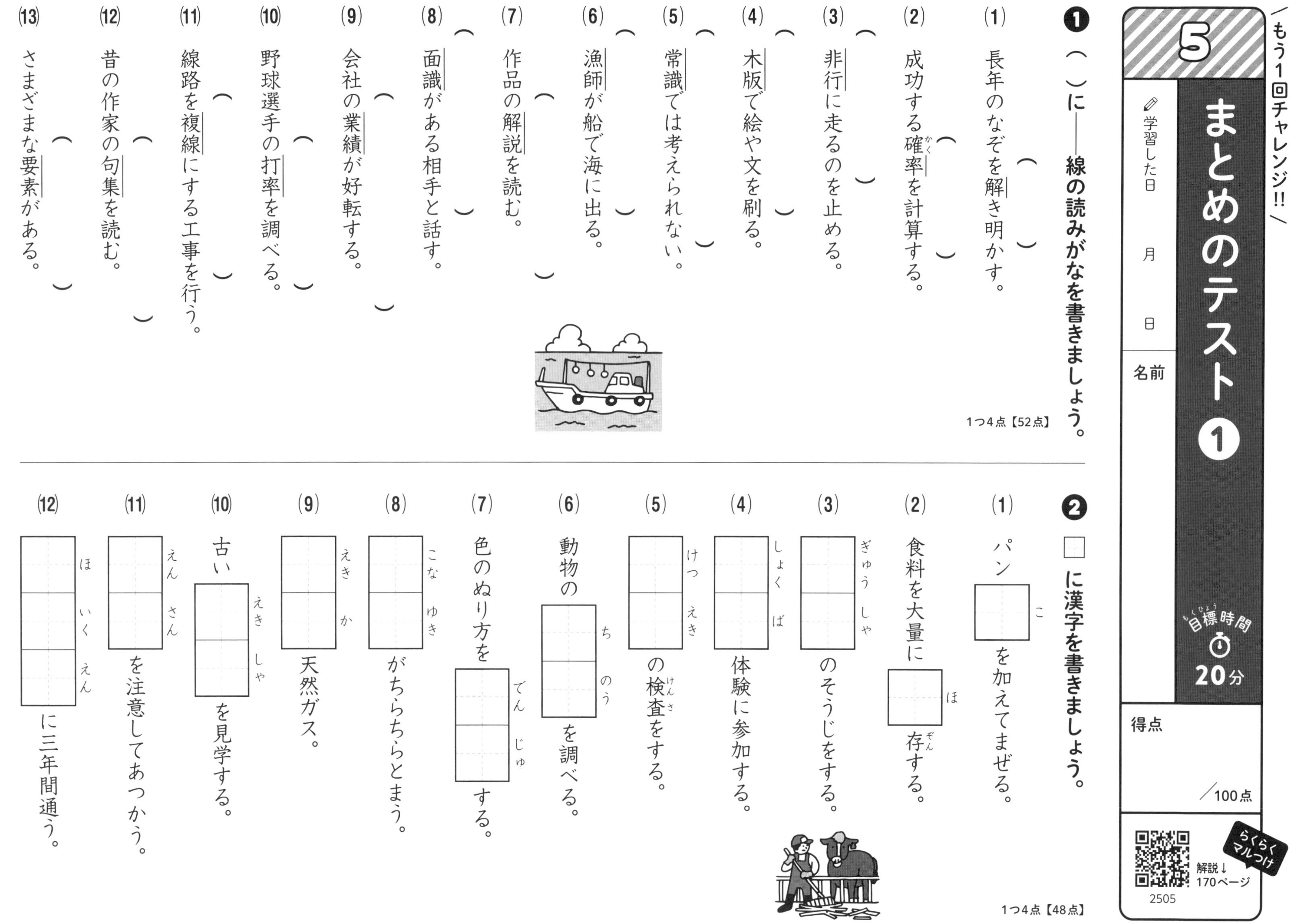

1 (　)に——線の読みがなを書きましょう。

1つ4点【52点】

(1) 長年のなぞを解(　)き明かす。
(2) 成功する確率(かく)(　)を計算する。
(3) 非行(　)に走るのを止める。
(4) 木版(　)で絵や文を刷る。
(5) 常識(　)では考えられない。
(6) 漁師(　)が船で海に出る。
(7) 作品の解説(　)を読む。
(8) 面識(　)がある相手と話す。
(9) 会社の業績(　)が好転する。
(10) 野球選手の打率(　)を調べる。
(11) 線路を複線(　)にする工事を行う。
(12) 昔の作家の句集(　)を読む。
(13) さまざまな要素(　)がある。

2 □に漢字を書きましょう。

1つ4点【48点】

(1) パン□(こ)を加えてまぜる。
(2) 食料を大量に□(ほ)存(ぞん)する。
(3) □□(ぎゅうしゃ)のそうじをする。
(4) □□(しょくば)体験に参加する。
(5) □□(けつえき)の検査(けんさ)をする。
(6) 動物の□□(ちのう)を調べる。
(7) 色のぬり方を□□(でんじゅ)する。
(8) □□(こなゆき)がちらちらとまう。
(9) □□(えきか)天然ガス。
(10) 古い□□(えきしゃ)を見学する。
(11) □□(えんさん)を注意してあつかう。
(12) □□□(ほいくえん)に三年間通う。

6

まとめのテスト 2

学習した日　月　日

名前

目標時間 20分

得点　／100点

解説↓ 170ページ

らくらくマルつけ

2506

1 （　）に――線の読みがなを書きましょう。

1つ4点【52点】

(1) 大会の授賞式に出る。（　）

(2) 品質（ひんしつ）を保証（しょう）する。（　）

(3) 同じ効（こう）能の薬を買う。（　）

(4) 兵舎でしばらくくらす。（　）

(5) 新たに役職につく。（　）

(6) 金属（きんぞく）が酸化する。（　）

(7) 商品を授受する。（　）

(8) 守衛さんが見回りをする。（　）

(9) 辞職することを伝える。（　）

(10) 絵画を大切に保管する。（　）

(11) 新しい官舎を建てる。（　）

(12) 機械の機能を調べる。（　）

(13) 自衛する方法を考える。（　）

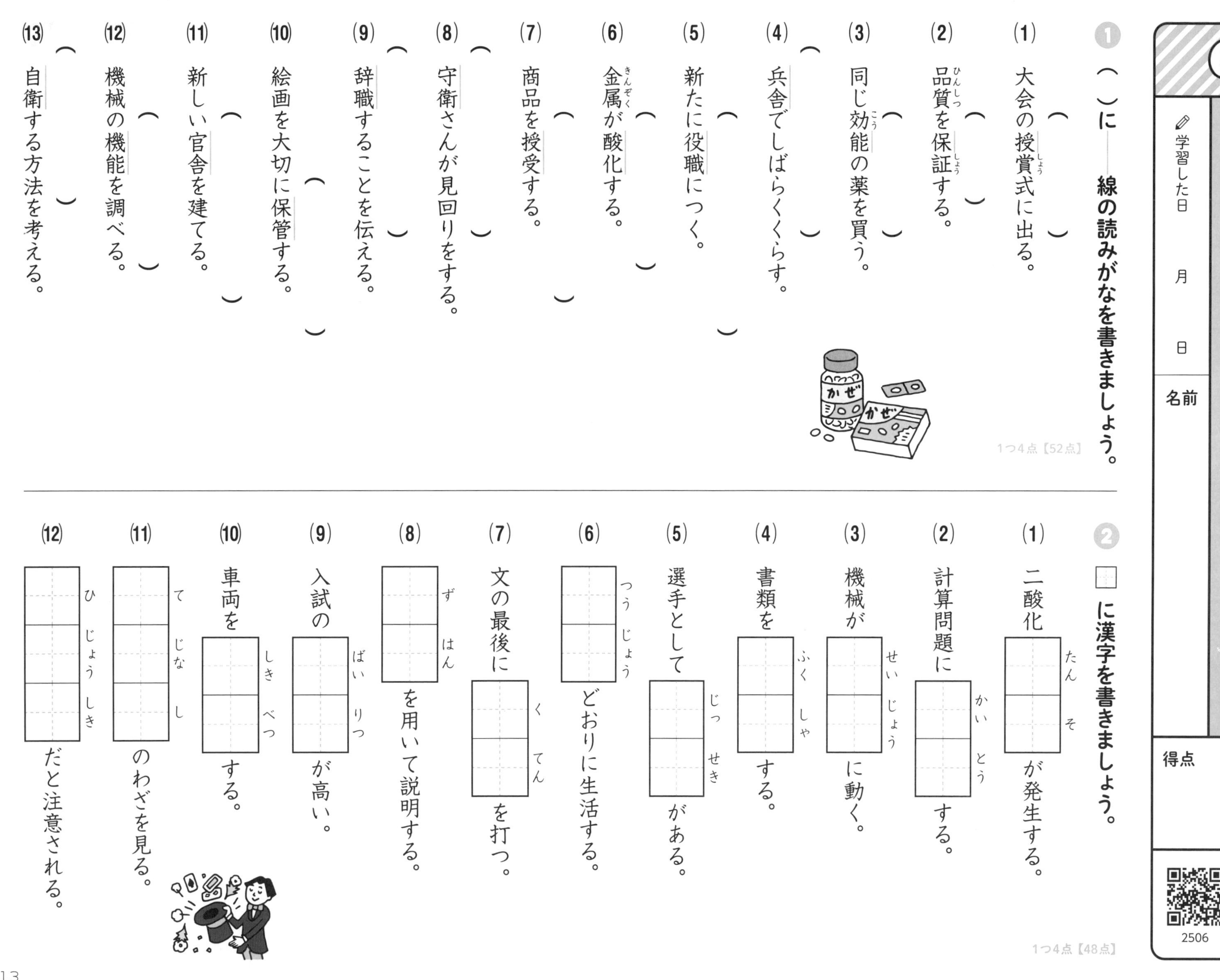

2 □に漢字を書きましょう。

1つ4点【48点】

(1) 二酸化［たんそ］が発生する。

(2) 計算問題に［かいとう］する。

(3) 機械が［せいじょう］に動く。

(4) 書類を［ふくしゃ］する。

(5) 選手として［じっせき］がある。

(6) ［つうじょう］どおりに生活する。

(7) 文の最後に［くてん］を打つ。

(8) ［ずはん］を用いて説明する。

(9) 入試の［ばいりつ］が高い。

(10) 車両を［しきべつ］する。

(11) ［てじなし］のわざを見る。

(12) ［ひじょうしき］だと注意される。

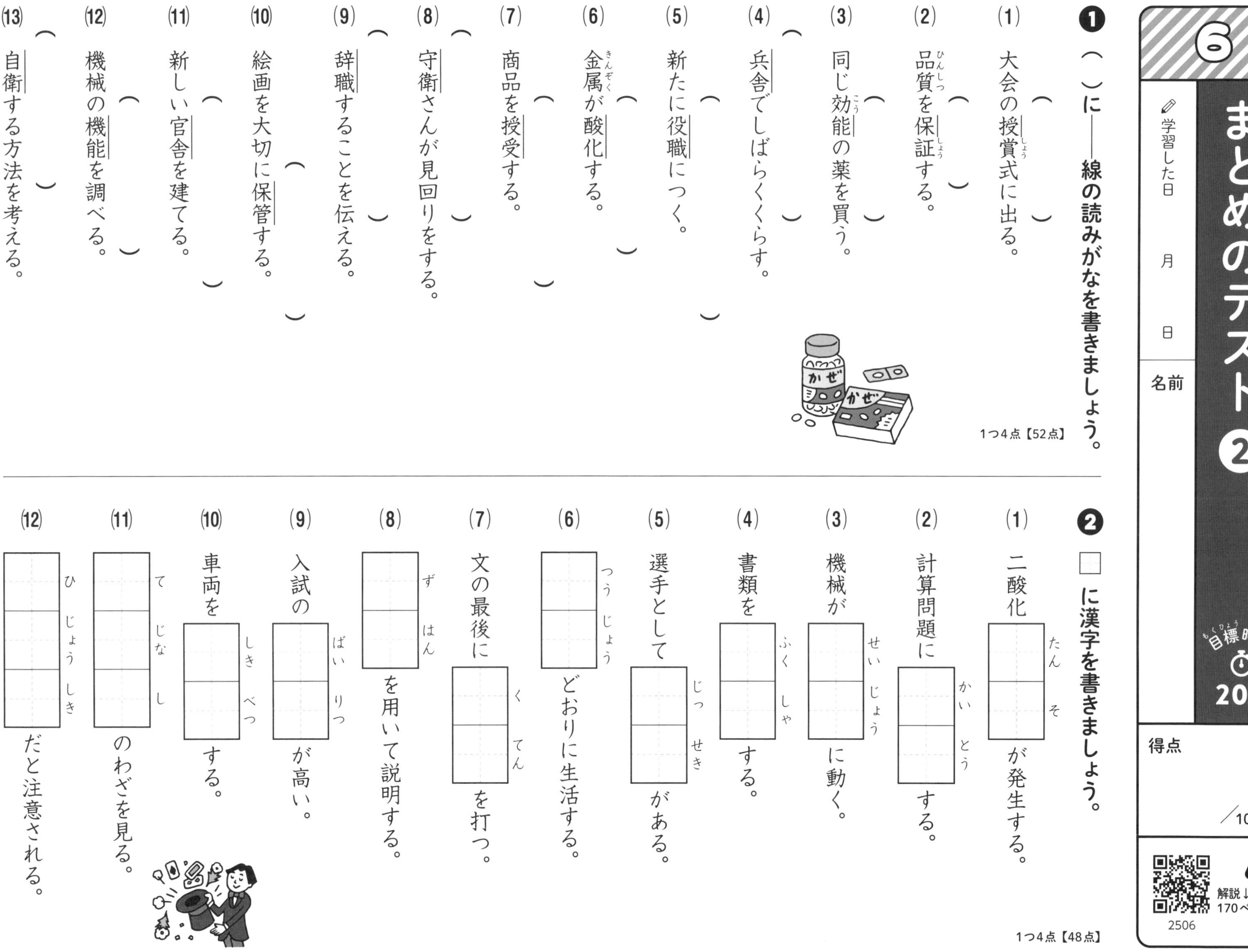

もう1回チャレンジ!!

6 まとめのテスト ２

学習した日　月　日

名前

目標時間　20分

得点　／100点

らくらくマルつけ

解説↓170ページ

2506

1 （　）に――線の読みがなを書きましょう。

1つ4点【52点】

(1) 大会の授賞（しょう）式に出る。（　）

(2) 品質（ひんしつ）を保証（しょう）する。（　）

(3) 同じ効（こう）能の薬を買う。（　）

(4) 兵舎でしばらくくらす。（　）

(5) 新たに役職につく。（　）

(6) 金属（きんぞく）が酸化する。（　）

(7) 商品を授受する。（　）

(8) 守衛さんが見回りをする。（　）

(9) 辞職することを伝える。（　）

(10) 絵画を大切に保管する。（　）

(11) 新しい官舎を建てる。（　）

(12) 機械の機能を調べる。（　）

(13) 自衛する方法を考える。（　）

2 □に漢字を書きましょう。

1つ4点【48点】

(1) 二酸化［たんそ］が発生する。

(2) 計算問題に［かいとう］する。

(3) 機械が［せいじょう］に動く。

(4) 書類を［ふくしゃ］する。

(5) 選手として［じっせき］がある。

(6) ［つうじょう］どおりに生活する。

(7) 文の最後に［くてん］を打つ。

(8) ［ずはん］を用いて説明する。

(9) 入試の［ばいりつ］が高い。

(10) 車両を［しきべつ］する。

(11) ［てじなし］のわざを見る。

(12) ［ひじょうしき］だと注意される。

7 パズル・実践(せん) 1

学習した日　月　日

名前

目標時間(もくひょうじかん) 20分

得点　／100点

解説↓ 170ページ

2507

らくらくマルつけ

1 矢印の向きに読むと熟語(じゅくご)になるように、次の□に入る漢字を書きましょう。 1つ6点【12点】

(1) 文→□、語→□、□→点、□→集

(2) 知→□、意→□、面→□、□→良

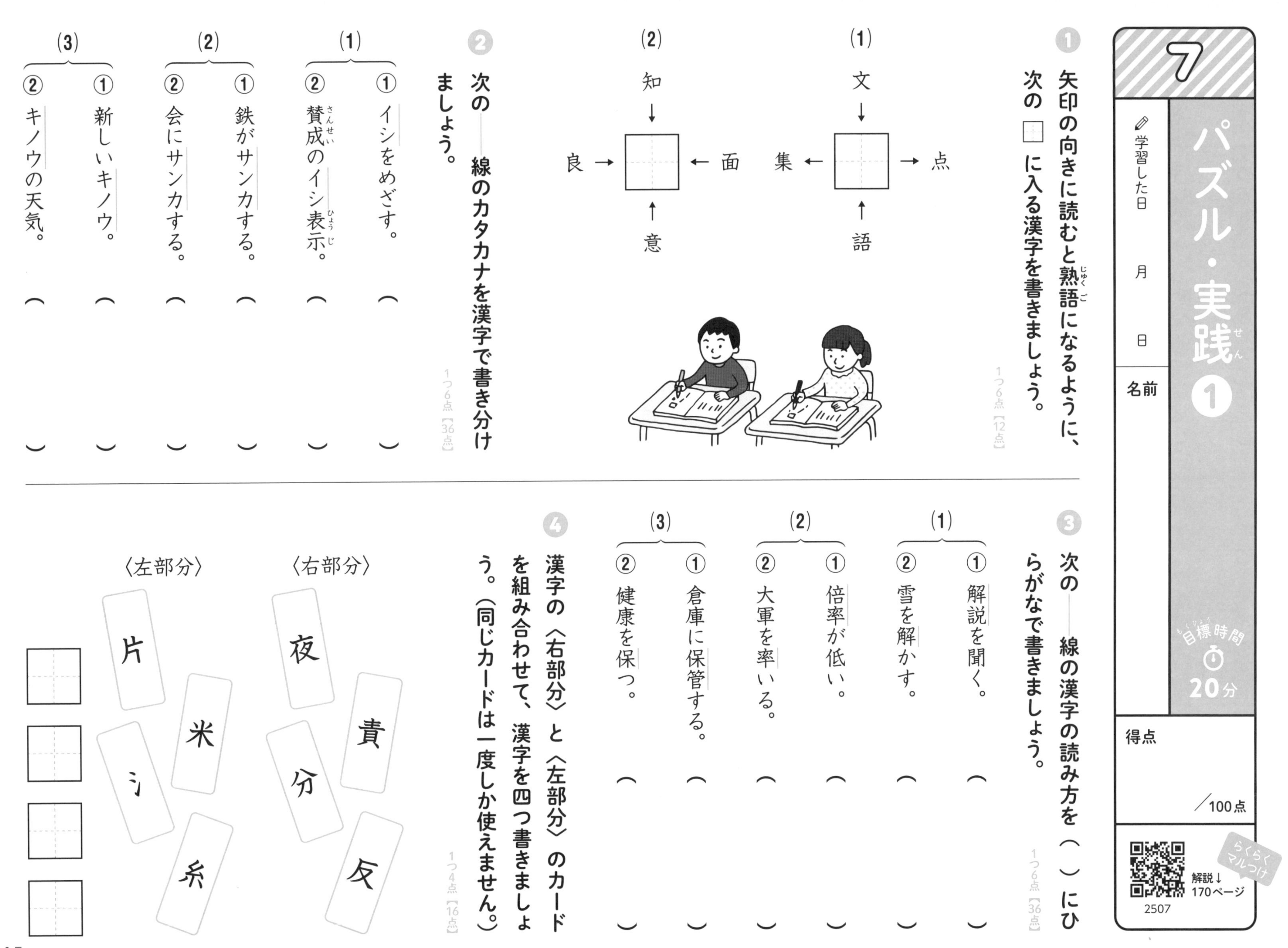

2 次の――線のカタカナを漢字で書き分けましょう。 1つ6点【36点】

(1)
① イシをめざす。（　　）
② 賛成(さんせい)のイシ表示(ひょうじ)。（　　）

(2)
① 鉄がサンカする。（　　）
② 会にサンカする。（　　）

(3)
① 新しいキノウ。（　　）
② キノウの天気。（　　）

3 次の――線の漢字の読み方を（　）にひらがなで書きましょう。 1つ6点【36点】

(1)
① 解説を聞く。（　　）
② 雪を解かす。（　　）

(2)
① 倍率が低い。（　　）
② 大軍を率いる。（　　）

(3)
① 倉庫に保管する。（　　）
② 健康を保つ。（　　）

4 漢字の〈右部分〉と〈左部分〉のカードを組み合わせて、漢字を四つ書きましょう。（同じカードは一度しか使えません。） 1つ4点【16点】

〈右部分〉 夜　責　分　反

〈左部分〉 片　米　氵　糸

□ □ □ □

＼もう1回チャレンジ!!／

7 パズル・実践(せん) ①

学習した日　　月　　日

名前

目標(もくひょう)時間 20分

得点　　／100点

らくらくマルつけ

解説↓ 170ページ

2507

❶ 矢印の向きに読むと熟語(じゅくご)になるように、次の□に入る漢字を書きましょう。 1つ6点【12点】

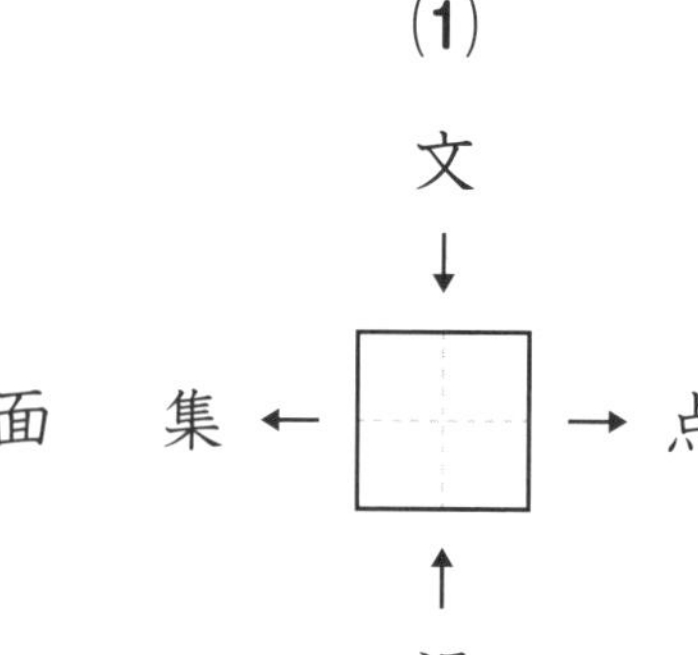

❷ 次の――線のカタカナを漢字で書き分けましょう。 1つ6点【36点】

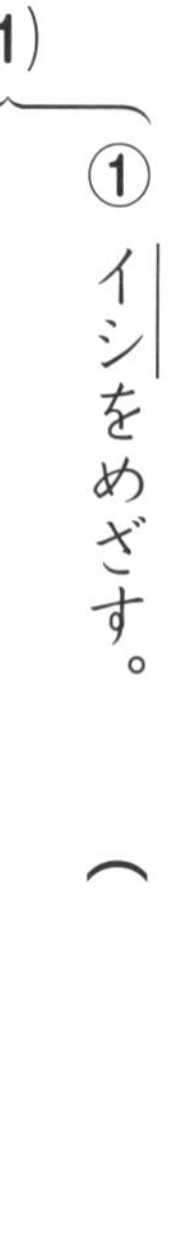

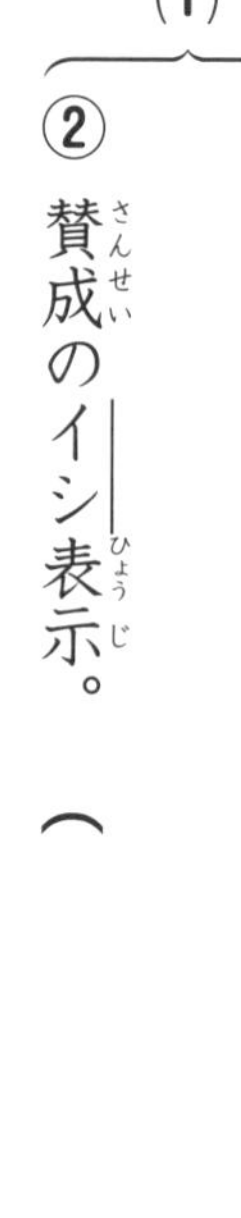

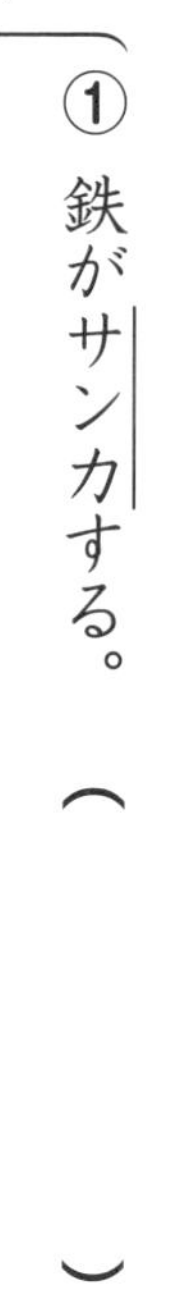

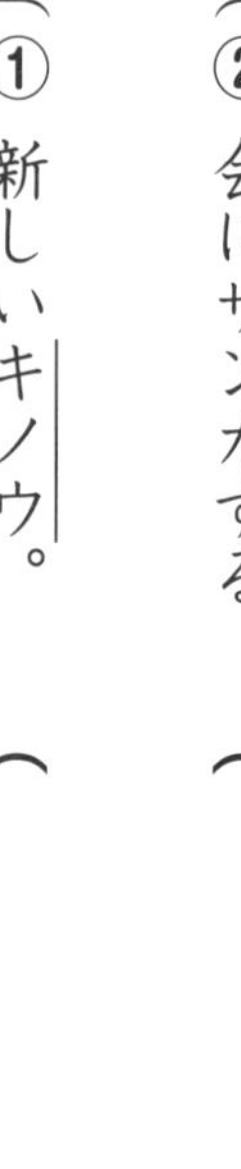

(1)
① イシをめざす。（　　）
② 賛成(さんせい)のイシ表示(ひょうじ)。（　　）

(2)
① 鉄がサンカする。（　　）
② 会にサンカする。（　　）

(3)
① 新しいキノウ。（　　）
② キノウの天気。（　　）

❸ 次の――線の漢字の読み方を（　）にひらがなで書きましょう。 1つ6点【36点】

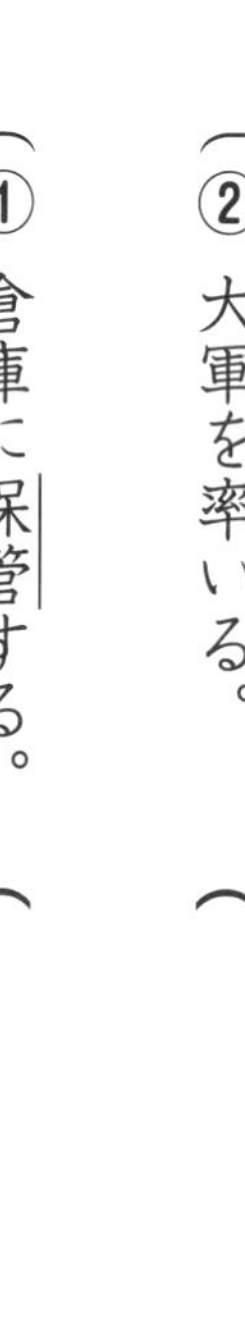

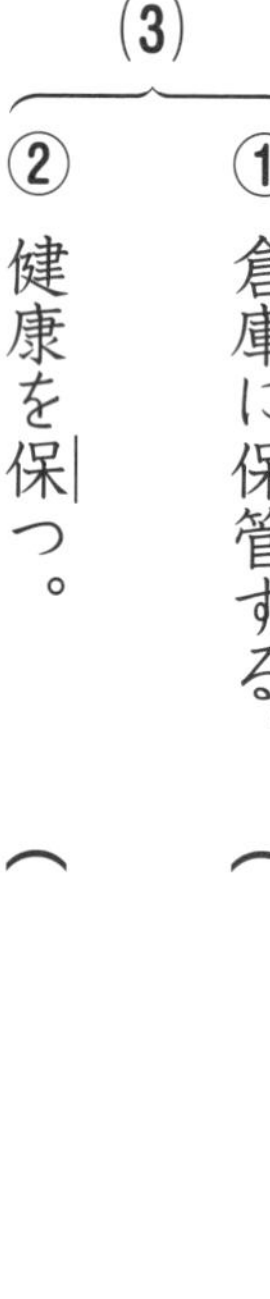

(1)
① 解説を聞く。（　　）
② 雪を解かす。（　　）

(2)
① 倍率が低い。（　　）
② 大軍を率いる。（　　）

(3)
① 倉庫に保管する。（　　）
② 健康を保つ。（　　）

❹ 漢字の〈右部分〉と〈左部分〉のカードを組み合わせて、漢字を四つ書きましょう。（同じカードは一度しか使えません。） 1つ4点【16点】

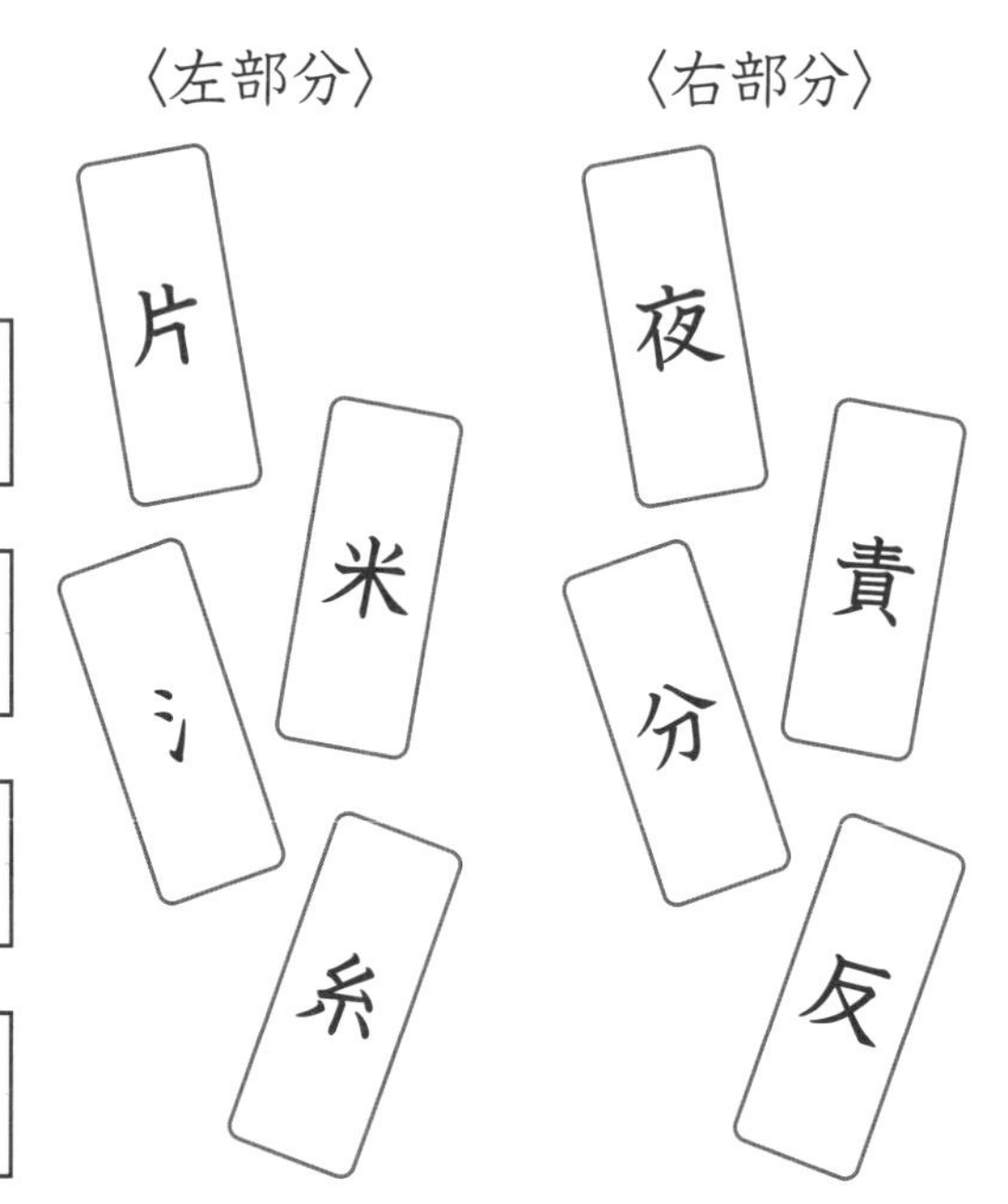

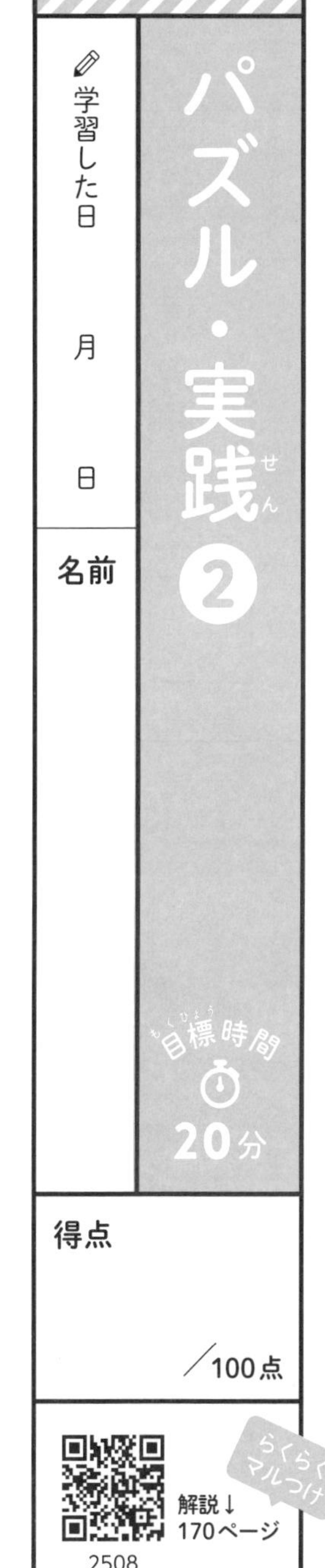

1 次の漢字の筆順が正しいほうを選び、記号で書きましょう。 1つ7点【28点】

(1) 素
ア 一 十 キ 主 丰 麦 妻 素
イ 一 二 キ 主 丰 妻 妻 素
（　　）

(2) 師
ア ′ 亻 户 自 自 訂 師 師
イ ′ 亻 户 自 訂 訂 師 師
（　　）

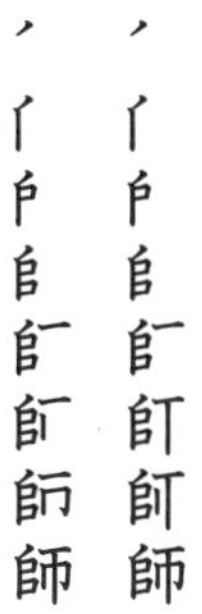

(3) 非
ア 一 二 三 ヨ 非 非 非 非
イ 丿 ナ ヲ ヨ 非 非 非 非
（　　）

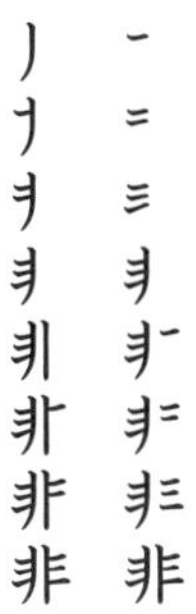

(4) 版
ア 丿 丿' 片 片 片' 版 版 版
イ 丿 ト 片 片 片' 版 版 版
（　　）

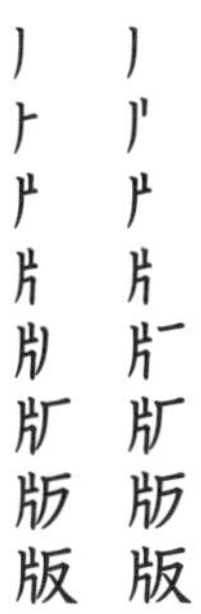

2 次の文には、漢字のまちがいが一つずつあります。その漢字を見つけ、正しく書き直しましょう。 1つ5点【30点】

(1) 一定(いってい)の温度(おんど)になると夜体(えきたい)は気体(きたい)になる。
□→□

(2) 人工街星(じんこうえいせい)の開発計画(かいはつけいかく)が発表(はっぴょう)される。
□→□

(3) 午前(ごぜん)の受業(じゅぎょう)のあとは給食(きゅうしょく)の時間(じかん)だ。
□→□

3 次は、ある学校だよりです。

> 校舎が新しくなります！
>
> 第一小学校の①校舎は古く、大きな地しんが発生した場合、校舎がくずれる確(かく)②率は低くはありません。そうした大きな地しんが起きた場合などの③非常時に安全が守られるのか、心配の声が上がっていました。
>
> そこで、④ショクインだけでなく、⑤ホ護(ご)者からも、校舎の建てかえをすべきではないかという意見が多く出ていました。
>
> こうして話し合いを重ねた結果、建てかえが決定しました。工事中は不便なこともあるかと思いますが、どうぞご⑥リカイください。
>
> ※校舎の建設(けんせつ)にあたっては、複数のデザイン案の中から決定する予定です。

(1) ——線①～③の漢字の読みをひらがなで書きましょう。また、——線④～⑥のカタカナを漢字に直して書きましょう。 1つ6点【36点】

①（　　）　②（　　）
③（　　）
④（　　）　⑤（　　）
⑥（　　）

(2) ＝＝線「複」の画数を数字で書きましょう。 【6点】

（　　）画

8 パズル・実践（じっせん）②

学習した日　　月　　日

名前

目標時間（もくひょうじかん）　20分

得点　　／100点

らくらくマルつけ　解説↓170ページ

2508

❶ 次の漢字の筆順が正しいほうを選び、記号で書きましょう。 1つ7点【28点】

(1) 素
ア　一 十 キ 主 丰 圭 妻 素
イ　一 二 キ 主 丰 圭 妻 素
（　　　）

(2) 師
ア　ノ 亻 户 𠂤 𠂤一 𠂤丁 𠂤帀 師
イ　ノ 亻 户 𠂤 𠂤一 𠂤厂 𠂤币 師
（　　　）

(3) 非
ア　一 二 三 ヨ ヨ一 ヨ二 ヨ三 非
イ　丿 ナ ヲ ヨ ヨ丨 ヨ丨一 ヨ丨二 非
（　　　）

(4) 版
ア　丿 丿丨 𠂆 片 片一 片厂 版 版
イ　丿 丿丨 𠂆 片 片丿 片厂 版 版
（　　　）

❷ 次の文には、漢字のまちがいが一つずつあります。その漢字を見つけ、正しく書き直しましょう。 1つ5点【30点】

(1) 一定（いってい）の温度（おんど）になると夜体（えきたい）は気体（きたい）になる。
□→□

(2) 人工街星（じんこうえいせい）の開発計画（かいはつけいかく）が発表（はっぴょう）される。
□→□

(3) 午前（ごぜん）の受業（じゅぎょう）のあとは給食（きゅうしょく）の時間（じかん）だ。
□→□

❸ 次は、ある学校だよりです。

> 校舎が新しくなります！
>
> 第一小学校の①校舎は古く、大きな地しんが発生した場合、校舎がくずれる確（かく）②率は低くはありません。そうした大きな地しんが起きた場合などの③非常時に安全が守られるのか、心配の声が上がっていました。
>
> そこで、④ショクインだけでなく、⑤ホ護（ご）者からも、校舎の建てかえをすべきではないかという意見が多く出ていました。
>
> こうして話し合いを重ねた結果、建てかえが決定しました。工事中は不便なこともあるかと思いますが、どうぞご⑥リカイください。
>
> ※校舎の建設（けんせつ）にあたっては、複数のデザイン案の中から決定する予定です。

(1) ——線①～③の漢字の読みをひらがなで書きましょう。また、——線④～⑥のカタカナを漢字に直して書きましょう。 1つ6点【36点】

①（　　　）　②（　　　）
③（　　　）
④（　　　）　⑤（　　　）
⑥（　　　）

(2) ═線「複」の画数を数字で書きましょう。【6点】

（　　　）画

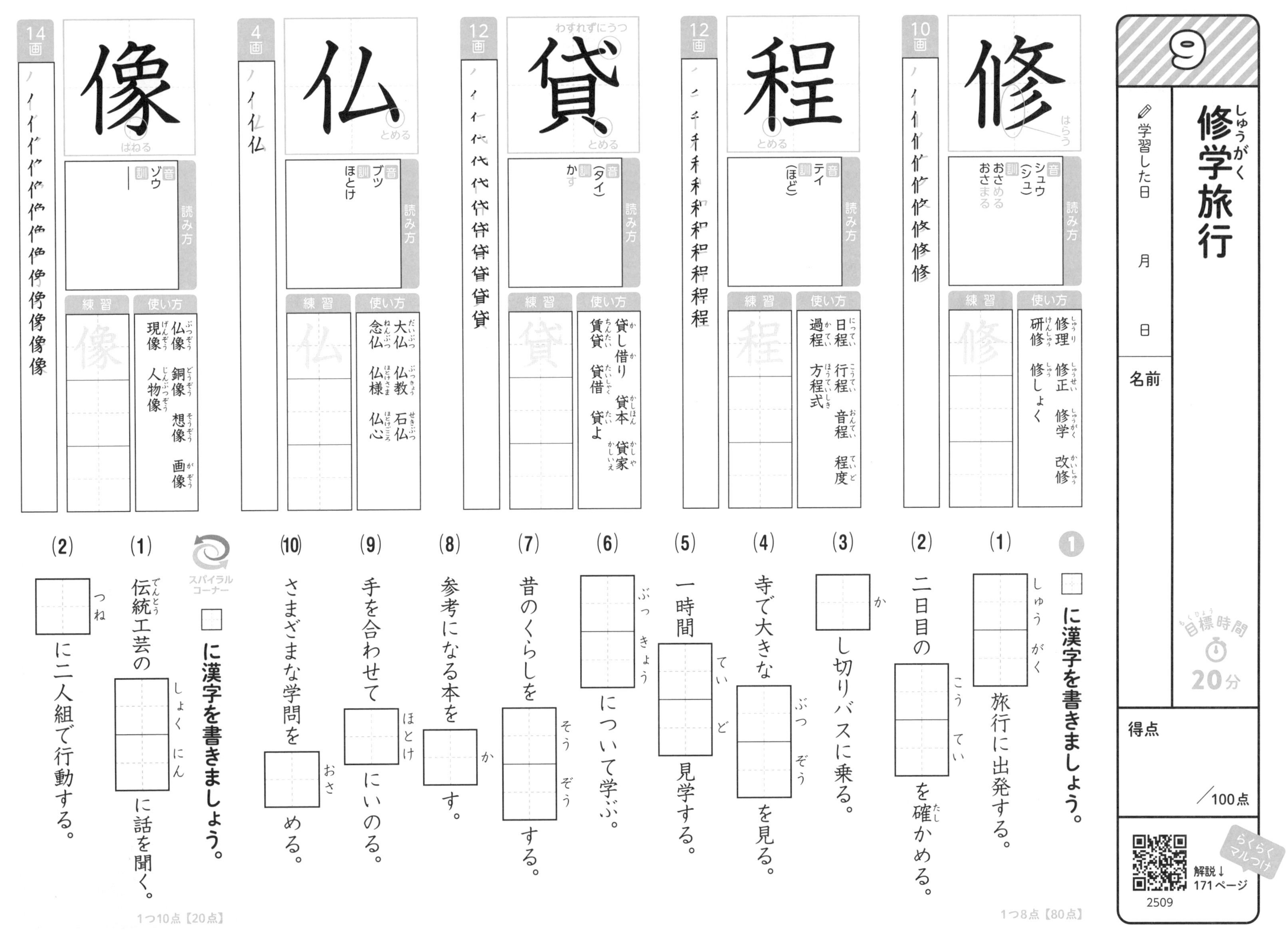

9

修学(しゅうがく)旅行

学習した日　月　日

名前

目標時間 20分

得点 ／100点

解説↓ 171ページ

2509

らくらくマルつけ

修（10画）

はらう

読み方　音 シュウ（シュ）　訓 おさめる　おさまる

使い方　修理(しゅうり)　修正(しゅうせい)　修学(しゅうがく)　改修(かいしゅう)　研修(けんしゅう)　修(しゅう)しょく

練習　修

程（12画）

とめる

読み方　音 テイ　訓（ほど）

使い方　日程(にってい)　行程(こうてい)　音程(おんてい)　程度(ていど)　過程(かてい)　方程式(ほうていしき)

練習　程

貸（12画）

わすれずにうつ　とめる

読み方　音（タイ）　訓 かす

使い方　貸(か)し借(か)り　貸本(かしほん)　貸家(かしや)　賃貸(ちんたい)　貸借(たいしゃく)　貸(たい)よ

練習　貸

仏（4画）

とめる

読み方　音 ブツ　訓 ほとけ

使い方　大仏(だいぶつ)　仏教(ぶっきょう)　石仏(せきぶつ)　念仏(ねんぶつ)　仏様(ほとけさま)　仏心(ほとけごころ)

練習　仏

像（14画）

はねる

読み方　音 ゾウ　訓 ―

使い方　仏像(ぶつぞう)　銅像(どうぞう)　想像(そうぞう)　画像(がぞう)　現像(げんぞう)　人物像(じんぶつぞう)

練習　像

---

1 □に漢字を書きましょう。

(1) [しゅうがく]旅行に出発する。

(2) 二日目の[こうてい]を確(たし)かめる。

(3) [か]し切りバスに乗る。

(4) 寺で大きな[ぶつぞう]を見る。

(5) 一時間[ていど]見学する。

(6) [ぶっきょう]について学ぶ。

(7) 昔のくらしを[そうぞう]する。

(8) 参考になる本を[か]す。

(9) 手を合わせて[ほとけ]にいのる。

(10) さまざまな学問を[おさ]める。

1つ8点【80点】

スパイラルコーナー □に漢字を書きましょう。

(1) 伝統(でんとう)工芸の[しょくにん]に話を聞く。

(2) [つね]に二人組で行動する。

1つ10点【20点】

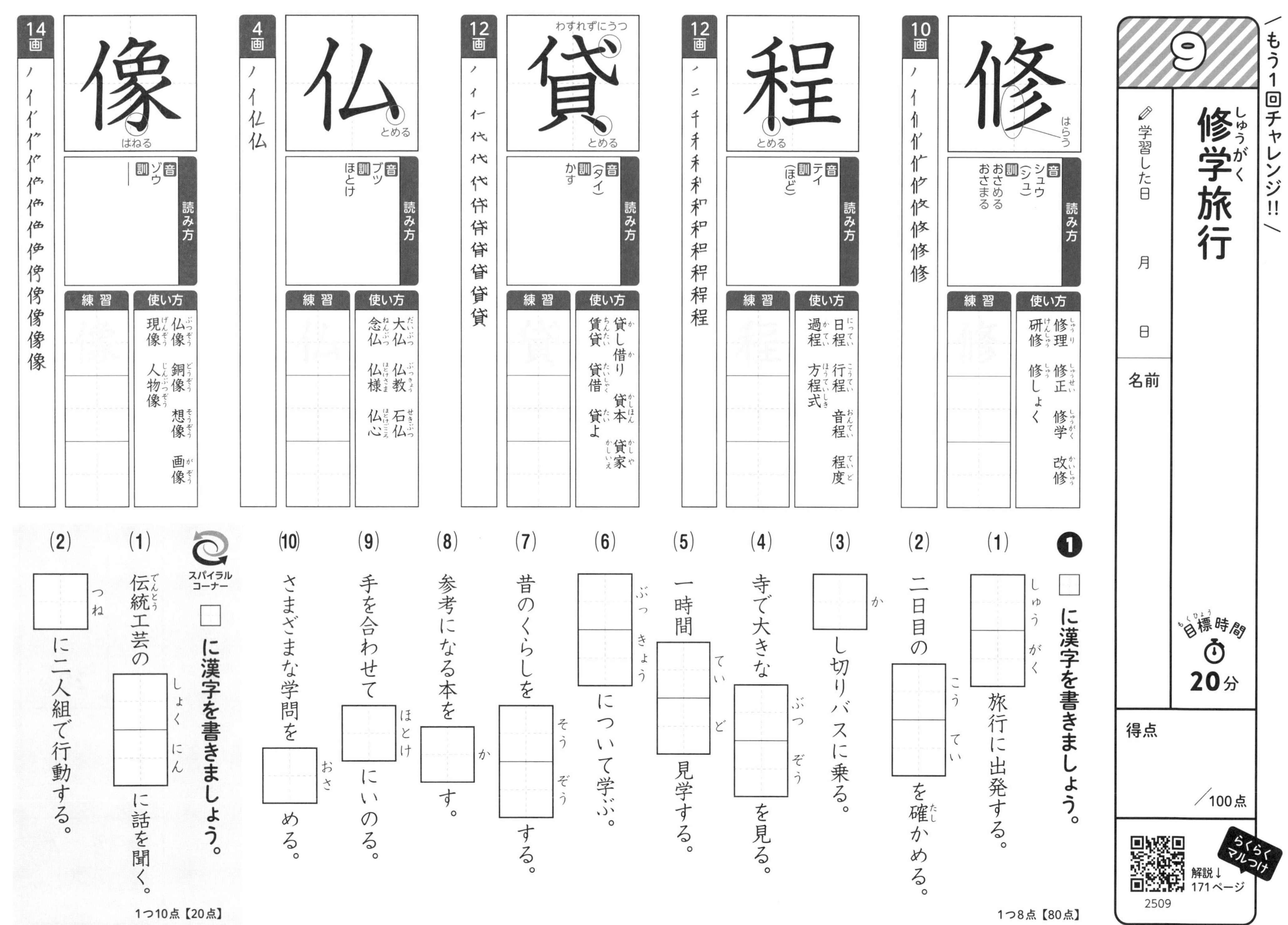

もう1回チャレンジ!!

9 修学旅行

学習した日　月　日

名前

目標時間 20分

得点　／100点

解説↓171ページ

らくらくマルつけ

2509

修（10画）
読み方：音 シュウ（シュ）　訓 おさめる　おさまる
使い方：修理　修正　修学　改修　研修　修しょく
はらう

程（12画）
読み方：音 テイ　訓 （ほど）
使い方：日程　行程　音程　程度　過程　方程式
とめる

貸（12画）
読み方：音 （タイ）　訓 かす
使い方：貸し借り　貸本　貸家　賃貸　貸借　貸よ
わすれずにうつ　とめる

仏（4画）
読み方：音 ブツ　訓 ほとけ
使い方：大仏　仏教　石仏　念仏　仏様　仏心
とめる

像（14画）
読み方：音 ゾウ　訓 ―
使い方：仏像　銅像　想像　画像　現像　人物像
はねる

❶ □に漢字を書きましょう。　1つ8点【80点】

(1) □（しゅうがく）旅行に出発する。
(2) 二日目の□（こうてい）を確かめる。
(3) □（か）し切りバスに乗る。
(4) 寺で大きな□（ぶつぞう）を見る。
(5) 一時間□（ていど）見学する。
(6) □（ぶっきょう）について学ぶ。
(7) 昔のくらしを□（そうぞう）する。
(8) 参考になる本を□（か）す。
(9) 手を合わせて□（ほとけ）にいのる。
(10) さまざまな学問を□（おさ）める。

スパイラルコーナー　□に漢字を書きましょう。　1つ10点【20点】

(1) 伝統工芸の□（しょくにん）に話を聞く。
(2) □（つね）に二人組で行動する。

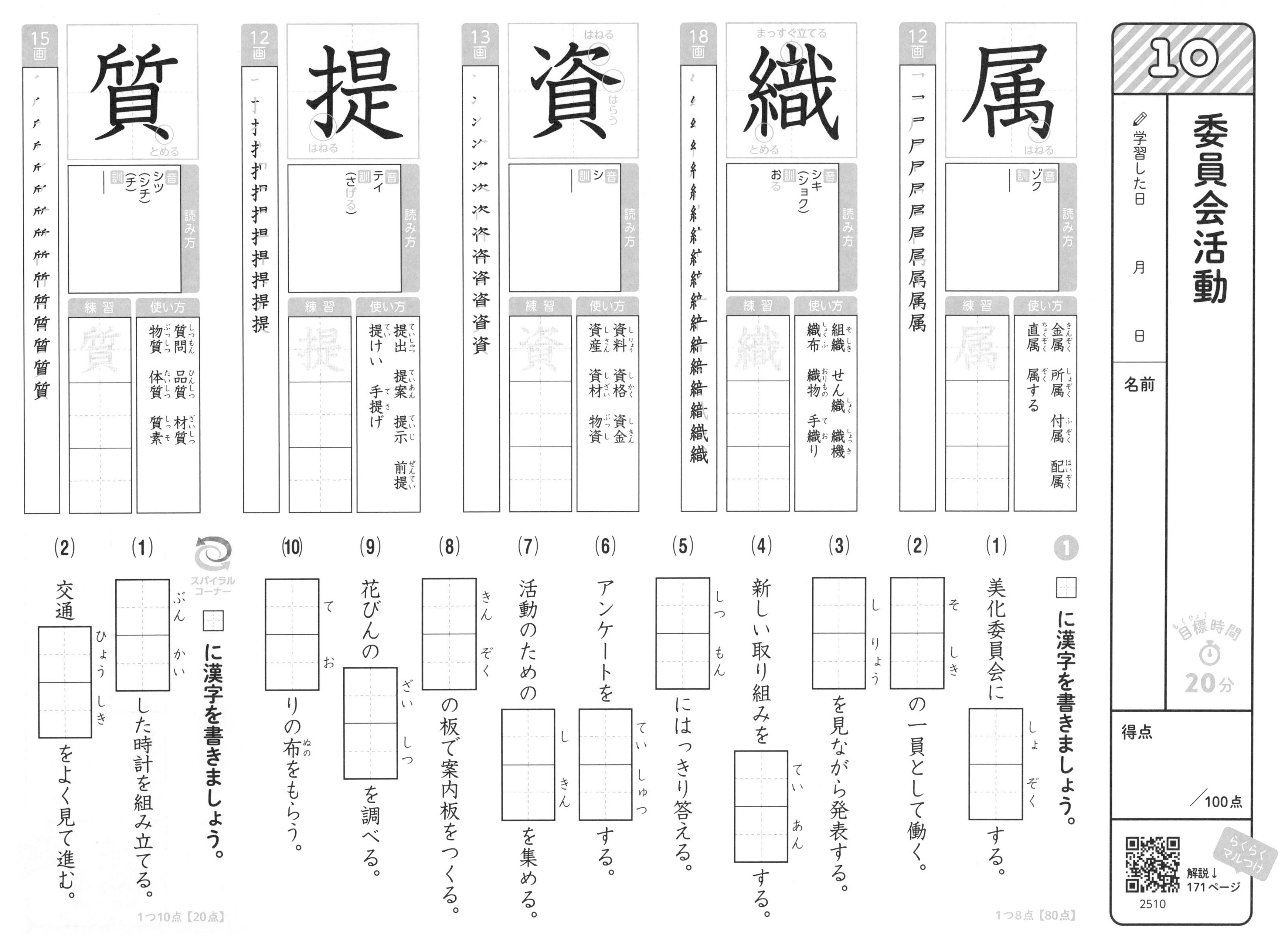

10 委員会活動

学習した日　月　日

名前

目標時間 20分

得点　／100点

らくらくマルつけ

解説↓ 171ページ

2510

属（12画）

はねる

読み方　音 ゾク　訓 ―

使い方　金属（きんぞく）　所属（しょぞく）　付属（ふぞく）　配属（はいぞく）　直属（ちょくぞく）　属（ぞく）する

練習

織（18画）

まっすぐ立てる　とめる

読み方　音 シキ（ショク）　訓 おる

使い方　組織（そしき）　せん織（しょく）　織機（しょっき）　織布（しょくふ）　織物（おりもの）　手織（てお）り

練習

資（13画）

はねる　はらう

読み方　音 シ　訓 ―

使い方　資料（しりょう）　資格（しかく）　資金（しきん）　資産（しさん）　資材（しざい）　物資（ぶっし）

練習

提（12画）

はねる

読み方　音 テイ　訓 （さげる）

使い方　提出（ていしゅつ）　提案（ていあん）　提示（ていじ）　前提（ぜんてい）　提（てい）けい　手提（てさ）げ

練習

質（15画）

とめる

読み方　音 シツ（シチ）（チ）　訓 ―

使い方　質問（しつもん）　品質（ひんしつ）　材質（ざいしつ）　物質（ぶっしつ）　体質（たいしつ）　質素（しっそ）

練習

---

1 □に漢字を書きましょう。

(1) 美化委員会に［しょぞく］する。

(2) ［そしき］の一員として働く。

(3) ［しりょう］を見ながら発表する。

(4) 新しい取り組みを［ていあん］する。

(5) ［しつもん］にはっきり答える。

(6) アンケートを［ていしゅつ］する。

(7) 活動のための［しきん］を集める。

(8) ［きんぞく］の板で案内板をつくる。

(9) 花びんの［ざいしつ］を調べる。

(10) ［てお］りの布（ぬの）をもらう。

1つ8点【80点】

スパイラルコーナー □に漢字を書きましょう。

(1) ［ぶんかい］した時計を組み立てる。

(2) 交通［ひょうしき］をよく見て進む。

1つ10点【20点】

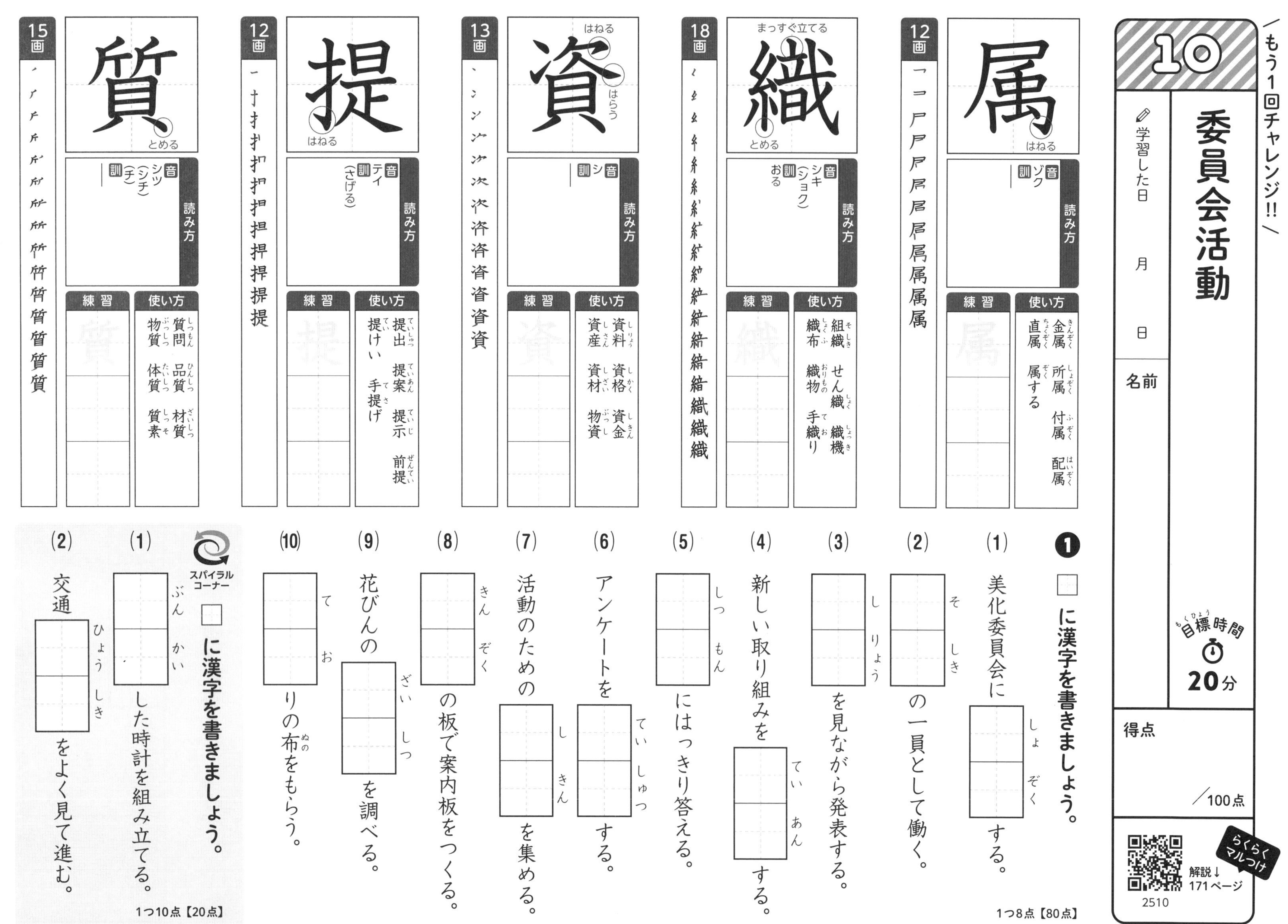

もう1回チャレンジ!!

10 委員会活動

学習した日　月　日

名前

目標時間 20分

得点　／100点

らくらくマルつけ

解説↓ 171ページ

2510

属（12画）

はねる

読み方　音 ゾク　訓 ―

使い方　金属（きんぞく）　所属（しょぞく）　付属（ふぞく）　配属（はいぞく）　直属（ちょくぞく）　属（ぞく）する

織（18画）

まっすぐ立てる　とめる

読み方　音 シキ（ショク）　訓 おる

使い方　組織（そしき）　せん織（しょく）　織機（しょっき）　織布（しょくふ）　織物（おりもの）　手織（てお）り

資（13画）

はねる　はらう

読み方　音 シ　訓 ―

使い方　資料（しりょう）　資格（しかく）　資金（しきん）　資産（しさん）　資材（しざい）　物資（ぶっし）

提（12画）

はねる

読み方　音 テイ　訓 （さげる）

使い方　提出（ていしゅつ）　提案（ていあん）　提示（ていじ）　前提（ぜんてい）　提（てい）けい　手提（てさ）げ

質（15画）

とめる

読み方　音 シツ（シチ）（チ）　訓 ―

使い方　質問（しつもん）　品質（ひんしつ）　材質（ざいしつ）　物質（ぶっしつ）　体質（たいしつ）　質素（しっそ）

❶ □に漢字を書きましょう。

(1) 美化委員会に□□（しょぞく）する。

(2) □□（そしき）の一員として働く。

(3) □□（しりょう）を見ながら発表する。

(4) 新しい取り組みを□□（ていあん）する。

(5) □□（しつもん）にはっきり答える。

(6) アンケートを□□（ていしゅつ）する。

(7) 活動のための□□（しきん）を集める。

(8) □□（きんぞく）の板で案内板をつくる。

(9) 花びんの□□（ざいしつ）を調べる。

(10) □□（ておお）りの布（ぬの）をもらう。

1つ8点【80点】

スパイラルコーナー　□に漢字を書きましょう。

(1) □□（ぶんかい）した時計を組み立てる。

(2) 交通□□（ひょうしき）をよく見て進む。

1つ10点【20点】

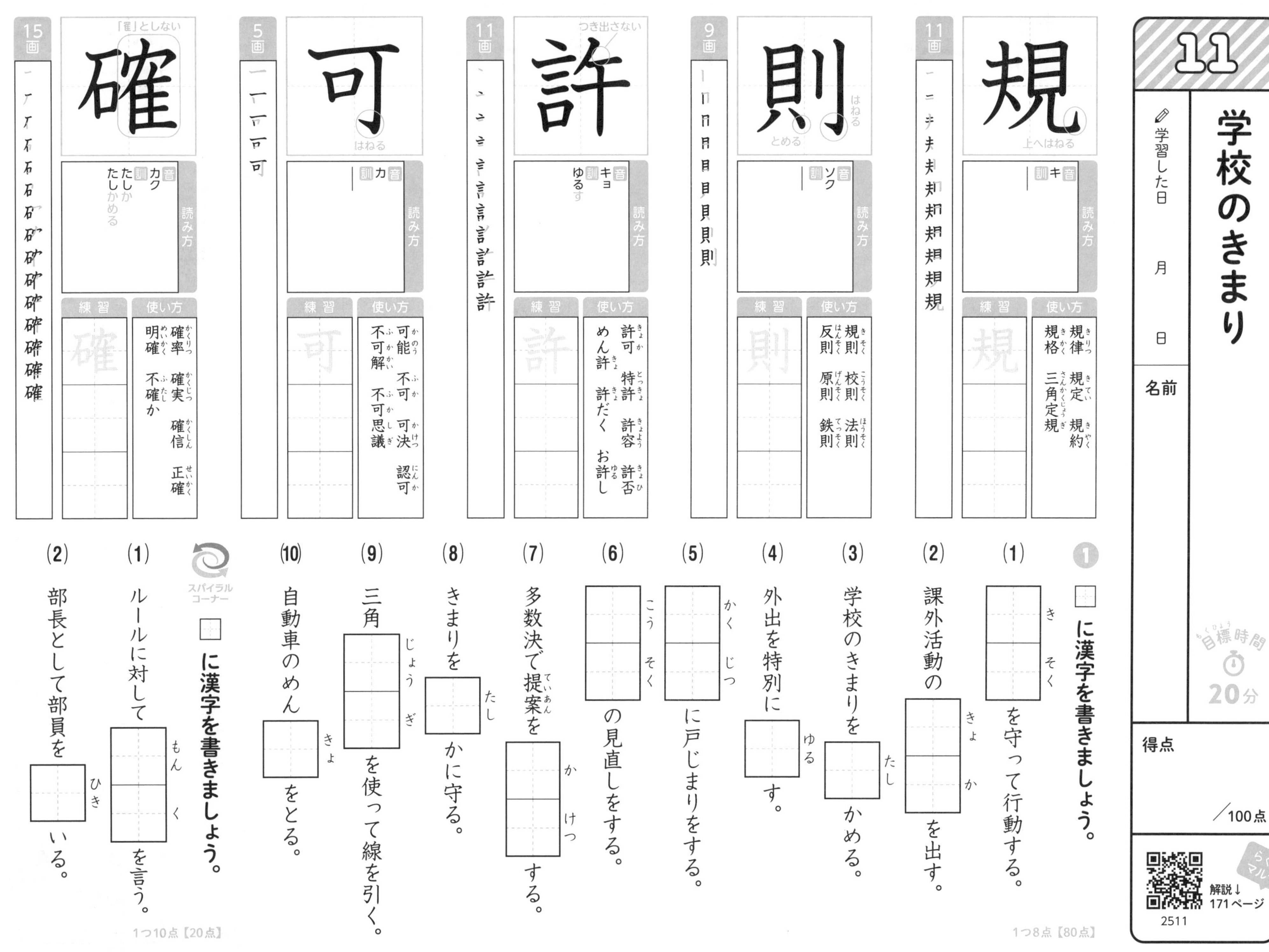

11 学校のきまり

学習した日　月　日

名前

目標時間 20分

得点　／100点

解説↓ 171ページ

2511

らくらくマルつけ

規 11画
読み方：音 キ　訓 ―
上へはねる
使い方：規律（きりつ）　規定（きてい）　規約（きやく）　規格（きかく）　三角定規（さんかくじょうぎ）

則 9画
読み方：音 ソク　訓 ―
とめる　はねる
使い方：規則（きそく）　校則（こうそく）　法則（ほうそく）　反則（はんそく）　原則（げんそく）　鉄則（てっそく）

許 11画
読み方：音 キョ　訓 ゆる(す)
つき出さない
使い方：許可（きょか）　特許（とっきょ）　許容（きょよう）　許否（きょひ）　めん許（きょ）　許だく（きょだく）　お許し（ゆるし）

可 5画
読み方：音 カ　訓 ―
はねる
使い方：可能（かのう）　不可（ふか）　可決（かけつ）　認可（にんか）　不可解（ふかかい）　不可思議（ふかしぎ）

確 15画
読み方：音 カク　訓 たし(か)　たし(かめる)
「隹」としない
使い方：確率（かくりつ）　確実（かくじつ）　確信（かくしん）　正確（せいかく）　明確（めいかく）　不確か（ふたしか）

1 □に漢字を書きましょう。

(1) □□（きそく）を守って行動する。
(2) 課外活動の□□（きょか）を出す。
(3) 学校のきまりを□（たし）かめる。
(4) 外出を特別に□（ゆる）す。
(5) □□（かくじつ）に戸じまりをする。
(6) □□（こうそく）の見直しをする。
(7) 多数決で提案（ていあん）を□□（かけつ）する。
(8) きまりを□（たし）かに守る。
(9) 三角□□（じょうぎ）を使って線を引く。
(10) 自動車のめん□（きょ）をとる。

1つ8点【80点】

スパイラルコーナー

□に漢字を書きましょう。

(1) ルールに対して□□（もんく）を言う。
(2) 部長として部員を□（ひき）いる。

1つ10点【20点】

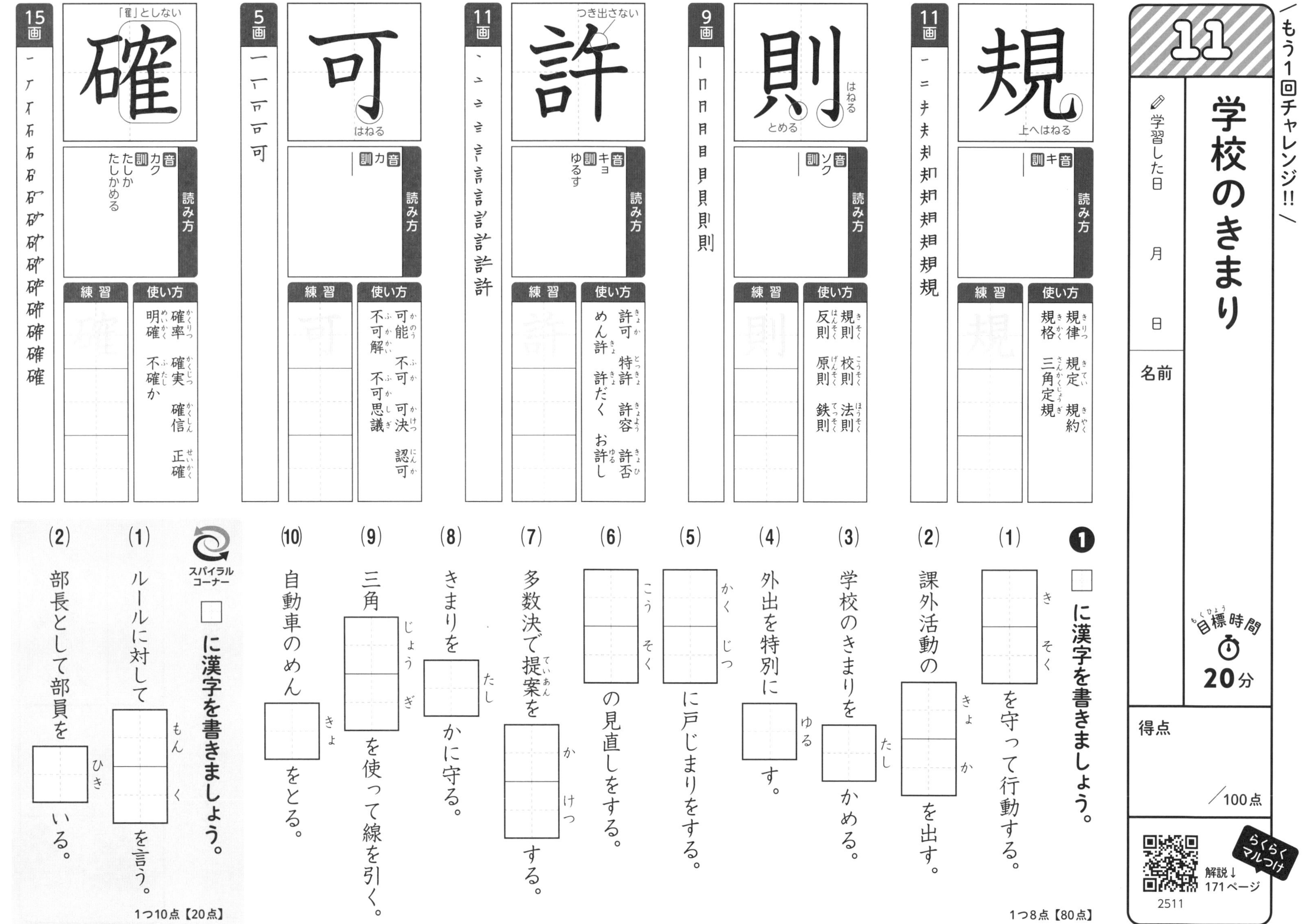

もう1回チャレンジ!!

11 学校のきまり

学習した日　月　日

名前

目標時間 20分

得点　／100点

解説↓ 171ページ

らくらくマルつけ

2511

規（11画）
音 キ
使い方：規律（きりつ）　規定（きてい）　規約（きやく）　規格（きかく）　三角定規（さんかくじょうぎ）

則（9画）
音 ソク
使い方：規則（きそく）　校則（こうそく）　法則（ほうそく）　反則（はんそく）　原則（げんそく）　鉄則（てっそく）

許（11画）
音 キョ　訓 ゆるす
使い方：許可（きょか）　特許（とっきょ）　許容（きょよう）　許否（きょひ）　めん許（きょ）　許だく　お許（ゆる）し

可（5画）
音 カ
使い方：可能（かのう）　不可（ふか）　可決（かけつ）　認可（にんか）　不可解（ふかかい）　不可思議（ふかしぎ）

確（15画）
音 カク　訓 たしか　たしかめる
使い方：確率（かくりつ）　確実（かくじつ）　確信（かくしん）　正確（せいかく）　明確（めいかく）　不確（ふたし）か

1 □に漢字を書きましょう。　1つ8点【80点】

(1) □□（きそく）を守って行動する。
(2) 課外活動の□□（きょか）を出す。
(3) 学校のきまりを□（たし）かめる。
(4) 外出を特別に□（ゆる）す。
(5) □□（かくじつ）に戸じまりをする。
(6) □□（こうそく）の見直しをする。
(7) 多数決で提案（ていあん）を□□（かけつ）する。
(8) きまりを□（たし）かに守る。
(9) 三角□□（じょうぎ）を使って線を引く。
(10) 自動車のめん□（きょ）をとる。

スパイラルコーナー

□に漢字を書きましょう。　1つ10点【20点】

(1) ルールに対して□□（もんく）を言う。
(2) 部長として部員を□（ひき）いる。

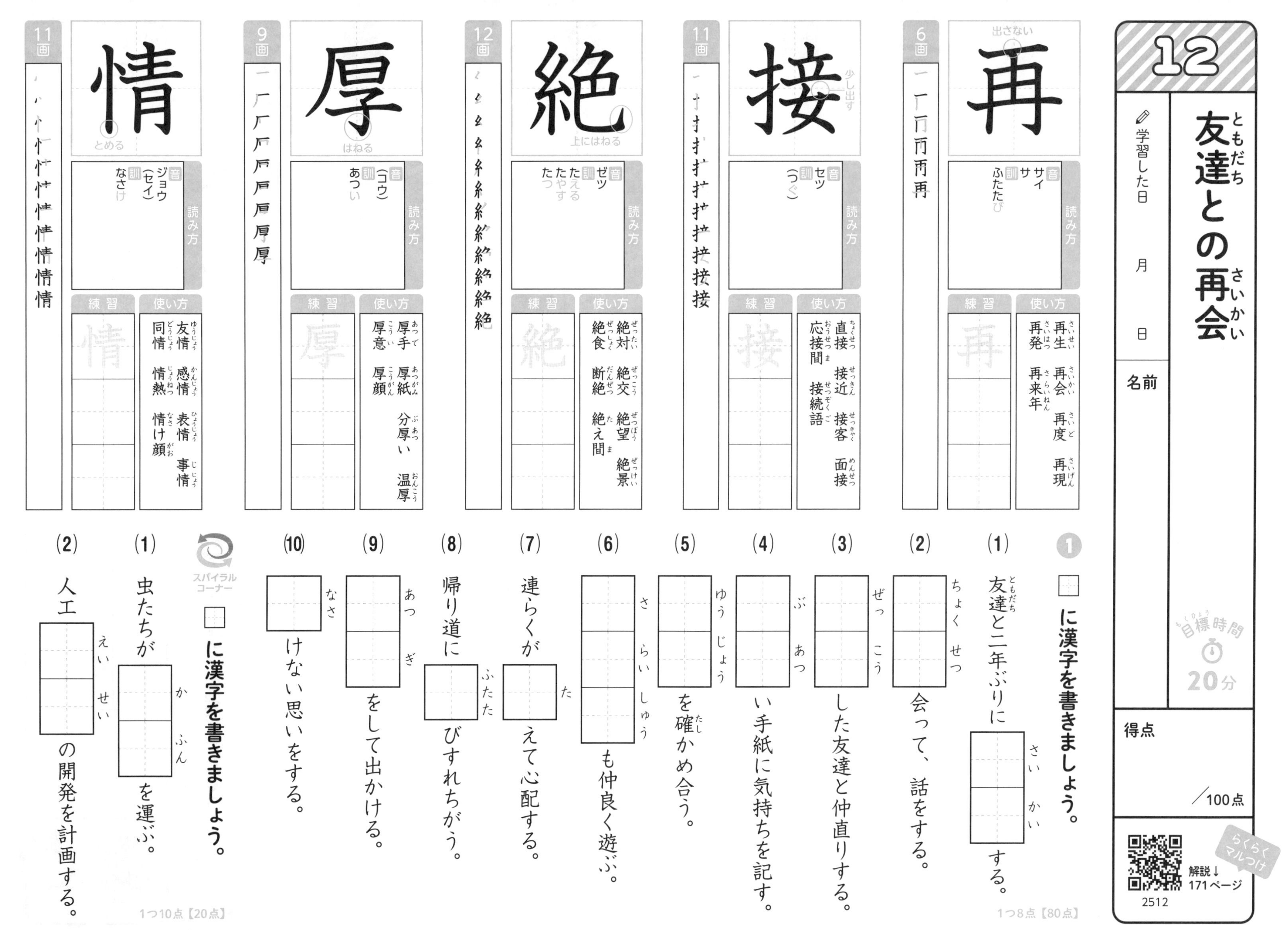

12 友達との再会

学習した日　月　日
名前
目標時間 20分
得点　／100点
解説↓ 171ページ
2512

再（6画）　出さない
音 サイ、サ　訓 ふたた び
使い方：再生　再会　再度　再現　再発　再来年

接（11画）　少し出す
音 セツ　訓 （つ ぐ）
使い方：直接　接近　接客　面接　応接間　接続語

絶（12画）　上にはねる
音 ゼツ　訓 た える、た やす、た つ
使い方：絶対　絶交　絶望　絶景　絶食　断絶　絶え間

厚（9画）　はねる
音 （コウ）　訓 あつ い
使い方：厚手　厚紙　分厚い　温厚　厚意　厚顔

情（11画）　とめる
音 ジョウ、（セイ）　訓 なさ け
使い方：友情　感情　表情　事情　同情　情熱　情け顔

1 □に漢字を書きましょう。　1つ8点【80点】

(1) 友達と二年ぶりに□□（さいかい）する。
(2) □□（ちょくせつ）会って、話をする。
(3) □□（ぜっこう）した友達と仲直りする。
(4) □□（ぶあつ）い手紙に気持ちを記す。
(5) □□（ゆうじょう）を確かめ合う。
(6) □□□（さらいしゅう）も仲良く遊ぶ。
(7) 連らくが□（た）えて心配する。
(8) 帰り道に□（ふたた）びすれちがう。
(9) □□（あつぎ）をして出かける。
(10) □（なさ）けない思いをする。

スパイラルコーナー
□に漢字を書きましょう。　1つ10点【20点】

(1) 虫たちが□□（かふん）を運ぶ。
(2) 人工□□（えいせい）の開発を計画する。

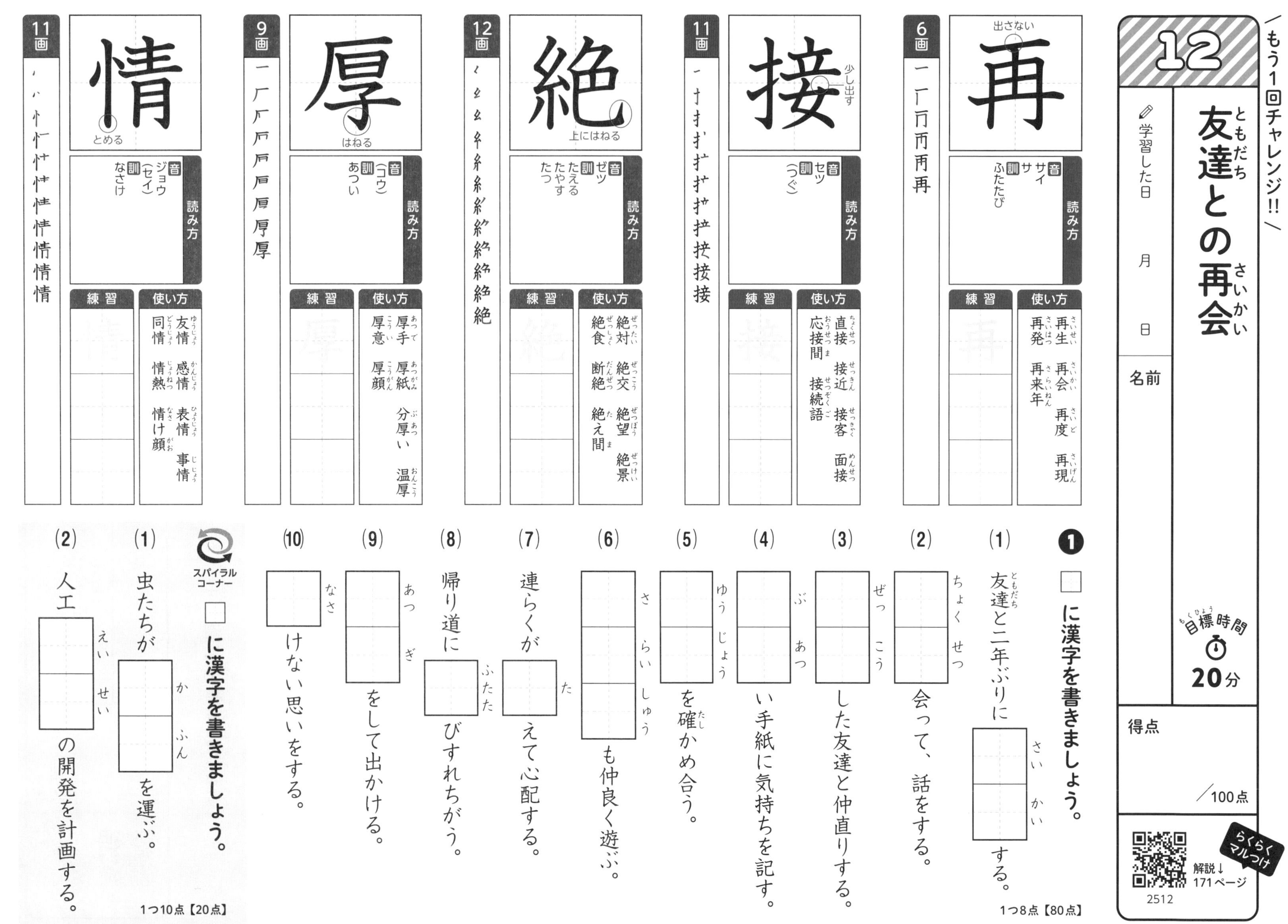

もう1回チャレンジ!!

12 友達(ともだち)との再会(さいかい)

学習した日　月　日

名前

目標時間 20分

得点　／100点

解説↓ 171ページ

らくらくマルつけ

2512

再（6画）

出さない

一 冂 冂 币 再 再

読み方　音 サイ、サ　訓 ふたたび

使い方　再生(さいせい)　再会(さいかい)　再度(さいど)　再現(さいげん)　再発(さいはつ)　再来年(さらいねん)

練習

接（11画）

少し出す

一 十 扌 扌 扩 护 护 拦 挖 接 接

読み方　音 セツ　訓 (つぐ)

使い方　直接(ちょくせつ)　接近(せっきん)　接客(せっきゃく)　面接(めんせつ)　応接間(おうせつま)　接続語(せつぞくご)

練習

絶（12画）

上にはねる

く 幺 幺 糸 糸 糸 糸 紀 紀 絡 絶 絶

読み方　音 ゼツ　訓 たえる、たやす、たつ

使い方　絶対(ぜったい)　絶交(ぜっこう)　絶望(ぜつぼう)　絶景(ぜっけい)　絶食(ぜっしょく)　断絶(だんぜつ)　絶え間(たえま)

練習

厚（9画）

はねる

一 厂 厂 厂 戶 戶 厚 厚 厚

読み方　音 (コウ)　訓 あつい

使い方　厚手(あつで)　厚紙(あつがみ)　分厚い(ぶあつい)　温厚(おんこう)　厚意(こうい)　厚顔(こうがん)

練習

情（11画）

とめる

丶 丷 忄 忄 忄 忄 情 情 情 情 情

読み方　音 ジョウ、(セイ)　訓 なさけ

使い方　友情(ゆうじょう)　感情(かんじょう)　表情(ひょうじょう)　事情(じじょう)　同情(どうじょう)　情熱(じょうねつ)　情け顔(なさけがお)

練習

1 □に漢字を書きましょう。　1つ8点【80点】

(1) 友達(ともだち)と二年ぶりに［さいかい］する。

(2) ［ちょくせつ］会って、話をする。

(3) ［ぜっこう］した友達と仲直りする。

(4) ［ぶあつ］い手紙に気持ちを記す。

(5) ［ゆうじょう］を確(たし)かめ合う。

(6) ［さらいしゅう］も仲良く遊ぶ。

(7) 連らくが［た］えて心配する。

(8) 帰り道に［ふたた］びすれちがう。

(9) ［あつぎ］をして出かける。

(10) ［なさ］けない思いをする。

スパイラルコーナー

□に漢字を書きましょう。　1つ10点【20点】

(1) 虫たちが［かふん］を運ぶ。

(2) 人工［えいせい］の開発を計画する。

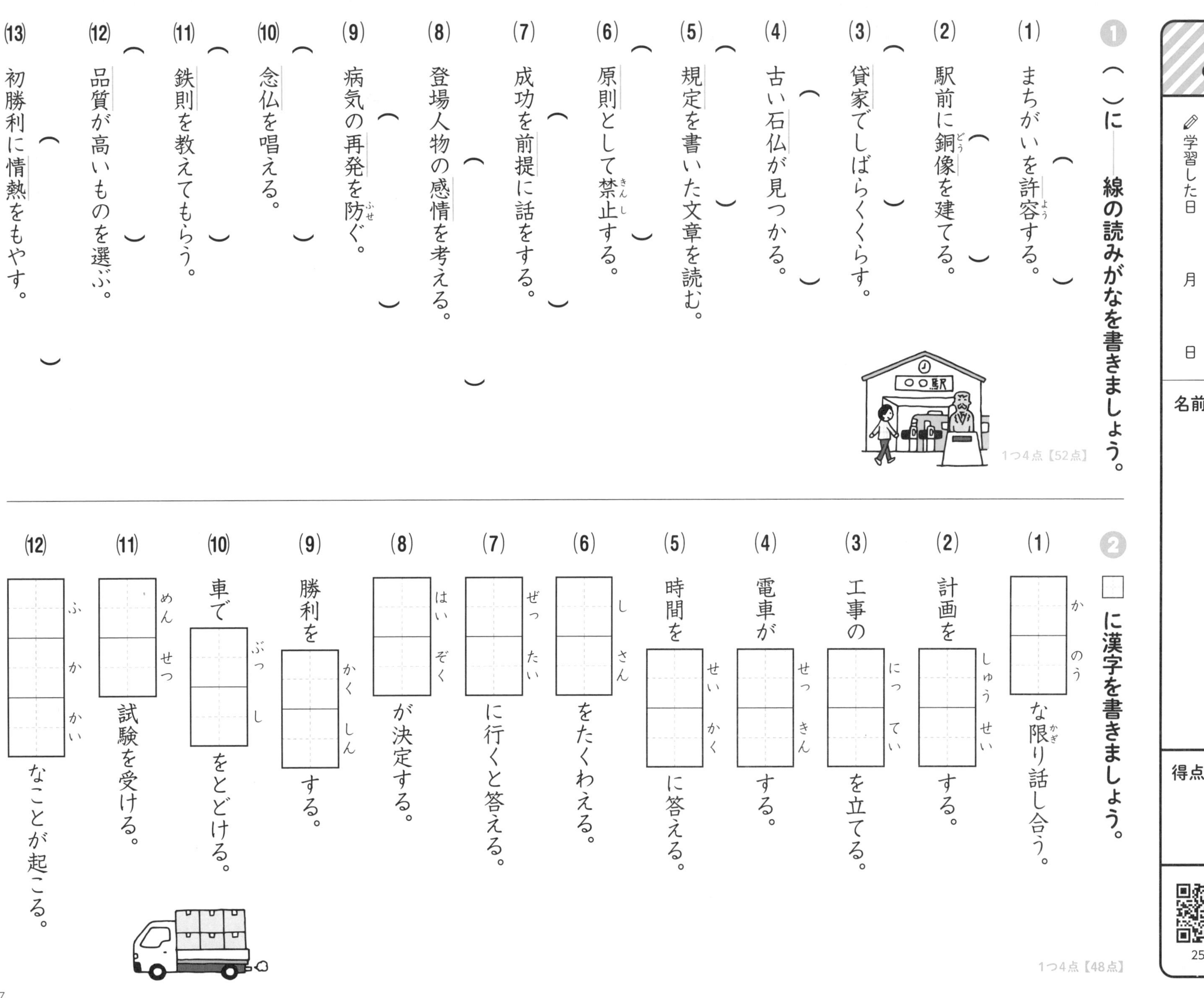

13 まとめのテスト ③

学習した日　月　日

名前

目標時間(もくひょうじかん) 20分

得点　／100点

解説↓ 172ページ

2513

らくらくマルつけ

1 （　）に――線の読みがなを書きましょう。

1つ4点【52点】

(1) まちがいを許容(よう)する。（　）

(2) 駅前に銅像(どう)を建てる。（　）

(3) 貸家でしばらくくらす。（　）

(4) 古い石仏が見つかる。（　）

(5) 規定を書いた文章を読む。（　）

(6) 原則として禁止(きんし)する。（　）

(7) 成功を前提に話をする。（　）

(8) 登場人物の感情を考える。（　）

(9) 病気の再発を防(ふせ)ぐ。（　）

(10) 念仏を唱える。（　）

(11) 鉄則を教えてもらう。（　）

(12) 品質が高いものを選ぶ。（　）

(13) 初勝利に情熱をもやす。（　）

2 □に漢字を書きましょう。

1つ4点【48点】

(1) □□(かのう)な限(かぎ)り話し合う。

(2) 計画を□□(しゅうせい)する。

(3) 工事の□□(にってい)を立てる。

(4) 電車が□□(せっきん)する。

(5) 時間を□□(せいかく)に答える。

(6) □□(しさん)をたくわえる。

(7) □□(ぜったい)に行くと答える。

(8) □□(はいぞく)が決定する。

(9) 勝利を□□(かくしん)する。

(10) 車で□□(ぶっし)をとどける。

(11) □□(めんせつ)試験を受ける。

(12) □□□(ふかかい)なことが起こる。

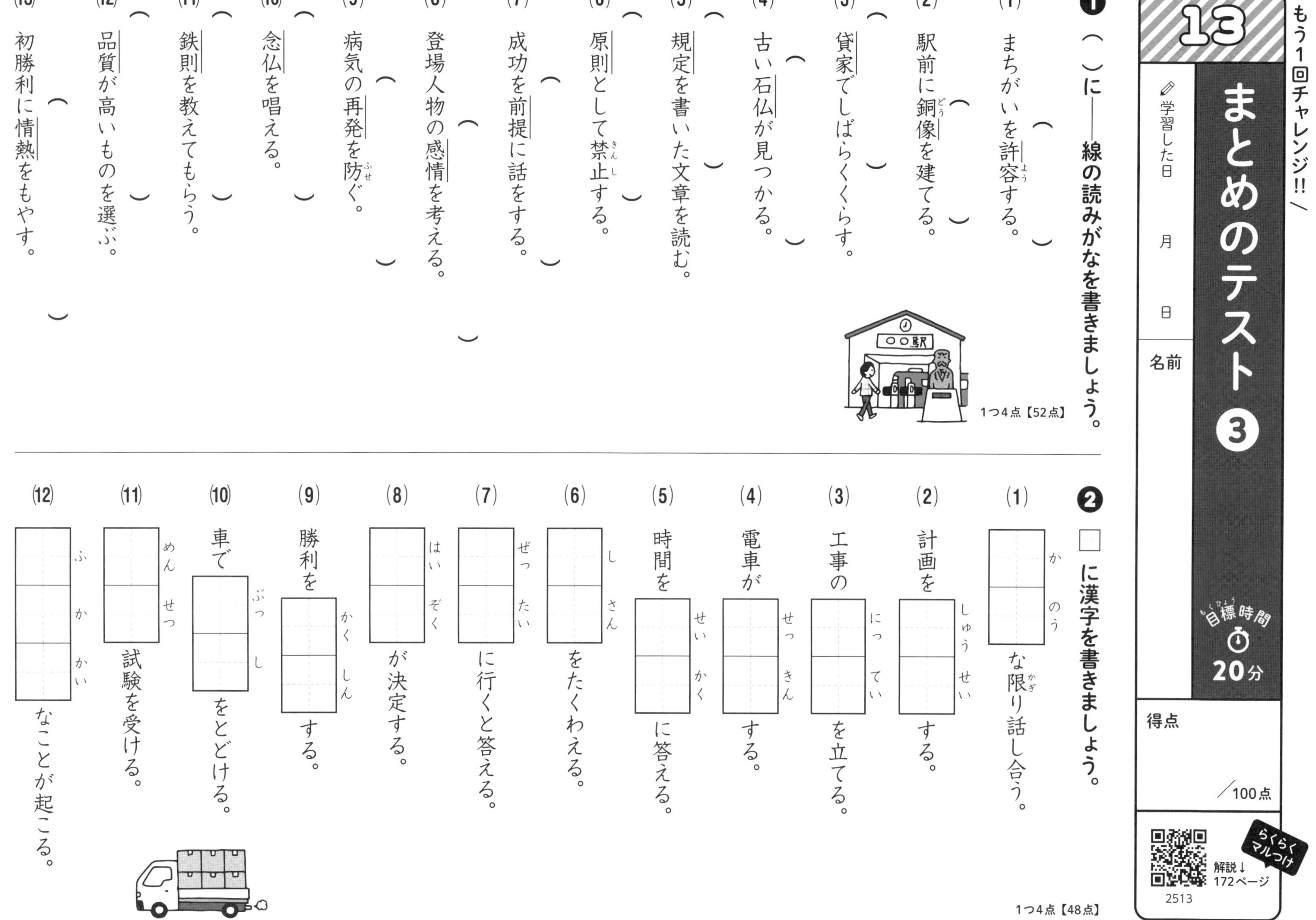

もう1回チャレンジ!!

13 まとめのテスト③

学習した日　月　日

名前

目標時間 20分

得点

/100点

らくらくマルつけ

解説↓172ページ

2513

1 （　）に――線の読みがなを書きましょう。

1つ4点【52点】

(1) まちがいを許容する。（　　）
(2) 駅前に銅像を建てる。（　　）
(3) 貸家でしばらくくらす。（　　）
(4) 古い石仏が見つかる。（　　）
(5) 規定を書いた文章を読む。（　　）
(6) 原則として禁止する。（　　）
(7) 成功を前提に話をする。（　　）
(8) 登場人物の感情を考える。（　　）
(9) 病気の再発を防ぐ。（　　）
(10) 念仏を唱える。（　　）
(11) 鉄則を教えてもらう。（　　）
(12) 品質が高いものを選ぶ。（　　）
(13) 初勝利に情熱をもやす。（　　）

2 □に漢字を書きましょう。

1つ4点【48点】

(1) □□（かのう）な限り話し合う。
(2) 計画を□□（しゅうせい）する。
(3) 工事の□□（にってい）を立てる。
(4) 電車が□□（せっきん）する。
(5) 時間を□□（せいかく）に答える。
(6) □□（しさん）をたくわえる。
(7) □□（ぜったい）に行くと答える。
(8) □□（はいぞく）が決定する。
(9) 勝利を□□（かくしん）する。
(10) 車で□□（ぶっし）をとどける。
(11) □□（めんせつ）試験を受ける。
(12) □□□（ふかかい）なことが起こる。

14 まとめのテスト ④

学習した日　月　日

名前

目標時間 20分

得点　／100点

解説↓ 172ページ

2514

らくらくマルつけ

1 （　）に――線の読みがなを書きましょう。　1つ4点【52点】

(1) 話に不確かな点がある。（　）
(2) みごとな織物をもらう。（　）
(3) 厚紙で工作をする。（　）
(4) 絶望から立ち直る。（　）
(5) 協力して資材を運ぶ。（　）
(6) 持ちこみは不可とする。（　）
(7) 大学の付属小学校に通う。（　）
(8) 明確に意見を述べる。（　）
(9) 研修を受ける。（　）
(10) 絶景が見られる場所に行く。（　）
(11) ピアノの音程がくるう。（　）
(12) 接続語を使って文を書く。（　）
(13) 不可思議なことが起こる。（　）

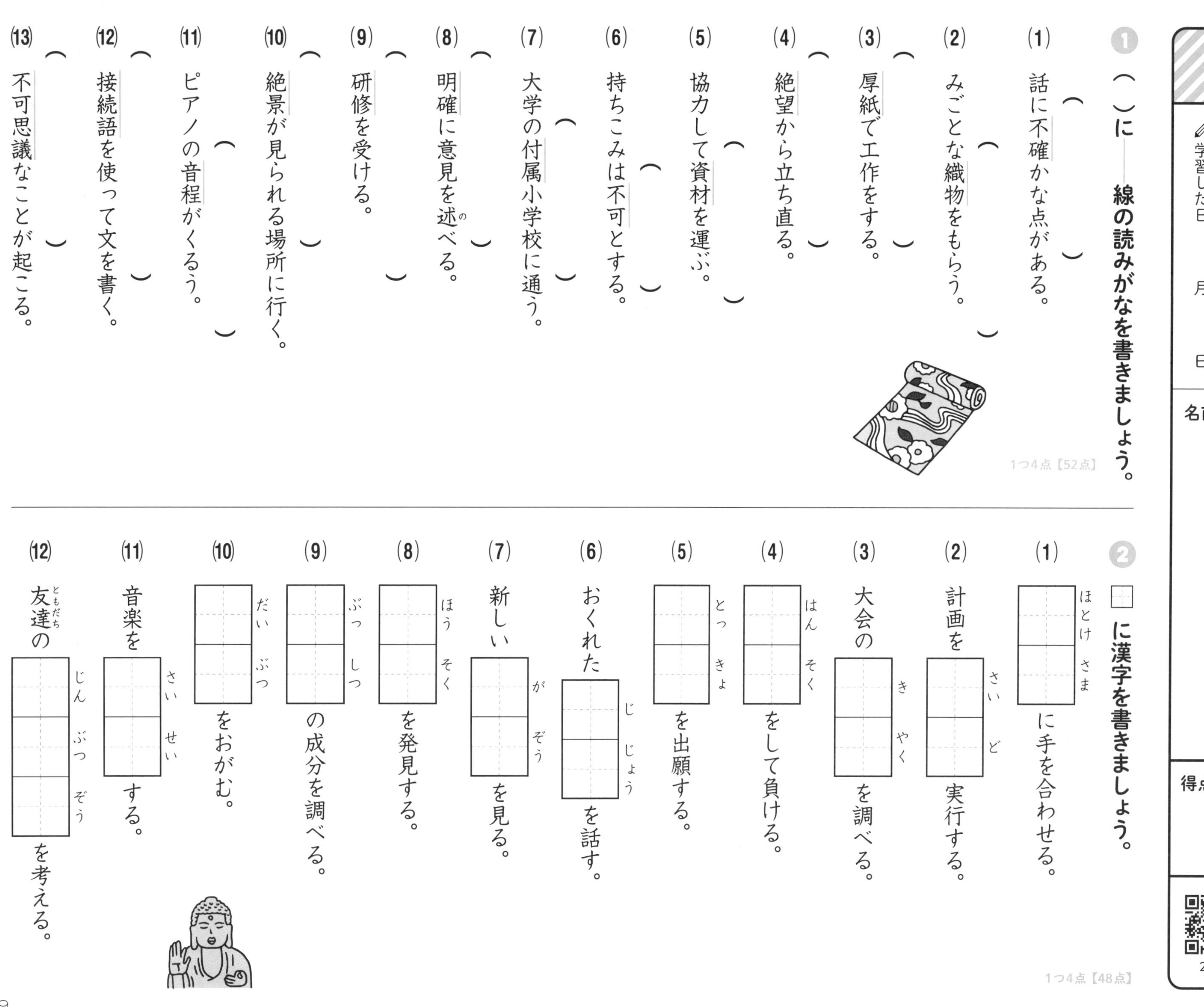

2 □に漢字を書きましょう。　1つ4点【48点】

(1) □□（ほとけさま）に手を合わせる。
(2) 計画を□□（さいど）実行する。
(3) 大会の□□（きやく）を調べる。
(4) □□（はんそく）をして負ける。
(5) □□（とっきょ）を出願する。
(6) おくれた□□（じじょう）を話す。
(7) 新しい□□（がぞう）を見る。
(8) □□（ほうそく）を発見する。
(9) □□（ぶっしつ）の成分を調べる。
(10) □□（だいぶつ）をおがむ。
(11) 音楽を□□（さいせい）する。
(12) 友達の□□□（じんぶつぞう）を考える。

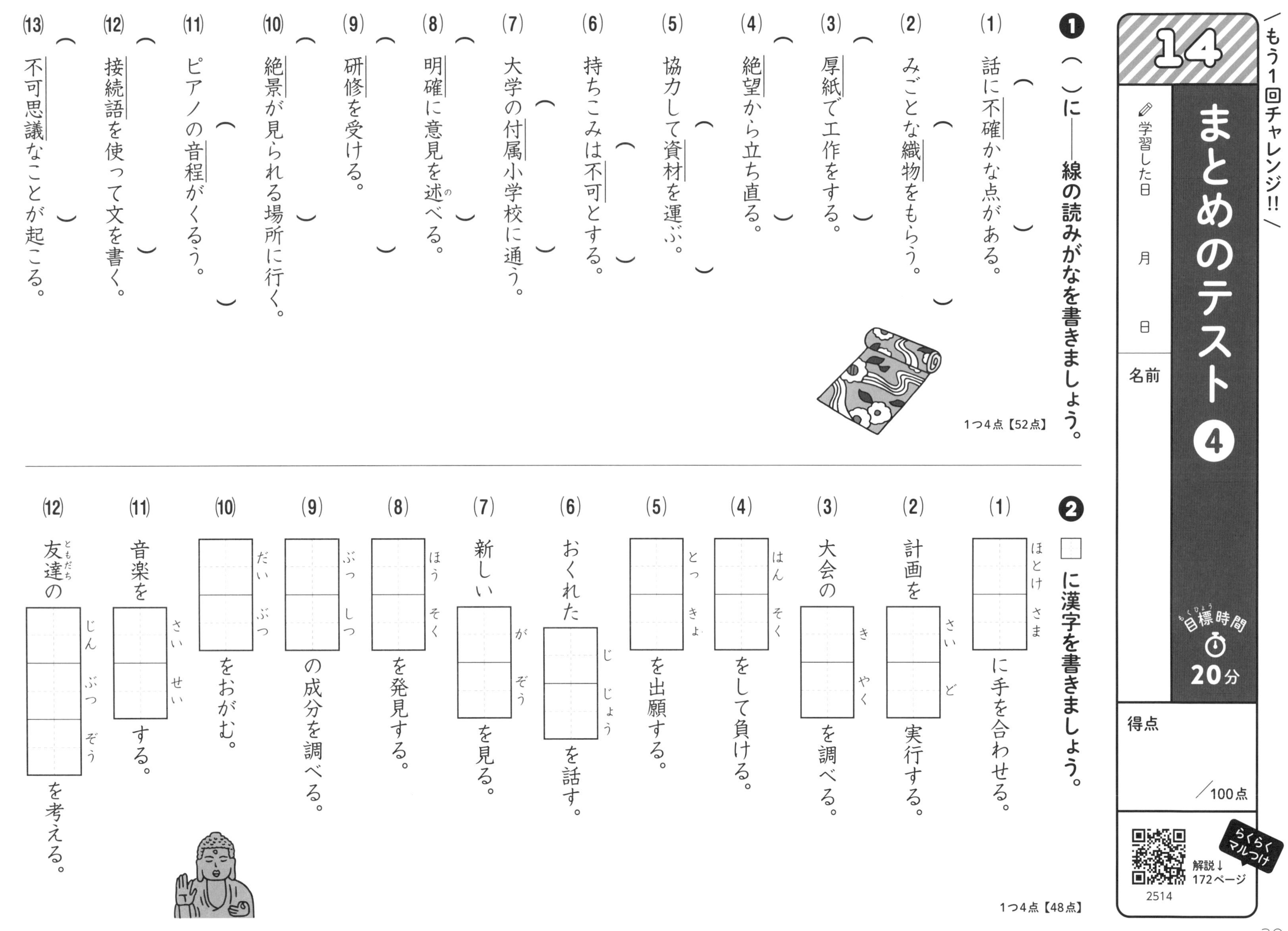

もう1回チャレンジ!!

14

まとめのテスト④

学習した日　月　日

名前

目標時間 20分

得点　／100点

らくらくマルつけ

解説↓ 172ページ

2514

❶ （　）に——線の読みがなを書きましょう。

1つ4点【52点】

(1) 話に不確かな点がある。（　）

(2) みごとな織物をもらう。（　）

(3) 厚紙で工作をする。（　）

(4) 絶望から立ち直る。（　）

(5) 協力して資材を運ぶ。（　）

(6) 持ちこみは不可とする。（　）

(7) 大学の付属小学校に通う。（　）

(8) 明確に意見を述べる。（　）

(9) 研修を受ける。（　）

(10) 絶景が見られる場所に行く。（　）

(11) ピアノの音程がくるう。（　）

(12) 接続語を使って文を書く。（　）

(13) 不可思議なことが起こる。（　）

❷ □に漢字を書きましょう。

1つ4点【48点】

(1) □□（ほとけさま）に手を合わせる。

(2) 計画を□□（さいど）実行する。

(3) 大会の□□（きやく）を調べる。

(4) □□（はんそく）をして負ける。

(5) □□（とっきょ）を出願する。

(6) おくれた□□（じじょう）を話す。

(7) 新しい□□（がぞう）を見る。

(8) □□（ほうそく）を発見する。

(9) □□（ぶっしつ）の成分を調べる。

(10) □□（だいぶつ）をおがむ。

(11) 音楽を□□（さいせい）する。

(12) 友達（ともだち）の□□□（じんぶつぞう）を考える。

15 パズル・実践(せん)③

学習した日　月　日

名前

目標時間 20分

得点　／100点

解説↓ 172ページ

2515

らくらくマルつけ

1 矢印の向きに読むと熟語(じゅくご)になるように、次の□に入る漢字を書きましょう。

1つ8点【16点】

(1) 問 ↑ □ ／ 物 → □ ／ 品 → □ ／ □ → 素(そ)

(2) 大 → □ ／ □ → 像(ぞう) ／ 念 → □ ／ □ → 教

2 次の――線のカタカナにあてはまる漢字を線で結びましょう。

全部できて1つ8点【24点】

(1) ① 家ゾクの会話。　② 金ゾクの種類。　・族　・属

(2) ① 箱のソク面。　② 成功の法ソク。　・則　・側

(3) ① 組シキを作る。　② 意シキが高い。　・識　・織

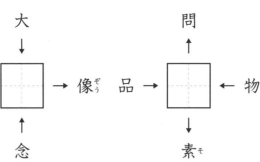

3 次の――線の漢字の読み方を（　）にひらがなで書きましょう。

1つ5点【40点】

(1) ① 修正を行う。（　）　② 学問を修める。（　）

(2) ① 同情をされる。（　）　② 情けをかける。（　）

(3) ① 再度話し合う。（　）　② 再び始める。（　）

(4) ① 確実に行う。（　）　② 場所を確かめる。（　）

4 次の漢字を足し算してできる一字の漢字を、□に書きましょう。

1つ5点【20点】

(1) 代 ＋ 貝 ＝ □

(2) 夫 ＋ 見 ＝ □

(3) 言 ＋ 午 ＝ □

(4) 禾 ＋ 口 ＋ 王 ＝ □

もう1回チャレンジ!!

15 パズル・実践（せん）③

学習した日　月　日

名前

目標（もくひょう）時間 20分

得点　／100点

らくらくマルつけ　解説↓172ページ

2515

❶ 矢印の向きに読むと熟語（じゅくご）になるように、次の□に入る漢字を書きましょう。

1つ8点【16点】

(1)

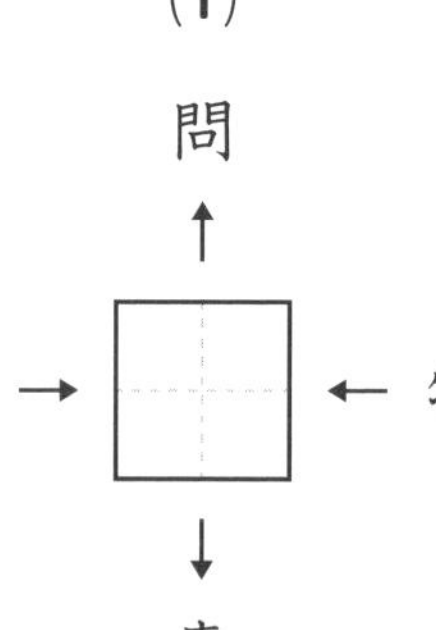
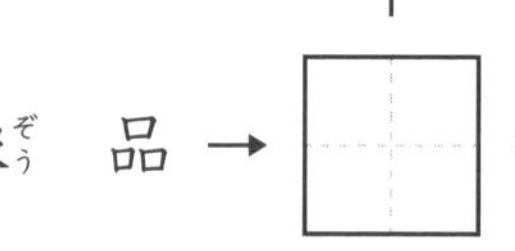

(2)

❷ 次の——線のカタカナにあてはまる漢字を線で結びましょう。

全部できて1つ8点【24点】

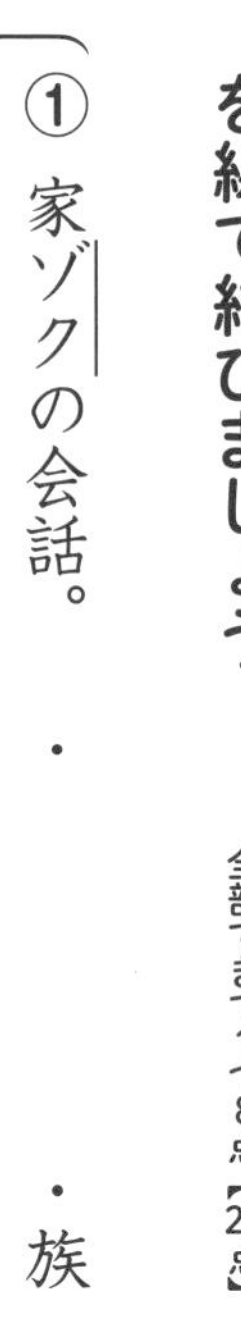

(1)
① 家ゾクの会話。　・　・族
② 金ゾクの種類。　・　・属

(2)
① 箱のソク面。　・　・則
② 成功の法ソク。　・　・側

(3)
① 組シキを作る。　・　・識
② 意シキが高い。　・　・織

❸ 次の——線の漢字の読み方を（　）にひらがなで書きましょう。

1つ5点【40点】

(1)
① 修正を行う。（　　）
② 学問を修める。（　　）

(2)
① 同情をされる。（　　）
② 情けをかける。（　　）

(3)
① 再度話し合う。（　　）
② 再び始める。（　　）

(4)
① 確実に行う。（　　）
② 場所を確かめる。（　　）

❹ 次の漢字を足し算してできる一字の漢字を、□に書きましょう。

1つ5点【20点】

(1) 代＋貝＝□

(2) 夫＋見＝□

(3) 言＋午＝□

(4) 禾＋口＋王＝□

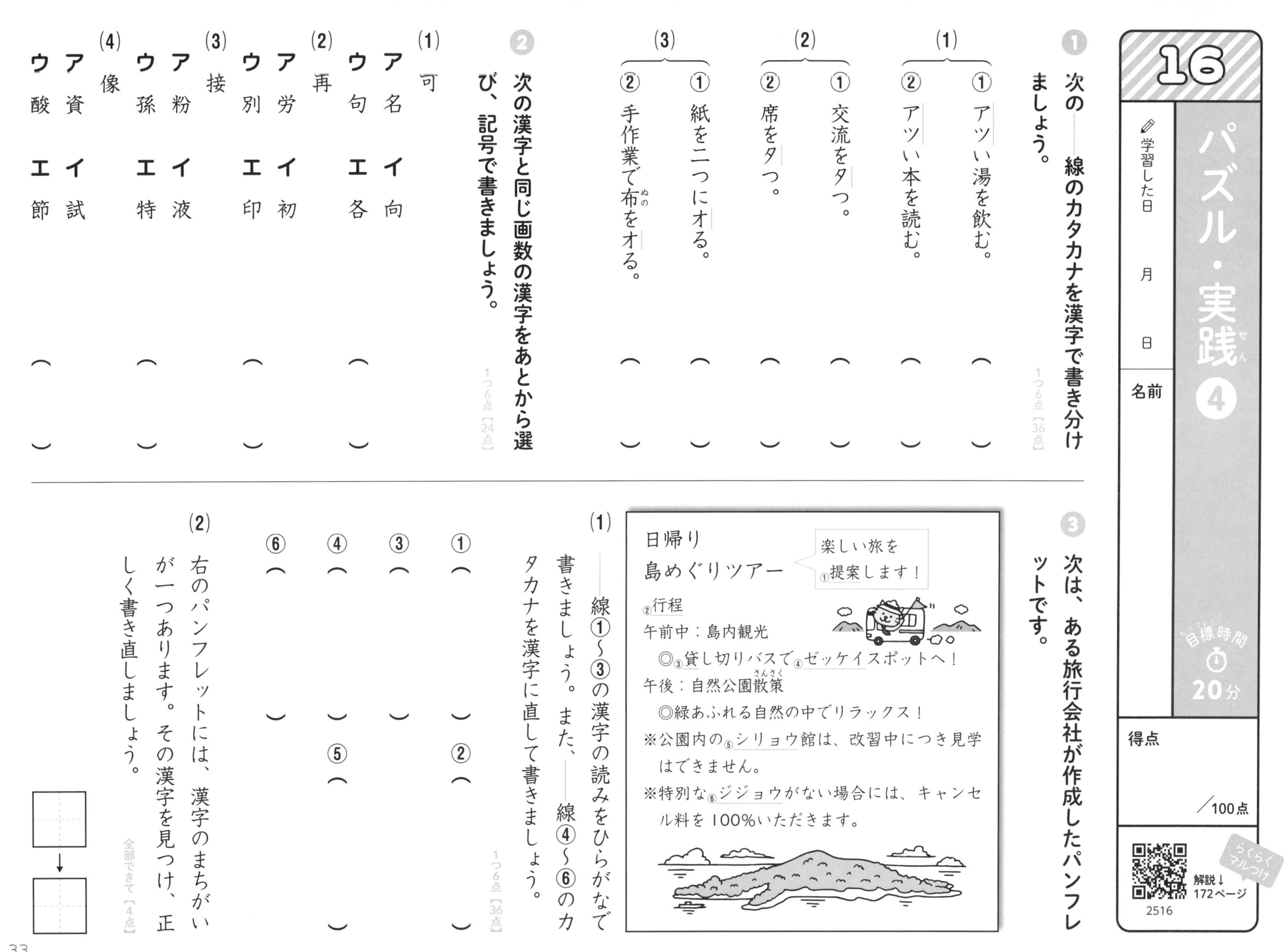

16 パズル・実践④

学習した日　月　日

名前

目標時間 20分

得点　／100点

解説↓172ページ

2516

らくらくマルつけ

1 次の――線のカタカナを漢字で書き分けましょう。 1つ6点【36点】

(1) ① アツい湯を飲む。（　　）
② アツい本を読む。（　　）

(2) ① 交流をタつ。（　　）
② 席をタつ。（　　）

(3) ① 紙を二つにオる。（　　）
② 手作業で布をオる。（　　）

2 次の漢字と同じ画数の漢字をあとから選び、記号で書きましょう。 1つ6点【24点】

(1) 可
ア 名　イ 向　ウ 句　エ 各　（　　）

(2) 再
ア 労　イ 初　ウ 別　エ 印　（　　）

(3) 接
ア 粉　イ 液　ウ 孫　エ 特　（　　）

(4) 像
ア 資　イ 試　ウ 酸　エ 節　（　　）

3 次は、ある旅行会社が作成したパンフレットです。

日帰り
島めぐりツアー

楽しい旅を
①提案します！

②行程
午前中：島内観光
◎③貸し切りバスで④ゼッケイスポットへ！
午後：自然公園散策
◎緑あふれる自然の中でリラックス！
※公園内の⑤シリョウ館は、改習中につき見学はできません。
※特別な⑥ジジョウがない場合には、キャンセル料を100％いただきます。

(1) ――線①〜③の漢字の読みをひらがなで書きましょう。また、――線④〜⑥のカタカナを漢字に直して書きましょう。 1つ6点【36点】

①（　　）　②（　　）

③（　　）

④（　　）　⑤（　　）

⑥（　　）

(2) 右のパンフレットには、漢字のまちがいが一つあります。その漢字を見つけ、正しく書き直しましょう。 全部できて【4点】

□ → □

＼もう1回チャレンジ!!／

16 パズル・実践④

学習した日　月　日

名前

目標時間 20分

得点　／100点

解説↓ 172ページ

2516

らくらくマルつけ

❶ 次の——線のカタカナを漢字で書き分けましょう。 1つ6点【36点】

(1)
① アツい湯を飲む。（　　）
② アツい本を読む。（　　）

(2)
① 交流をタつ。（　　）
② 席をタつ。（　　）

(3)
① 紙を二つにオる。（　　）
② 手作業で布をオる。（　　）

❷ 次の漢字と同じ画数の漢字をあとから選び、記号で書きましょう。 1つ6点【24点】

(1) 可
ア 名　イ 向
ウ 句　エ 各
（　　）

(2) 再
ア 労　イ 初
ウ 別　エ 印
（　　）

(3) 接
ア 粉　イ 液
ウ 孫　エ 特
（　　）

(4) 像
ア 資　イ 試
ウ 酸　エ 節
（　　）

❸ 次は、ある旅行会社が作成したパンフレットです。

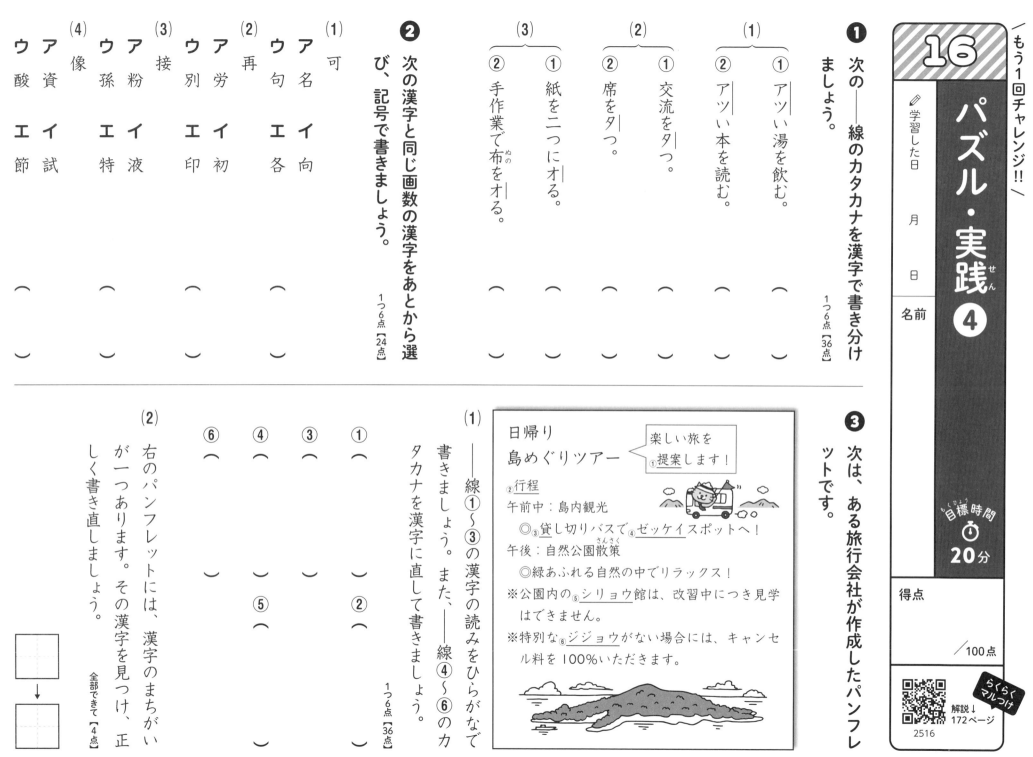

日帰り
島めぐりツアー

楽しい旅を
①提案します！

②行程
午前中：島内観光
◎③貸し切りバスで④ゼッケイスポットへ！
午後：自然公園散策
◎緑あふれる自然の中でリラックス！
※公園内の⑤シリョウ館は、改習中につき見学はできません。
※特別な⑥ジジョウがない場合には、キャンセル料を100%いただきます。

(1) ——線①～③の漢字の読みをひらがなで書きましょう。また、——線④～⑥のカタカナを漢字に直して書きましょう。 1つ6点【36点】

①（　　）　②（　　）
③（　　）
④（　　）　⑤（　　）
⑥（　　）

(2) 右のパンフレットには、漢字のまちがいが一つあります。その漢字を見つけ、正しく書き直しましょう。 全部できて【4点】

□→□

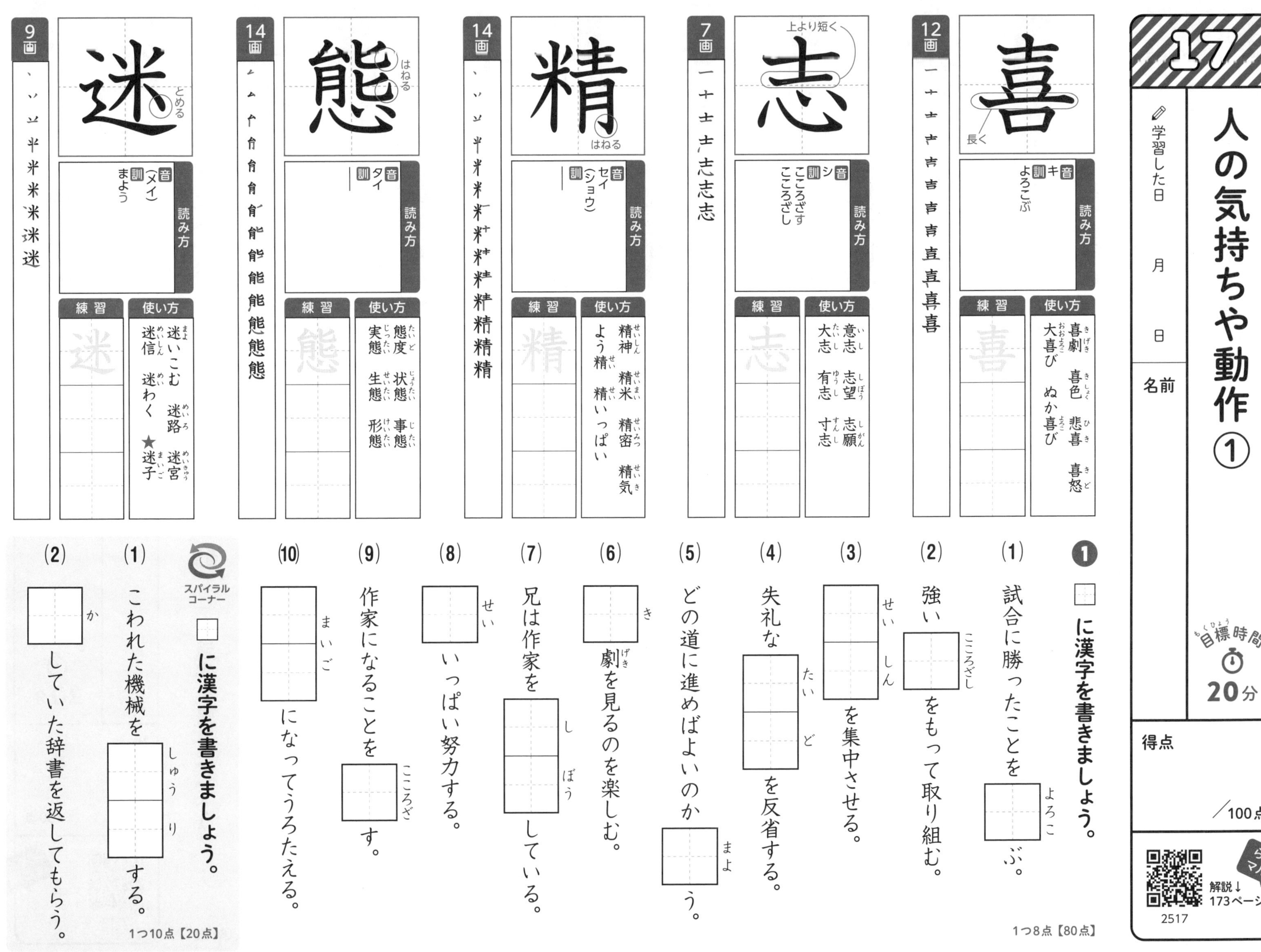

17 人の気持ちや動作①

学習した日　月　日

名前

目標時間 20分

得点　／100点

らくらくマルつけ　解説↓173ページ

2517

喜（12画）

長く

読み方　音 キ　訓 よろこぶ

使い方　喜劇（きげき）　喜色（きしょく）　悲喜（ひき）　喜怒（きど）　大喜び（おおよろこび）　ぬか喜び（よろこび）

練習

志（7画）

上より短く

読み方　音 シ　訓 こころざす　こころざし

使い方　意志（いし）　志望（しぼう）　志願（しがん）　大志（たいし）　有志（ゆうし）　寸志（すんし）

練習

精（14画）

はねる

読み方　音 セイ　（ショウ）　訓 ―

使い方　精神（せいしん）　精米（せいまい）　精密（せいみつ）　精気（せいき）　よう精（せい）　精（せい）いっぱい

練習

態（14画）

はねる

読み方　音 タイ　訓 ―

使い方　態度（たいど）　状態（じょうたい）　事態（じたい）　実態（じったい）　生態（せいたい）　形態（けいたい）

練習

迷（9画）

とめる

読み方　音 （メイ）　訓 まよう

使い方　迷（まよ）いこむ　迷路（めいろ）　迷宮（めいきゅう）　迷信（めいしん）　迷（めい）わく　★迷子（まいご）

練習

---

1 □に漢字を書きましょう。　1つ8点【80点】

(1) 試合に勝ったことを□（よろこ）ぶ。

(2) 強い□（こころざし）をもって取り組む。

(3) □（せいしん）を集中させる。

(4) 失礼な□（たいど）を反省する。

(5) どの道に進めばよいのか□（まよ）う。

(6) □（き）劇（げき）を見るのを楽しむ。

(7) 兄は作家を□（しぼう）している。

(8) □（せい）いっぱい努力する。

(9) 作家になることを□（こころざ）す。

(10) □（まいご）になってうろたえる。

スパイラルコーナー　□に漢字を書きましょう。　1つ10点【20点】

(1) こわれた機械を□（しゅうり）する。

(2) □（か）していた辞書を返してもらう。

もう1回チャレンジ!!

17 人の気持ちや動作①

学習した日　月　日

名前

目標時間 20分

得点　／100点

解説↓ 173ページ

2517

らくらくマルつけ

喜 12画
一 十 士 吉 吉 吉 吉 吉 吉 吉 喜 喜
音 キ
訓 よろこぶ
使い方：喜劇（きげき）　喜色（きしょく）　悲喜（ひき）　喜怒（きど）　大喜び（おおよろこび）　ぬか喜び（よろこび）
長く

志 7画
一 十 士 士 志 志 志
音 シ
訓 こころざす　こころざし
使い方：意志（いし）　志望（しぼう）　志願（しがん）　大志（たいし）　有志（ゆうし）　寸志（すんし）
上より短く

精 14画
丶 丷 ⺌ 半 米 米 米 米 米 米 精 精 精 精
音 セイ（ショウ）
訓 ―
使い方：精神（せいしん）　精米（せいまい）　精密（せいみつ）　精気（せいき）　よう精（せい）　精（せい）いっぱい
はねる

態 14画
ム ム 今 台 台 台 台 能 能 能 能 態 態 態
音 タイ
訓 ―
使い方：態度（たいど）　状態（じょうたい）　事態（じたい）　実態（じったい）　生態（せいたい）　形態（けいたい）
はねる

迷 9画
丶 丷 ⺌ 半 米 米 米 迷 迷
音 （メイ）
訓 まよう
使い方：迷いこむ（まよ）　迷路（めいろ）　迷宮（めいきゅう）　迷信（めいしん）　迷わく（めい）　★迷子（まいご）
とめる

練習

❶ □に漢字を書きましょう。　1つ8点【80点】

(1) 試合に勝ったことを［よろこ］ぶ。

(2) 強い［こころざし］をもって取り組む。

(3) ［せいしん］を集中させる。

(4) 失礼な［たいど］を反省する。

(5) どの道に進めばよいのか［まよ］う。

(6) ［き］劇（げき）を見るのを楽しむ。

(7) 兄は作家を［しぼう］している。

(8) ［せい］いっぱい努力する。

(9) 作家になることを［こころざ］す。

(10) ［まいご］になってうろたえる。

スパイラルコーナー　□に漢字を書きましょう。　1つ10点【20点】

(1) こわれた機械を［しゅうり］する。

(2) ［か］していた辞書を返してもらう。

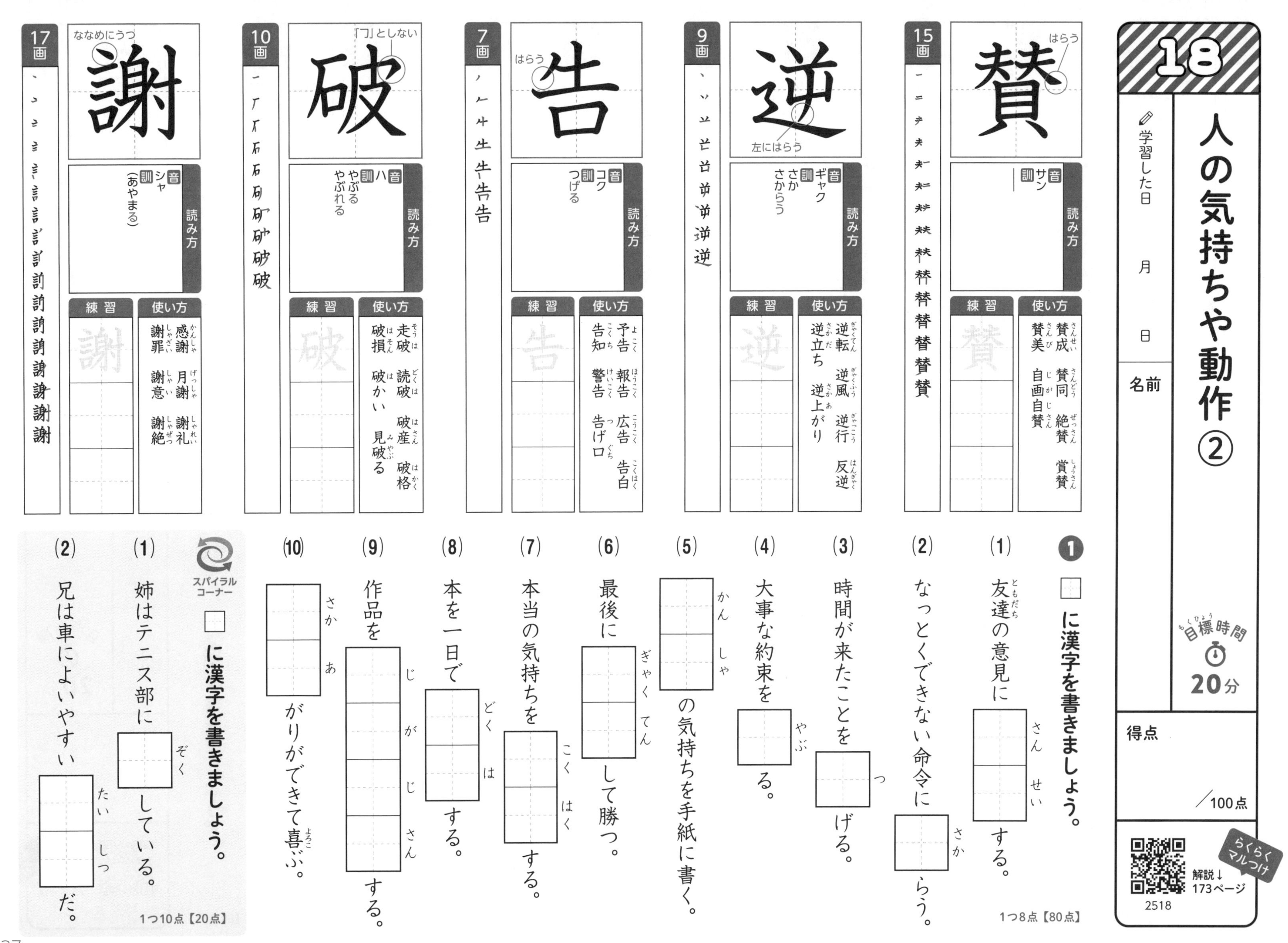

18 人の気持ちや動作②

学習した日　月　日
名前

目標時間 20分

得点　／100点

解説↓ 173ページ
2518

らくらくマルつけ

賛 15画
読み方　音 サン　訓 ―
使い方　賛成　賛同　絶賛　賞賛　賛美　自画自賛

逆 9画
読み方　音 ギャク　訓 さか　さからう
使い方　逆転　逆風　逆行　反逆　逆立ち　逆上がり

告 7画
読み方　音 コク　訓 つげる
使い方　予告　報告　広告　告白　告知　警告　告げ口

破 10画
読み方　音 ハ　訓 やぶる　やぶれる
使い方　走破　読破　破産　破格　破損　破かい　見破る

謝 17画
読み方　音 シャ　訓 （あやまる）
使い方　感謝　月謝　謝礼　謝罪　謝意　謝絶

1 □に漢字を書きましょう。　1つ8点【80点】

(1) 友達の意見に［さんせい］する。
(2) なっとくできない命令に［さか］らう。
(3) 時間が来たことを［つ］げる。
(4) 大事な約束を［やぶ］る。
(5) ［かんしゃ］の気持ちを手紙に書く。
(6) 最後に［ぎゃくてん］して勝つ。
(7) 本当の気持ちを［こくはく］する。
(8) 本を一日で［どくは］する。
(9) 作品を［じがじさん］する。
(10) ［さかあ］がりができて喜ぶ。

スパイラルコーナー

□に漢字を書きましょう。　1つ10点【20点】

(1) 姉はテニス部に［ぞく］している。
(2) 兄は車によいやすい［たいしつ］だ。

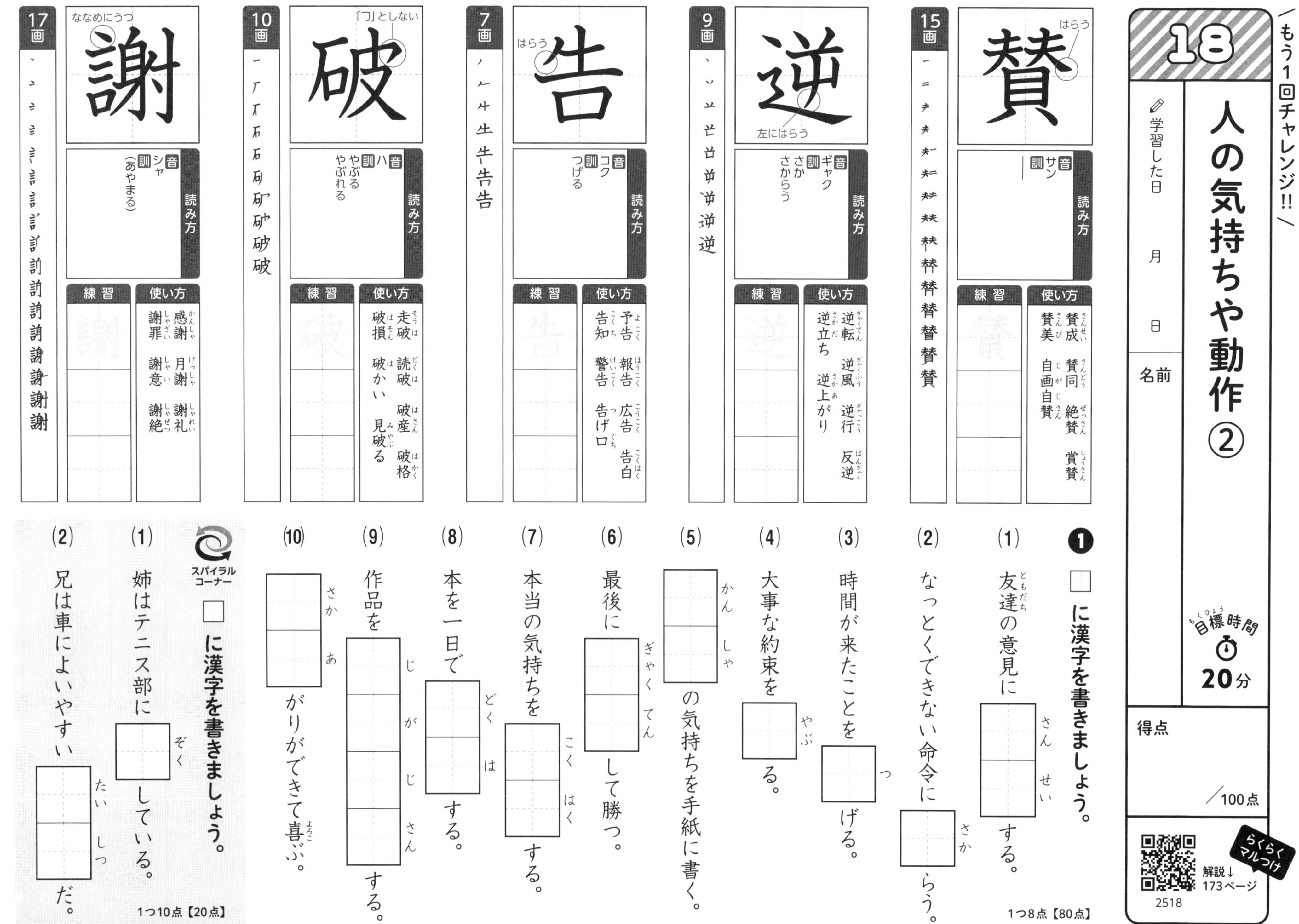

もう1回チャレンジ!!

18 人の気持ちや動作②

学習した日　月　日
名前
目標時間 20分
得点　/100点
解説↓ 173ページ
らくらくマルつけ
2518

賛 15画　はらう
読み方　音 サン　訓 ―
使い方　賛成　賛同　絶賛　賞賛　賛美　自画自賛

逆 9画　左にはらう
読み方　音 ギャク　訓 さか　さからう
使い方　逆転　逆風　逆行　反逆　逆立ち　逆上がり

告 7画　はらう
読み方　音 コク　訓 つげる
使い方　予告　報告　広告　告白　告知　警告　告げ口

破 10画　「刀」としない
読み方　音 ハ　訓 やぶる　やぶれる
使い方　走破　読破　破産　破格　破損　破かい　見破る

謝 17画　ななめにうつ
読み方　音 シャ　訓 (あやまる)
使い方　感謝　月謝　謝礼　謝罪　謝意　謝絶

❶ □に漢字を書きましょう。 1つ8点【80点】

(1) 友達の意見に［さんせい］する。
(2) なっとくできない命令に［さか］らう。
(3) 時間が来たことを［つ］げる。
(4) 大事な約束を［やぶ］る。
(5) ［かんしゃ］の気持ちを手紙に書く。
(6) 最後に［ぎゃくてん］して勝つ。
(7) 本当の気持ちを［こくはく］する。
(8) 本を一日で［どくは］する。
(9) 作品を［じがじさん］する。
(10) ［さかあ］がりができて喜ぶ。

スパイラルコーナー　□に漢字を書きましょう。 1つ10点【20点】

(1) 姉はテニス部に［ぞく］している。
(2) 兄は車によいやすい［たいしつ］だ。

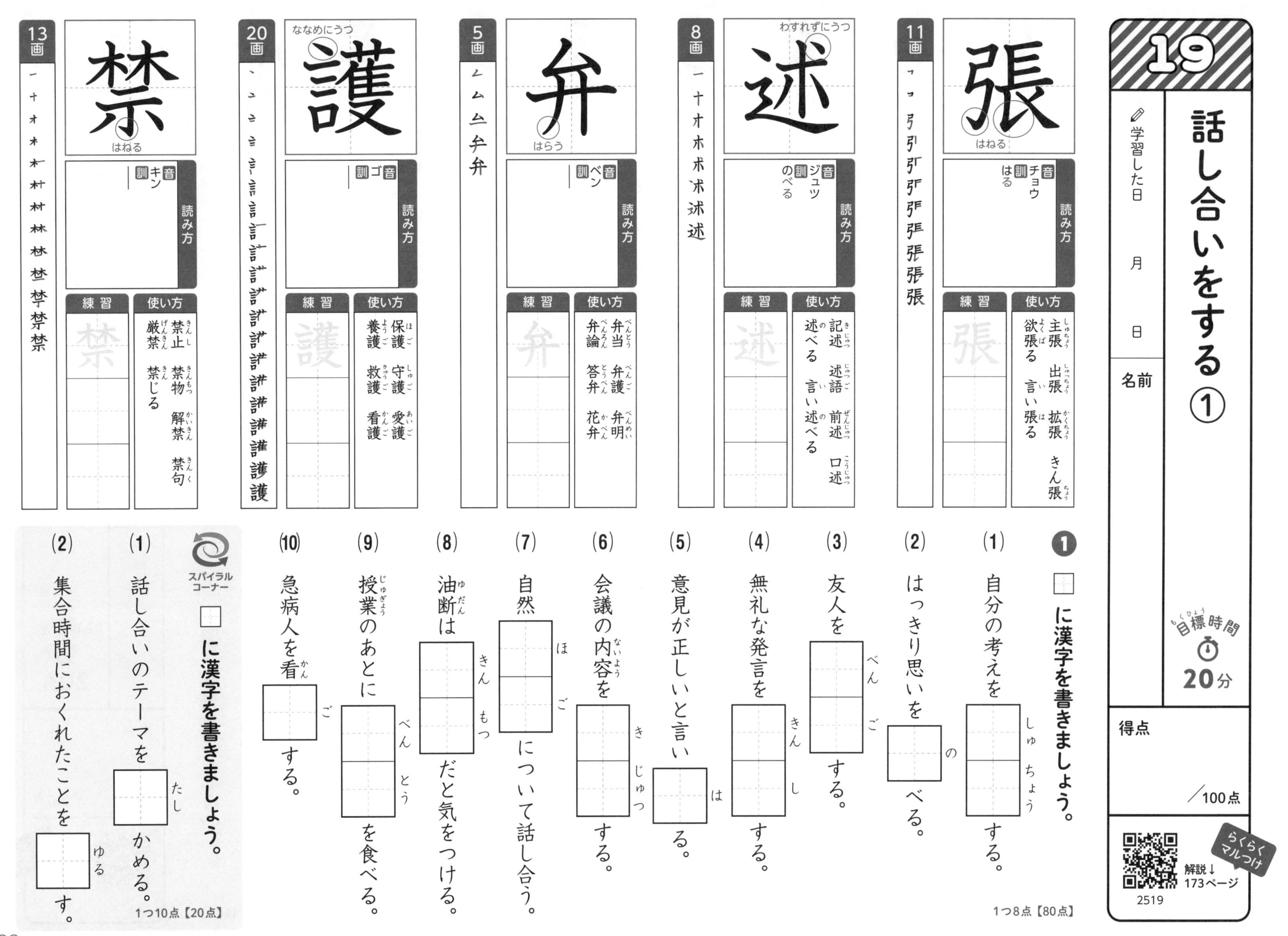

19 話し合いをする①

学習した日　月　日

名前

目標時間 20分

得点　／100点

張（11画）

はねる

読み方：音 チョウ　訓 はる

使い方：主張　出張　拡張　欲張る　言い張る　きん張

練習：張

述（8画）

わすれずにうつ

読み方：音 ジュツ　訓 のべる

使い方：記述　述語　前述　口述　述べる　言い述べる

練習：述

弁（5画）

はらう

読み方：音 ベン

使い方：弁当　弁護　弁明　弁論　答弁　花弁

練習：弁

護（20画）

ななめにうつ

読み方：音 ゴ

使い方：保護　守護　愛護　養護　救護　看護

練習：護

禁（13画）

はねる

読み方：音 キン

使い方：禁止　禁物　解禁　禁句　厳禁　禁じる

練習：禁

1 □に漢字を書きましょう。

(1) 自分の考えを□□（しゅちょう）する。

(2) はっきり思いを□（の）べる。

(3) 友人を□□（べんご）する。

(4) 無礼な発言を□□（きんし）する。

(5) 意見が正しいと言い□（は）る。

(6) 会議の内容を□□（きじゅつ）する。

(7) 自然□□（ほご）について話し合う。

(8) 油断は□□（きんもつ）だと気をつける。

(9) 授業のあとに□□（べんとう）を食べる。

(10) 急病人を看□（ご）する。

1つ8点【80点】

スパイラルコーナー　□に漢字を書きましょう。

(1) 話し合いのテーマを□（たし）かめる。

(2) 集合時間におくれたことを□（ゆる）す。

1つ10点【20点】

らくらくマルつけ　解説↓173ページ　2519

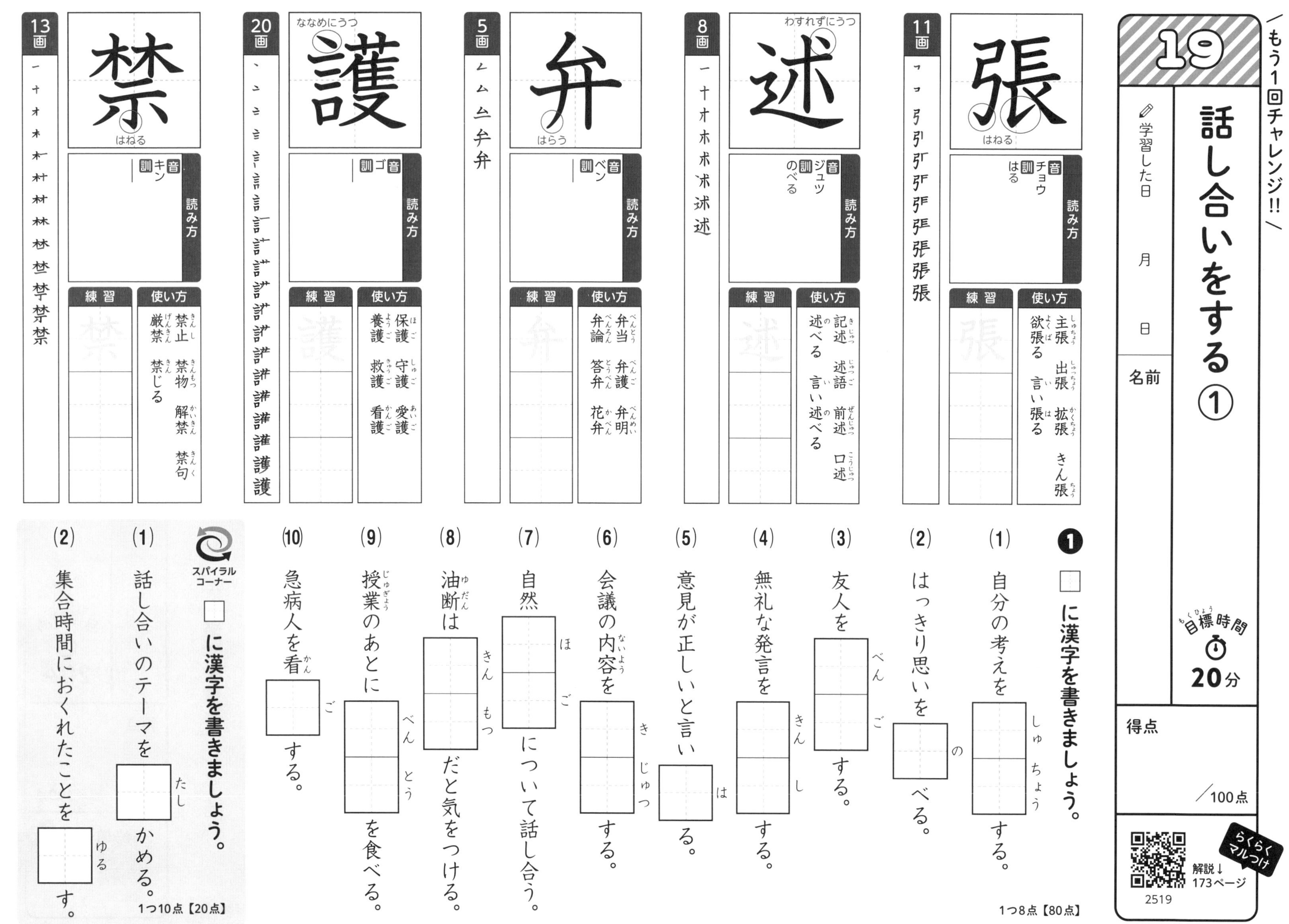

もう1回チャレンジ!!

19

話し合いをする①

学習した日　月　日

名前

目標時間 20分

得点

／100点

解説↓ 173ページ

らくらくマルつけ

2519

張 11画
はねる
読み方　音 チョウ　訓 はる
使い方　主張　出張　拡張　欲張る　言い張る　きん張
筆順：ᄀ ᄀ 弓 弓 弓 弓 弓 弓 張 張 張

述 8画
わすれずにうつ
読み方　音 ジュツ　訓 のべる
使い方　記述　述語　前述　口述　述べる　言い述べる
筆順：一 十 才 木 朮 朮 述 述

弁 5画
はらう
読み方　音 ベン　訓
使い方　弁当　弁護　弁明　弁論　答弁　花弁
筆順：ㄥ ム ム 弁 弁

護 20画
ななめにうつ
読み方　音 ゴ　訓
使い方　保護　守護　愛護　養護　救護　看護
筆順：丶 亠 亖 言 言 … 護 護

禁 13画
はねる
読み方　音 キン　訓
使い方　禁止　禁物　解禁　禁句　厳禁　禁じる
筆順：一 十 才 木 木 村 林 林 林 埜 梺 禁 禁

1 □に漢字を書きましょう。　1つ8点【80点】

(1) 自分の考えを［しゅちょう］する。

(2) はっきり思いを［の］べる。

(3) 友人を［べんご］する。

(4) 無礼な発言を［きんし］する。

(5) 意見が正しいと言い［は］る。

(6) 会議の内容を［きじゅつ］する。

(7) 自然［ほご］について話し合う。

(8) 油断は［きんもつ］だと気をつける。

(9) 授業のあとに［べんとう］を食べる。

(10) 急病人を看［ご］する。

スパイラルコーナー

□に漢字を書きましょう。　1つ10点【20点】

(1) 話し合いのテーマを［たし］かめる。

(2) 集合時間におくれたことを［ゆる］す。

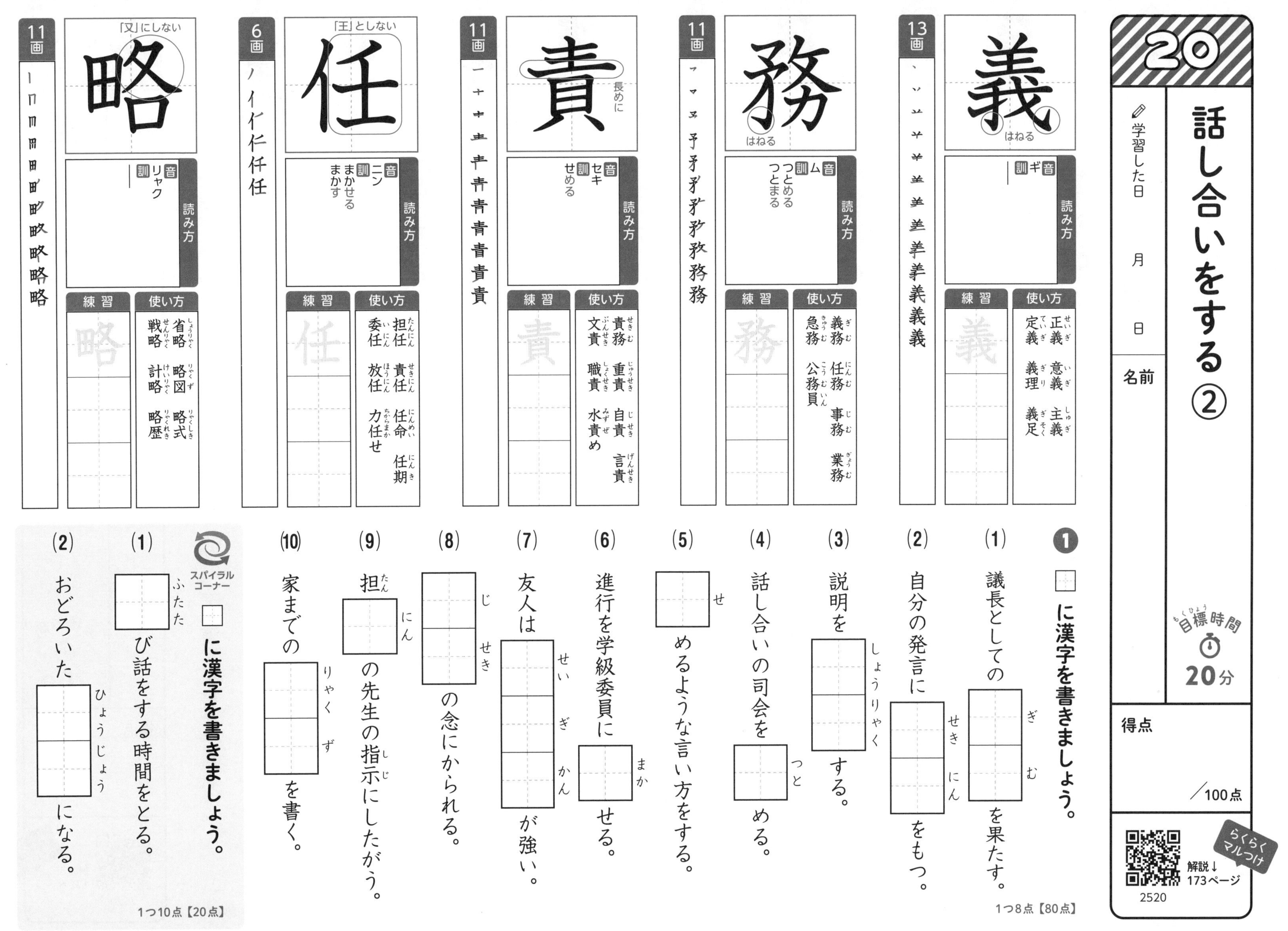

20 話し合いをする②

学習した日　月　日

名前

目標時間 20分

得点　／100点

解説↓173ページ

らくらくマルつけ

2520

義（13画）

はねる

読み方　音 ギ　訓

使い方　正義（せいぎ）　意義（いぎ）　主義（しゅぎ）　定義（ていぎ）　義理（ぎり）　義足（ぎそく）

練習

務（11画）

はねる

読み方　音 ム　訓 つとめる　つとまる

使い方　義務（ぎむ）　任務（にんむ）　事務（じむ）　業務（ぎょうむ）　急務（きゅうむ）　公務員（こうむいん）

練習

責（11画）

長めに

読み方　音 セキ　訓 せめる

使い方　責務（せきむ）　重責（じゅうせき）　自責（じせき）　言責（げんせき）　文責（ぶんせき）　職責（しょくせき）　水責め（みずぜめ）

練習

任（6画）

「王」としない

読み方　音 ニン　訓 まかせる　まかす

使い方　担任（たんにん）　責任（せきにん）　任命（にんめい）　任期（にんき）　委任（いにん）　放任（ほうにん）　力任せ（ちからまかせ）

練習

略（11画）

「又」にしない

読み方　音 リャク　訓

使い方　省略（しょうりゃく）　略図（りゃくず）　略式（りゃくしき）　戦略（せんりゃく）　計略（けいりゃく）　略歴（りゃくれき）

練習

---

1 □に漢字を書きましょう。

(1) 議長としての□□（ぎむ）を果たす。

(2) 自分の発言に□□（せきにん）をもつ。

(3) 説明を□□（しょうりゃく）する。

(4) 話し合いの司会を□（つと）める。

(5) □（せ）めるような言い方をする。

(6) 進行を学級委員に□（まか）せる。

(7) 友人は□□□（せいぎかん）が強い。

(8) □□（じせき）の念にかられる。

(9) 担（たん）□（にん）の先生の指示（しじ）にしたがう。

(10) 家までの□□（りゃくず）を書く。

1つ8点【80点】

スパイラルコーナー □に漢字を書きましょう。

(1) □（ふたた）び話をする時間をとる。

(2) おどろいた□□（ひょうじょう）になる。

1つ10点【20点】

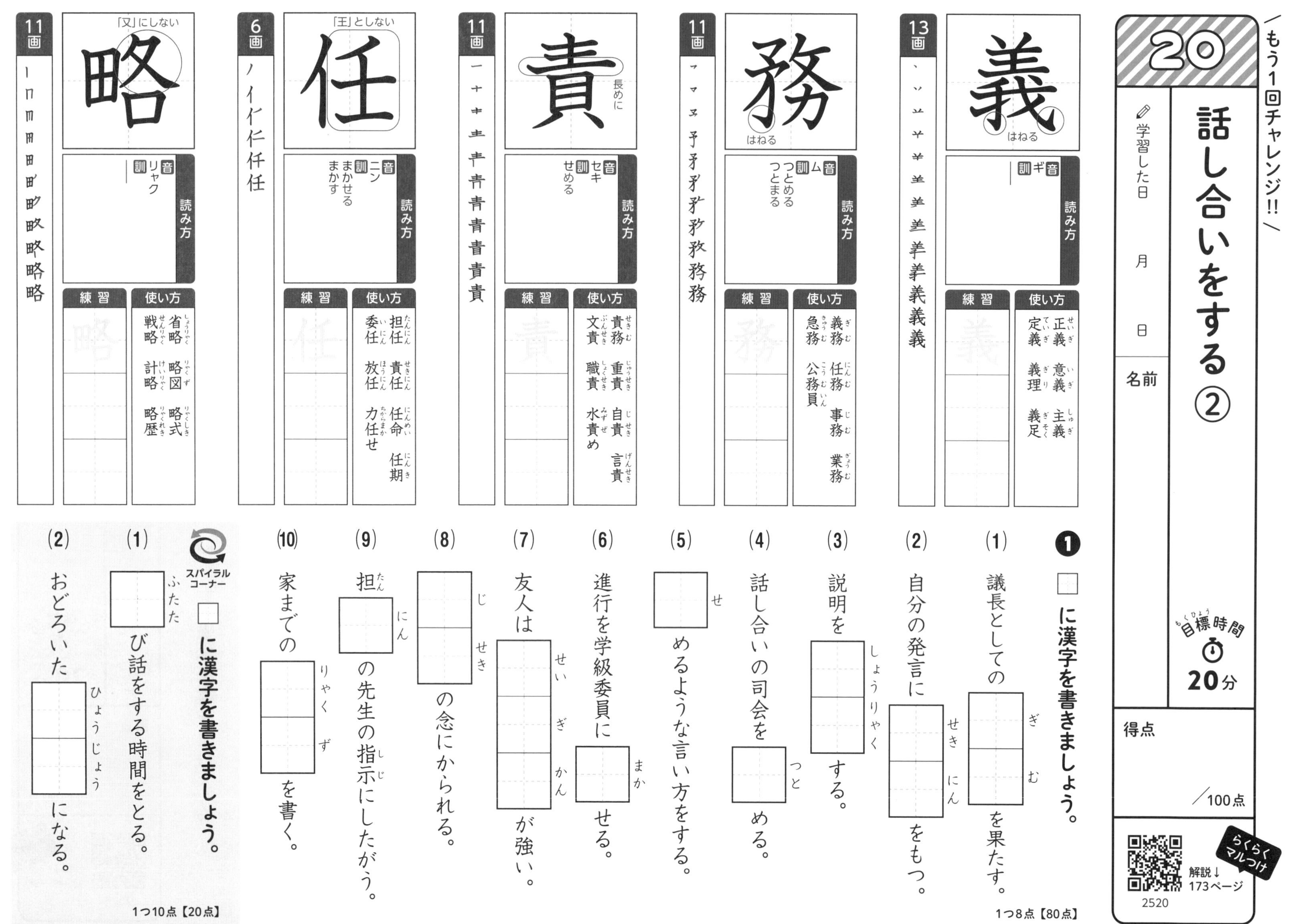

もう1回チャレンジ!!

20 話し合いをする②

学習した日　月　日

名前

目標時間 20分

得点　／100点

解説↓173ページ

らくらくマルつけ

2520

義 13画（はねる）

読み方　音 ギ　訓 ―

使い方：正義（せいぎ）　意義（いぎ）　主義（しゅぎ）　定義（ていぎ）　義理（ぎり）　義足（ぎそく）

練習

務 11画（はねる）

読み方　音 ム　訓 つとめる　つとまる

使い方：義務（ぎむ）　任務（にんむ）　事務（じむ）　業務（ぎょうむ）　急務（きゅうむ）　公務員（こうむいん）

練習

責 11画（長めに）

読み方　音 セキ　訓 せめる

使い方：責務（せきむ）　重責（じゅうせき）　自責（じせき）　言責（げんせき）　文責（ぶんせき）　職責（しょくせき）　水責め（みずぜめ）

練習

任 6画（「王」としない）

読み方　音 ニン　訓 まかせる　まかす

使い方：担任（たんにん）　責任（せきにん）　任命（にんめい）　任期（にんき）　委任（いにん）　放任（ほうにん）　力任せ（ちからまかせ）

練習

略 11画（「又」にしない）

読み方　音 リャク　訓 ―

使い方：省略（しょうりゃく）　略図（りゃくず）　略式（りゃくしき）　戦略（せんりゃく）　計略（けいりゃく）　略歴（りゃくれき）

練習

---

1 □に漢字を書きましょう。　1つ8点【80点】

(1) 議長としての□□（ぎむ）を果たす。

(2) 自分の発言に□□（せきにん）をもつ。

(3) 説明を□□（しょうりゃく）する。

(4) 話し合いの司会を□（つと）める。

(5) □（せ）めるような言い方をする。

(6) 進行を学級委員に□（まか）せる。

(7) 友人は□□□（せいぎかん）が強い。

(8) □□（じせき）の念にかられる。

(9) 担□（にん）の先生の指示にしたがう。

(10) 家までの□□（りゃくず）を書く。

スパイラルコーナー

□に漢字を書きましょう。　1つ10点【20点】

(1) □（ふたた）び話をする時間をとる。

(2) おどろいた□□（ひょうじょう）になる。

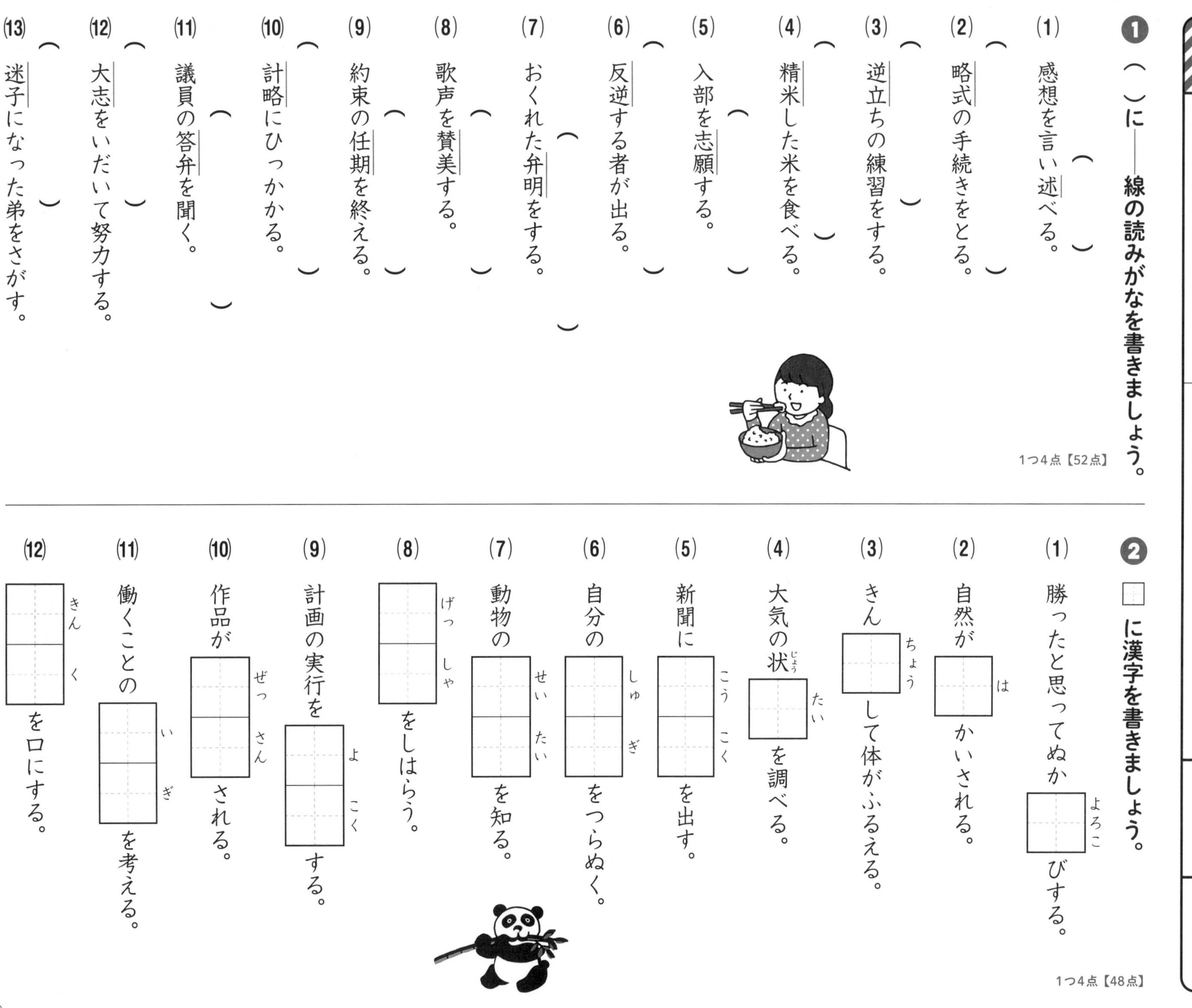

21

まとめのテスト 5

学習した日　月　日

名前

目標時間 20分

得点 ／100点

解説↓ 174ページ

らくらくマルつけ

2521

1 （　）に——線の読みがなを書きましょう。

1つ4点【52点】

(1) 感想を言い述べる。（　）

(2) 略式の手続きをとる。（　）

(3) 逆立ちの練習をする。（　）

(4) 精米した米を食べる。（　）

(5) 入部を志願する。（　）

(6) 反逆する者が出る。（　）

(7) おくれた弁明をする。（　）

(8) 歌声を賛美する。（　）

(9) 約束の任期を終える。（　）

(10) 計略にひっかかる。（　）

(11) 議員の答弁を聞く。（　）

(12) 大志をいだいて努力する。（　）

(13) 迷子になった弟をさがす。（　）

2 □に漢字を書きましょう。

1つ4点【48点】

(1) 勝ったと思ってぬか□（よろこ）びする。

(2) 自然が□（は）かいされる。

(3) きん□（ちょう）して体がふるえる。

(4) 大気の状（じょう）□（たい）を調べる。

(5) 新聞に□□（こうこく）を出す。

(6) 自分の□□（しゅぎ）をつらぬく。

(7) 動物の□□（せいたい）を知る。

(8) □□（げっしゃ）をしはらう。

(9) 計画の実行を□□（よこく）する。

(10) 作品が□□（ぜっさん）される。

(11) 働くことの□□（いぎ）を考える。

(12) □□（きんく）を口にする。

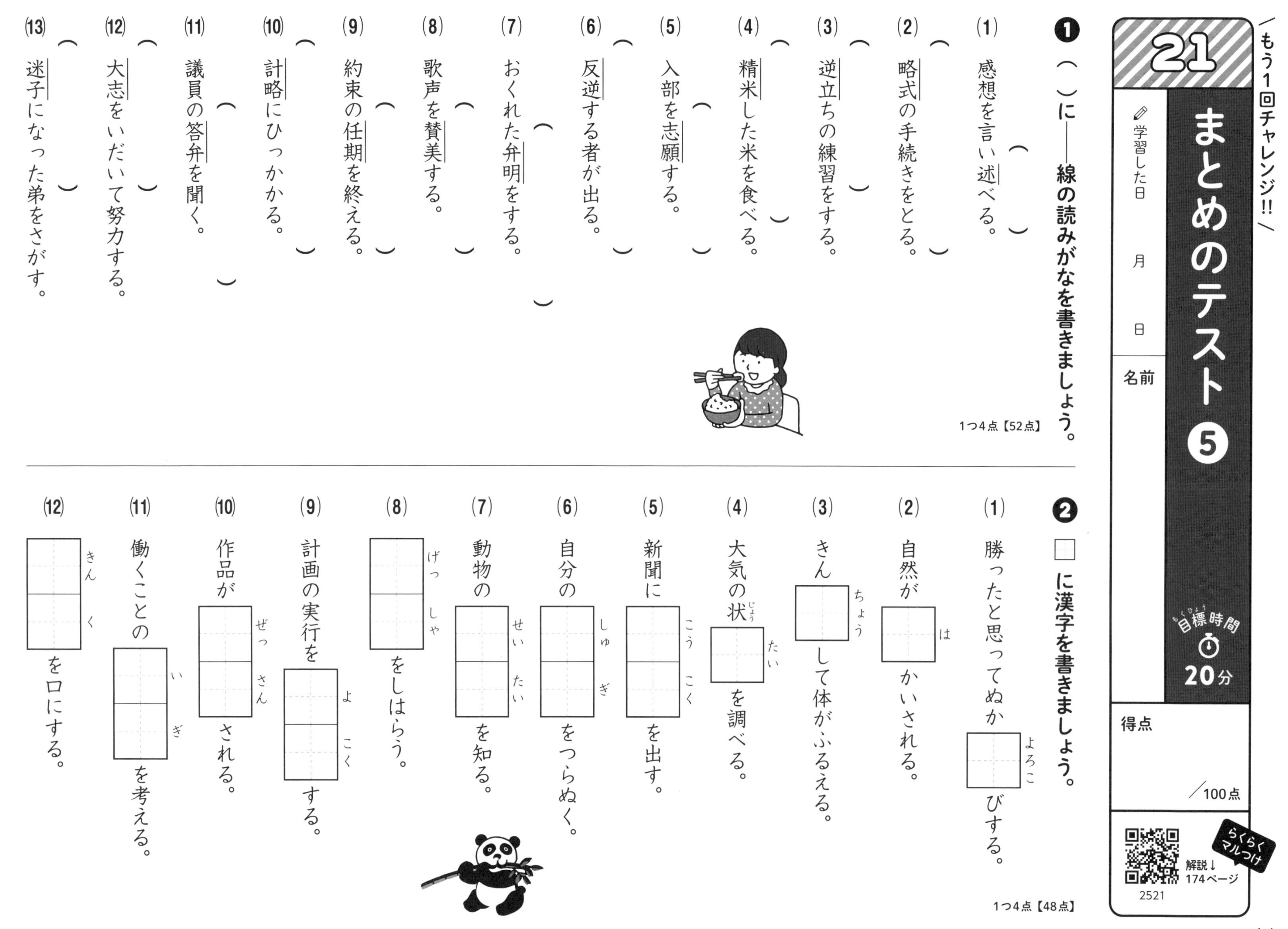

もう1回チャレンジ!!

21 まとめのテスト ⑤

学習した日　月　日

名前

目標時間 20分

得点　／100点

らくらくマルつけ

解説↓ 174ページ

2521

❶ （　）に――線の読みがなを書きましょう。

1つ4点【52点】

(1) 感想を言い述べる。（　）
(2) 略式の手続きをとる。（　）
(3) 逆立ちの練習をする。（　）
(4) 精米した米を食べる。（　）
(5) 入部を志願する。（　）
(6) 反逆する者が出る。（　）
(7) おくれた弁明をする。（　）
(8) 歌声を賛美する。（　）
(9) 約束の任期を終える。（　）
(10) 計略にひっかかる。（　）
(11) 議員の答弁を聞く。（　）
(12) 大志をいだいて努力する。（　）
(13) 迷子になった弟をさがす。（　）

❷ □に漢字を書きましょう。

1つ4点【48点】

(1) 勝ったと思ってぬか□（よろこ）びする。
(2) 自然が□（は）かいされる。
(3) きん□（ちょう）して体がふるえる。
(4) 大気の状（じょう）□（たい）を調べる。
(5) 新聞に□□（こうこく）を出す。
(6) 自分の□□（しゅぎ）をつらぬく。
(7) 動物の□□（せいたい）を知る。
(8) □□（げっしゃ）をしはらう。
(9) 計画の実行を□□（よこく）する。
(10) 作品が□□（ぜっさん）される。
(11) 働くことの□□（いぎ）を考える。
(12) □□（きんく）を口にする。

22 まとめのテスト 6

目標時間 20分

学習した日　月　日

名前

得点　／100点

解説↓ 174ページ

2522

らくらくマルつけ

1 (　)に――線の読みがなを書きましょう。　1つ4点【52点】

(1) 欲張(よく)るのはよくない。(　)
(2) 電話の使用を禁じる。(　)
(3) 意外な事態になる。(　)
(4) 動物を愛護する。(　)
(5) 手紙で謝意を伝える。(　)
(6) 会社が破産する。(　)
(7) 前述したことをくり返す。(　)
(8) 発売日を告知する。(　)
(9) 謝礼の品物をとどける。(　)
(10) 児童を養護する。(　)
(11) 生活の実態を調べる。(　)
(12) 用語の意味を定義する。(　)
(13) 十キロメートルを走破する。(　)

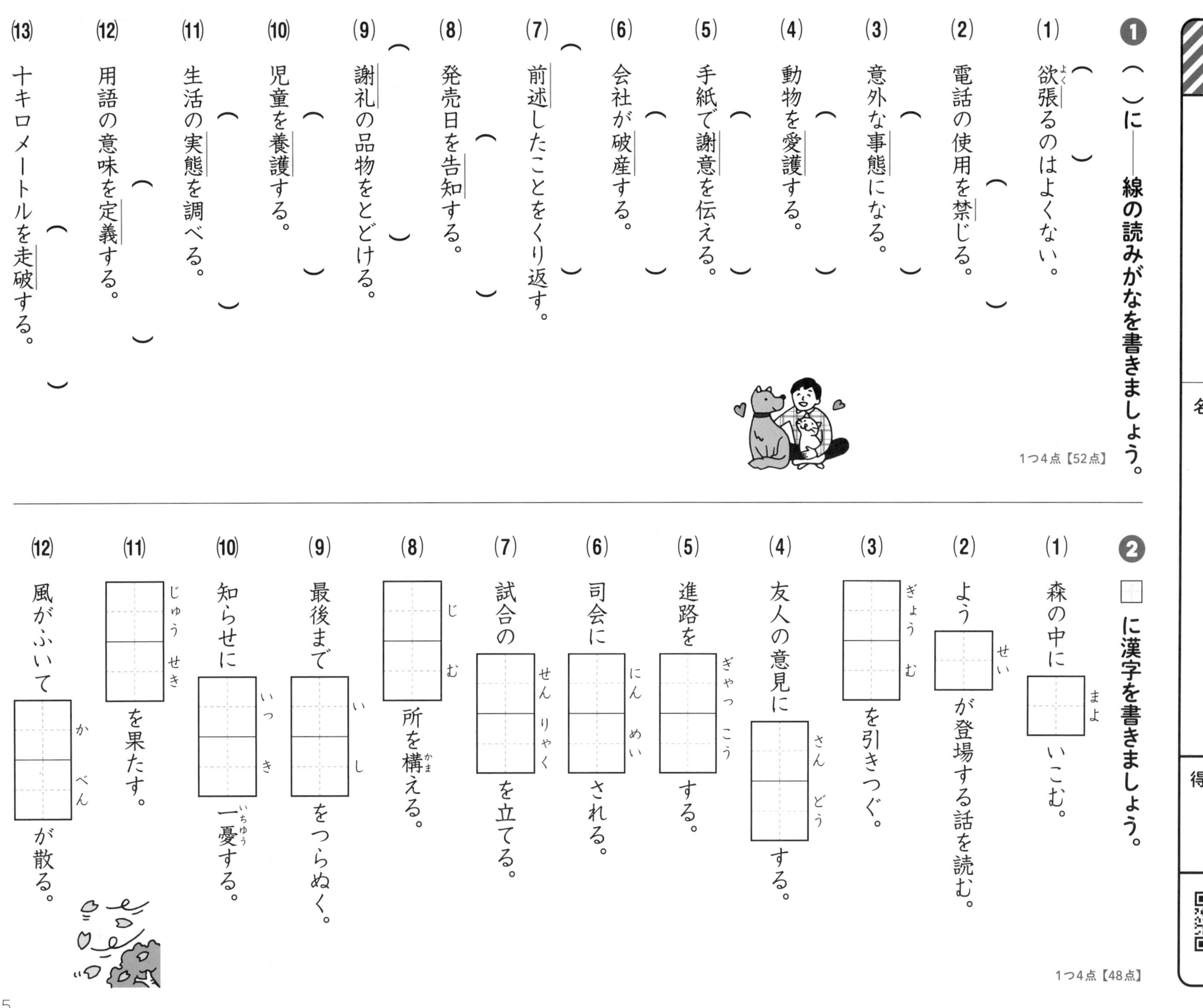

2 □に漢字を書きましょう。　1つ4点【48点】

(1) 森の中に□□(まよ)いこむ。
(2) よう□(せい)が登場する話を読む。
(3) □□(ぎょうむ)を引きつぐ。
(4) 友人の意見に□□(さんどう)する。
(5) 進路を□□(ぎゃっこう)する。
(6) 司会に□□(にんめい)される。
(7) 試合の□□(せんりゃく)を立てる。
(8) □□(じむ)所を構(かま)える。
(9) 最後まで□□(いし)をつらぬく。
(10) 知らせに□□(いっき)一憂(いちゆう)する。
(11) □□(じゅうせき)を果たす。
(12) 風がふいて□□(かべん)が散る。

もう1回チャレンジ!!

22

まとめのテスト 6

学習した日　月　日

名前

目標時間 20分

得点　／100点

らくらくマルつけ

解説↓ 174ページ

2522

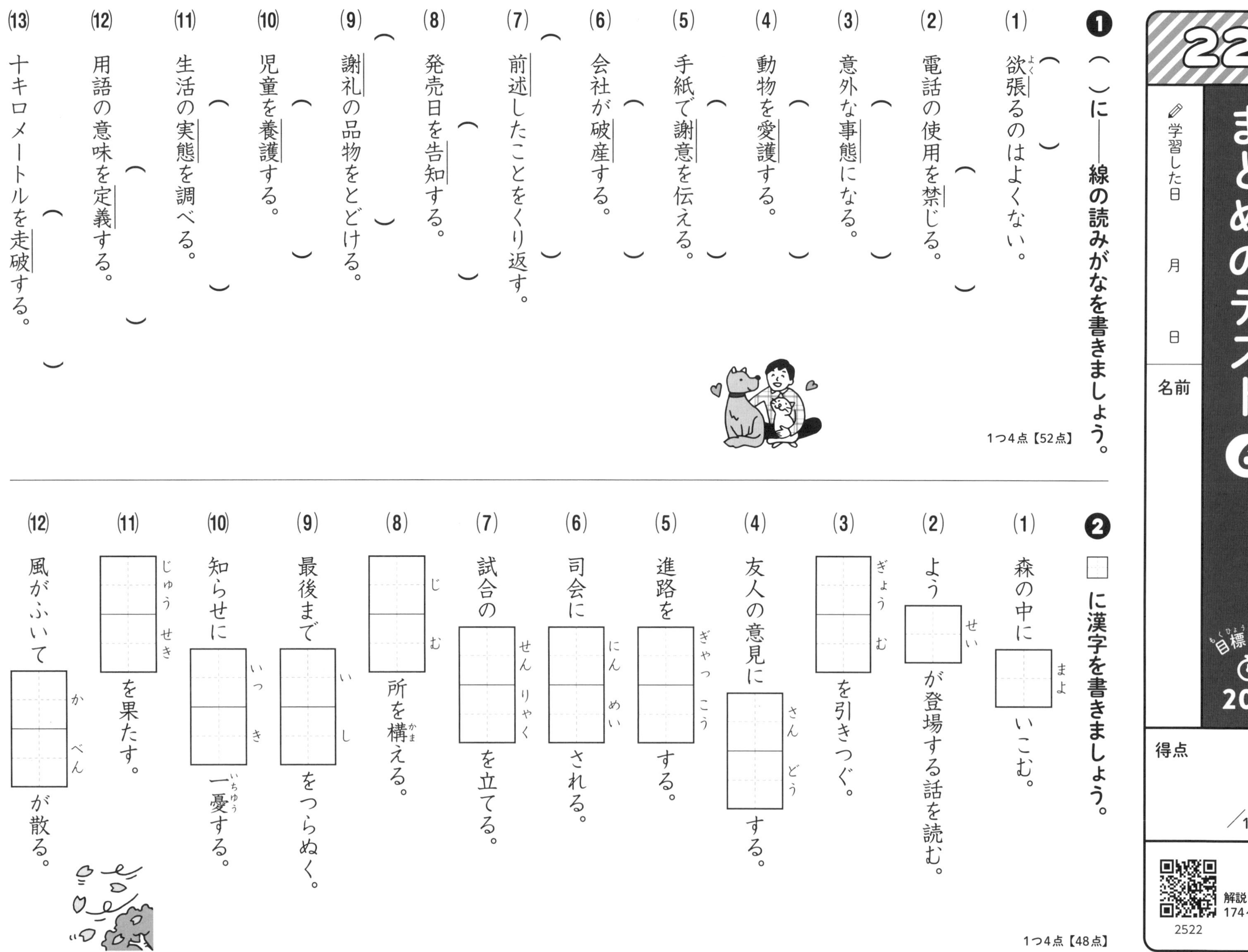

1 （　）に――線の読みがなを書きましょう。　1つ4点【52点】

(1) 欲張るのはよくない。（　）

(2) 電話の使用を禁じる。（　）

(3) 意外な事態になる。（　）

(4) 動物を愛護する。（　）

(5) 手紙で謝意を伝える。（　）

(6) 会社が破産する。（　）

(7) 前述したことをくり返す。（　）

(8) 発売日を告知する。（　）

(9) 謝礼の品物をとどける。（　）

(10) 児童を養護する。（　）

(11) 生活の実態を調べる。（　）

(12) 用語の意味を定義する。（　）

(13) 十キロメートルを走破する。（　）

2 □に漢字を書きましょう。　1つ4点【48点】

(1) 森の中に□□（まよ）いこむ。

(2) よう□（せい）が登場する話を読む。

(3) □□（ぎょうむ）を引きつぐ。

(4) 友人の意見に□□（さんどう）する。

(5) 進路を□□（ぎゃっこう）する。

(6) 司会に□□（にんめい）される。

(7) 試合の□□（せんりゃく）を立てる。

(8) □□（じむ）所を構える。

(9) 最後まで□□（いし）をつらぬく。

(10) 知らせに□□（いっき）一憂する。

(11) □□（じゅうせき）を果たす。

(12) 風がふいて□□（かべん）が散る。

23 パズル・実践⑤

目標時間 20分

学習した日　月　日

名前

得点　／100点

解説↓174ページ
2523
らくらくマルつけ

❶ 矢印の向きに読むと熟語になるように、次の□に入る漢字を書きましょう。 1つ6点【12点】

(1) 省　計　戦 → □

(2) 意　正　主 → □

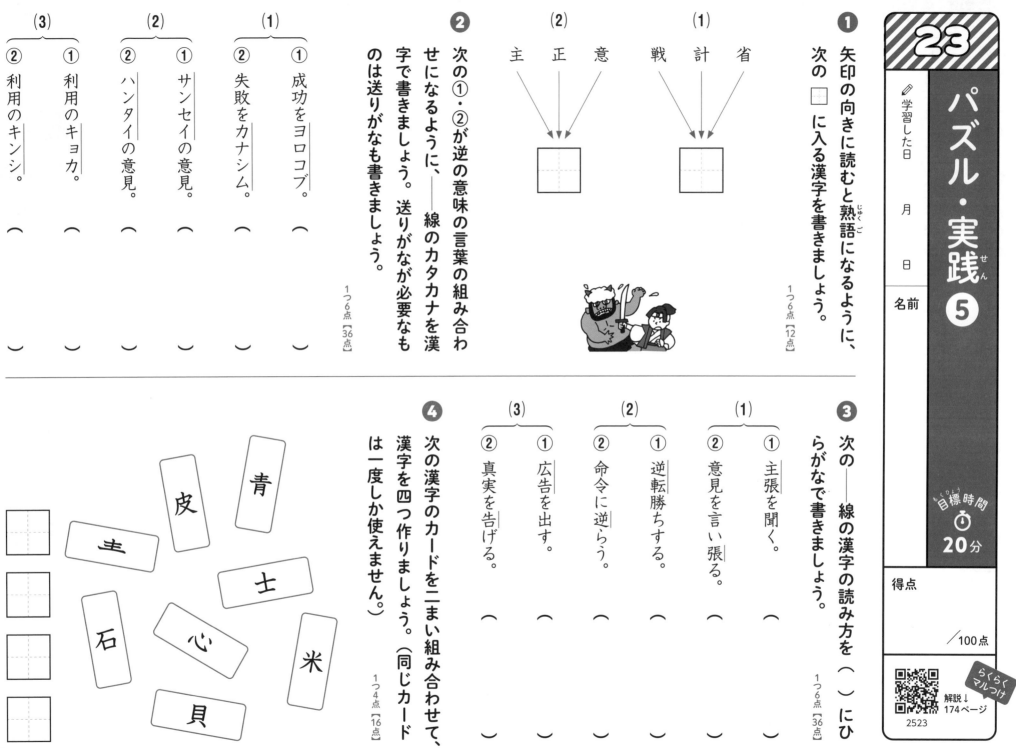

❷ 次の①・②が逆の意味の言葉の組み合わせになるように、——線のカタカナを漢字で書きましょう。送りがなが必要なものは送りがなも書きましょう。 1つ6点【36点】

(1) ① 成功をヨロコブ。（　）
② 失敗をカナシム。（　）

(2) ① サンセイの意見。（　）
② ハンタイの意見。（　）

(3) ① 利用のキョカ。（　）
② 利用のキンシ。（　）

❸ 次の——線の漢字の読み方を（　）にひらがなで書きましょう。 1つ6点【36点】

(1) ① 主張を聞く。（　）
② 意見を言い張る。（　）

(2) ① 逆転勝ちする。（　）
② 命令に逆らう。（　）

(3) ① 広告を出す。（　）
② 真実を告げる。（　）

❹ 次の漢字のカードを二まい組み合わせて、漢字を四つ作りましょう。（同じカードは一度しか使えません。） 1つ4点【16点】

青　皮　圭　士　石　心　米　貝

□
□
□
□

＼もう1回チャレンジ!!／

23 パズル・実践⑤

学習した日　月　日

名前

目標時間 20分

得点　／100点

❶ 矢印の向きに読むと熟語になるように、次の□に入る漢字を書きましょう。　1つ6点【12点】

(1)

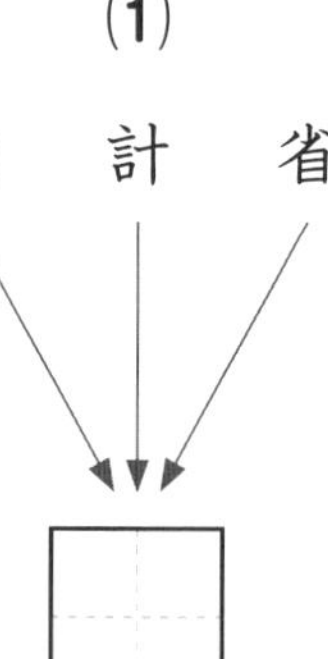

(2)

主　正　意

❷ 次の①・②が逆の意味の言葉の組み合わせになるように、――線のカタカナを漢字で書きましょう。送りがなが必要なものは送りがなも書きましょう。　1つ6点【36点】

(1) ① 成功を<u>ヨロコブ</u>。（　　）
② 失敗を<u>カナシム</u>。（　　）

(2) ① <u>サンセイ</u>の意見。（　　）
② <u>ハンタイ</u>の意見。（　　）

(3) ① 利用の<u>キョカ</u>。（　　）
② 利用の<u>キンシ</u>。（　　）

❸ 次の――線の漢字の読み方を（　）にひらがなで書きましょう。　1つ6点【36点】

(1) ① <u>主張</u>を聞く。（　　）
② 意見を言い<u>張</u>る。（　　）

(2) ① <u>逆転</u>勝ちする。（　　）
② 命令に<u>逆</u>らう。（　　）

(3) ① <u>広告</u>を出す。（　　）
② 真実を<u>告</u>げる。（　　）

❹ 次の漢字のカードを二まい組み合わせて、漢字を四つ作りましょう。（同じカードは一度しか使えません。）　1つ4点【16点】

24

パズル・実践⑥

目標時間 20分

学習した日　月　日

名前

得点　／100点

解説↓ 174ページ

らくらくマルつけ

2524

1 次の――線のカタカナにあてはまる漢字を線で結びましょう。　全部できて1つ6点【12点】

(1)
① 勝負にヤブれる。　・　・破
② 書類がヤブれる。　・　・敗

(2)
① 主役をツトめる。　・　・努
② 勉学にツトめる。　・　・務

2 次の――線のカタカナを、漢字と送りがなで書きましょう。　1つ6点【18点】

(1) 教師をココロザス。（　　）
(2) 荷物をマカセル。（　　）
(3) 意見をノベル。（　　）

3 次の漢字の画数を数字で書きましょう。　1つ3点【12点】

(1) 護……（　　）画
(2) 義……（　　）画
(3) 謝……（　　）画
(4) 精……（　　）画

4 次は、ある人が書いたハガキです。

> 先日はどうもありがとう。
> 駅で行き先と①ギャクの方向に進んでしまって、②マヨってしまうという思わぬ自体にはあせってしまいましたが、③せめずに笑ってくれて、ほっとしました。
> 公園で食べたお④弁当、おいしかったですね。再会の喜こびで、⑤張り切って話しすぎてしまったかもしれません。楽しい時間をすごせたことに、⑥感謝の気持ちでいっぱいです。
> またぜひ会いましょう。

(1) ――線①〜③のカタカナを漢字に直して書きましょう。また、――線④〜⑥の漢字の読みをひらがなで書きましょう。　1つ8点【48点】

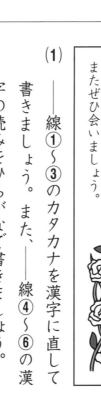

①（　　）　②（　　）
③（　　）
④（　　）　⑤（　　）
⑥（　　）

(2) 右のハガキには、①同じ読みの熟語のまちがいと、②送りがなのまちがいが一つずつあります。それらを見つけ、正しく書き直しましょう。　全部できて1つ5点【10点】

① □□ → □□
②（　　）→（　　）

＼もう1回チャレンジ!!／

24 パズル・実践(せん) 6

学習した日　月　日

名前

目標(もくひょう)時間 20分

得点 ／100点

解説↓174ページ

2524

1 次の――線のカタカナにあてはまる漢字を線で結びましょう。 全部できて1つ6点【12点】

(1) ① 勝負にヤブれる。・ ・破
② 書類がヤブれる。・ ・敗

(2) ① 主役をツトめる。・ ・努
② 勉学にツトめる。・ ・務

2 次の――線のカタカナを、漢字と送りがなで書きましょう。 1つ6点【18点】

(1) 教師(きょうし)をココロザス。（　　）
(2) 荷物をマカセル。（　　）
(3) 意見をノベル。（　　）

3 次の漢字の画数を数字で書きましょう。 1つ3点【12点】

(1) 護……（　）画
(2) 義……（　）画
(3) 謝……（　）画
(4) 精……（　）画

4 次は、ある人が書いたハガキです。

> 先日はどうもありがとう。
> 駅で行き先と①ギャクの方向に進んでしまって、②マヨってしまうという思わぬ自体にはあせってしまいましたが、③セめずに笑ってくれて、ほっとしました。
> 公園で食べたお④弁当、おいしかったですね。再会(さいかい)の喜こびで、⑤張り切って話しすぎてしまったかもしれません。楽しい時間をすごせたことに、⑥感謝の気持ちでいっぱいです。
> またぜひ会いましょう。

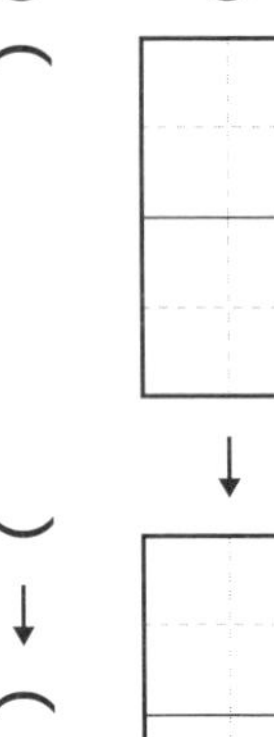

(1) ――線①〜③のカタカナを漢字に直して書きましょう。また、――線④〜⑥の漢字の読みをひらがなで書きましょう。 1つ8点【48点】

①（　　）②（　　）
③（　　）
④（　　）⑤（　　）
⑥（　　）

(2) 右のハガキには、①同じ読みの熟語(じゅくご)のまちがいと、②送りがなのまちがいが一つずつあります。それらを見つけ、正しく書き直しましょう。 全部できて1つ5点【10点】

① □□ → □□
② （　　）→（　　）

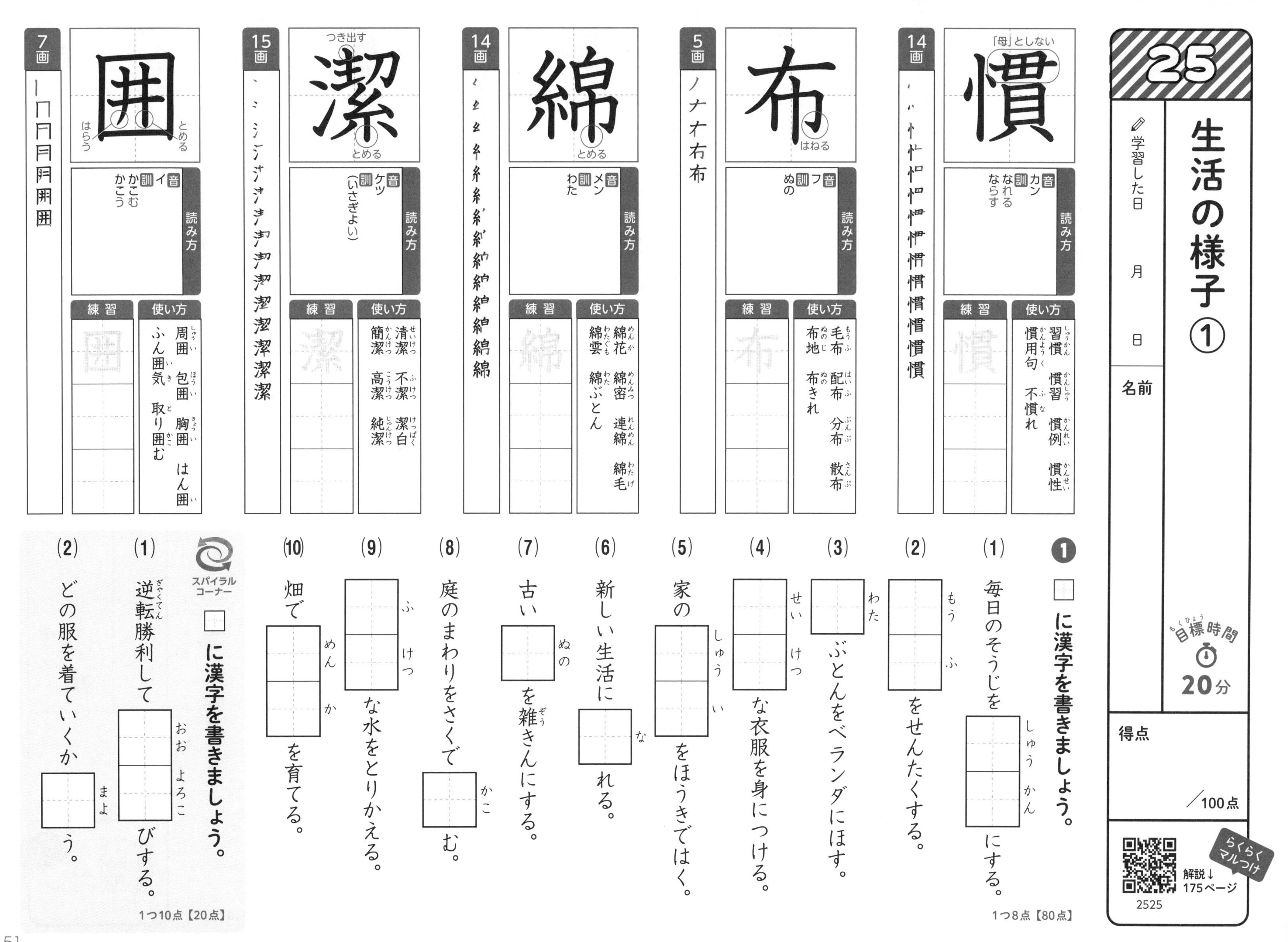

25 生活の様子①

学習した日　月　日

名前

目標時間 20分

得点　／100点

らくらくマルつけ

解説↓175ページ

2525

慣（14画）

「母」としない

読み方　音 カン　訓 なれる　ならす

使い方　習慣（しゅうかん）　慣習（かんしゅう）　慣例（かんれい）　慣性（かんせい）　慣用句（かんようく）　不慣れ（ふなれ）

布（5画）

はねる

ノ ナ 大 右 布

読み方　音 フ　訓 ぬの

使い方　毛布（もうふ）　配布（はいふ）　分布（ぶんぷ）　散布（さんぷ）　布地（ぬのじ）　布きれ（ぬのきれ）

綿（14画）

とめる

読み方　音 メン　訓 わた

使い方　綿花（めんか）　綿密（めんみつ）　連綿（れんめん）　綿毛（わたげ）　綿雲（わたぐも）　綿ぶとん（わたぶとん）

潔（15画）

つき出す　とめる

読み方　音 ケツ　訓（いさぎよい）

使い方　清潔（せいけつ）　不潔（ふけつ）　潔白（けっぱく）　簡潔（かんけつ）　高潔（こうけつ）　純潔（じゅんけつ）

囲（7画）

はらう　とめる

読み方　音 イ　訓 かこむ　かこう

使い方　周囲（しゅうい）　包囲（ほうい）　胸囲（きょうい）　はん囲（はんい）　ふん囲気（ふんいき）　取り囲む（とりかこむ）

練習

1　□に漢字を書きましょう。

(1) 毎日のそうじを［しゅうかん］にする。

(2) ［もうふ］をせんたくする。

(3) ［わた］ぶとんをベランダにほす。

(4) ［せいけつ］な衣服を身につける。

(5) 家の［しゅうい］をほうきではく。

(6) 新しい生活に［な］れる。

(7) 古い［ぬの］を雑きん（ぞうきん）にする。

(8) 庭のまわりをさくで［かこ］む。

(9) ［ふけつ］な水をとりかえる。

(10) 畑で［めんか］を育てる。

1つ8点【80点】

スパイラルコーナー　□に漢字を書きましょう。

(1) 逆転（ぎゃくてん）勝利して［おおよろこ］びする。

(2) どの服を着ていくか［まよ］う。

1つ10点【20点】

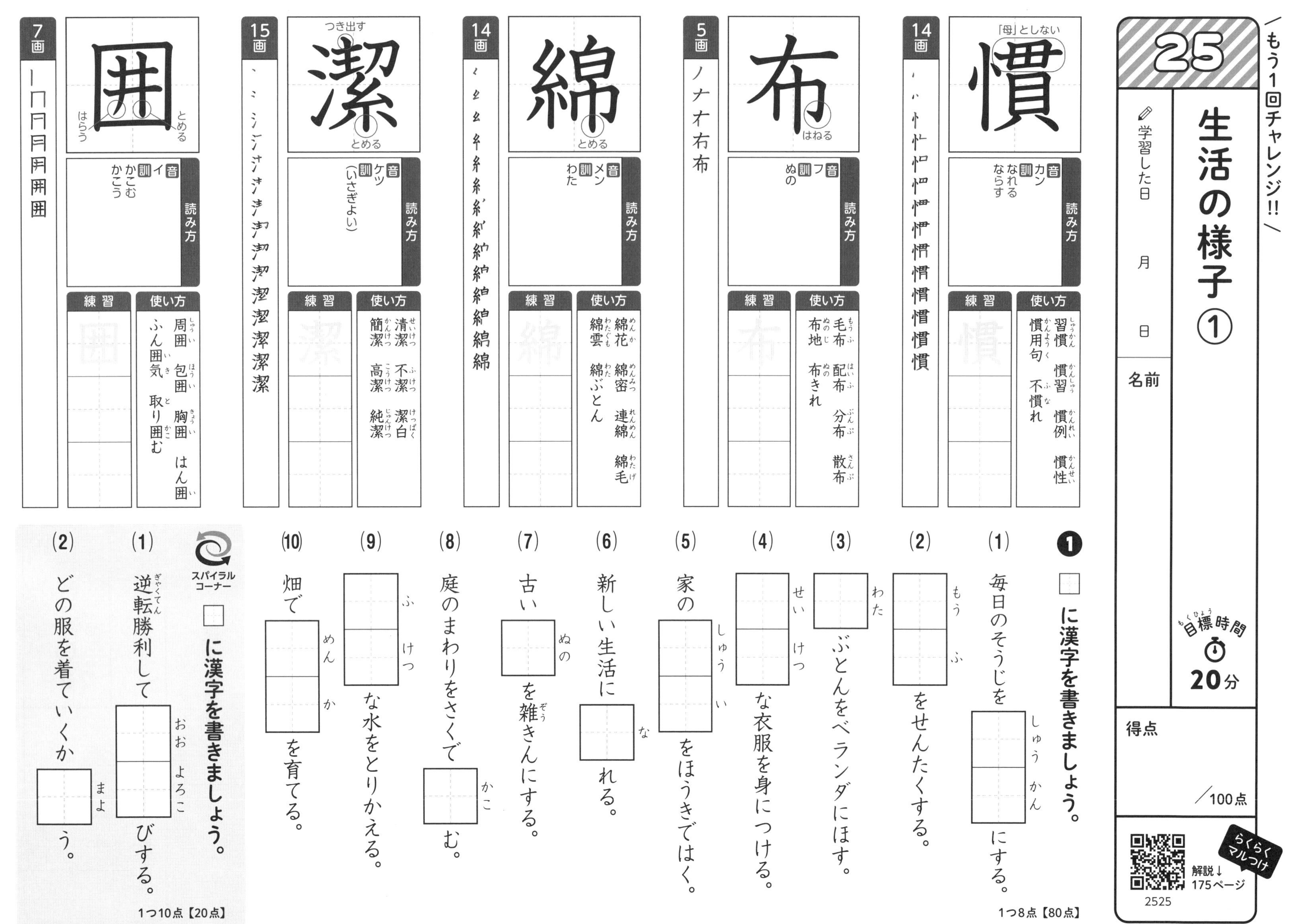

もう1回チャレンジ!!

25

生活の様子①

学習した日　　月　　日

名前

目標時間（もくひょうじかん） 20分

得点　　／100点

慣（14画）
「母」としない
筆順：丶 忄 忄 忄 忄 忄 忄 忄 悝 悝 慣 慣 慣 慣
読み方：音 カン　訓 なれる　ならす
使い方：習慣（しゅうかん）　慣習（かんしゅう）　慣例（かんれい）　慣性（かんせい）　慣用句（かんようく）　不慣れ（ふなれ）

布（5画）
はねる
筆順：ノ ナ 𠂇 右 布
読み方：音 フ　訓 ぬの
使い方：毛布（もうふ）　配布（はいふ）　分布（ぶんぷ）　散布（さんぷ）　布地（ぬのじ）　布きれ（ぬのきれ）

綿（14画）
とめる
筆順：く 幺 幺 糸 糸 糸 糹 糹 紵 紵 紵 綿 綿 綿
読み方：音 メン　訓 わた
使い方：綿花（めんか）　綿密（めんみつ）　連綿（れんめん）　綿毛（わたげ）　綿雲（わたぐも）　綿ぶとん（わたぶとん）

潔（15画）
つき出す　とめる
筆順：丶 丶 氵 氵 氵 氵 浡 浡 浡 浡 潔 潔 潔 潔 潔
読み方：音 ケツ　訓 （いさぎよい）
使い方：清潔（せいけつ）　不潔（ふけつ）　潔白（けっぱく）　簡潔（かんけつ）　高潔（こうけつ）　純潔（じゅんけつ）

囲（7画）
はらう　とめる
筆順：丨 冂 冂 冃 冃 囲 囲
読み方：音 イ　訓 かこむ　かこう
使い方：周囲（しゅうい）　包囲（ほうい）　胸囲（きょうい）　はん囲（はんい）　ふん囲気（ふんいき）　取り囲む（とりかこむ）

❶ □に漢字を書きましょう。　1つ8点【80点】

(1) 毎日のそうじを［しゅうかん］にする。
(2) ［もうふ］をせんたくする。
(3) ［わた］ぶとんをベランダにほす。
(4) ［せいけつ］な衣服を身につける。
(5) 家の［しゅうい］をほうきではく。
(6) 新しい生活に［な］れる。
(7) 古い［ぬの］を雑（ぞう）きんにする。
(8) 庭のまわりをさくで［かこ］む。
(9) ［ふけつ］な水をとりかえる。
(10) 畑で［めんか］を育てる。

スパイラルコーナー
□に漢字を書きましょう。　1つ10点【20点】

(1) 逆転（ぎゃくてん）勝利して［おおよろこ］びする。
(2) どの服を着ていくか［まよ］う。

らくらくマルつけ
解説↓175ページ
2525

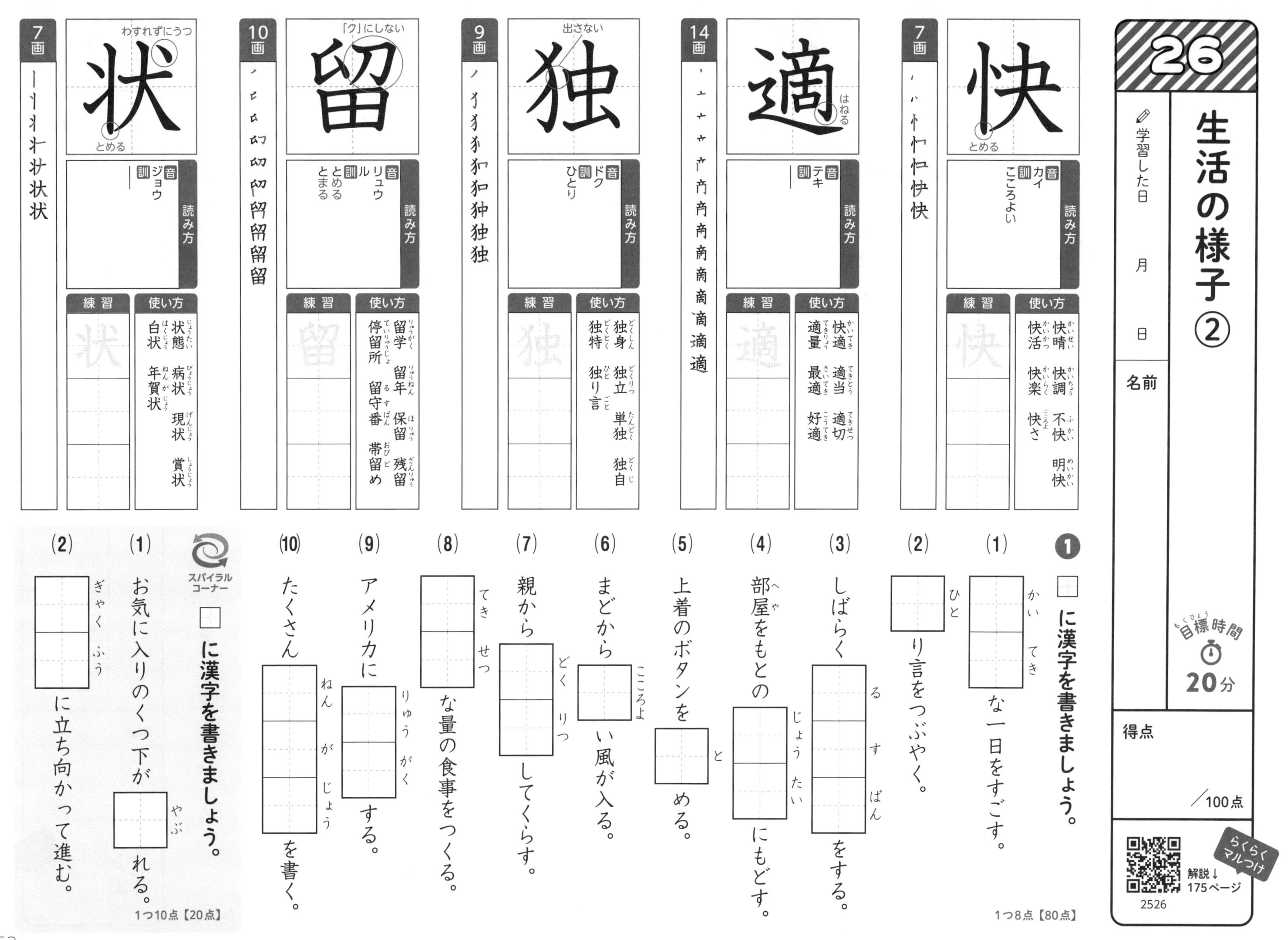

26 生活の様子②

学習した日　月　日

名前

目標時間 20分

得点 ／100点

解説↓ 175ページ

らくらくマルつけ

2526

快（7画）
筆順：丶 忄 忄 忄 忄 快 快
音 カイ　訓 こころよい
使い方：快晴（かいせい）　快調（かいちょう）　不快（ふかい）　明快（めいかい）　快活（かいかつ）　快楽（かいらく）　快さ（こころよさ）
とめる

適（14画）
筆順：丶 亠 亠 亠 产 产 产 产 商 商 商 商 適 適
音 テキ　訓 ―
使い方：快適（かいてき）　適当（てきとう）　適切（てきせつ）　適量（てきりょう）　最適（さいてき）　好適（こうてき）
はねる

独（9画）
筆順：ノ 犭 犭 犭 犭 独 独 独 独
音 ドク　訓 ひとり
使い方：独身（どくしん）　独立（どくりつ）　単独（たんどく）　独自（どくじ）　独特（どくとく）　独り言（ひとりごと）
出さない

留（10画）
筆順：丶 𠂊 𠂊 𠃌 𠃌 𠃌 留 留 留 留
音 リュウ・ル　訓 とめる・とまる
使い方：留学（りゅうがく）　留年（りゅうねん）　保留（ほりゅう）　残留（ざんりゅう）　停留所（ていりゅうじょ）　留守番（るすばん）　帯留め（おびどめ）
「ク」にしない

状（7画）
筆順：丨 丬 丬 丬 丬 状 状
音 ジョウ　訓 ―
使い方：状態（じょうたい）　病状（びょうじょう）　現状（げんじょう）　賞状（しょうじょう）　白状（はくじょう）　年賀状（ねんがじょう）
わすれずにうつ　とめる

読み方　練習　使い方

1 □に漢字を書きましょう。　1つ8点【80点】

(1) □□（かいてき）な一日をすごす。
(2) □（ひと）り言をつぶやく。
(3) しばらく□□□（るすばん）をする。
(4) 部屋（へや）をもとの□□（じょうたい）にもどす。
(5) 上着のボタンを□（と）める。
(6) まどから□（こころよ）い風が入る。
(7) 親から□□（どくりつ）してくらす。
(8) □□（てきせつ）な量の食事をつくる。
(9) アメリカに□□（りゅうがく）する。
(10) たくさん□□□（ねんがじょう）を書く。

スパイラルコーナー

□に漢字を書きましょう。　1つ10点【20点】

(1) お気に入りのくつ下が□（やぶ）れる。
(2) □□（ぎゃくふう）に立ち向かって進む。

もう1回チャレンジ!!

26

生活の様子②

学習した日　月　日

名前

目標時間 20分

得点　／100点

解説↓ 175ページ　2526

らくらくマルつけ

快 7画
とめる
音 カイ
訓 こころよい
筆順：丶 ⺖ 忄 忄 忄 快 快
使い方：快晴（かいせい）　快調（かいちょう）　不快（ふかい）　明快（めいかい）　快活（かいかつ）　快楽（かいらく）　快さ（こころよ）

適 14画
はねる
音 テキ
訓 ―
筆順：丶 亠 亣 产 产 产 产 产 商 商 商 商 適 適
使い方：快適（かいてき）　適当（てきとう）　適切（てきせつ）　適量（てきりょう）　最適（さいてき）　好適（こうてき）

独 9画
出さない
音 ドク
訓 ひとり
筆順：ノ 犭 犭 犳 犸 狆 独 独 独
使い方：独身（どくしん）　独立（どくりつ）　単独（たんどく）　独自（どくじ）　独特（どくとく）　独り言（ひとりごと）

留 10画
「ク」にしない
音 リュウ　ル
訓 とめる　とまる
筆順：ノ ㇀ 𠂊 𠂎 卯 卯 㽞 留 留 留
使い方：留学（りゅうがく）　留年（りゅうねん）　保留（ほりゅう）　残留（ざんりゅう）　停留所（ていりゅうじょ）　留守番（るすばん）　帯留め（おびど）

状 7画
わすれずにうつ　とめる
音 ジョウ
訓 ―
筆順：丨 丬 丬 丬 丬 状 状
使い方：状態（じょうたい）　病状（びょうじょう）　現状（げんじょう）　賞状（しょうじょう）　白状（はくじょう）　年賀状（ねんがじょう）

練習

1 □に漢字を書きましょう。　1つ8点【80点】

(1) □□（かいてき）な一日をすごす。
(2) □（ひと）り言をつぶやく。
(3) しばらく□□□（るすばん）をする。
(4) 部屋（へや）をもとの□□（じょうたい）にもどす。
(5) 上着のボタンを□（と）める。
(6) まどから□（こころよ）い風が入る。
(7) 親から□□（どくりつ）してくらす。
(8) □□（てきせつ）な量の食事をつくる。
(9) アメリカに□□（りゅうがく）する。
(10) たくさん□□□（ねんがじょう）を書く。

スパイラルコーナー

□に漢字を書きましょう。　1つ10点【20点】

(1) お気に入りのくつ下が□（やぶ）れる。
(2) □□（ぎゃくふう）に立ち向かって進む。

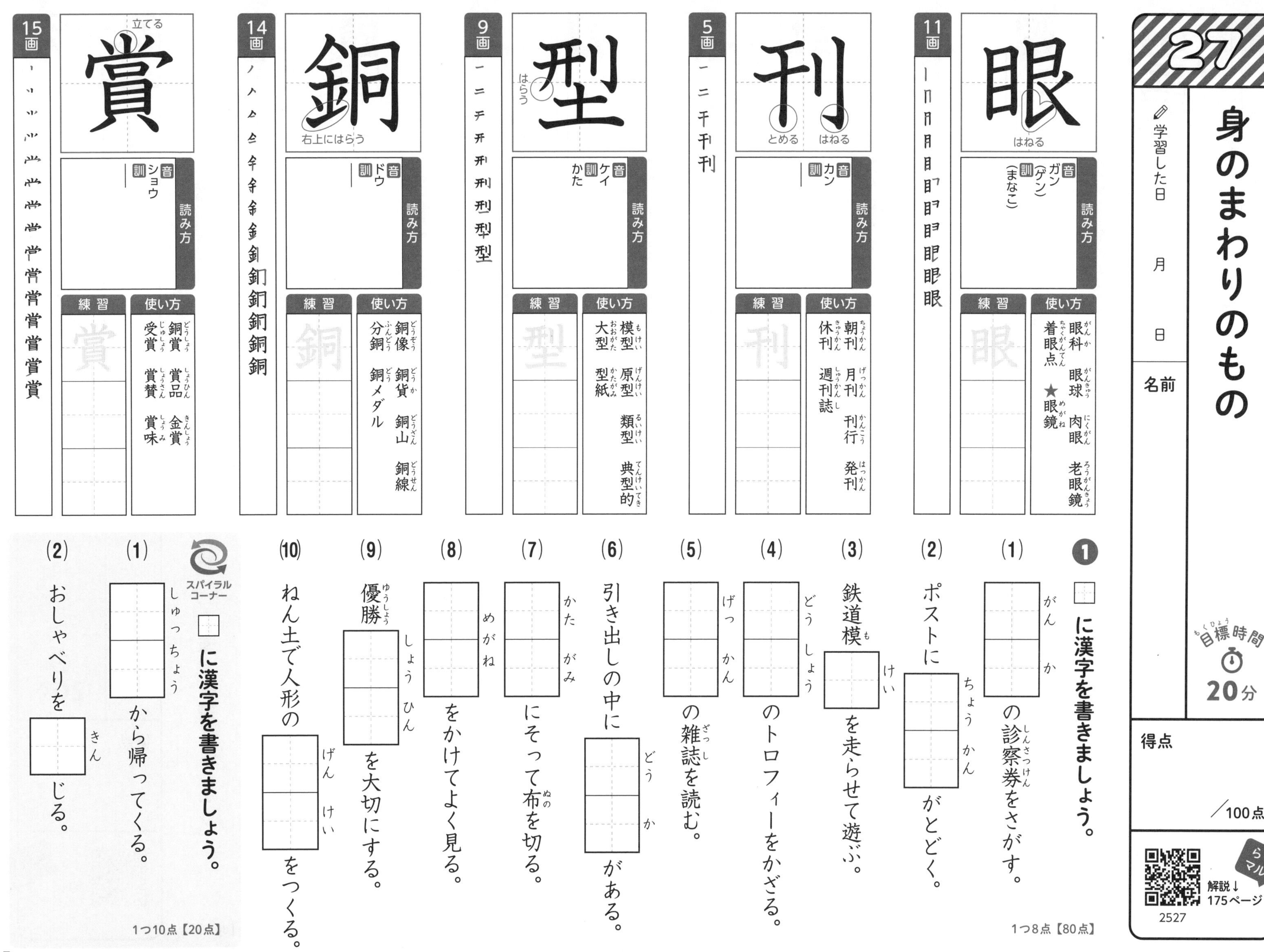

27 身のまわりのもの

学習した日　月　日

名前

目標時間 20分

得点　／100点

解説↓ 175ページ

2527

眼 11画

はねる

読み方：音 ガン（ゲン）　訓 （まなこ）

使い方：眼科（がんか）　眼球（がんきゅう）　肉眼（にくがん）　老眼鏡（ろうがんきょう）　着眼点（ちゃくがんてん）　★眼鏡（めがね）

刊 5画

とめる　はねる

読み方：音 カン　訓 ―

使い方：朝刊（ちょうかん）　月刊（げっかん）　刊行（かんこう）　発刊（はっかん）　休刊（きゅうかん）　週刊誌（しゅうかんし）

型 9画

はらう

読み方：音 ケイ　訓 かた

使い方：模型（もけい）　原型（げんけい）　類型（るいけい）　典型的（てんけいてき）　大型（おおがた）　型紙（かたがみ）

銅 14画

右上にはらう

読み方：音 ドウ　訓 ―

使い方：銅像（どうぞう）　銅貨（どうか）　銅山（どうざん）　銅線（どうせん）　分銅（ふんどう）　銅メダル（どう）

賞 15画

立てる

読み方：音 ショウ　訓 ―

使い方：銅賞（どうしょう）　賞品（しょうひん）　金賞（きんしょう）　受賞（じゅしょう）　賞賛（しょうさん）　賞味（しょうみ）

1 □に漢字を書きましょう。

1つ8点【80点】

(1) □□（がんか）の診察券（しんさつけん）をさがす。

(2) ポストに□□（ちょうかん）がとどく。

(3) 鉄道模（も）□（けい）を走らせて遊ぶ。

(4) □□（どうしょう）のトロフィーをかざる。

(5) □□（げっかん）の雑誌（ざっし）を読む。

(6) 引き出しの中に□□（どうか）がある。

(7) □□（かたがみ）にそって布（ぬの）を切る。

(8) □□（めがね）をかけてよく見る。

(9) 優勝（ゆうしょう）□□（しょうひん）を大切にする。

(10) ねん土で人形の□□（げんけい）をつくる。

スパイラルコーナー

□に漢字を書きましょう。

1つ10点【20点】

(1) □□（しゅっちょう）から帰ってくる。

(2) おしゃべりを□（きん）じる。

もう1回チャレンジ!!

27 身のまわりのもの

学習した日　月　日

名前

目標時間 20分

得点　／100点

解説↓175ページ

らくらくマルつけ

2527

眼（11画）

はねる

読み方　音 ガン（ゲン）　訓（まなこ）

使い方　眼科（がんか）　眼球（がんきゅう）　肉眼（にくがん）　老眼鏡（ろうがんきょう）　着眼点（ちゃくがんてん）　★眼鏡（めがね）

刊（5画）

とめる　はねる

読み方　音 カン　訓 ―

使い方　朝刊（ちょうかん）　月刊（げっかん）　刊行（かんこう）　発刊（はっかん）　休刊（きゅうかん）　週刊誌（しゅうかんし）

型（9画）

はらう

読み方　音 ケイ　訓 かた

使い方　模型（もけい）　原型（げんけい）　類型（るいけい）　典型的（てんけいてき）　大型（おおがた）　型紙（かたがみ）

銅（14画）

右上にはらう

読み方　音 ドウ　訓 ―

使い方　銅像（どうぞう）　銅貨（どうか）　銅山（どうざん）　銅線（どうせん）　分銅（ふんどう）　銅メダル（どう）

賞（15画）

立てる

読み方　音 ショウ　訓 ―

使い方　銅賞（どうしょう）　賞品（しょうひん）　金賞（きんしょう）　受賞（じゅしょう）　賞賛（しょうさん）　賞味（しょうみ）

練習

1 □に漢字を書きましょう。　1つ8点【80点】

(1) □□（がんか）の診察券（しんさつけん）をさがす。

(2) ポストに□□（ちょうかん）がとどく。

(3) 鉄道模（も）□（けい）を走らせて遊ぶ。

(4) □□（どうしょう）のトロフィーをかざる。

(5) □□（げっかん）の雑誌（ざっし）を読む。

(6) 引き出しの中に□□（どうか）がある。

(7) □□（かたがみ）にそって布（ぬの）を切る。

(8) □□（めがね）をかけてよく見る。

(9) 優勝（ゆうしょう）□□（しょうひん）を大切にする。

(10) ねん土で人形の□□（げんけい）をつくる。

スパイラルコーナー

□に漢字を書きましょう。　1つ10点【20点】

(1) □□（しゅっちょう）から帰ってくる。

(2) おしゃべりを□（きん）じる。

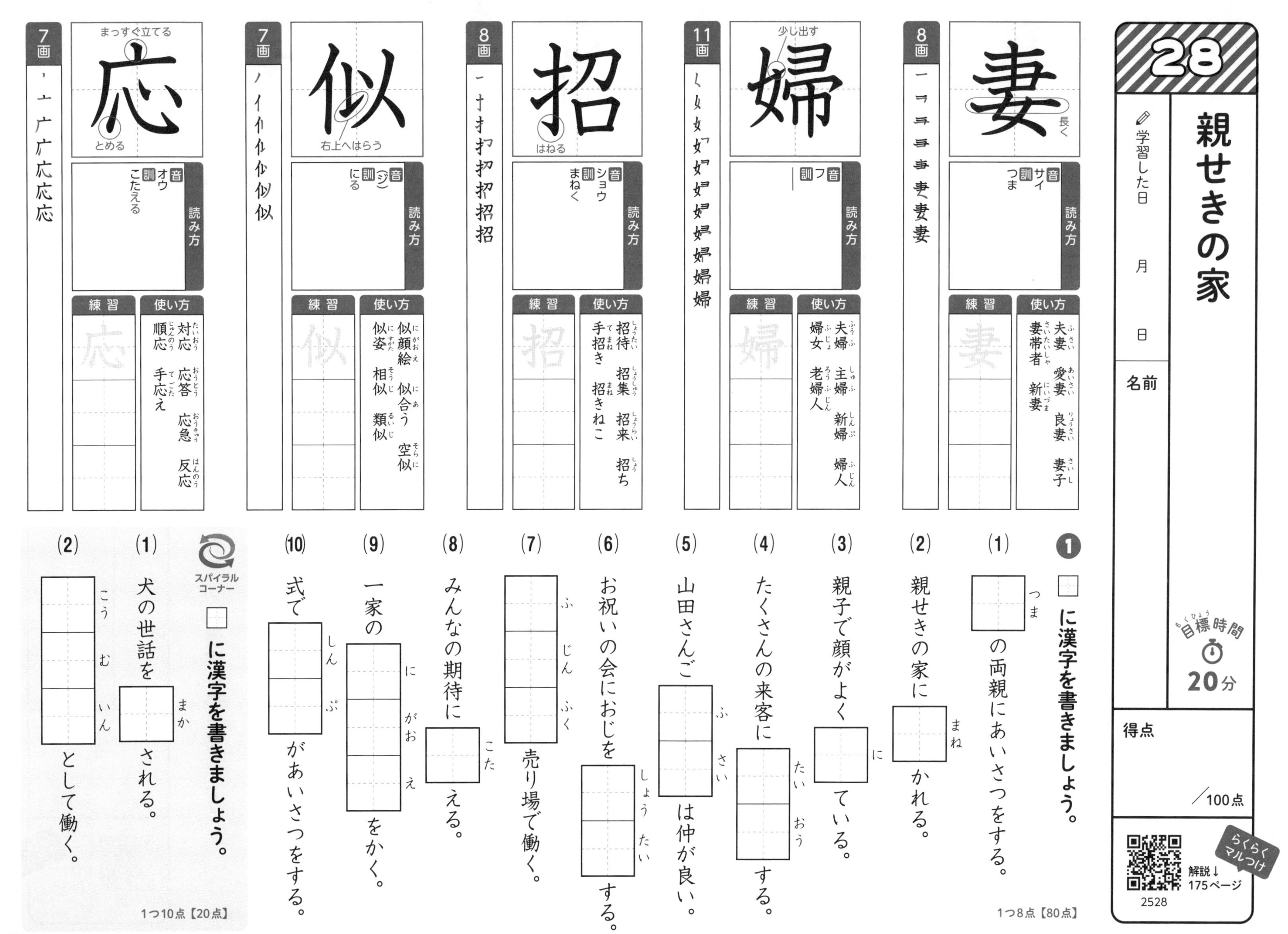

28 親せきの家

学習した日　月　日

名前

目標時間 20分

得点　／100点

解説↓ 175ページ

2528

らくらくマルつけ

妻（8画）

筆順：一 ｢ ｢ ｢ 事 妻 妻 妻

長く

読み方：音 サイ　訓 つま

使い方：夫妻（ふさい）　愛妻（あいさい）　良妻（りょうさい）　妻子（さいし）　妻帯者（さいたいしゃ）　新妻（にいづま）

練習

婦（11画）

少し出す

読み方：音 フ　訓 ―

使い方：夫婦（ふうふ）　主婦（しゅふ）　新婦（しんぷ）　婦人（ふじん）　婦女（ふじょ）　老婦人（ろうふじん）

練習

招（8画）

はねる

読み方：音 ショウ　訓 まねく

使い方：招待（しょうたい）　招集（しょうしゅう）　招来（しょうらい）　招ち（しょうち）　手招き（てまねき）　招きねこ（まねきねこ）

練習

似（7画）

右上へはらう

読み方：音 （ジ）　訓 にる

使い方：似顔絵（にがおえ）　似合う（にあう）　空似（そらに）　似姿（にすがた）　相似（そうじ）　類似（るいじ）

練習

応（7画）

まっすぐ立てる　とめる

読み方：音 オウ　訓 こたえる

使い方：対応（たいおう）　応答（おうとう）　応急（おうきゅう）　反応（はんのう）　順応（じゅんのう）　手応え（てごたえ）

練習

---

1 □に漢字を書きましょう。　1つ8点【80点】

(1) □（つま）の両親にあいさつをする。

(2) 親せきの家に□（まね）かれる。

(3) 親子で顔がよく□（に）ている。

(4) たくさんの来客に□□（たいおう）する。

(5) 山田さんご□□（ふさい）は仲が良い。

(6) お祝いの会におじを□□（しょうたい）する。

(7) □□□（ふじんふく）売り場で働く。

(8) みんなの期待に□（こた）える。

(9) 一家の□□□（にがおえ）をかく。

(10) 式で□□（しんぷ）があいさつをする。

スパイラルコーナー

□に漢字を書きましょう。　1つ10点【20点】

(1) 犬の世話を□（まか）される。

(2) □□□（こうむいん）として働く。

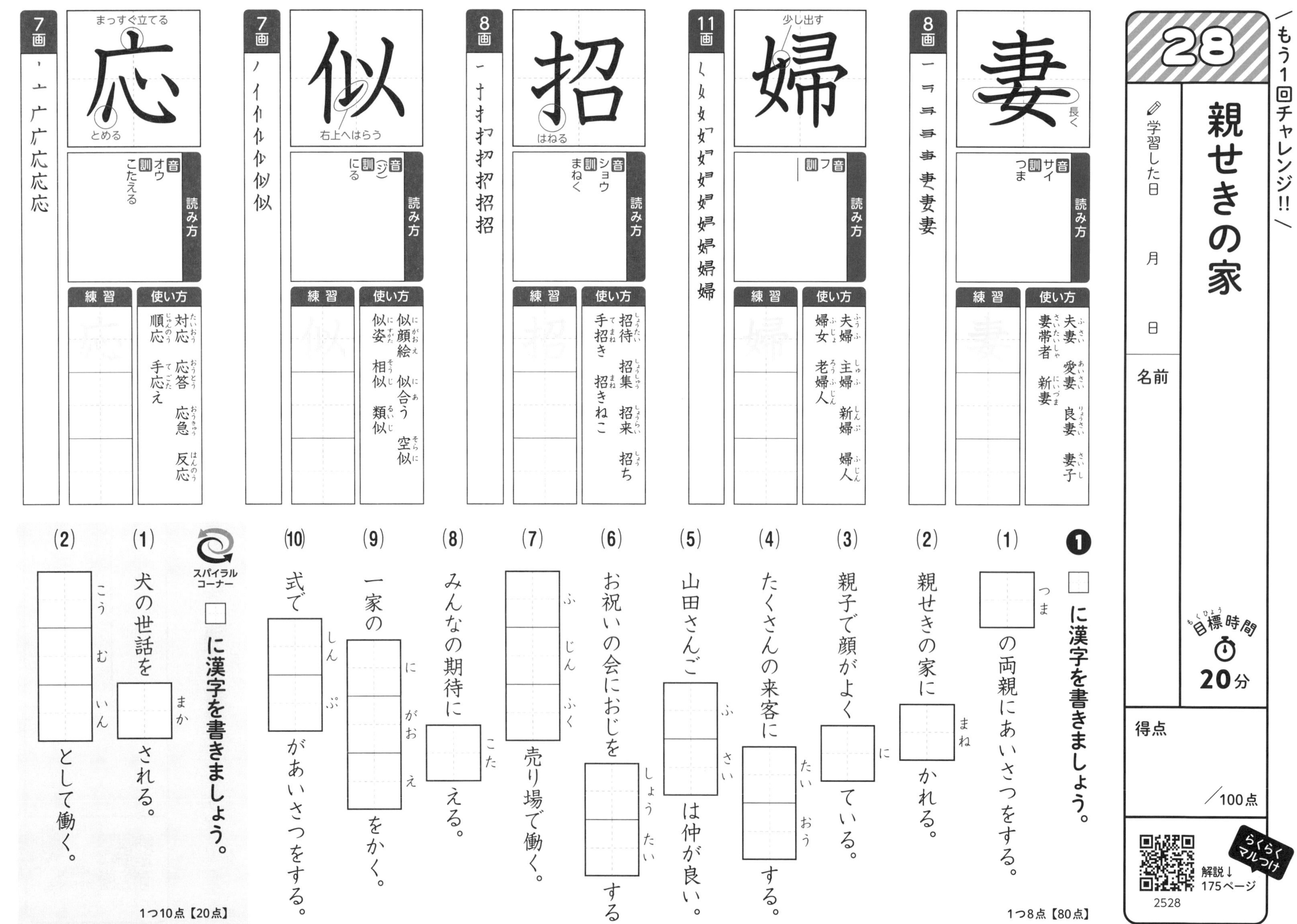
もう1回チャレンジ!!
28
親せきの家
学習した日 月 日
名前
目標時間 20分
得点 /100点
らくらくマルつけ
解説↓ 175ページ
2528
妻 8画
長く
読み方 音 サイ 訓 つま
使い方 夫妻 愛妻 良妻 妻子 妻帯者 新妻
練習
婦 11画
少し出す
読み方 音 フ 訓 ―
使い方 夫婦 主婦 新婦 婦人 婦女 老婦人
練習
招 8画
はねる
読み方 音 ショウ 訓 まねく
使い方 招待 招集 招来 招ち 手招き 招きねこ
練習
似 7画
右上へはらう
読み方 音 (ジ) 訓 にる
使い方 似顔絵 似合う 空似 似姿 相似 類似
練習
応 7画
まっすぐ立てる
とめる
読み方 音 オウ 訓 こたえる
使い方 対応 応答 応急 反応 順応 手応え
練習
1 □に漢字を書きましょう。
(1) □(つま)の両親にあいさつをする。
(2) 親せきの家に□(まね)かれる。
(3) 親子で顔がよく□(に)ている。
(4) たくさんの来客に□□(たいおう)する。
(5) 山田さんご□□(ふさい)は仲が良い。
(6) お祝いの会におじを□□(しょうたい)する。
(7) □□□(ふじんふく)売り場で働く。
(8) みんなの期待に□(こた)える。
(9) 一家の□□□(にがおえ)をかく。
(10) 式で□□(しんぷ)があいさつをする。
1つ8点【80点】
スパイラルコーナー
□に漢字を書きましょう。
(1) 犬の世話を□(まか)される。
(2) □□□(こうむいん)として働く。
1つ10点【20点】

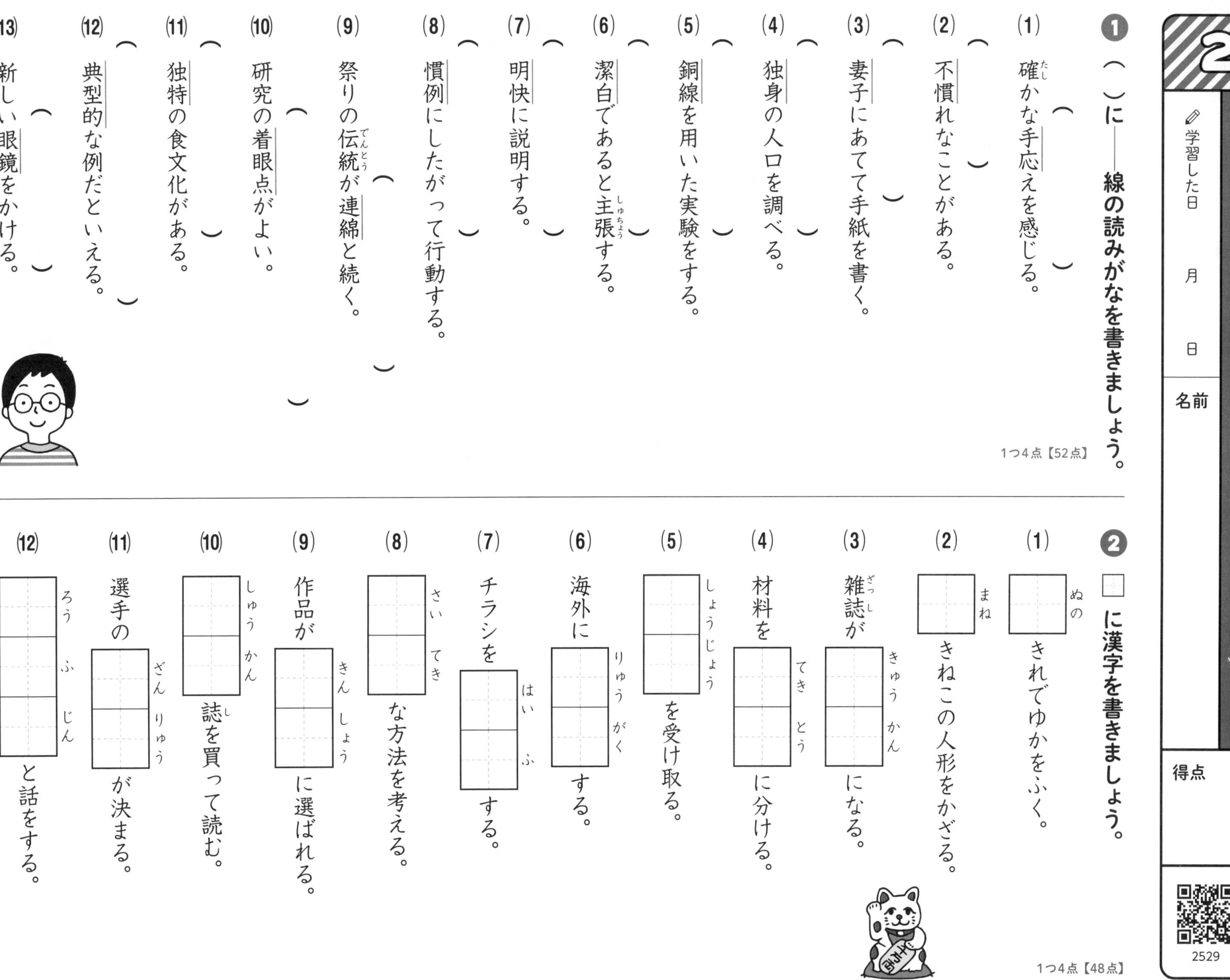

29

まとめのテスト７

学習した日　月　日

名前

目標時間 20分

得点　／100点

らくらくマルつけ

解説↓ 175ページ

2529

1 （　）に――線の読みがなを書きましょう。

1つ4点【52点】

(1) 確(たし)かな<u>手応</u>えを感じる。（　）
(2) 不<u>慣</u>れなことがある。（　）
(3) <u>妻子</u>にあてて手紙を書く。（　）
(4) <u>独身</u>の人口を調べる。（　）
(5) <u>銅線</u>を用いた実験をする。（　）
(6) <u>潔白</u>であると主張(しゅちょう)する。（　）
(7) <u>明快</u>に説明する。（　）
(8) <u>慣例</u>にしたがって行動する。（　）
(9) 祭りの伝統(でんとう)が<u>連綿</u>と続く。（　）
(10) 研究の<u>着眼点</u>がよい。（　）
(11) <u>独特</u>の食文化がある。（　）
(12) <u>典型</u>的な例だといえる。（　）
(13) 新しい<u>眼鏡</u>をかける。（　）

2 □に漢字を書きましょう。

1つ4点【48点】

(1) □(ぬの)きれでゆかをふく。
(2) □(まね)きねこの人形をかざる。
(3) 雑誌(ざっし)が□□(きゅうかん)になる。
(4) 材料を□□(てきとう)に分ける。
(5) □□(しょうじょう)を受け取る。
(6) 海外に□□(りゅうがく)する。
(7) チラシを□□(はいふ)する。
(8) □□(さいてき)な方法を考える。
(9) 作品が□□(きんしょう)に選ばれる。
(10) □□(しゅうかん)誌(し)を買って読む。
(11) 選手の□□(ざんりゅう)が決まる。
(12) □□□(ろうふじん)と話をする。

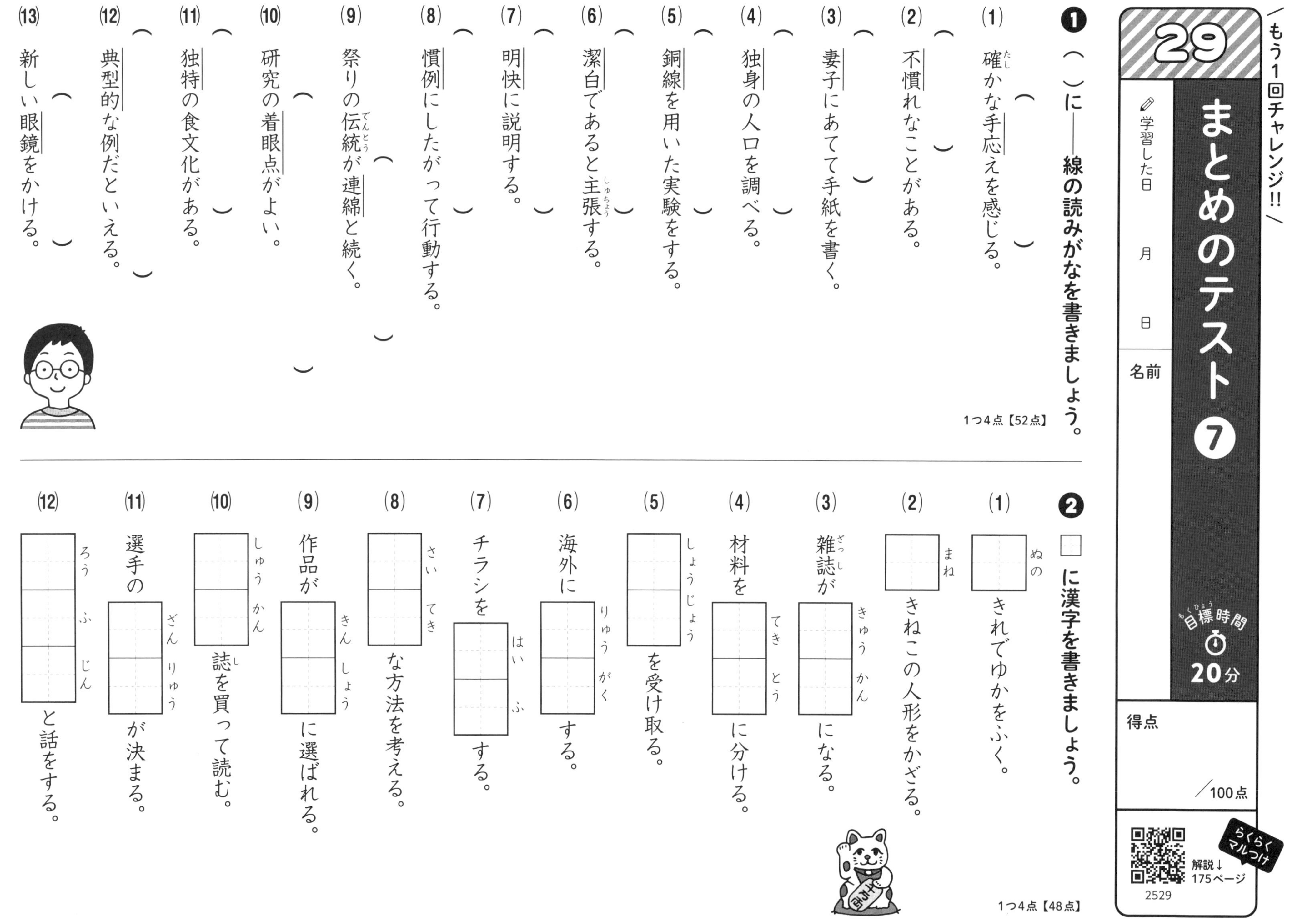

＼もう1回チャレンジ!!／

29

まとめのテスト⑦

学習した日　月　日

名前

目標時間(もくひょうじかん)　20分

得点　／100点

らくらくマルつけ

2529

解説↓175ページ

❶（　）に――線の読みがなを書きましょう。

1つ4点【52点】

(1) 確(たし)かな手応えを感じる。（　　）
(2) 不慣れなことがある。（　　）
(3) 妻子にあてて手紙を書く。（　　）
(4) 独身の人口を調べる。（　　）
(5) 銅線を用いた実験をする。（　　）
(6) 潔白であると主張(しゅちょう)する。（　　）
(7) 明快に説明する。（　　）
(8) 慣例にしたがって行動する。（　　）
(9) 祭りの伝統(でんとう)が連綿と続く。（　　）
(10) 研究の着眼点がよい。（　　）
(11) 独特の食文化がある。（　　）
(12) 典型的な例だといえる。（　　）
(13) 新しい眼鏡をかける。（　　）

❷ □に漢字を書きましょう。

1つ4点【48点】

(1) □(ぬの)きれでゆかをふく。
(2) □(まね)きねこの人形をかざる。
(3) 雑誌(ざっし)が□□(きゅうかん)になる。
(4) 材料を□□(てきとう)に分ける。
(5) □□(しょうじょう)を受け取る。
(6) 海外に□□(りゅうがく)する。
(7) チラシを□□(はいふ)する。
(8) □□(さいてき)な方法を考える。
(9) 作品が□□(きんしょう)に選ばれる。
(10) □□(しゅうかん)誌(し)を買って読む。
(11) 選手の□□(ざんりゅう)が決まる。
(12) □□□(ろうふじん)と話をする。

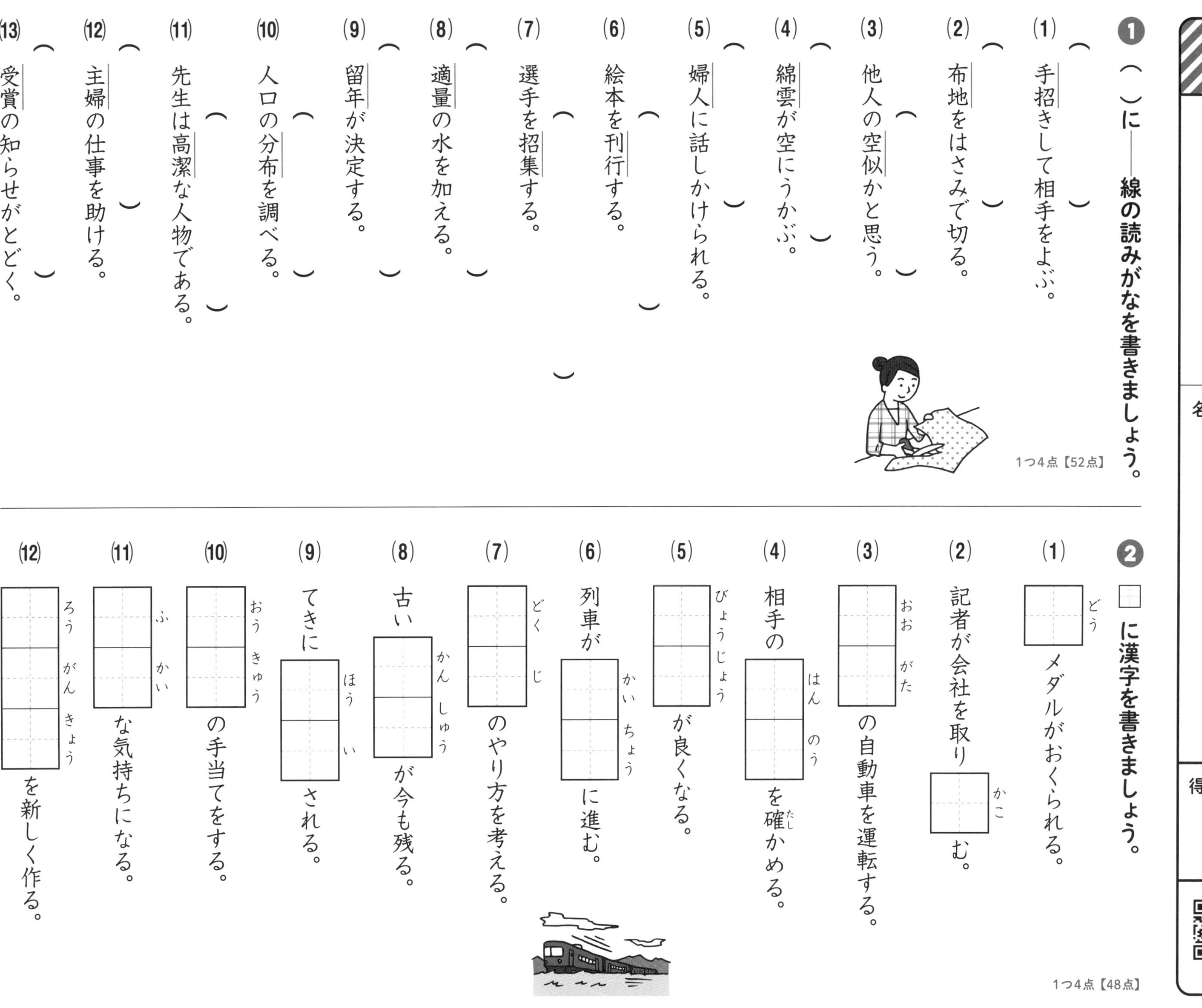

30 まとめのテスト 8

学習した日　　月　　日

名前

目標時間 20分

得点　　／100点

解説↓176ページ　2530

らくらくマルつけ

1 （　）に——線の読みがなを書きましょう。

1つ4点【52点】

(1) 手招き（　）して相手をよぶ。
(2) 布地（　）をはさみで切る。
(3) 他人（　）の空似（　）かと思う。
(4) 綿雲（　）が空にうかぶ。
(5) 婦人（　）に話しかけられる。
(6) 絵本（　）を刊行（　）する。
(7) 選手（　）を招集（　）する。
(8) 適量（　）の水を加える。
(9) 留年（　）が決定する。
(10) 人口（　）の分布（　）を調べる。
(11) 先生は高潔（　）な人物である。
(12) 主婦（　）の仕事を助ける。
(13) 受賞（　）の知らせがとどく。

2 □に漢字を書きましょう。

1つ4点【48点】

(1) □（どう）メダルがおくられる。
(2) 記者が会社を取り□（かこ）む。
(3) □□（おおがた）の自動車を運転する。
(4) 相手の□□（はんのう）を確（たし）かめる。
(5) □□（びょうじょう）が良くなる。
(6) 列車が□□（かいちょう）に進む。
(7) □□（どくじ）のやり方を考える。
(8) 古い□□（かんしゅう）が今も残る。
(9) てきに□□（ほうい）される。
(10) □□（おうきゅう）の手当てをする。
(11) □□（ふかい）な気持ちになる。
(12) □□□（ろうがんきょう）を新しく作る。

＼もう1回チャレンジ!!／

30 まとめのテスト8

学習した日　　月　　日

名前

目標時間 20分

得点　　／100点

らくらくマルつけ

解説↓176ページ

2530

1 （　）に――線の読みがなを書きましょう。

1つ4点【52点】

(1) 手招きして相手をよぶ。（　　）
(2) 布地をはさみで切る。（　　）
(3) 他人の空似かと思う。（　　）
(4) 綿雲が空にうかぶ。（　　）
(5) 婦人に話しかけられる。（　　）
(6) 絵本を刊行する。（　　）
(7) 選手を招集する。（　　）
(8) 適量の水を加える。（　　）
(9) 留年が決定する。（　　）
(10) 人口の分布を調べる。（　　）
(11) 先生は高潔な人物である。（　　）
(12) 主婦の仕事を助ける。（　　）
(13) 受賞の知らせがとどく。（　　）

2 □に漢字を書きましょう。

1つ4点【48点】

(1) □（どう）メダルがおくられる。
(2) 記者が会社を取り□（かこ）む。
(3) □□（おおがた）の自動車を運転する。
(4) 相手の□□（はんのう）を確（たし）かめる。
(5) □□（びょうじょう）が良くなる。
(6) 列車が□□（かいちょう）に進む。
(7) □□（どくじ）のやり方を考える。
(8) 古い□□（かんしゅう）が今も残る。
(9) てきに□□（ほうい）される。
(10) □□（おうきゅう）の手当てをする。
(11) □□（ふかい）な気持ちになる。
(12) □□□（ろうがんきょう）を新しく作る。

パズル・実践(せん)⑦

学習した日　　月　　日

名前

目標(もくひょう)時間 20分

得点　　／100点

らくらくマルつけ
解説↓ 176ページ

2531

1 矢印の向きに読むと熟語(じゅくご)になるように、次の□に入る漢字を書きましょう。　1つ10点【30点】

(1)
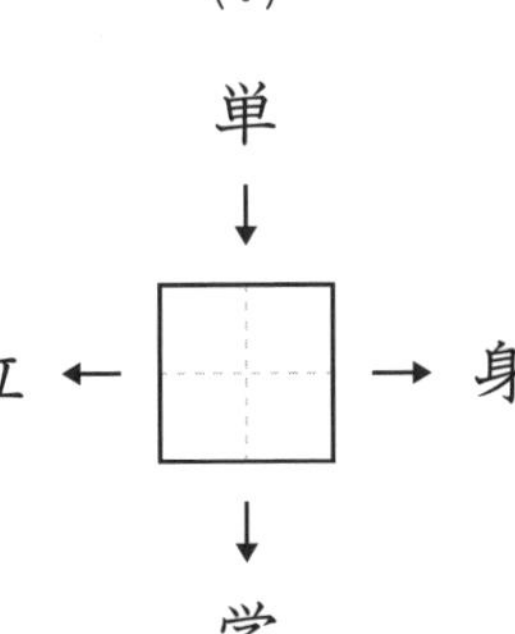

(2)
最 ↓ □
切 ← □ → 当
好 ↑ □

(3)
清 ↓ □
簡(かん) → □ ← 不
高 ↑ □

2 次の――線のカタカナを、漢字と送りがなで書きましょう。　1つ9点【27点】

(1) 友達(ともだち)を家にマネク。（　　　）

(2) 風がココロヨイ。（　　　）

(3) ボタンをトメル。（　　　）

3 次の――線の漢字と同じ読み方をする漢字をふくむ熟語(じゅくご)をあとから選び、記号で書きましょう。　1つ9点【18点】

(1) 布目

ア 毛布　イ 分布　ウ 布地　エ 散布　（　　　）

(2) 綿花

ア 綿毛　イ 連綿　ウ 綿雲　エ 綿雪　（　　　）

4 次の――線のカタカナにあてはまる漢字を線で結びましょう。　全部できて【7点】

(1) 期待にコタえる。　・　　・答

(2) 問題にコタえる。　・　　・応

5 次の漢字のカードを二まい組み合わせて、漢字を三つ作りましょう。（同じカードは一度しか使えません。）　1つ6点【18点】

□
□
□

＼もう1回チャレンジ!!／

31 パズル・実践⑦

学習した日　月　日

名前

目標時間 20分

得点 ／100点

解説↓ 176ページ

2531

❶ 矢印の向きに読むと熟語になるように、次の□に入る漢字を書きましょう。　1つ10点【30点】

(1) 単→□→学、立←□→身

(2) 最→□←好、切←□→当

(3) 清→□←高、不←□←簡

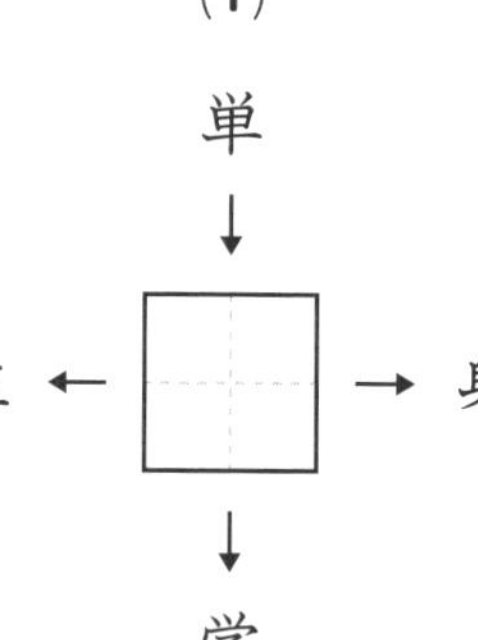

❷ 次の――線のカタカナを、漢字と送りがなで書きましょう。　1つ9点【27点】

(1) 友達を家にマネク。（　　）

(2) 風がココロヨイ。（　　）

(3) ボタンをトメル。（　　）

❸ 次の――線の漢字と同じ読み方をする漢字をふくむ熟語をあとから選び、記号で書きましょう。　1つ9点【18点】

(1) 布目
ア 毛布　イ 分布　ウ 布地　エ 散布　（　　）

(2) 綿花
ア 綿毛　イ 連綿　ウ 綿雲　エ 綿雪　（　　）

❹ 次の――線のカタカナにあてはまる漢字を線で結びましょう。　全部できて【7点】

(1) 期待にコタえる。・　・答

(2) 問題にコタえる。・　・応

❺ 次の漢字のカードを二まい組み合わせて、漢字を三つ作りましょう。（同じカードは一度しか使えません。）　1つ6点【18点】

□
□
□

1 次の――線のカタカナにあてはまる漢字を線で結びましょう。　全部できて1つ8点【24点】

(1)
① フ人服の売り場。・　・夫
② 社長フ人の話。・　・婦

(2)
① 手ガタをとる。・　・形
② 小ガタの自動車。・　・型

(3)
① ショウ和の時代。・　・招
② 家にショウ待する。・　・昭
③ ショウ明を消す。・　・照

2 次の漢字の↘の部分は、何画目に書きますか。（　）に数字で書きましょう。　1つ8点【32点】

(1) 妻……（　　）画目
(2) 似……（　　）画目
(3) 布……（　　）画目
(4) 刊……（　　）画目

3 次は、ある新聞記事の一部です。

山田選手　銅メダル獲得（かくとく）！

フランスで開かれている水泳の世界大会で、山田選手は①快調な泳ぎで、②銅メダルにかがやいた。

毎朝のランニングを③習慣としてからは体の④ジョウタイもよく、試合にのぞむ前からよい泳ぎができると確信（かくしん）していたという。そのとおり、みごとな泳ぎで⑤ショウサンをあびた。

インタビューで多数の記者に⑥カコまれながらも、にこやかに対応していた。

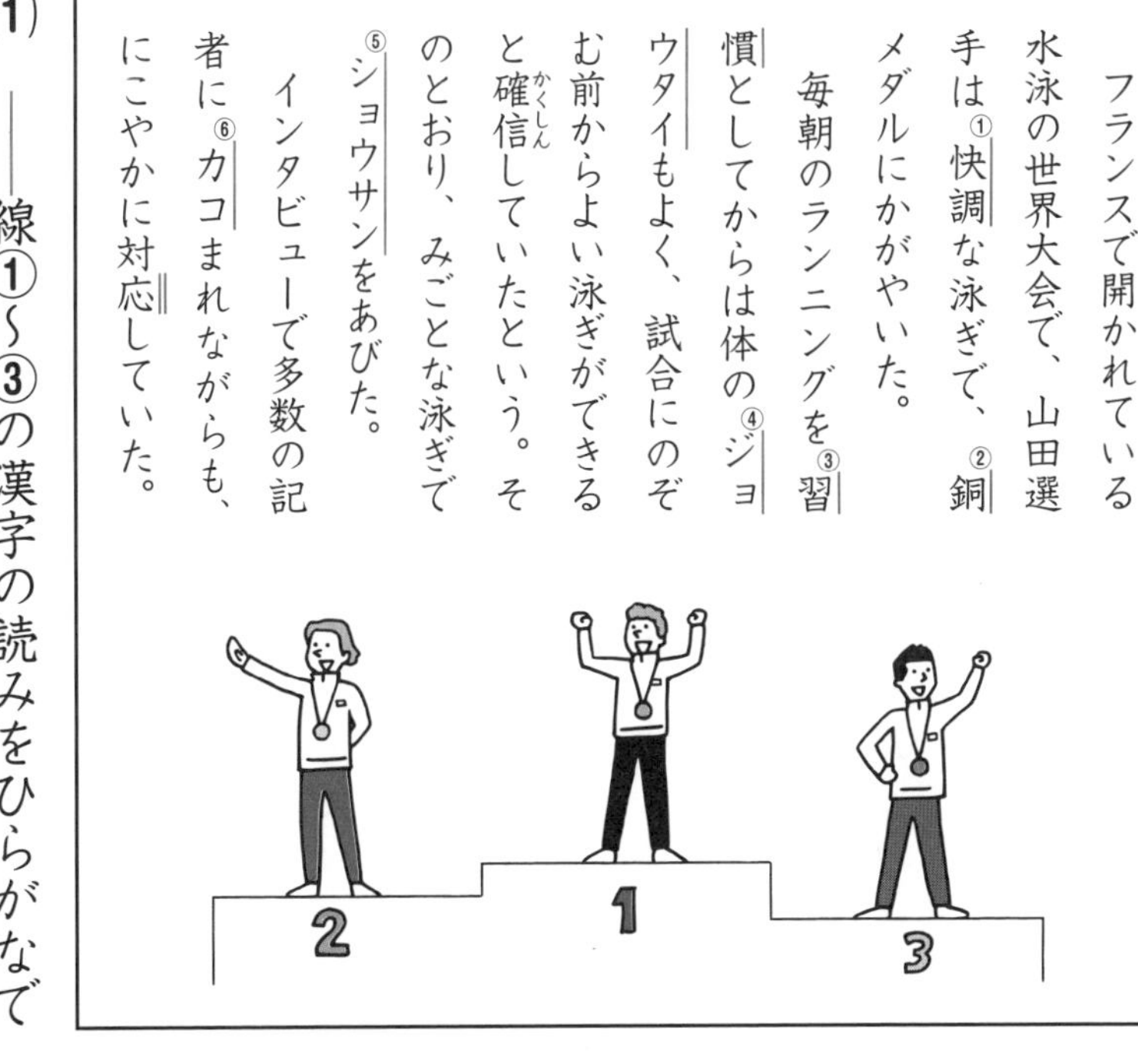

(1) ――線①～③の漢字の読みをひらがなで書きましょう。また、――線④～⑥のカタカナを漢字に直して書きましょう。　1つ6点【36点】

①（　　）　②（　　）
③（　　）
④（　　）　⑤（　　）
⑥（　　）

(2) ＝線「応」の画数を数字で書きましょう。　【8点】

（　　）画

＼もう1回チャレンジ!!／

32 パズル・実践⑧

学習した日　月　日

名前

目標時間 20分

得点　／100点

解説↓ 176ページ

2532

❶ 次の――線のカタカナにあてはまる漢字を線で結びましょう。 全部できて1つ8点【24点】

(1)
① フ人服の売り場。　・　・夫
② 社長フ人の話。　・　・婦

(2)
① 手ガタをとる。　・　・形
② 小ガタの自動車。　・　・型

(3)
① ショウ和の時代。　・　・招
② 家にショウ待する。　・　・昭
③ ショウ明を消す。　・　・照

❷ 次の漢字の→の部分は、何画目に書きますか。（　）に数字で書きましょう。 1つ8点【32点】

(1) 妻……（　）画目
(2) 似……（　）画目
(3) 布……（　）画目
(4) 刊……（　）画目

❸ 次は、ある新聞記事の一部です。

山田選手　銅メダル獲得(かくとく)！

フランスで開かれている水泳の世界大会で、山田選手は①快調な泳ぎで、②銅メダルにかがやいた。

毎朝のランニングを③習慣としてからは体の④ジョウタイもよく、試合にのぞむ前からよい泳ぎができると確信(かくしん)していたという。そのとおり、みごとな泳ぎで⑤ショウサンをあびた。

インタビューで多数の記者に⑥カコまれながらも、にこやかに対応していた。

(1) ――線①～③の漢字の読みをひらがなで書きましょう。また、――線④～⑥のカタカナを漢字に直して書きましょう。 1つ6点【36点】

①（　）　②（　）
③（　）
④（　）　⑤（　）
⑥（　）

(2) ＝線「応」の画数を数字で書きましょう。 【8点】

（　）画

33 台風に備（そな）える

学習した日　月　日

名前

目標（もくひょう）時間 20分

得点　／100点

らくらくマルつけ

解説↓ 176ページ

2533

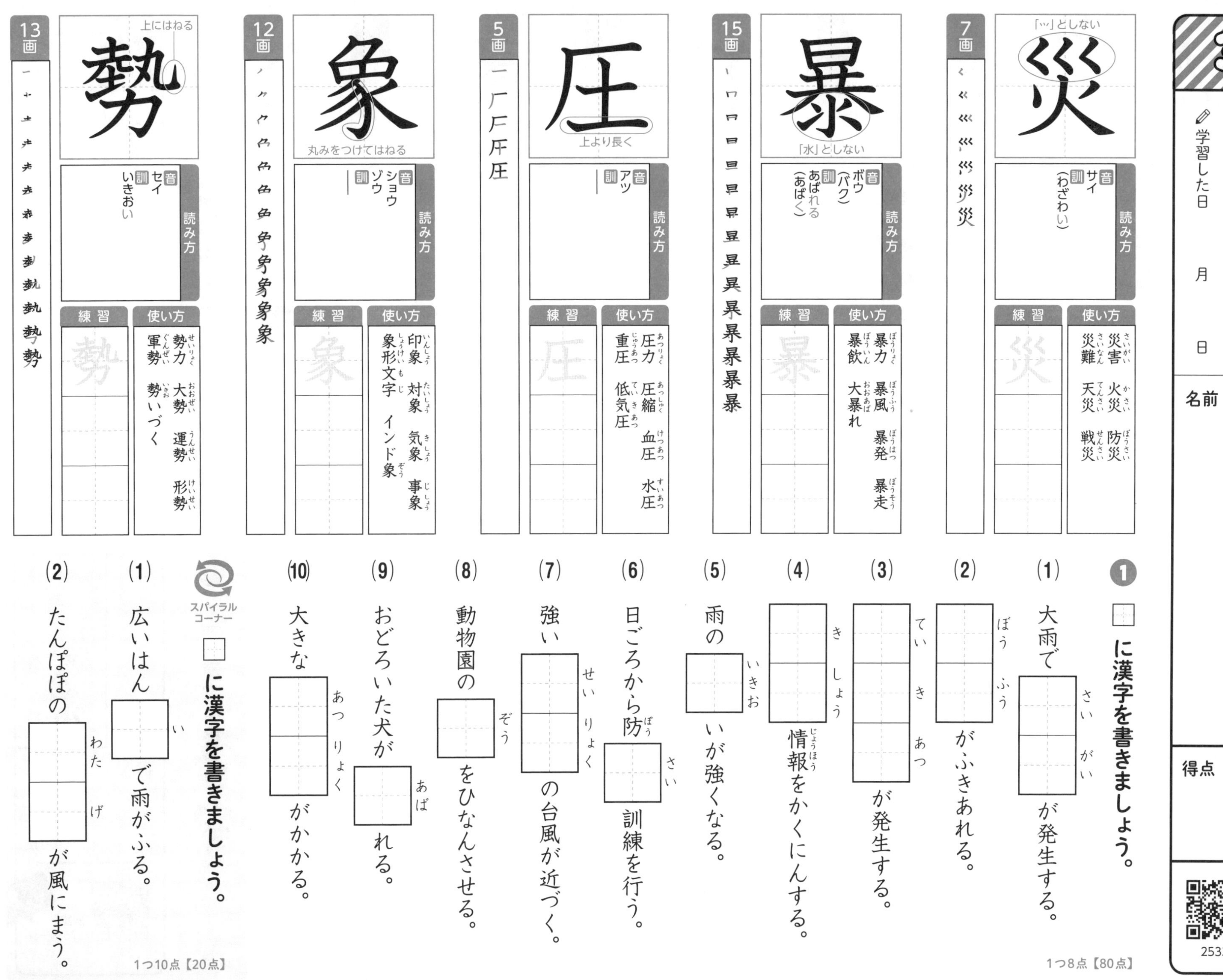

災 7画

「⺍」としない

読み方　音 サイ　訓（わざわい）

使い方　災害（さいがい）　火災（かさい）　防災（ぼうさい）　災難（さいなん）　天災（てんさい）　戦災（せんさい）

筆順　く　巛　巛　巛　巛　災　災

練習　災

暴 15画

「水」としない

読み方　音 ボウ（バク）　訓 あばれる（あばく）

使い方　暴力（ぼうりょく）　暴風（ぼうふう）　暴発（ぼうはつ）　暴走（ぼうそう）　暴飲（ぼういん）　大暴れ（おおあばれ）

練習　暴

圧 5画

上より長く

読み方　音 アツ　訓 ―

使い方　圧力（あつりょく）　圧縮（あっしゅく）　血圧（けつあつ）　水圧（すいあつ）　重圧（じゅうあつ）　低気圧（ていきあつ）

筆順　一　厂　厂　圧　圧

練習　圧

象 12画

丸みをつけてはねる

読み方　音 ショウ　ゾウ　訓 ―

使い方　印象（いんしょう）　対象（たいしょう）　気象（きしょう）　事象（じしょう）　象形文字（しょうけいもじ）　インド象（ぞう）

練習　象

勢 13画

上にはねる

読み方　音 セイ　訓 いきおい

使い方　勢力（せいりょく）　大勢（おおぜい）　運勢（うんせい）　形勢（けいせい）　軍勢（ぐんぜい）　勢いづく（いきおいづく）

練習　勢

1 □に漢字を書きましょう。　1つ8点【80点】

(1) 大雨で［さいがい］が発生する。

(2) ［ぼうふう］がふきあれる。

(3) ［ていきあつ］が発生する。

(4) ［きしょう］情報（じょうほう）をかくにんする。

(5) 雨の［いきお］いが強くなる。

(6) 日ごろから防（ぼう）［さい］訓練を行う。

(7) 強い［せいりょく］の台風が近づく。

(8) 動物園の［ぞう］をひなんさせる。

(9) おどろいた犬が［あば］れる。

(10) 大きな［あつりょく］がかかる。

スパイラルコーナー

□に漢字を書きましょう。　1つ10点【20点】

(1) 広いはん［い］で雨がふる。

(2) たんぽぽの［わたげ］が風にまう。

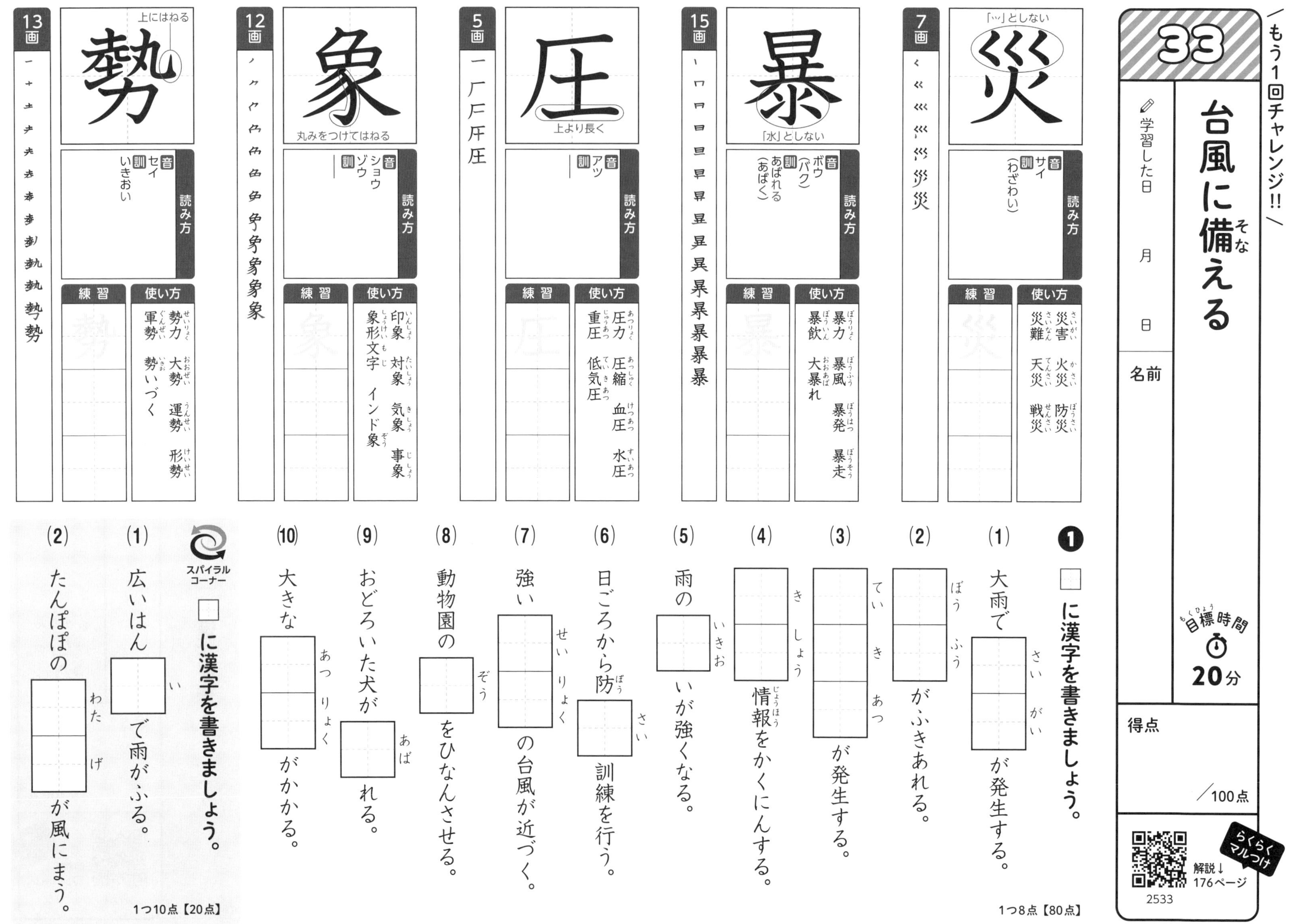

もう1回チャレンジ!!

33

台風に備(そな)える

学習した日　月　日

名前

目標時間(もくひょうじかん) 20分

得点　／100点

らくらくマルつけ

解説↓176ページ

2533

災 7画
「ｗ」としない
読み方　音 サイ　訓 (わざわい)
筆順：く 巛 巛 巛 巛 災 災
使い方：災害(さいがい)　火災(かさい)　防災(ぼうさい)　災難(さいなん)　天災(てんさい)　戦災(せんさい)
練習

暴 15画
「水」としない
読み方　音 ボウ (バク)　訓 あばれる (あばく)
筆順：丨 口 日 日 旦 早 昇 昇 昇 昇 暴 暴 暴 暴 暴
使い方：暴力(ぼうりょく)　暴風(ぼうふう)　暴発(ぼうはつ)　暴走(ぼうそう)　暴飲(ぼういん)　大暴(おおあば)れ
練習

圧 5画
上より長く
読み方　音 アツ　訓 ―
筆順：一 厂 圧 圧 圧
使い方：圧力(あつりょく)　圧縮(あっしゅく)　血圧(けつあつ)　水圧(すいあつ)　重圧(じゅうあつ)　低気圧(ていきあつ)
練習

象 12画
丸みをつけてはねる
読み方　音 ショウ ゾウ　訓 ―
筆順：ノ ク 𠂊 ⺈ 㐃 … 象
使い方：印象(いんしょう)　対象(たいしょう)　気象(きしょう)　事象(じしょう)　象形文字(しょうけいもじ)　インド象(ぞう)
練習

勢 13画
上にはねる
読み方　音 セイ　訓 いきおい
筆順：一 十 土 … 勢 勢
使い方：勢力(せいりょく)　大勢(おおぜい)　運勢(うんせい)　形勢(けいせい)　軍勢(ぐんぜい)　勢(いきお)いづく
練習

1 □に漢字を書きましょう。　1つ8点【80点】

(1) 大雨で□□(さいがい)が発生する。

(2) □□(ぼうふう)がふきあれる。

(3) □□□(ていきあつ)が発生する。

(4) □□(きしょう)情報(じょうほう)をかくにんする。

(5) 雨の□(いきお)いが強くなる。

(6) 日ごろから防(ぼう)□(さい)訓練を行う。

(7) 強い□□(せいりょく)の台風が近づく。

(8) 動物園の□(ぞう)をひなんさせる。

(9) おどろいた犬が□(あば)れる。

(10) 大きな□□(あつりょく)がかかる。

スパイラルコーナー

□に漢字を書きましょう。　1つ10点【20点】

(1) 広いはん□(い)で雨がふる。

(2) たんぽぽの□□(わたげ)が風にまう。

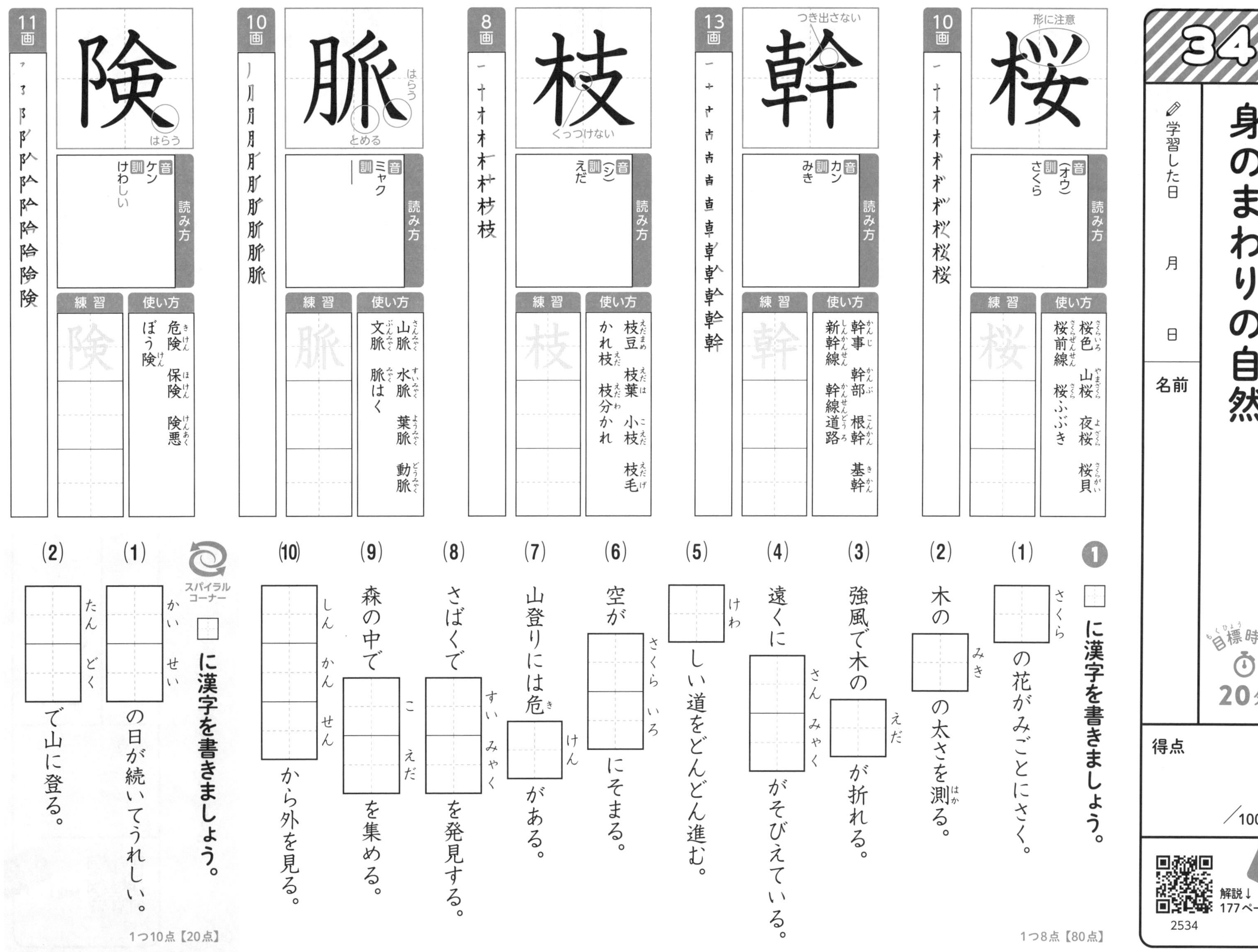

34 身のまわりの自然

学習した日　月　日

名前

目標時間 20分

得点 ／100点

解説↓ 177ページ

2534

らくらくマルつけ

桜 10画

形に注意

一 十 オ 木 ギ ボ ボ 桜 桜 桜

読み方：音（オウ）　訓 さくら

使い方：桜色（さくらいろ）　山桜（やまざくら）　夜桜（よざくら）　桜貝（さくらがい）　桜前線（さくらぜんせん）　桜ふぶき（さくら）

幹 13画

つき出さない

一 十 十 古 古 吉 吉 直 卓 卓 幹 幹 幹

読み方：音 カン　訓 みき

使い方：幹事（かんじ）　幹部（かんぶ）　根幹（こんかん）　基幹（きかん）　新幹線（しんかんせん）　幹線道路（かんせんどうろ）

枝 8画

くっつけない

一 十 オ 木 木 村 枝 枝

読み方：音（シ）　訓 えだ

使い方：枝豆（えだまめ）　枝葉（えだは）　小枝（こえだ）　枝毛（えだげ）　かれ枝（えだ）　枝分かれ（えだわ）

脈 10画

はらう　とめる

丿 刀 月 月 肵 肵 肵 脈 脈 脈

読み方：音 ミャク　訓 ―

使い方：山脈（さんみゃく）　水脈（すいみゃく）　葉脈（ようみゃく）　動脈（どうみゃく）　文脈（ぶんみゃく）　脈はく（みゃく）

険 11画

はらう

ʼ ʻ 阝 阝 阝 阾 阾 陉 険 険 険

読み方：音 ケン　訓 けわしい

使い方：危険（きけん）　保険（ほけん）　険悪（けんあく）　ぼう険（けん）

---

1 □に漢字を書きましょう。　1つ8点【80点】

(1) □（さくら）の花がみごとにさく。

(2) 木の□（みき）の太さを測（はか）る。

(3) 強風で木の□（えだ）が折れる。

(4) 遠くに□□（さんみゃく）がそびえている。

(5) □（けわ）しい道をどんどん進む。

(6) 空が□□（さくらいろ）にそまる。

(7) 山登りには危（き）□（けん）がある。

(8) さばくで□□（すいみゃく）を発見する。

(9) 森の中で□□（こえだ）を集める。

(10) □□□（しんかんせん）から外を見る。

スパイラルコーナー □に漢字を書きましょう。　1つ10点【20点】

(1) □□（かいせい）の日が続いてうれしい。

(2) □□（たんどく）で山に登る。

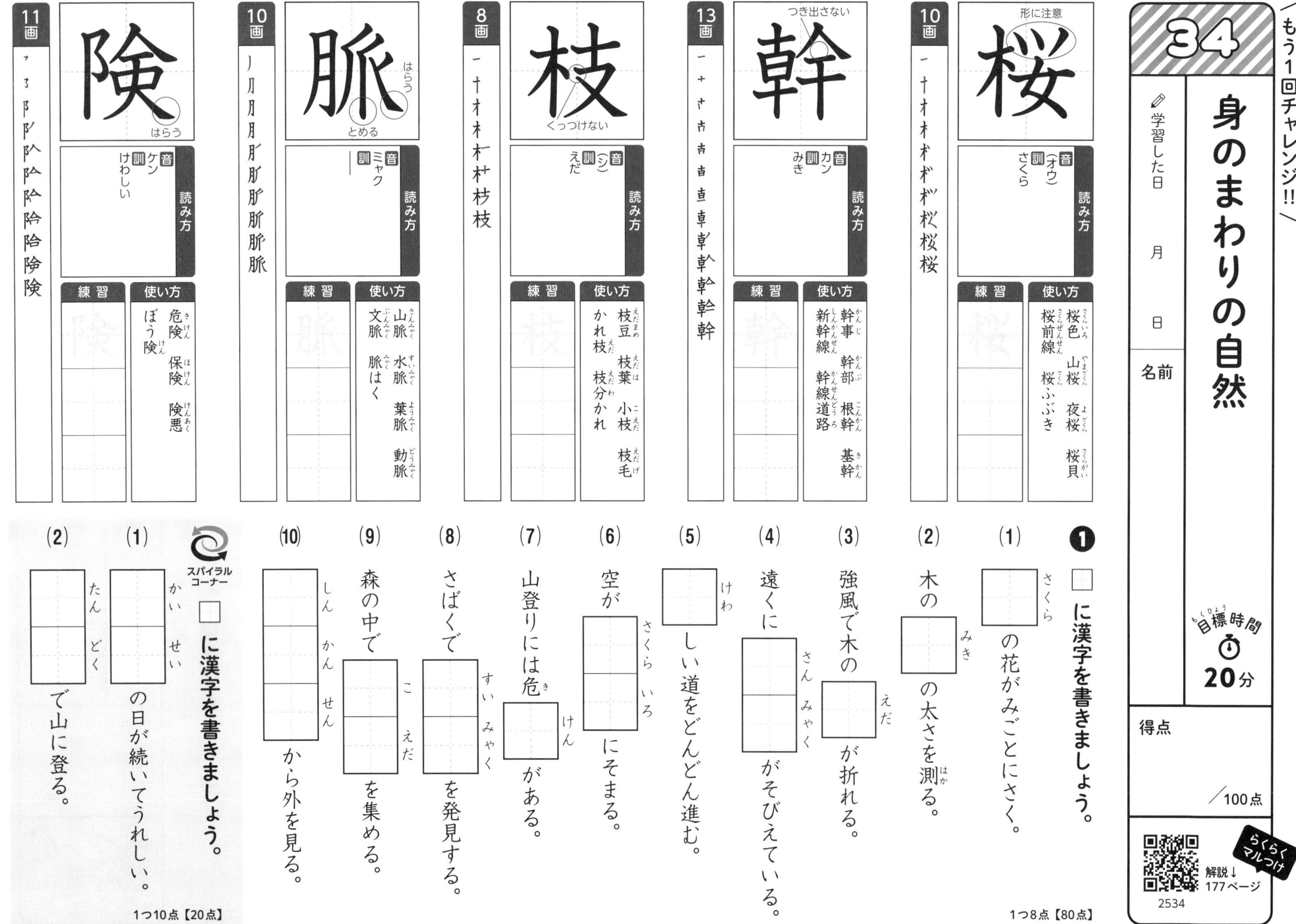

もう1回チャレンジ!!

34 身のまわりの自然

学習した日　月　日

名前

目標時間（もくひょうじかん） 20分

得点　／100点

らくらくマルつけ

解説↓ 177ページ

2534

桜（10画）

形に注意

読み方　音 (オウ)　訓 さくら

使い方　桜色（さくらいろ）　山桜（やまざくら）　夜桜（よざくら）　桜貝（さくらがい）　桜前線（さくらぜんせん）　桜ふぶき（さくら）

幹（13画）

つき出さない

読み方　音 カン　訓 みき

使い方　幹事（かんじ）　幹部（かんぶ）　根幹（こんかん）　基幹（きかん）　新幹線（しんかんせん）　幹線道路（かんせんどうろ）

枝（8画）

くっつけない

読み方　音 (シ)　訓 えだ

使い方　枝豆（えだまめ）　枝葉（えだは）　小枝（こえだ）　枝毛（えだげ）　かれ枝（えだ）　枝分かれ（えだわ）

脈（10画）

はらう　とめる

読み方　音 ミャク　訓 —

使い方　山脈（さんみゃく）　水脈（すいみゃく）　葉脈（ようみゃく）　動脈（どうみゃく）　文脈（ぶんみゃく）　脈はく（みゃく）

険（11画）

はらう

読み方　音 ケン　訓 けわしい

使い方　危険（きけん）　保険（ほけん）　険悪（けんあく）　ぼう険（けん）

練習

---

1 □に漢字を書きましょう。

(1) □（さくら）の花がみごとにさく。

(2) 木の□（みき）の太さを測（はか）る。

(3) 強風で木の□（えだ）が折れる。

(4) 遠くに□□（さんみゃく）がそびえている。

(5) □（けわ）しい道をどんどん進む。

(6) 空が□□（さくらいろ）にそまる。

(7) 山登りには危（き）□（けん）がある。

(8) さばくで□□（すいみゃく）を発見する。

(9) 森の中で□□（こえだ）を集める。

(10) □□□（しんかんせん）から外を見る。

1つ8点【80点】

スパイラルコーナー　□に漢字を書きましょう。

(1) □□（かいせい）の日が続いてうれしい。

(2) □□（たんどく）で山に登る。

1つ10点【20点】

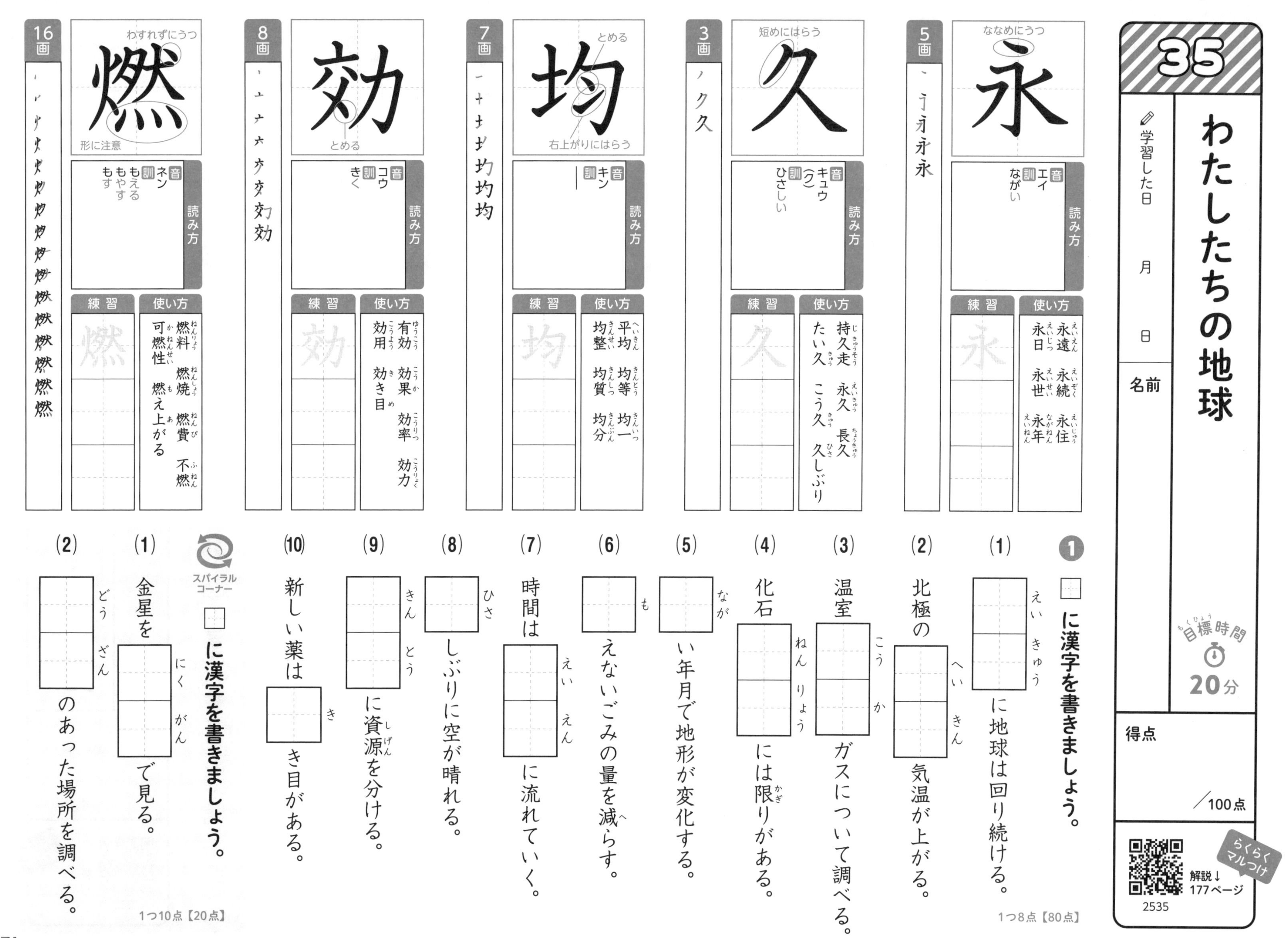

35 わたしたちの地球

学習した日　月　日

名前

目標時間 20分

得点　／100点

解説↓177ページ　らくらくマルつけ　2535

永 5画
ななめにうつ
音 エイ
訓 ながい
使い方：永遠（えいえん）　永続（えいぞく）　永住（えいじゅう）　永日（えいじつ）　永世（えいせい）　永年（えいねん・ながねん）

久 3画
短めにはらう
音 キュウ（ク）
訓 ひさしい
使い方：持久走（じきゅうそう）　永久（えいきゅう）　長久（ちょうきゅう）　たい久（きゅう）　こう久（きゅう）　久（ひさ）しぶり

均 7画
とめる　右上がりにはらう
音 キン
訓 ―
使い方：平均（へいきん）　均等（きんとう）　均一（きんいつ）　均整（きんせい）　均質（きんしつ）　均分（きんぶん）

効 8画
とめる
音 コウ
訓 きく
使い方：有効（ゆうこう）　効果（こうか）　効率（こうりつ）　効力（こうりょく）　効用（こうよう）　効（き）き目（め）

燃 16画
わすれずにうつ　形に注意
音 ネン
訓 もえる　もやす　もす
使い方：燃料（ねんりょう）　燃焼（ねんしょう）　燃費（ねんぴ）　不燃（ふねん）　可燃性（かねんせい）　燃（も）え上（あ）がる

1 □に漢字を書きましょう。　1つ8点【80点】

(1) □□（えいきゅう）に地球は回り続ける。

(2) 北極の□□（へいきん）気温が上がる。

(3) 温室□□（こうか）ガスについて調べる。

(4) 化石□□（ねんりょう）には限（かぎ）りがある。

(5) □（なが）い年月で地形が変化する。

(6) □（も）えないごみの量を減（へ）らす。

(7) 時間は□□（えいえん）に流れていく。

(8) □（ひさ）しぶりに空が晴れる。

(9) □□（きんとう）に資源（しげん）を分ける。

(10) 新しい薬は□（き）き目がある。

スパイラルコーナー

□に漢字を書きましょう。　1つ10点【20点】

(1) 金星を□□（にくがん）で見る。

(2) □□（どうざん）のあった場所を調べる。

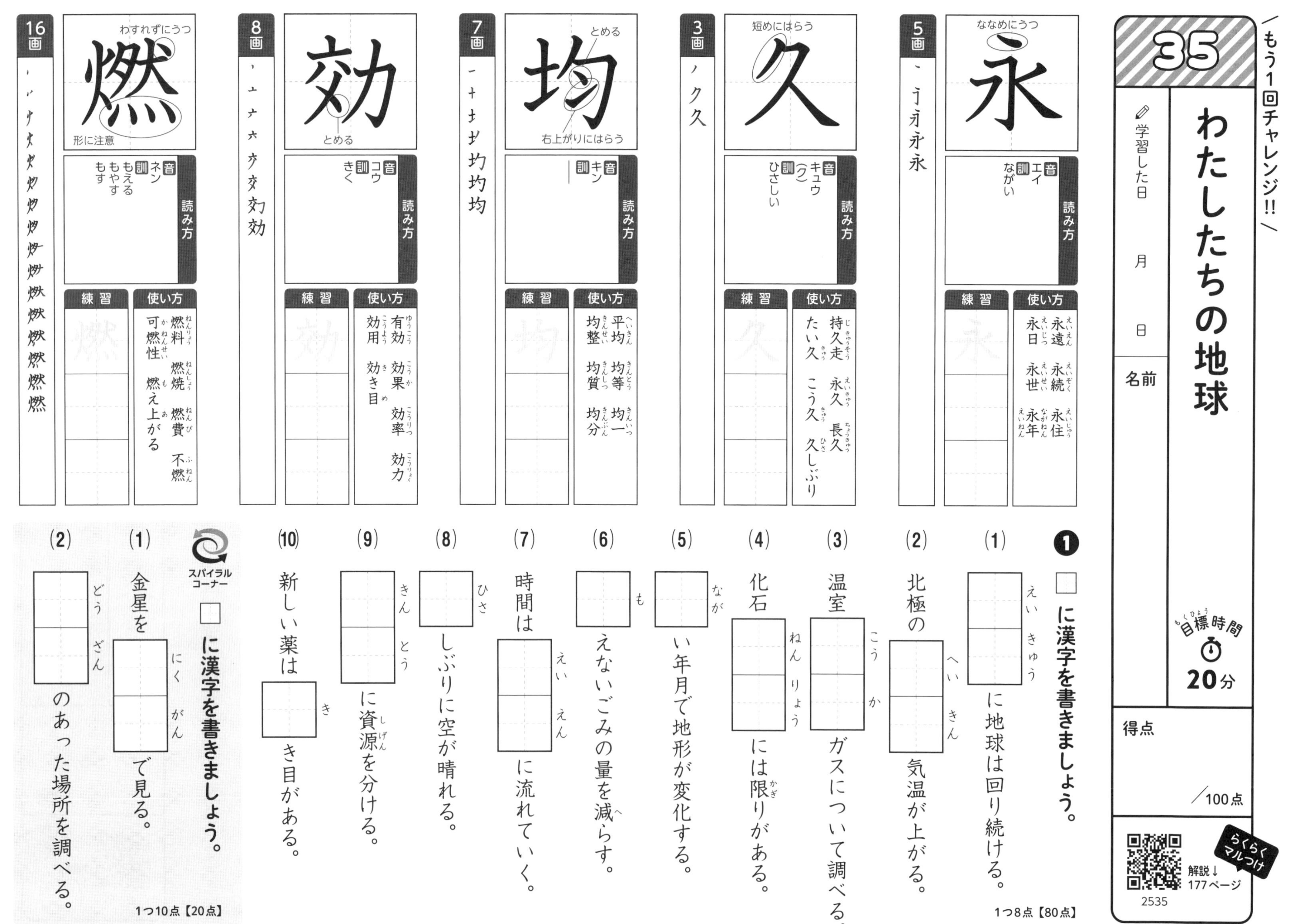

35

わたしたちの地球

もう1回チャレンジ!!

学習した日　月　日

名前

目標時間 20分

得点　／100点

らくらくマルつけ　解説↓177ページ

2535

永（5画）

ななめにうつ

読み方　音 エイ　訓 ながい

使い方　永遠（えいえん）　永続（えいぞく）　永住（えいじゅう）　永日（えいじつ）　永世（えいせい）　永年（ながねん・えいねん）

久（3画）

短めにはらう

読み方　音 キュウ（ク）　訓 ひさしい

使い方　持久走（じきゅうそう）　永久（えいきゅう）　長久（ちょうきゅう）　たい久（きゅう）　こう久（きゅう）　久（ひさ）しぶり

均（7画）

とめる　右上がりにはらう

読み方　音 キン　訓 ―

使い方　平均（へいきん）　均等（きんとう）　均一（きんいつ）　均整（きんせい）　均質（きんしつ）　均分（きんぶん）

効（8画）

とめる

読み方　音 コウ　訓 きく

使い方　有効（ゆうこう）　効果（こうか）　効率（こうりつ）　効力（こうりょく）　効用（こうよう）　効（き）き目（め）

燃（16画）

わすれずにうつ　形に注意

読み方　音 ネン　訓 もえる　もやす　もす

使い方　燃料（ねんりょう）　燃焼（ねんしょう）　燃費（ねんぴ）　不燃（ふねん）　可燃性（かねんせい）　燃（も）え上（あ）がる

練習

1 □に漢字を書きましょう。

(1) □□（えいきゅう）に地球は回り続ける。

(2) 北極の□□（へいきん）気温が上がる。

(3) 温室□□（こうか）ガスについて調べる。

(4) 化石□□（ねんりょう）には限（かぎ）りがある。

(5) □（なが）い年月で地形が変化する。

(6) □（も）えないごみの量を減（へ）らす。

(7) 時間は□□（えいえん）に流れていく。

(8) □（ひさ）しぶりに空が晴れる。

(9) □□（きんとう）に資源（しげん）を分ける。

(10) 新しい薬は□（き）き目がある。

1つ8点【80点】

スパイラルコーナー

□に漢字を書きましょう。

(1) 金星を□□（にくがん）で見る。

(2) □□（どうざん）のあった場所を調べる。

1つ10点【20点】

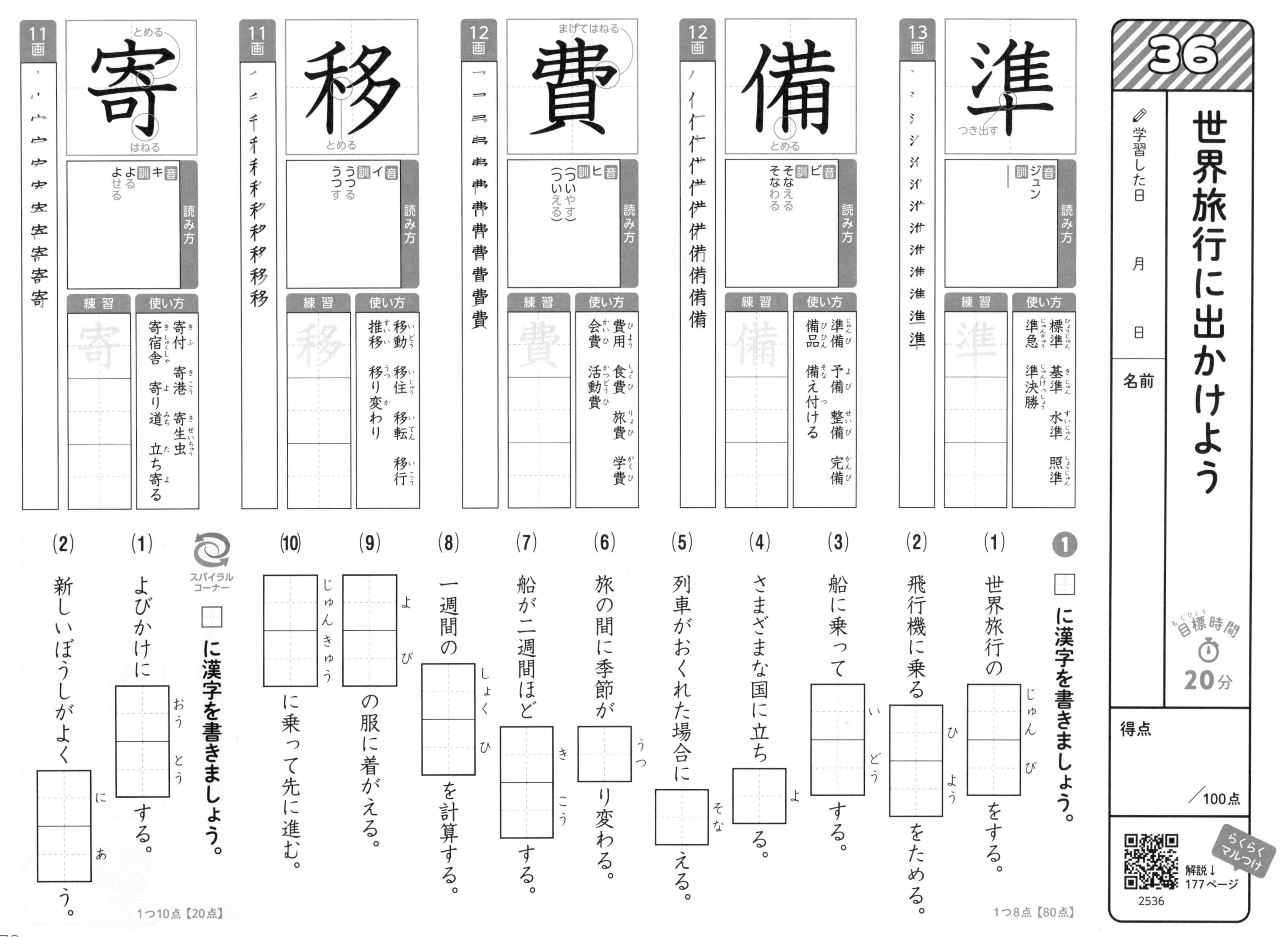

36 世界旅行に出かけよう

学習した日　月　日

名前

目標時間 20分

得点　／100点

解説↓177ページ　2536　らくらくマルつけ

準（13画）
音：ジュン　訓：―
（つき出す）
使い方：標準（ひょうじゅん）　基準（きじゅん）　水準（すいじゅん）　照準（しょうじゅん）　準急（じゅんきゅう）　準決勝（じゅんけっしょう）

備（12画）
音：ビ　訓：そなえる　そなわる
（とめる）
使い方：準備（じゅんび）　予備（よび）　整備（せいび）　完備（かんび）　備品（びひん）　備え付ける（そなえつける）

費（12画）
音：ヒ　訓：（ついやす）（ついえる）
（まげてはねる）
使い方：費用（ひよう）　食費（しょくひ）　旅費（りょひ）　学費（がくひ）　会費（かいひ）　活動費（かつどうひ）

移（11画）
音：イ　訓：うつる　うつす
（とめる）
使い方：移動（いどう）　移住（いじゅう）　移転（いてん）　移行（いこう）　推移（すいい）　移り変わり（うつりかわり）

寄（11画）
音：キ　訓：よる　よせる
（とめる・はねる）
使い方：寄付（きふ）　寄港（きこう）　寄生虫（きせいちゅう）　寄宿舎（きしゅくしゃ）　寄り道（よりみち）　立ち寄る（たちよる）

1 □に漢字を書きましょう。
1つ8点【80点】

(1) 世界旅行の□□（じゅんび）をする。
(2) 飛行機に乗る□□（ひよう）をためる。
(3) 船に乗って□□（いどう）する。
(4) さまざまな国に立ち□（よ）る。
(5) 列車がおくれた場合に□（そな）える。
(6) 旅の間に季節が□（うつ）り変わる。
(7) 船が二週間ほど□□（きこう）する。
(8) 一週間の□□（しょくひ）を計算する。
(9) □□（よび）の服に着がえる。
(10) □□（じゅんきゅう）に乗って先に進む。

スパイラルコーナー　□に漢字を書きましょう。
1つ10点【20点】

(1) よびかけに□□（おうとう）する。
(2) 新しいぼうしがよく□□（にあ）う。

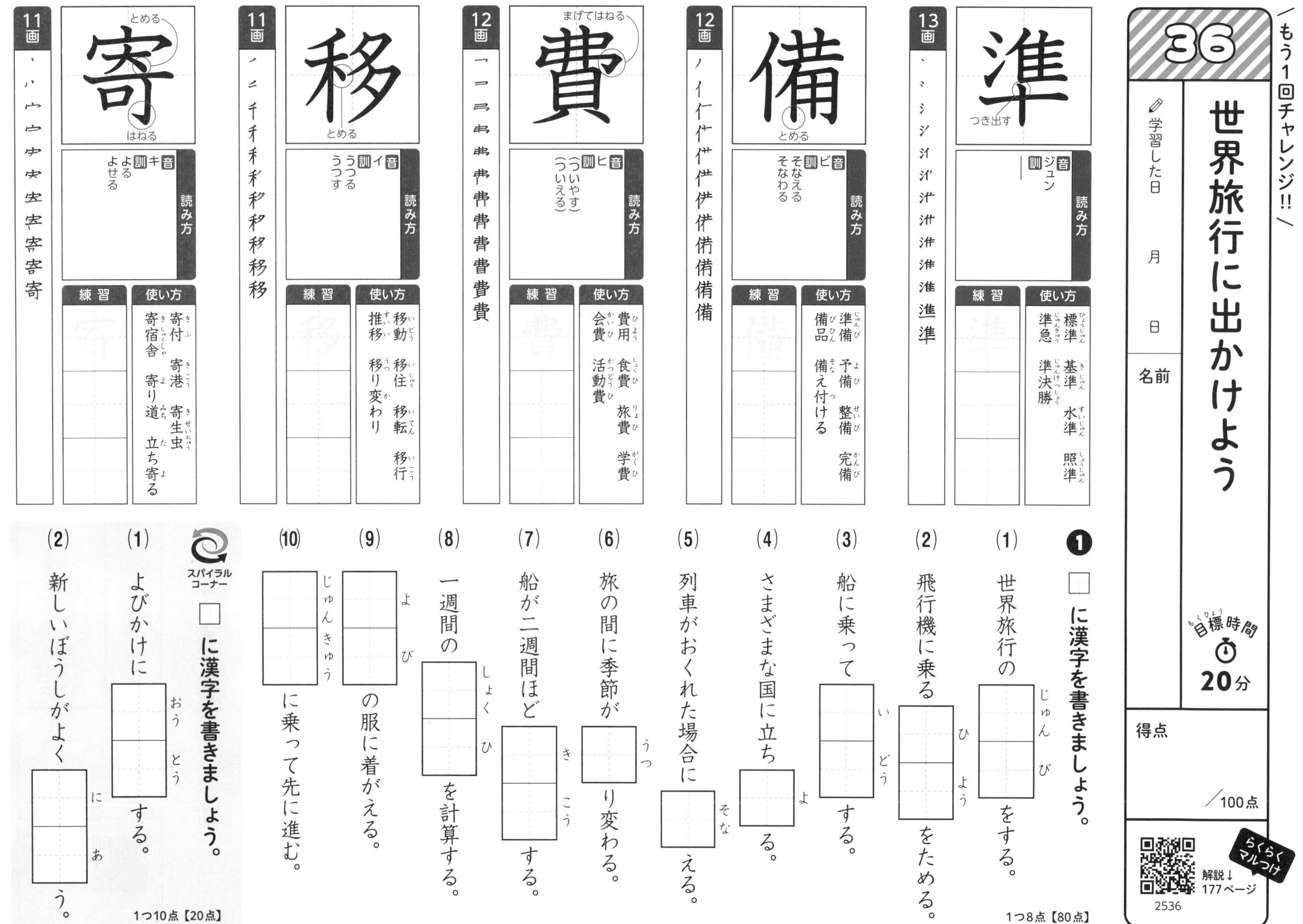

もう1回チャレンジ!!

36 世界旅行に出かけよう

学習した日　月　日

名前

目標時間（もくひょうじかん） 20分

得点　／100点

らくらくマルつけ

解説↓ 177ページ

2536

準　13画

つき出す

読み方　音 ジュン　訓 —

使い方　標準（ひょうじゅん）　基準（きじゅん）　水準（すいじゅん）　照準（しょうじゅん）　準急（じゅんきゅう）　準決勝（じゅんけっしょう）

練習

備　12画

とめる

読み方　音 ビ　訓 そなえる　そなわる

使い方　準備（じゅんび）　予備（よび）　整備（せいび）　完備（かんび）　備品（びひん）　備え付ける（そなえつける）

練習

費　12画

まげてはねる

読み方　音 ヒ　訓 （ついやす）　（ついえる）

使い方　費用（ひよう）　食費（しょくひ）　旅費（りょひ）　学費（がくひ）　会費（かいひ）　活動費（かつどうひ）

練習

移　11画

とめる

読み方　音 イ　訓 うつる　うつす

使い方　移動（いどう）　移住（いじゅう）　移転（いてん）　移行（いこう）　推移（すいい）　移り変わり（うつりかわり）

練習

寄　11画

とめる　はねる

読み方　音 キ　訓 よる　よせる

使い方　寄付（きふ）　寄港（きこう）　寄生虫（きせいちゅう）　寄宿舎（きしゅくしゃ）　寄り道（よりみち）　立ち寄る（たちよる）

練習

1 □に漢字を書きましょう。　1つ8点【80点】

(1) 世界旅行の［じゅんび］をする。
(2) 飛行機に乗る［ひよう］をためる。
(3) 船に乗って［いどう］する。
(4) さまざまな国に立ち［よ］る。
(5) 列車がおくれた場合に［そな］える。
(6) 旅の間に季節が［うつ］り変わる。
(7) 船が二週間ほど［きこう］する。
(8) 一週間の［しょくひ］を計算する。
(9) ［よび］の服に着がえる。
(10) ［じゅんきゅう］に乗って先に進む。

スパイラルコーナー　□に漢字を書きましょう。　1つ10点【20点】

(1) よびかけに［おうとう］する。
(2) 新しいぼうしがよく［にあ］う。

37 まとめのテスト 9

学習した日　月　日

名前

目標時間 20分

得点　／100点

解説↓ 177ページ　らくらくマルつけ　2537

1 (　)に――線の読みがなを書きましょう。 1つ4点【52点】

(1) 先取点をとって勢いづく。(　　)
(2) 家具を備え付ける。(　　)
(3) 脈はくを測定(そくてい)する。(　　)
(4) なべで枝豆をゆでる。(　　)
(5) 大金を寄付する。(　　)
(6) 法令が効力をもつ。(　　)
(7) 働いて旅費をためる。(　　)
(8) 険悪なふん囲気(いき)になる。(　　)
(9) 天災に見まわれる。(　　)
(10) 形勢が逆転(ぎゃくてん)する。(　　)
(11) 会費を集める。(　　)
(12) 備品の整理をする。(　　)
(13) 寄宿舎で生活をする。(　　)

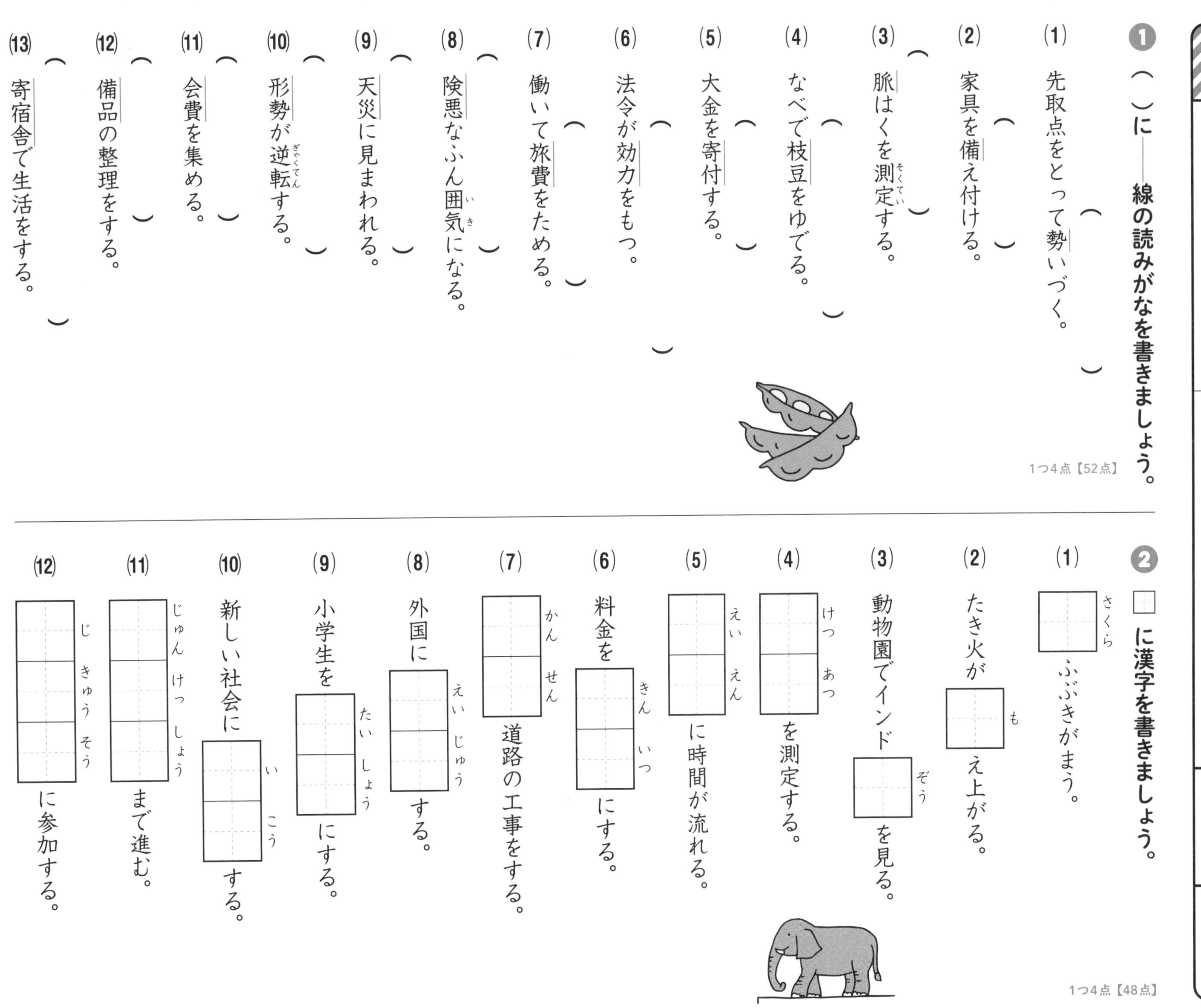

2 □に漢字を書きましょう。 1つ4点【48点】

(1) □(さくら)ふぶきがまう。
(2) たき火が□(も)え上がる。
(3) 動物園でインド□(ぞう)を見る。
(4) □□(けつあつ)を測定する。
(5) □□(えいえん)に時間が流れる。
(6) 料金を□□(きんいつ)にする。
(7) □□(かんせん)道路の工事をする。
(8) 外国に□□(えいじゅう)する。
(9) 小学生を□□(たいしょう)にする。
(10) 新しい社会に□□(いこう)する。
(11) □□□(じゅんけっしょう)まで進む。
(12) □□□(じきゅうそう)に参加する。

＼もう１回チャレンジ!!／

37 まとめのテスト ９

学習した日　月　日

名前

目標時間 20分

得点　／100点

解説↓ 177ページ

2537

らくらくマルつけ

１ （　）に――線の読みがなを書きましょう。　1つ4点【52点】

(1) 先取点をとって勢いづく。（　　）
(2) 家具を備え付ける。（　　）
(3) 脈はくを測定する。（　　）
(4) なべで枝豆をゆでる。（　　）
(5) 大金を寄付する。（　　）
(6) 法令が効力をもつ。（　　）
(7) 働いて旅費をためる。（　　）
(8) 険悪なふん囲気になる。（　　）
(9) 天災に見まわれる。（　　）
(10) 形勢が逆転する。（　　）
(11) 会費を集める。（　　）
(12) 備品の整理をする。（　　）
(13) 寄宿舎で生活をする。（　　）

２ □に漢字を書きましょう。　1つ4点【48点】

(1) □（さくら）ふぶきがまう。
(2) たき火が□（も）え上がる。
(3) 動物園でインド□（ぞう）を見る。
(4) □□（けつあつ）を測定する。
(5) □□（えいえん）に時間が流れる。
(6) 料金を□□（きんいつ）にする。
(7) □□（かんせん）道路の工事をする。
(8) 外国に□□（えいじゅう）する。
(9) 小学生を□□（たいしょう）にする。
(10) 新しい社会に□□（いこう）する。
(11) □□□（じゅんけっしょう）まで進む。
(12) □□□（じきゅうそう）に参加する。

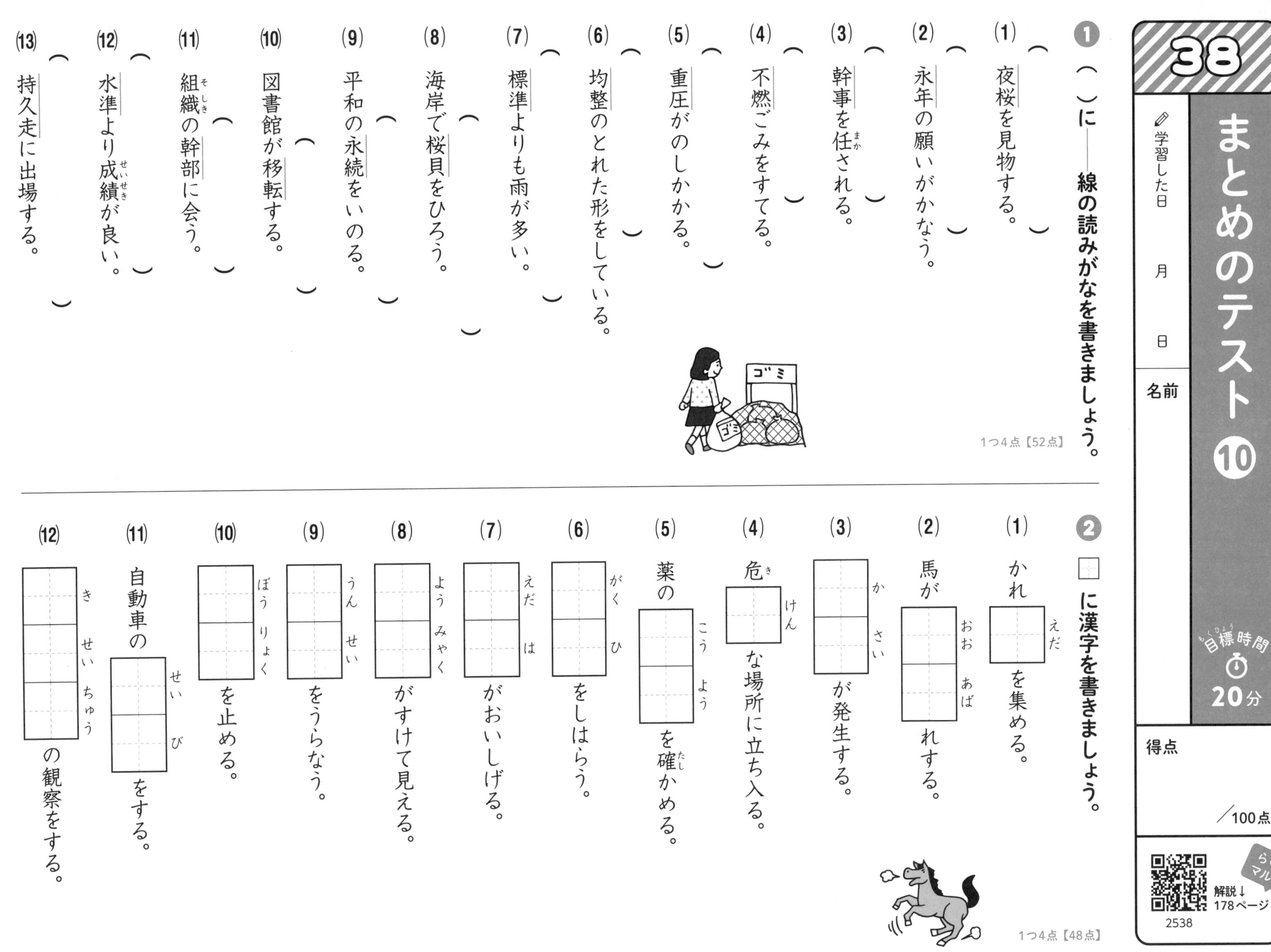

38 まとめのテスト⑩

学習した日　月　日

名前

目標時間 20分

得点　／100点

らくらくマルつけ
解説↓178ページ
2538

1 （　）に――線の読みがなを書きましょう。

1つ4点【52点】

(1) 夜桜（　）を見物する。
(2) 永年（　）の願いがかなう。
(3) 幹事（　）を任（まか）される。
(4) 不燃（　）ごみをすてる。
(5) 重圧（　）がのしかかる。
(6) 均整（　）のとれた形をしている。
(7) 標準（　）よりも雨が多い。
(8) 海岸で桜貝（　）をひろう。
(9) 平和の永続（　）をいのる。
(10) 図書館が移転（　）する。
(11) 組織（そしき）の幹部（　）に会う。
(12) 水準（　）より成績（せいせき）が良い。
(13) 持久走（　）に出場する。

2 □に漢字を書きましょう。

1つ4点【48点】

(1) かれ［えだ］を集める。
(2) 馬が［おおあば］れする。
(3) ［かさい］が発生する。
(4) 危（き）［けん］な場所に立ち入る。
(5) 薬の［こうよう］を確（たし）かめる。
(6) ［がくひ］をしはらう。
(7) ［えだは］がおいしげる。
(8) ［ようみゃく］がすけて見える。
(9) ［うんせい］をうらなう。
(10) ［ぼうりょく］を止める。
(11) 自動車の［せいび］をする。
(12) ［きせいちゅう］の観察をする。

もう1回チャレンジ!!

38 まとめのテスト⑩

学習した日　月　日

名前

目標時間 20分

得点　／100点

解説↓ 178ページ

2538

らくらくマルつけ

1 （　）に――線の読みがなを書きましょう。　1つ4点【52点】

(1) 夜桜を見物する。（　）
(2) 永年の願いがかなう。（　）
(3) 幹事を任される。（　）
(4) 不燃ごみをすてる。（　）
(5) 重圧がのしかかる。（　）
(6) 均整のとれた形をしている。（　）
(7) 標準よりも雨が多い。（　）
(8) 海岸で桜貝をひろう。（　）
(9) 平和の永続をいのる。（　）
(10) 図書館が移転する。（　）
(11) 組織の幹部に会う。（　）（　）
(12) 水準より成績が良い。（　）
(13) 持久走に出場する。（　）

2 □に漢字を書きましょう。　1つ4点【48点】

(1) かれ［えだ］を集める。
(2) 馬が［おおあば］れする。
(3) ［かさい］が発生する。
(4) 危［けん］な場所に立ち入る。
(5) 薬の［こうよう］を確かめる。
(6) ［がくひ］をしはらう。
(7) ［えだは］がおいしげる。
(8) ［ようみゃく］がすけて見える。
(9) ［うんせい］をうらなう。
(10) ［ぼうりょく］を止める。
(11) 自動車の［せいび］をする。
(12) ［きせいちゅう］の観察をする。

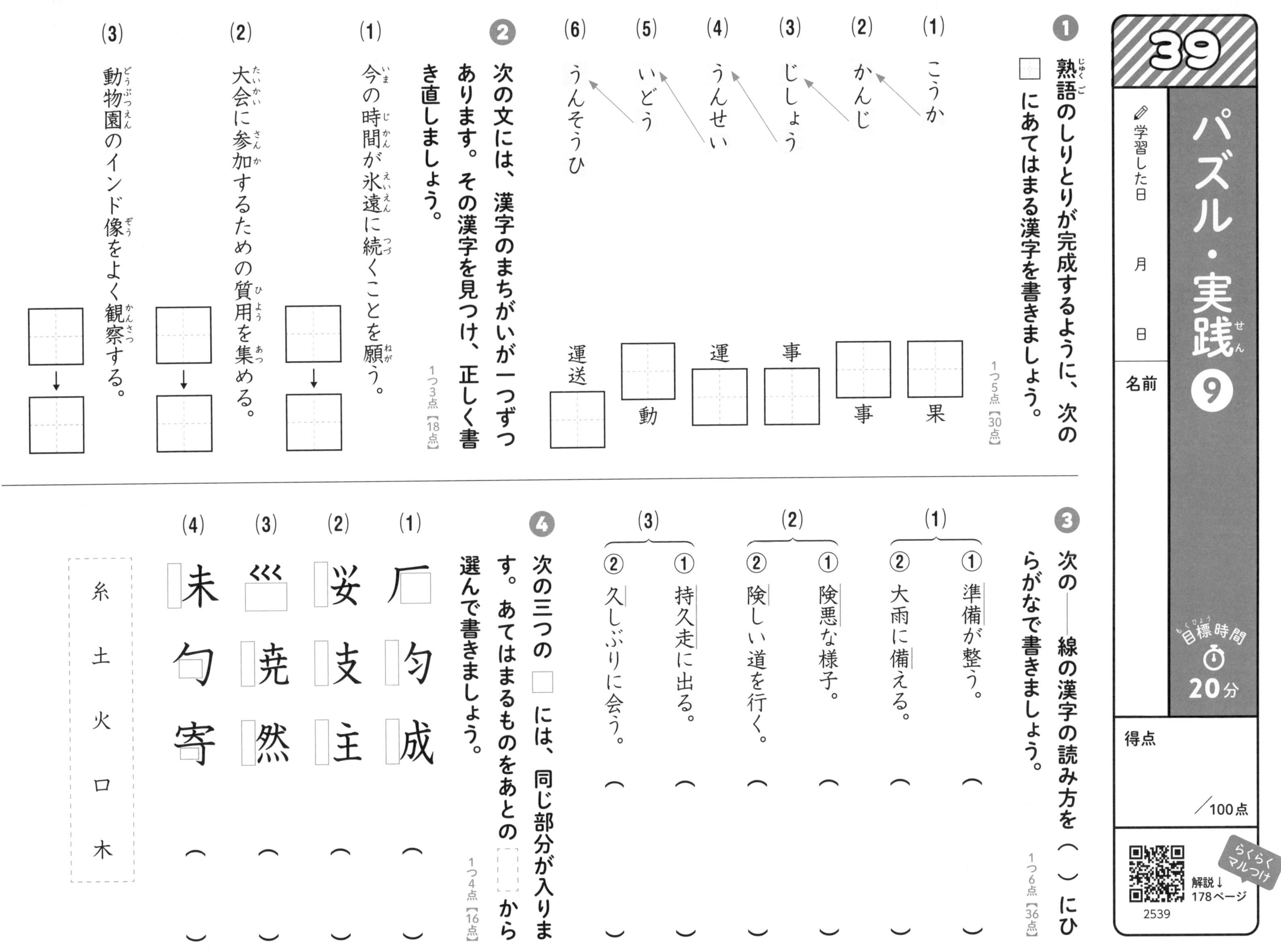

39 パズル・実践 ⑨

学習した日　月　日

名前

目標時間 20分

得点　／100点

解説↓ 178ページ

2539

らくらくマルつけ

1 熟語のしりとりが完成するように、次の□にあてはまる漢字を書きましょう。　1つ5点【30点】

(1) こうか　□果

(2) かんじ　□事

(3) じしょう　事□

(4) うんせい　運□

(5) いどう　□動

(6) うんそうひ　運送□

2 次の文には、漢字のまちがいが一つずつあります。その漢字を見つけ、正しく書き直しましょう。　1つ3点【18点】

(1) 今の時間が氷遠に続くことを願う。　□→□

(2) 大会に参加するための質用を集める。　□→□

(3) 動物園のインド像をよく観察する。　□→□

3 次の――線の漢字の読み方を（　）にひらがなで書きましょう。　1つ6点【36点】

(1)
① 準備が整う。（　　）
② 大雨に備える。（　　）

(2)
① 険悪な様子。（　　）
② 険しい道を行く。（　　）

(3)
① 持久走に出る。（　　）
② 久しぶりに会う。（　　）

4 次の三つの□には、同じ部分が入ります。あてはまるものをあとの□から選んで書きましょう。　1つ4点【16点】

(1) 厂□　□勺　□成（　　）

(2) □安　□支　□主（　　）

(3) 巛□　□尭　□然（　　）

(4) □末　勹□　寄（　　）

糸　土　火　口　木

もう1回チャレンジ!!

39 パズル・実践⑨

学習した日　月　日

名前

目標時間 20分

得点　／100点

解説↓178ページ

2539

らくらくマルつけ

❶ 熟語のしりとりが完成するように、次の□にあてはまる漢字を書きましょう。 1つ5点【30点】

(1) こうか　□果
(2) かんじ　□事
(3) じしょう　事□
(4) うんせい　運□
(5) いどう　□動
(6) うんそうひ　運送□

❷ 次の文には、漢字のまちがいが一つずつあります。その漢字を見つけ、正しく書き直しましょう。 1つ3点【18点】

(1) 今の時間が氷遠に続くことを願う。　□→□
(2) 大会に参加するための質用を集める。　□→□
(3) 動物園のインド像をよく観察する。　□→□

❸ 次の――線の漢字の読み方を（　）にひらがなで書きましょう。 1つ6点【36点】

(1) ① 準備が整う。（　）
② 大雨に備える。（　）

(2) ① 険悪な様子。（　）
② 険しい道を行く。（　）

(3) ① 持久走に出る。（　）
② 久しぶりに会う。（　）

❹ 次の三つの□には、同じ部分が入ります。あてはまるものをあとの□から選んで書きましょう。 1つ4点【16点】

(1) 厂□　□匀　□成（　）
(2) □妥　□支　□主（　）
(3) 巛□　□尭　□然（　）
(4) □未　勹□　寄（　）

糸　土　火　口　木

40 パズル・実践(せん)⑩

学習した日　月　日

名前

目標時間 20分

得点　／100点

解説↓ 178ページ

2540

らくらくマルつけ

❶ 次の――線のカタカナを漢字で書き分けましょう。　1つ7点【28点】

(1)
① 相手の話をキく。（　）
② かぜ薬がよくキく。（　）

(2)
① ナガ雨が続く。（　）
② ナガ年願い続ける。（　）

❷ 次の熟語(じゅくご)の□に共通して入る漢字をあとからそれぞれ選び、記号を書きましょう。　1つ6点【24点】

(1) □港・□付・□宿（　）
(2) 平□・□質(しつ)・□一（　）
(3) □害・戦□・□難(なん)（　）
(4) 基(き)□・水□・照□（　）

ア 準　イ 寄　ウ 均　エ 災

❸ 画数の少ない順になるように、次の漢字を並(なら)べかえましょう。　全部できて【8点】

備　幹　枝　脈

□→□→□→□

❹ 次は、ある町内会だよりの一部です。

今週のお知らせ

季節は冬から春へと写り変わり、いよいよ①サクラがさき始めました。

今年は、②ヘイキンよりも早い開花となったということです。先週の中央公園は、花見に来た③オオゼイの人でにぎわいました。

④低気圧が接近(せっきん)していて、来週末は大雨になるということです。⑤暴風で花が散る心配があります。満開の今、公園に立ち⑥寄ってみてはいかがでしょうか？

本町町内会

(1) ――線①～③のカタカナを漢字に直して書きましょう。また、――線④～⑥の漢字の読みをひらがなで書きましょう。　1つ6点【36点】

①（　）　②（　）
③（　）
④（　）　⑤（　）
⑥（　）

(2) 右の町内会だよりには、漢字のまちがいが一つあります。その漢字を見つけ、正しく書き直しましょう。　全部できて【4点】

□→□

もう１回チャレンジ!!

40 パズル・実践⑩

学習した日　月　日

名前

目標時間 20分

得点　／100点

解説↓ 178ページ

2540

らくらくマルつけ

❶ 次の――線のカタカナを漢字で書き分けましょう。 1つ7点【28点】

(1)
① 相手の話をキく。（　　）
② かぜ薬がよくキく。（　　）

(2)
① ナガ雨が続く。（　　）
② ナガ年願い続ける。（　　）

❷ 次の熟語の□に共通して入る漢字をあとからそれぞれ選び、記号を書きましょう。 1つ6点【24点】

(1) □港・□付・□宿（　　）
(2) 平□・□質・□一（　　）
(3) □害・戦□・□難（　　）
(4) 基□・水□・照□（　　）

ア 準　イ 寄　ウ 均　エ 災

❸ 画数の少ない順になるように、次の漢字を並べかえましょう。 全部できて【8点】

備　幹　枝　脈

□→□→□→□

❹ 次は、ある町内会だよりの一部です。

今週のお知らせ

季節は冬から春へと写り変わり、いよいよ①サクラがさき始めました。

今年は、②ヘイキンよりも早い開花となったということです。先週の中央公園は、花見に来た③オオゼイの人でにぎわいました。

④低気圧が接近していて、来週末は大雨になるということです。⑤暴風で花が散る心配があります。満開の今、公園に立ち⑥寄ってみてはいかがでしょうか？

本町町内会

(1) ――線①～③のカタカナを漢字に直して書きましょう。また、――線④～⑥の漢字の読みをひらがなで書きましょう。 1つ6点【36点】

①（　　）　②（　　）
③（　　）
④（　　）　⑤（　　）
⑥（　　）

(2) 右の町内会だよりには、漢字のまちがいが一つあります。その漢字を見つけ、正しく書き直しましょう。 全部できて【4点】

□→□

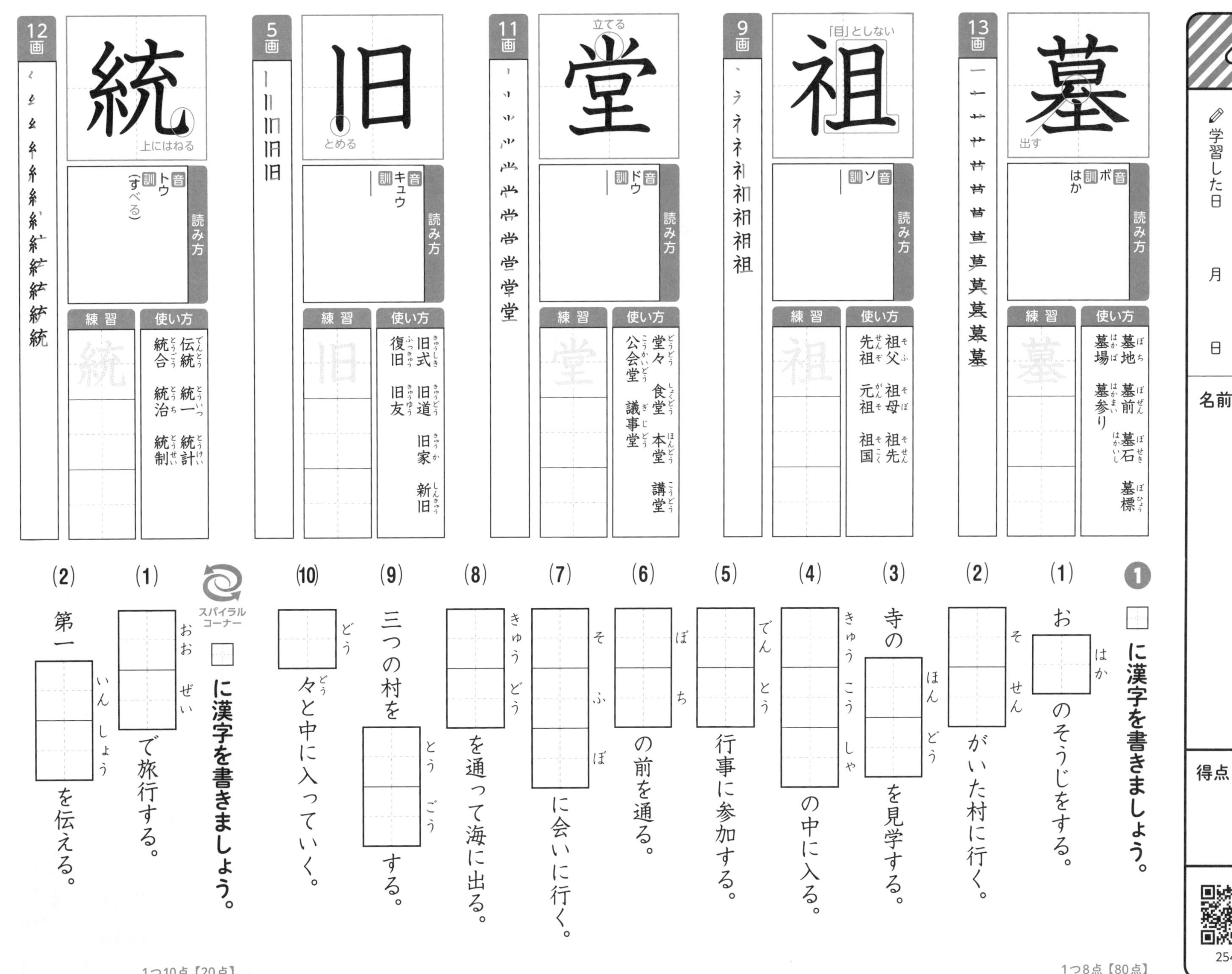

41 歴史にふれる

学習した日　月　日

名前

目標時間 20分

得点　／100点

墓（13画）
出す
読み方：音 ボ　訓 はか
使い方：墓地（ぼち）　墓前（ぼぜん）　墓石（ぼせき）　墓標（ぼひょう）　墓場（はかば）　墓参り（はかまいり）　墓石（はかいし）

祖（9画）
「目」としない
読み方：音 ソ　訓
使い方：祖父（そふ）　祖母（そぼ）　祖先（そせん）　先祖（せんぞ）　元祖（がんそ）　祖国（そこく）

堂（11画）
立てる
読み方：音 ドウ　訓
使い方：堂々（どうどう）　食堂（しょくどう）　本堂（ほんどう）　講堂（こうどう）　公会堂（こうかいどう）　議事堂（ぎじどう）

旧（5画）
とめる
読み方：音 キュウ　訓
使い方：旧式（きゅうしき）　旧道（きゅうどう）　旧家（きゅうか）　新旧（しんきゅう）　復旧（ふっきゅう）　旧友（きゅうゆう）

統（12画）
上にはねる
読み方：音 トウ　訓 （すべる）
使い方：伝統（でんとう）　統一（とういつ）　統計（とうけい）　統合（とうごう）　統治（とうち）　統制（とうせい）

練習

1 □に漢字を書きましょう。　1つ8点【80点】

(1) お［はか］のそうじをする。
(2) ［そせん］がいた村に行く。
(3) 寺の［ほんどう］を見学する。
(4) ［きゅうこうしゃ］の中に入る。
(5) ［でんとう］行事に参加する。
(6) ［ぼち］の前を通る。
(7) ［そふぼ］に会いに行く。
(8) ［きゅうどう］を通って海に出る。
(9) 三つの村を［とうごう］する。
(10) ［どう］々（どう）と中に入っていく。

スパイラルコーナー

□に漢字を書きましょう。　1つ10点【20点】

(1) ［おおぜい］で旅行する。
(2) 第一［いんしょう］を伝える。

解説↓178ページ
2541
らくらくマルつけ

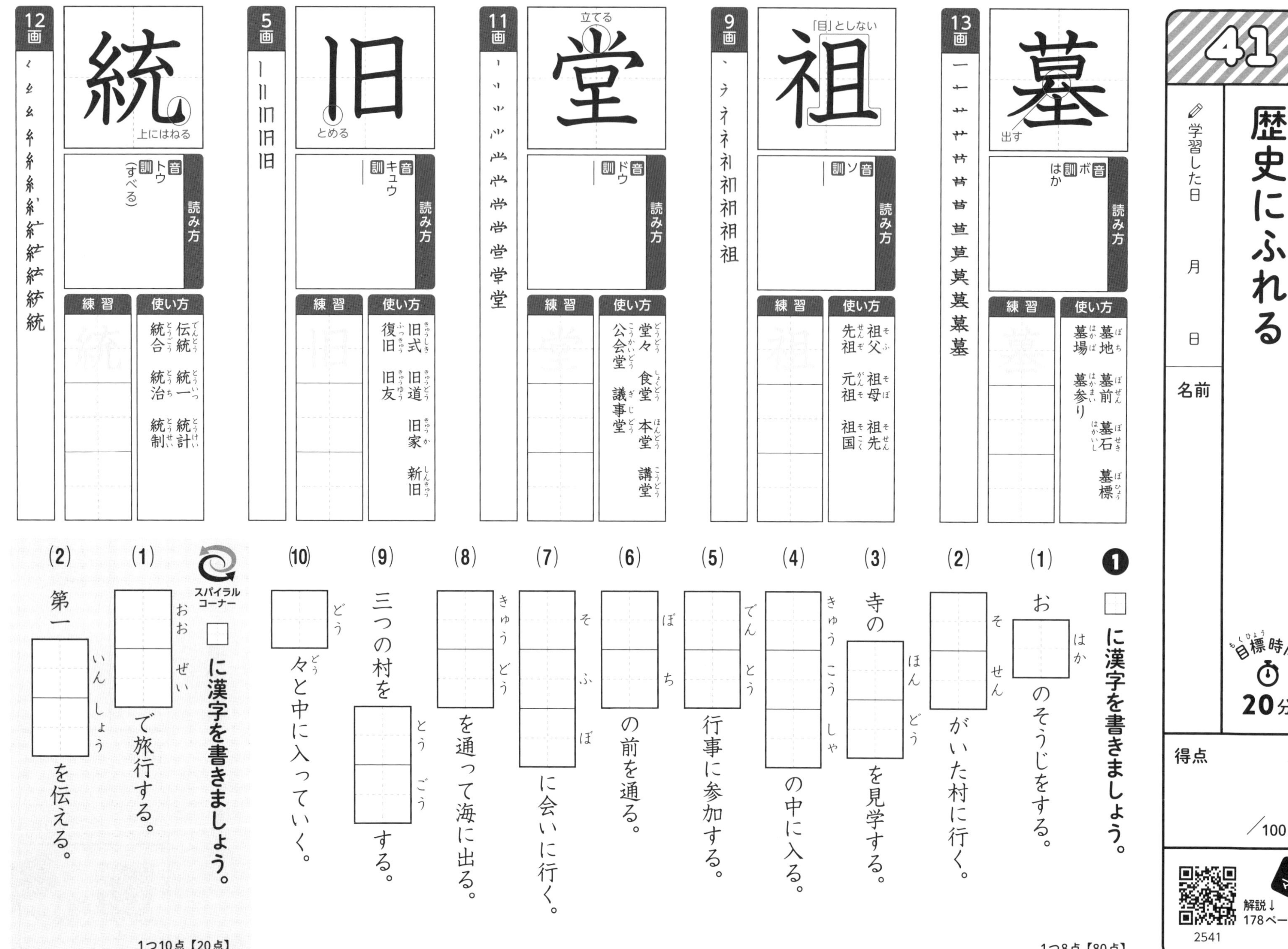

もう1回チャレンジ!!

41 歴史(れきし)にふれる

学習した日　月　日

名前

目標時間(もくひょうじかん) 20分

得点　／100点

らくらくマルつけ

解説↓ 178ページ

2541

墓（13画）

出す

読み方　音 ボ　訓 はか

使い方　墓地(ぼち)　墓前(ぼぜん)　墓石(ぼせき)　墓標(ぼひょう)　墓場(はかば)　墓参り(はかまいり)

筆順：一 十 廾 廿 芇 苩 苩 荁 草 莫 莫 菒 墓

祖（9画）

「目」としない

読み方　音 ソ　訓 ―

使い方　祖父(そふ)　祖母(そぼ)　祖先(そせん)　先祖(せんぞ)　元祖(がんそ)　祖国(そこく)

筆順：丶 ラ ネ ネ 礻 初 祖 祖 祖

堂（11画）

立てる

読み方　音 ドウ　訓 ―

使い方　堂々(どうどう)　食堂(しょくどう)　本堂(ほんどう)　講堂(こうどう)　公会堂(こうかいどう)　議事堂(ぎじどう)

筆順：丨 丷 丷 尚 尚 尚 尚 学 尚 堂 堂

旧（5画）

とめる

読み方　音 キュウ　訓 ―

使い方　旧式(きゅうしき)　旧道(きゅうどう)　旧家(きゅうか)　新旧(しんきゅう)　復旧(ふっきゅう)　旧友(きゅうゆう)

筆順：丨 ‖ 旧 旧 旧

統（12画）

上にはねる

読み方　音 トウ　訓 (すべる)

使い方　伝統(でんとう)　統一(とういつ)　統計(とうけい)　統合(とうごう)　統治(とうち)　統制(とうせい)

筆順：く 幺 幺 糸 糸 糸 糸' 紌 紌 紌 紌 統

練習

❶ □に漢字を書きましょう。　1つ8点【80点】

(1) お□(はか)のそうじをする。

(2) □□(そせん)がいた村に行く。

(3) 寺の□□(ほんどう)を見学する。

(4) □□□(きゅうこうしゃ)の中に入る。

(5) □□(でんとう)行事に参加する。

(6) □□(ぼち)の前を通る。

(7) □□□(そふぼ)に会いに行く。

(8) □□(きゅうどう)を通って海に出る。

(9) 三つの村を□□(とうごう)する。

(10) □(どう)々と中に入っていく。

スパイラルコーナー　□に漢字を書きましょう。　1つ10点【20点】

(1) □□(おおぜい)で旅行する。

(2) 第一□□(いんしょう)を伝える。

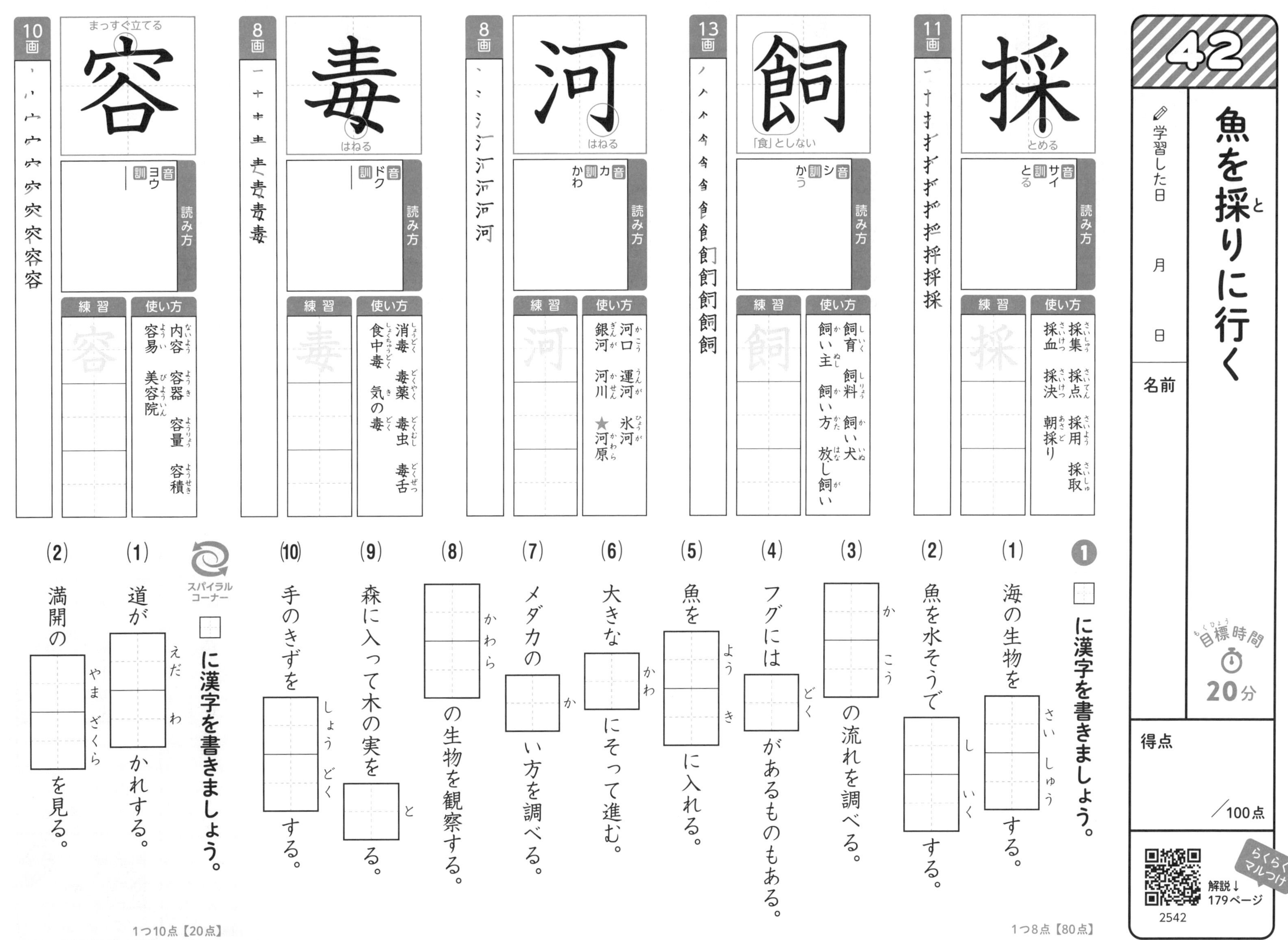

42 魚を採(と)りに行く

学習した日 月 日

名前

目標時間 20分

得点 ／100点

解説↓179ページ

らくらくマルつけ

2542

採 11画
一 十 扌 扌 扩 扩 护 抨 拦 採 採
とめる
読み方 音 サイ 訓 とる
使い方 採集(さいしゅう) 採点(さいてん) 採用(さいよう) 採取(さいしゅ) 採血(さいけつ) 採決(さいけつ) 朝採(あさど)り

飼 13画
ノ 人 今 今 今 今 今 食 飣 飣 飼 飼 飼
「食」としない
読み方 音 シ 訓 かう
使い方 飼育(しいく) 飼料(しりょう) 飼い犬(かいいぬ) 飼い主(かいぬし) 飼い方(かいかた) 放し飼い(はなしがい)

河 8画
丶 丷 氵 汀 沪 沪 河 河
はねる
読み方 音 カ 訓 かわ
使い方 河口(かこう) 運河(うんが) 氷河(ひょうが) 銀河(ぎんが) 河川(かせん) ★河原(かわら)

毒 8画
一 十 丰 主 走 责 责 毒
はねる
読み方 音 ドク 訓 ―
使い方 消毒(しょうどく) 毒薬(どくやく) 毒虫(どくむし) 毒舌(どくぜつ) 食中毒(しょくちゅうどく) 気の毒(きのどく)

容 10画
丶 丷 宀 宀 宀 穴 穴 穴 容 容
まっすぐ立てる
読み方 音 ヨウ 訓 ―
使い方 内容(ないよう) 容器(ようき) 容量(ようりょう) 容積(ようせき) 容易(ようい) 美容院(びよういん)

練習

1 □に漢字を書きましょう。

1つ8点【80点】

(1) 海の生物を[さいしゅう]する。

(2) 魚を水そうで[しいく]する。

(3) [かこう]の流れを調べる。

(4) フグには[どく]があるものもある。

(5) 魚を[ようき]に入れる。

(6) 大きな[かわ]にそって進む。

(7) メダカの[か]い方を調べる。

(8) [かわら]の生物を観察する。

(9) 森に入って木の実を[と]る。

(10) 手のきずを[しょうどく]する。

スパイラルコーナー □に漢字を書きましょう。

1つ10点【20点】

(1) 道が[えだわ]かれする。

(2) 満開の[やまざくら]を見る。

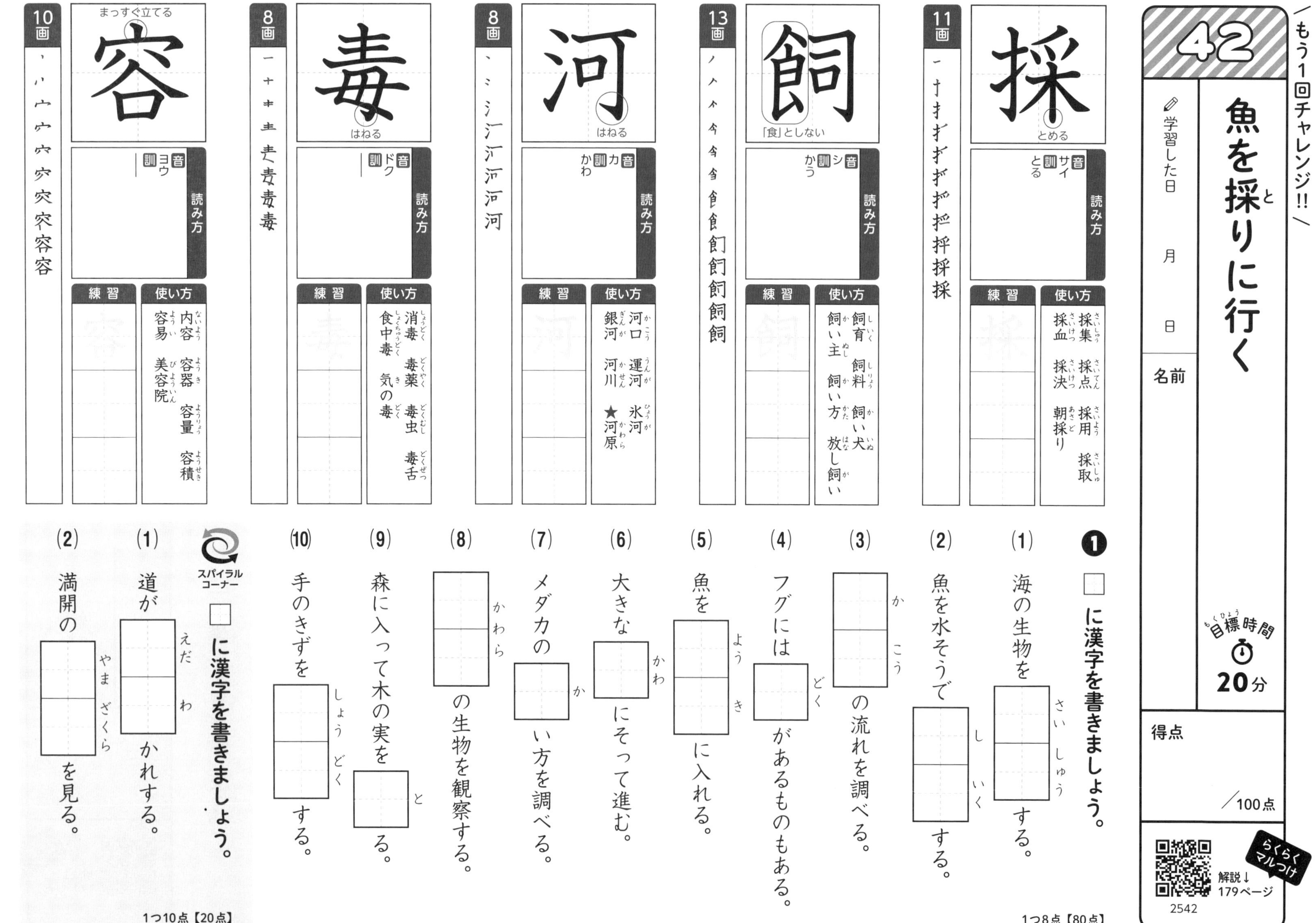

／もう1回チャレンジ!!／

42 魚を採りに行く

学習した日　月　日

名前

目標時間 20分

得点　／100点

らくらくマルつけ　解説↓179ページ　2542

採（11画）　読み方　音 サイ　訓 とる　（とめる）
使い方：採集（さいしゅう）　採点（さいてん）　採用（さいよう）　採取（さいしゅ）　採血（さいけつ）　採決（さいけつ）　朝採り（あさどり）

飼（13画）　読み方　音 シ　訓 かう　（「食」としない）
使い方：飼育（しいく）　飼料（しりょう）　飼い犬（かいいぬ）　飼い主（かいぬし）　飼い方（かいかた）　放し飼い（はなしがい）

河（8画）　読み方　音 カ　訓 かわ　（はねる）
使い方：河口（かこう）　運河（うんが）　氷河（ひょうが）　銀河（ぎんが）　河川（かせん）　★河原（かわら）

毒（8画）　読み方　音 ドク　訓 —　（はねる）
使い方：消毒（しょうどく）　毒薬（どくやく）　毒虫（どくむし）　毒舌（どくぜつ）　食中毒（しょくちゅうどく）　気の毒（きのどく）

容（10画）　読み方　音 ヨウ　訓 —　（まっすぐ立てる）
使い方：内容（ないよう）　容器（ようき）　容量（ようりょう）　容積（ようせき）　容易（ようい）　美容院（びよういん）

練習

1 □に漢字を書きましょう。　1つ8点【80点】

(1) 海の生物を［さいしゅう］する。
(2) 魚を水そうで［しいく］する。
(3) ［かこう］の流れを調べる。
(4) フグには［どく］があるものもある。
(5) 魚を［ようき］に入れる。
(6) 大きな［かわ］にそって進む。
(7) メダカの［か］い方を調べる。
(8) ［かわら］の生物を観察する。
(9) 森に入って木の実を［と］る。
(10) 手のきずを［しょうどく］する。

スパイラルコーナー　□に漢字を書きましょう。　1つ10点【20点】

(1) 道が［えだわ］かれする。
(2) 満開の［やまざくら］を見る。

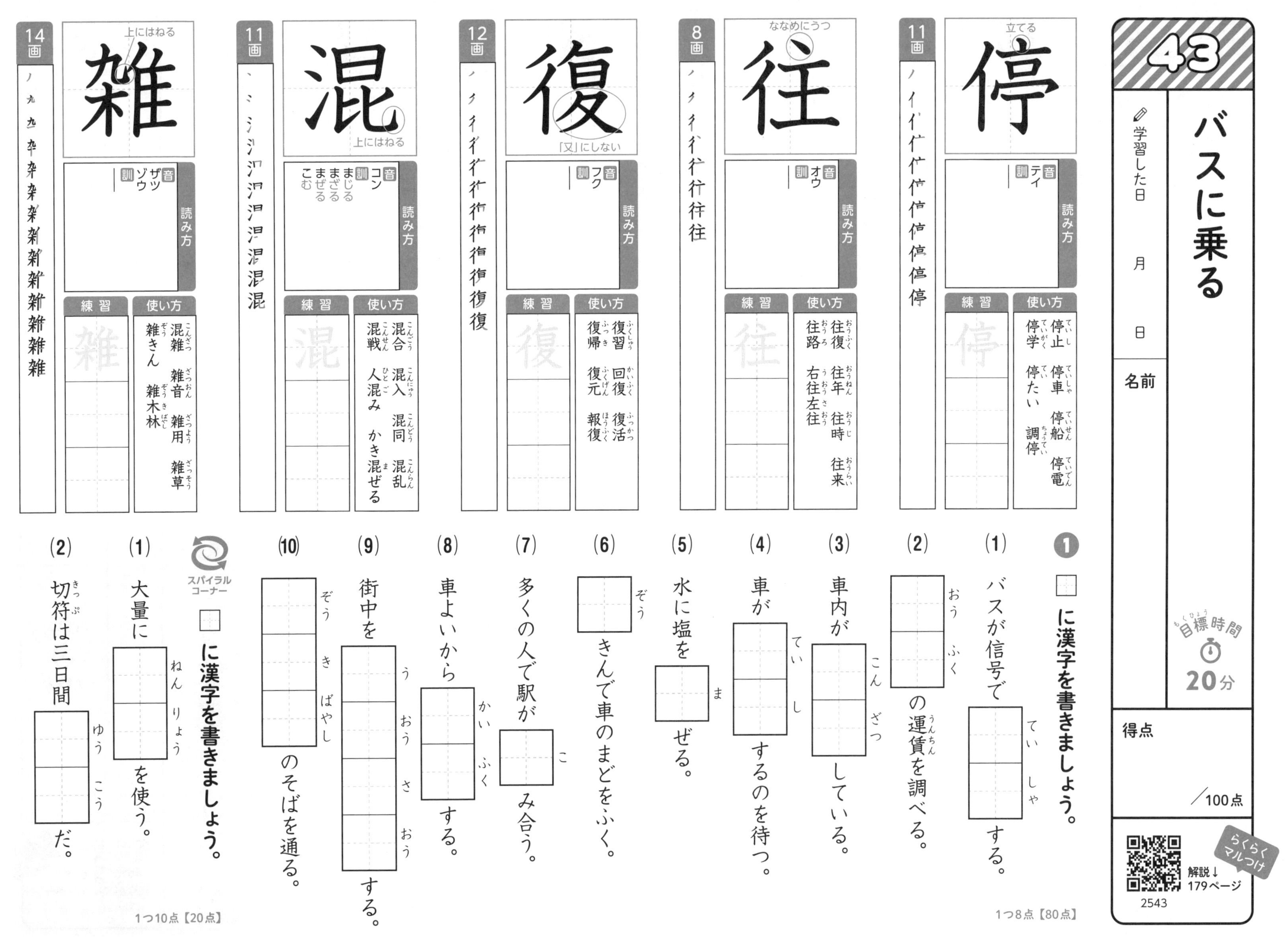

43 バスに乗る

学習した日　月　日

名前

目標時間 20分

得点　／100点

らくらくマルつけ
解説↓179ページ
2543

停 11画（立てる）
読み方　音 テイ　訓 —
使い方　停止（ていし）　停車（ていしゃ）　停船（ていせん）　停電（ていでん）　停学（ていがく）　停たい（てい）　調停（ちょうてい）

往 8画（ななめにうつ）
読み方　音 オウ　訓 —
使い方　往復（おうふく）　往年（おうねん）　往時（おうじ）　往来（おうらい）　往路（おうろ）　右往左往（うおうさおう）

復 12画（「又」にしない）
読み方　音 フク　訓 —
使い方　復習（ふくしゅう）　回復（かいふく）　復活（ふっかつ）　復帰（ふっき）　復元（ふくげん）　報復（ほうふく）

混 11画（上にはねる）
読み方　音 コン　訓 まじる　まざる　まぜる　こむ
使い方　混合（こんごう）　混入（こんにゅう）　混同（こんどう）　混乱（こんらん）　混戦（こんせん）　人混み（ひとご）　かき混ぜる（ま）

雑 14画（上にはねる）
読み方　音 ザツ　ゾウ　訓 —
使い方　混雑（こんざつ）　雑音（ざつおん）　雑用（ざつよう）　雑草（ざっそう）　雑きん（ぞう）　雑木林（ぞうきばやし）

1 □に漢字を書きましょう。

(1) バスが信号で［ていしゃ］する。
(2) ［おうふく］の運賃（うんちん）を調べる。
(3) 車内が［こんざつ］している。
(4) 車が［ていし］するのを待つ。
(5) 水に塩を［ま］ぜる。
(6) ［ぞう］きんで車のまどをふく。
(7) 多くの人で駅が［こ］み合う。
(8) 車よいから［かいふく］する。
(9) 街中を［うおうさおう］する。
(10) ［ぞうきばやし］のそばを通る。

1つ8点【80点】

スパイラルコーナー　□に漢字を書きましょう。

(1) 大量に［ねんりょう］を使う。
(2) 切符（きっぷ）は三日間［ゆうこう］だ。

1つ10点【20点】

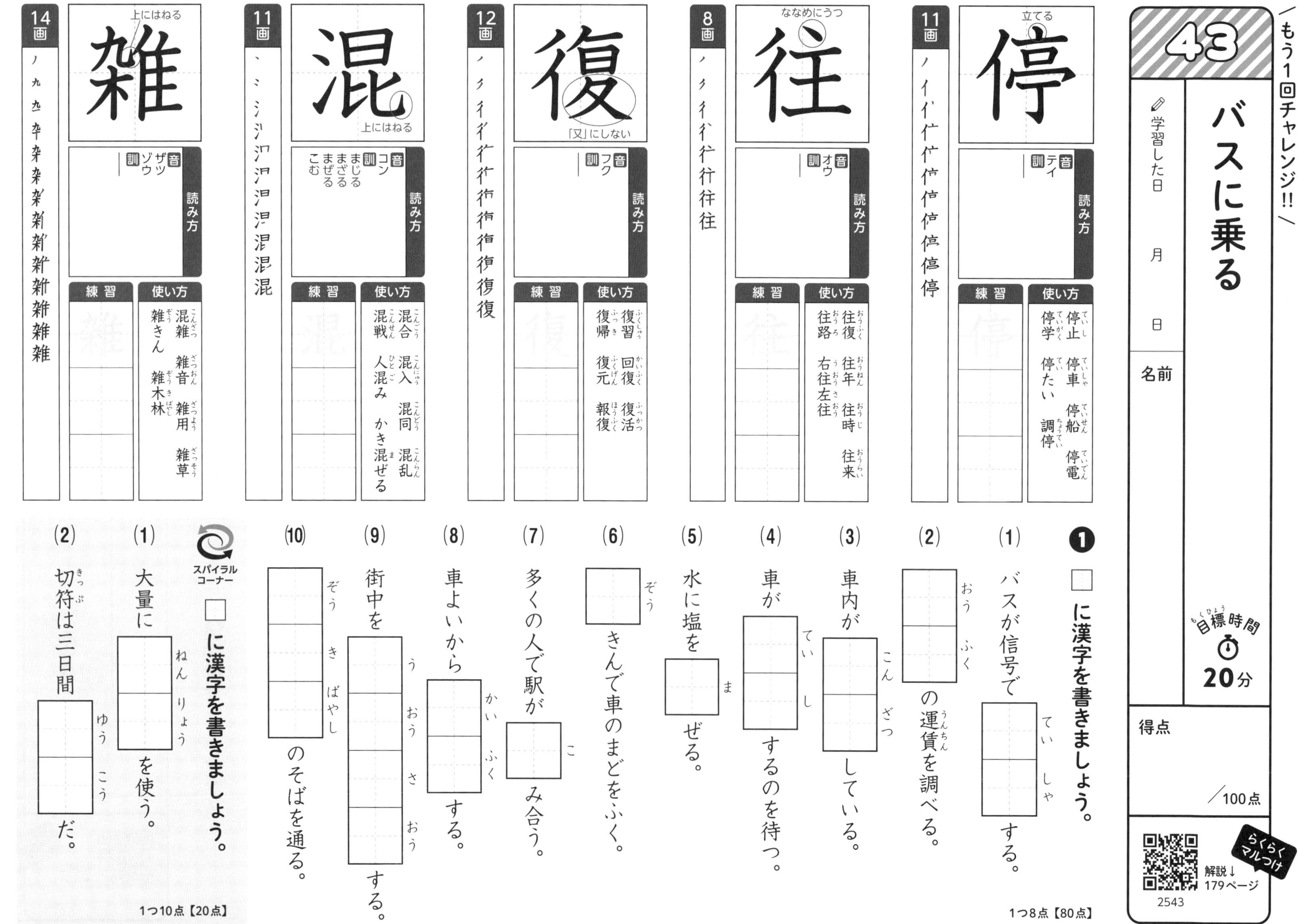

もう1回チャレンジ!!

43

バスに乗る

学習した日　月　日

名前

目標時間 20分

得点　／100点

解説↓ 179ページ

らくらくマルつけ

2543

停　11画　立てる
音 テイ　訓 ー
ノ イ 亻 亻 亻 亻 亻 亻 亻 停
使い方：停止(ていし)　停車(ていしゃ)　停船(ていせん)　停電(ていでん)　停学(ていがく)　停たい　調停(ちょうてい)

往　8画　ななめにうつ
音 オウ　訓 ー
ノ ノ 彳 彳 彳 彳 往 往
使い方：往復(おうふく)　往年(おうねん)　往時(おうじ)　往来(おうらい)　往路(おうろ)　右往左往(うおうさおう)

復　12画　「又」にしない
音 フク　訓 ー
ノ ノ 彳 彳 彳 彳 彳 彳 彳 復 復 復
使い方：復習(ふくしゅう)　回復(かいふく)　復活(ふっかつ)　復帰(ふっき)　復元(ふくげん)　報復(ほうふく)

混　11画　上にはねる
音 コン　訓 まじる　まざる　まぜる　こむ
丶 丶 氵 氵 氵 氵 氵 氵 氵 混 混
使い方：混合(こんごう)　混入(こんにゅう)　混同(こんどう)　混乱(こんらん)　混戦(こんせん)　人混(ひとご)み　かき混(ま)ぜる

雑　14画　上にはねる
音 ザツ　ゾウ　訓 ー
ノ 九 九 卆 卆 卆 杂 杂 杂 杂 杂 雑 雑 雑
使い方：混雑(こんざつ)　雑音(ざつおん)　雑用(ざつよう)　雑草(ざっそう)　雑きん(ぞう)　雑木林(ぞうきばやし)

1 □に漢字を書きましょう。

(1) バスが信号で［てい しゃ］する。
(2) ［おう ふく］の運賃(うんちん)を調べる。
(3) 車内が［こん ざつ］している。
(4) 車が［てい し］するのを待つ。
(5) 水に塩を［ま］ぜる。
(6) ［ぞう］きんで車のまどをふく。
(7) 多くの人で駅が［こ］み合う。
(8) 車よいから［かい ふく］する。
(9) 街中を［う おう さ おう］する。
(10) ［ぞう き ばやし］のそばを通る。

1つ8点【80点】

スパイラルコーナー

□に漢字を書きましょう。

(1) 大量に［ねん りょう］を使う。
(2) 切符(きっぷ)は三日間［ゆう こう］だ。

1つ10点【20点】

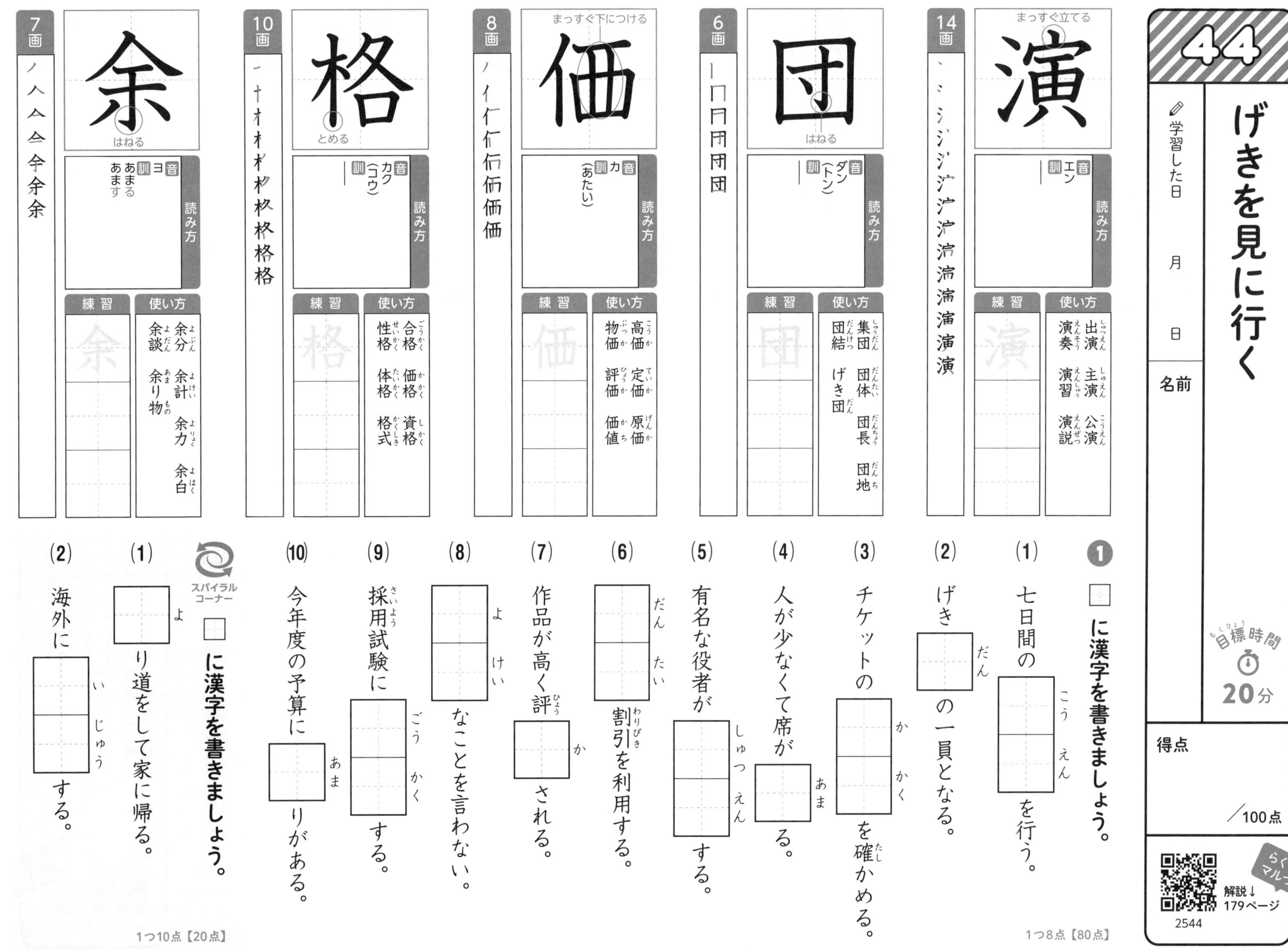

44 げきを見に行く

学習した日　月　日
名前

目標時間 20分

得点　／100点

解説↓ 179ページ
2544
らくらくマルつけ

演（14画）まっすぐ立てる
音 エン
訓 ―
使い方：出演（しゅつえん）　主演（しゅえん）　公演（こうえん）　演奏（えんそう）　演習（えんしゅう）　演説（えんぜつ）

団（6画）はねる
音 ダン（トン）
訓 ―
使い方：集団（しゅうだん）　団体（だんたい）　団長（だんちょう）　団地（だんち）　団結（だんけつ）　げき団（だん）

価（8画）まっすぐ下につける
音 カ
訓 （あたい）
使い方：高価（こうか）　定価（ていか）　原価（げんか）　物価（ぶっか）　評価（ひょうか）　価値（かち）

格（10画）とめる
音 カク（コウ）
訓 ―
使い方：合格（ごうかく）　価格（かかく）　資格（しかく）　性格（せいかく）　体格（たいかく）　格式（かくしき）

余（7画）はねる
音 ヨ
訓 あまる　あます
使い方：余分（よぶん）　余計（よけい）　余力（よりょく）　余白（よはく）　余談（よだん）　余り物（あまりもの）

1 □に漢字を書きましょう。　1つ8点【80点】

(1) 七日間の□□（こうえん）を行う。
(2) げき□（だん）の一員となる。
(3) チケットの□□（かかく）を確（たし）かめる。
(4) 人が少なくて席が□（あま）る。
(5) 有名な役者が□□（しゅつえん）する。
(6) □□（だんたい）割引（わりびき）を利用する。
(7) 作品が高く評（ひょう）□（か）される。
(8) □□（よけい）なことを言わない。
(9) 採用（さいよう）試験に□□（ごうかく）する。
(10) 今年度の予算に□（あま）りがある。

スパイラルコーナー
□に漢字を書きましょう。　1つ10点【20点】

(1) □（よ）り道をして家に帰る。
(2) 海外に□□（いじゅう）する。

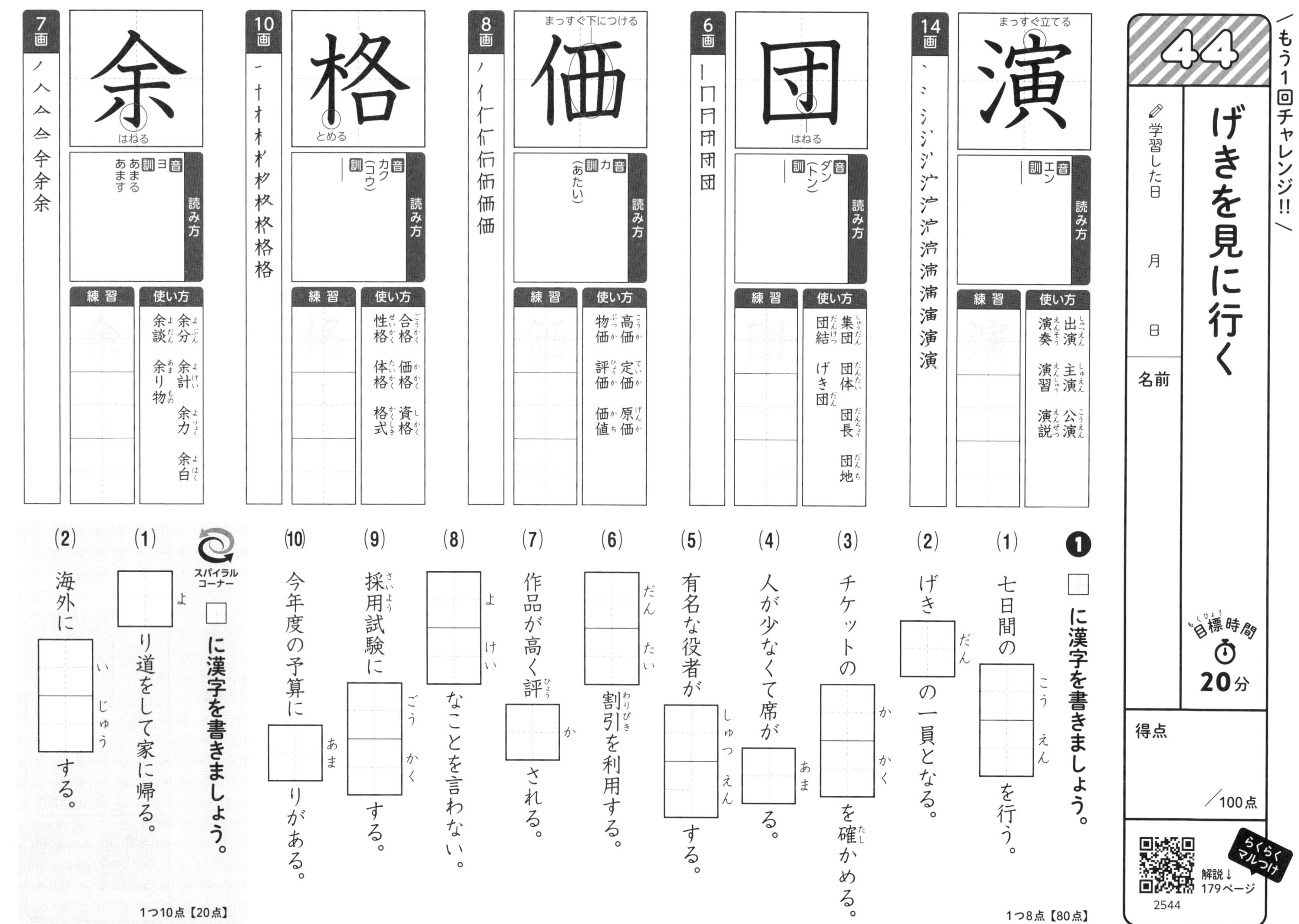

もう1回チャレンジ!!

44 げきを見に行く

学習した日　月　日

名前

目標時間 20分

得点　／100点

解説↓179ページ

らくらくマルつけ

2544

演 14画
まっすぐ立てる
読み方 音 エン 訓 ―
使い方 出演（しゅつえん） 主演（しゅえん） 公演（こうえん） 演奏（えんそう） 演習（えんしゅう） 演説（えんぜつ）
丶 冫 氵 氵 氵 氵 氵 氵 氵 氵 演 演 演 演

団 6画
はねる
読み方 音 ダン（トン） 訓 ―
使い方 集団（しゅうだん） 団体（だんたい） 団長（だんちょう） 団地（だんち） 団結（だんけつ） げき団（だん）
丨 冂 冂 円 団 団

価 8画
まっすぐ下につける
読み方 音 カ 訓（あたい）
使い方 高価（こうか） 定価（ていか） 原価（げんか） 物価（ぶっか） 評価（ひょうか） 価値（かち）
ノ 亻 亻 仃 佰 価 価 価

格 10画
とめる
読み方 音 カク（コウ） 訓 ―
使い方 合格（ごうかく） 価格（かかく） 資格（しかく） 性格（せいかく） 体格（たいかく） 格式（かくしき）
一 十 才 木 木 村 权 格 格 格

余 7画
はねる
読み方 音 ヨ 訓 あまる あます
使い方 余分（よぶん） 余計（よけい） 余力（よりょく） 余白（よはく） 余談（よだん） 余り物（あまりもの）
ノ 人 亼 亼 余 余 余

練習

1 □に漢字を書きましょう。　1つ8点【80点】

(1) 七日間の□□（こうえん）を行う。
(2) げき□（だん）の一員となる。
(3) チケットの□□（かかく）を確（たし）かめる。
(4) 人が少なくて席が□（あま）る。
(5) 有名な役者が□□（しゅつえん）する。
(6) □□（だんたい）割引（わりびき）を利用する。
(7) 作品が高く評（ひょう）□（か）される。
(8) □□（よけい）なことを言わない。
(9) 採用（さいよう）試験に□□（ごうかく）する。
(10) 今年度の予算に□（あま）りがある。

スパイラルコーナー

□に漢字を書きましょう。　1つ10点【20点】

(1) □（よ）り道をして家に帰る。
(2) 海外に□□（いじゅう）する。

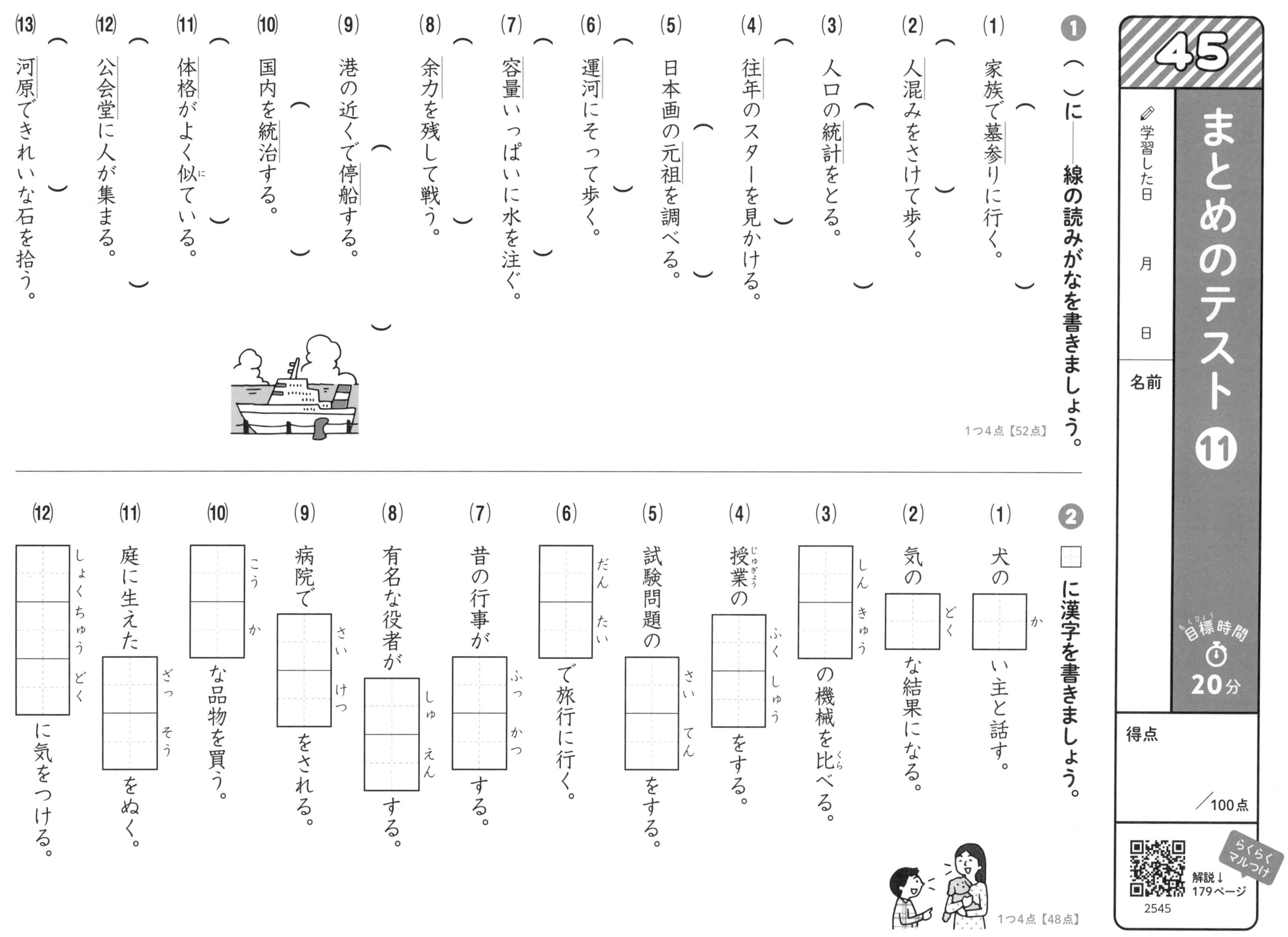

45 まとめのテスト⑪

学習した日　月　日

名前

目標時間 20分

得点　／100点

解説↓179ページ

2545

らくらくマルつけ

1 （　）に——線の読みがなを書きましょう。

1つ4点【52点】

(1) 家族で墓参りに行く。（　）

(2) 人混みをさけて歩く。（　）

(3) 人口の統計をとる。（　）

(4) 往年のスターを見かける。（　）

(5) 日本画の元祖を調べる。（　）

(6) 運河にそって歩く。（　）

(7) 容量いっぱいに水を注ぐ。（　）

(8) 余力を残して戦う。（　）

(9) 港の近くで停船する。（　）

(10) 国内を統治する。（　）

(11) 体格がよく似（に）ている。（　）

(12) 公会堂に人が集まる。（　）

(13) 河原できれいな石を拾う。（　）

2 □に漢字を書きましょう。

1つ4点【48点】

(1) 犬の□（か）い主と話す。

(2) 気の□（どく）な結果になる。

(3) □□（しんきゅう）の機械を比（くら）べる。

(4) 授業（じゅぎょう）の□□（ふくしゅう）をする。

(5) 試験問題の□□（さいてん）をする。

(6) □□（だんたい）で旅行に行く。

(7) 昔の行事が□□（ふっかつ）する。

(8) 有名な役者が□□（しゅえん）する。

(9) 病院で□□（さいけつ）をされる。

(10) □□（こうか）な品物を買う。

(11) 庭に生えた□□（ざっそう）をぬく。

(12) □□□（しょくちゅうどく）に気をつける。

＼もう1回チャレンジ!!／

45

まとめのテスト⑪

学習した日　月　日

名前

目標時間 20分

得点　／100点

解説↓ 179ページ

2545

らくらくマルつけ

1 （　）に――線の読みがなを書きましょう。　1つ4点【52点】

(1) 家族で墓参りに行く。（　）
(2) 人混みをさけて歩く。（　）
(3) 人口の統計をとる。（　）
(4) 往年のスターを見かける。（　）
(5) 日本画の元祖を調べる。（　）
(6) 運河にそって歩く。（　）
(7) 容量いっぱいに水を注ぐ。（　）
(8) 余力を残して戦う。（　）
(9) 港の近くで停船する。（　）
(10) 国内を統治する。（　）
(11) 体格がよく似(に)ている。（　）
(12) 公会堂に人が集まる。（　）
(13) 河原できれいな石を拾う。（　）

2 □に漢字を書きましょう。　1つ4点【48点】

(1) 犬の□(か)い主と話す。
(2) 気の□(どく)な結果になる。
(3) □□(しんきゅう)の機械を比(くら)べる。
(4) 授業(じゅぎょう)の□□(ふくしゅう)をする。
(5) 試験問題の□□(さいてん)をする。
(6) □□(だんたい)で旅行に行く。
(7) 昔の行事が□□(ふっかつ)する。
(8) 有名な役者が□□(しゅえん)する。
(9) 病院で□□(さいけつ)をされる。
(10) □□(こうか)な品物を買う。
(11) 庭に生えた□□(ざっそう)をぬく。
(12) □□□(しょくちゅうどく)に気をつける。

46 まとめのテスト⑫

学習した日　月　日

名前

目標時間 20分

得点　／100点

解説↓180ページ　2546　らくらくマルつけ

1 （　）に——線の読みがなを書きましょう。

1つ4点【52点】

(1) 毒薬を注意してあつかう。（　）
(2) 選手が団結して戦う。（　）
(3) 道路が復旧する。（　）
(4) 山で植物を採取する。（　）
(5) 牛に飼料をあたえる。（　）
(6) 医師（いし）の資格を有する。（　）
(7) ラジオから雑音が聞こえる。（　）
(8) 演説を聞く。（　）
(9) 集団で行動する。（　）
(10) われた土器を復元する。（　）
(11) 学校と家を往復する。（　）
(12) 物価の動きを調べる。（　）
(13) 演習問題に取り組む。（　）

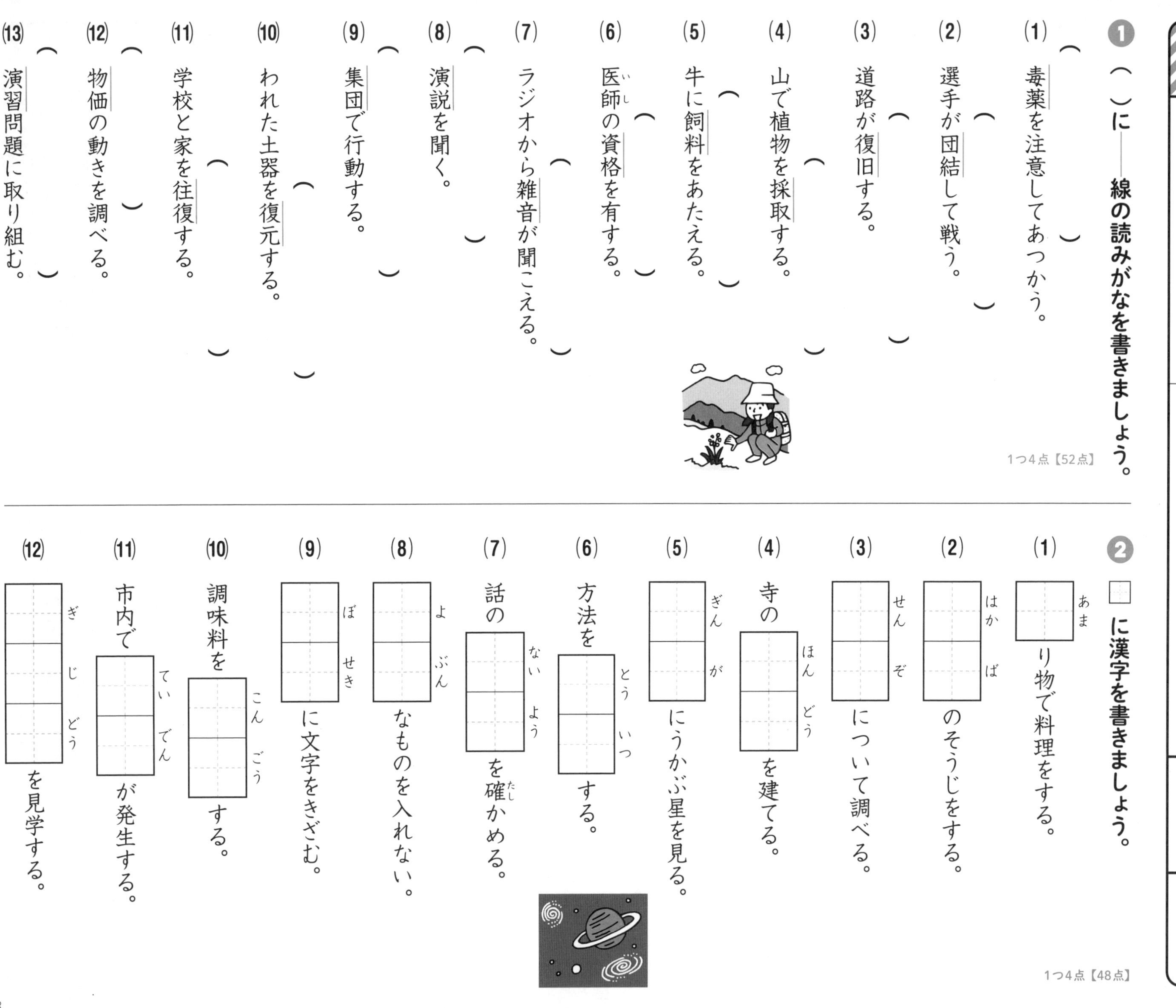

2 □に漢字を書きましょう。

1つ4点【48点】

(1) □（あま）り物で料理をする。
(2) □□（はかば）のそうじをする。
(3) □□（せんぞ）について調べる。
(4) 寺の□□（ほんどう）を建てる。
(5) □□（ぎんが）にうかぶ星を見る。
(6) 方法を□□（とういつ）する。
(7) 話の□□（ないよう）を確（たし）かめる。
(8) □□（よぶん）なものを入れない。
(9) □□（ぼせき）に文字をきざむ。
(10) 調味料を□□（こんごう）する。
(11) 市内で□□（ていでん）が発生する。
(12) □□□（ぎじどう）を見学する。

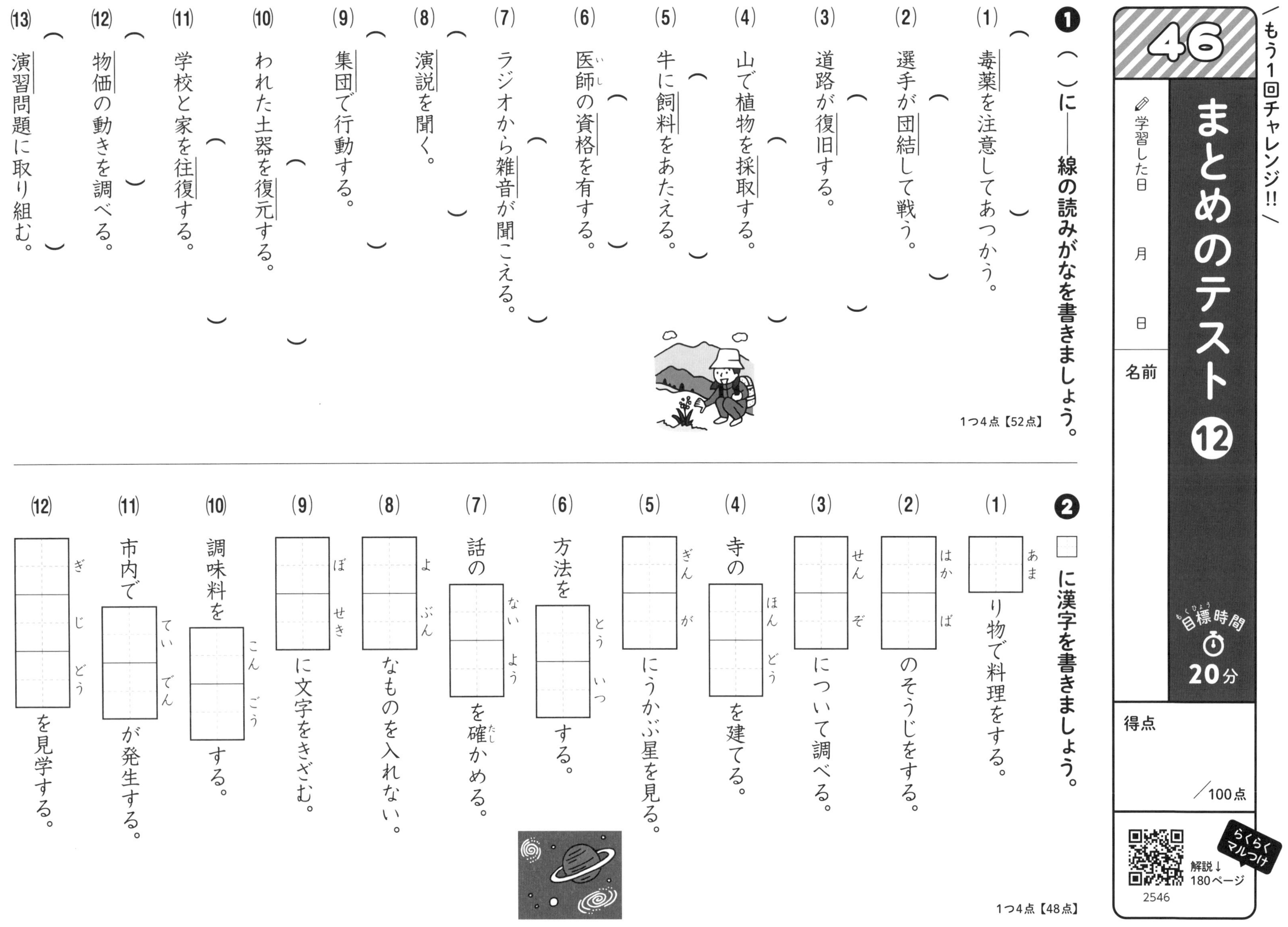

もう1回チャレンジ!!

46

まとめのテスト⑫

学習した日　月　日

名前

目標時間 20分

得点　／100点

解説↓180ページ

らくらくマルつけ

2546

❶ (　)に——線の読みがなを書きましょう。

1つ4点【52点】

(1) 毒薬を注意してあつかう。(　)
(2) 選手が団結して戦う。(　)
(3) 道路が復旧する。(　)
(4) 山で植物を採取する。(　)
(5) 牛に飼料をあたえる。(　)
(6) 医師(いし)の資格を有する。(　)
(7) ラジオから雑音が聞こえる。(　)
(8) 演説を聞く。(　)
(9) 集団で行動する。(　)
(10) われた土器を復元する。(　)
(11) 学校と家を往復する。(　)
(12) 物価の動きを調べる。(　)
(13) 演習問題に取り組む。(　)

❷ □に漢字を書きましょう。

1つ4点【48点】

(1) □(あま)り物で料理をする。
(2) □□(はかば)のそうじをする。
(3) □□(せんぞ)について調べる。
(4) 寺の□□(ほんどう)を建てる。
(5) □□(ぎんが)にうかぶ星を見る。
(6) 方法を□□(とういつ)する。
(7) 話の□□(ないよう)を確(たし)かめる。
(8) □□(よぶん)なものを入れない。
(9) □□(ぼせき)に文字をきざむ。
(10) 調味料を□□(こんごう)する。
(11) 市内で□□(ていでん)が発生する。
(12) □□□(ぎじどう)を見学する。

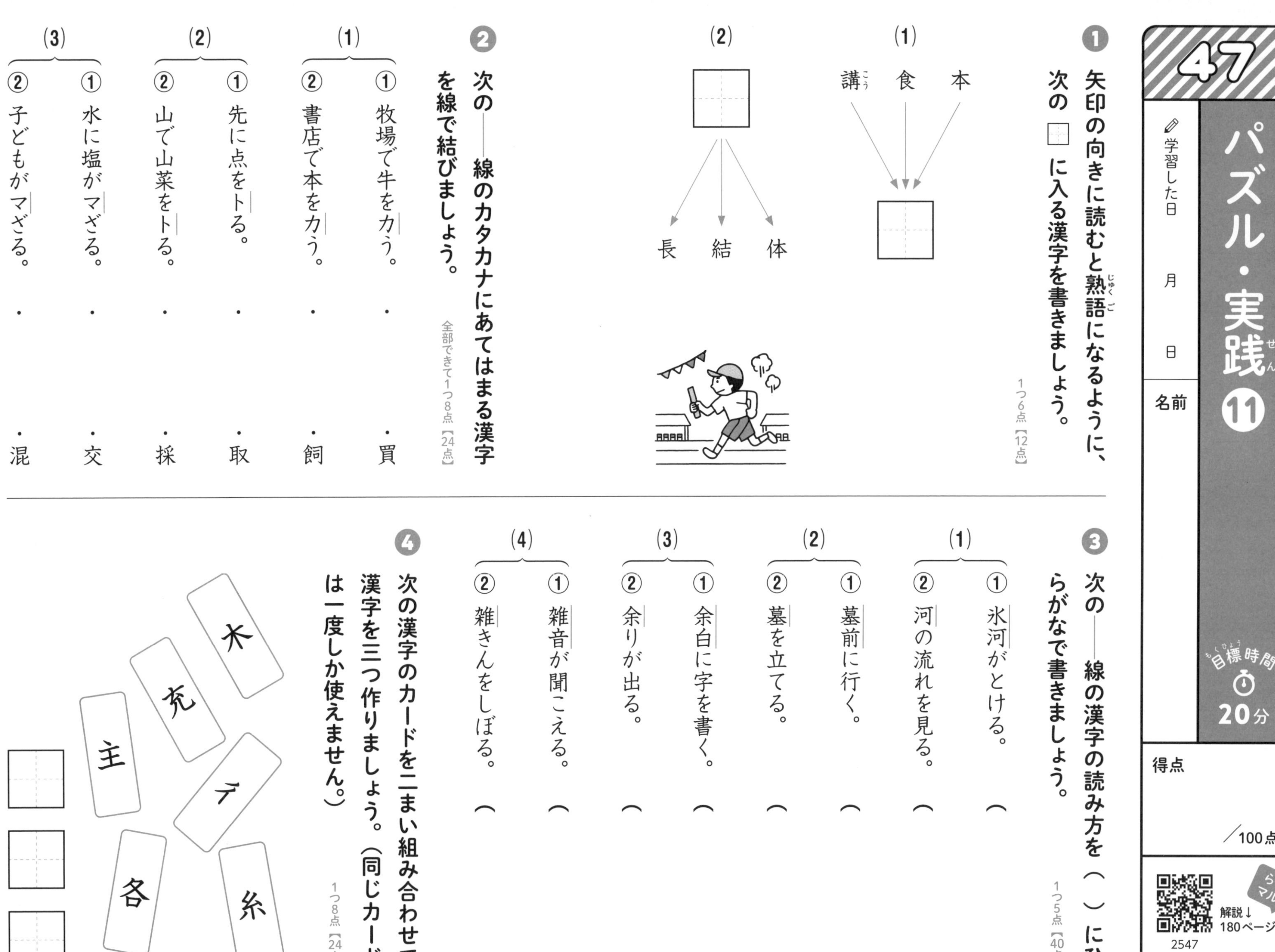

47 パズル・実践⑪

目標時間 20分

学習した日　月　日

名前

得点　／100点

らくらくマルつけ　解説↓180ページ　2547

1 矢印の向きに読むと熟語になるように、次の□に入る漢字を書きましょう。　1つ6点【12点】

(1) 講　食　本 → □

(2) □ → 長　結　体

2 次の——線のカタカナにあてはまる漢字を線で結びましょう。　全部できて1つ8点【24点】

(1)
① 牧場で牛をカう。　・　・買
② 書店で本をカう。　・　・飼

(2)
① 先に点をトる。　・　・取
② 山で山菜をトる。　・　・採

(3)
① 水に塩がマざる。　・　・交
② 子どもがマざる。　・　・混

3 次の——線の漢字の読み方を（　）にひらがなで書きましょう。　1つ5点【40点】

(1)
① 氷河がとける。（　　）
② 河の流れを見る。（　　）

(2)
① 墓前に行く。（　　）
② 墓を立てる。（　　）

(3)
① 余白に字を書く。（　　）
② 余りが出る。（　　）

(4)
① 雑音が聞こえる。（　　）
② 雑きんをしぼる。（　　）

4 次の漢字のカードを二まい組み合わせて、漢字を三つ作りましょう。（同じカードは一度しか使えません。）　1つ8点【24点】

木　充　主　亍　各　糸

□
□
□

もう1回チャレンジ!!

47 パズル・実践⑪

学習した日　月　日

名前

目標時間 20分

得点　／100点

らくらくマルつけ　解説↓180ページ

2547

❶ 矢印の向きに読むと熟語になるように、次の□に入る漢字を書きましょう。 1つ6点【12点】

(1) 講　食　本 → □

(2) □ → 長　結　体

❷ 次の——線のカタカナにあてはまる漢字を線で結びましょう。 全部できて1つ8点【24点】

(1)
① 牧場で牛をカう。　・　・買
② 書店で本をカう。　・　・飼

(2)
① 先に点をトる。　・　・取
② 山で山菜をトる。　・　・採

(3)
① 水に塩がマざる。　・　・交
② 子どもがマざる。　・　・混

❸ 次の——線の漢字の読み方を（　）にひらがなで書きましょう。 1つ5点【40点】

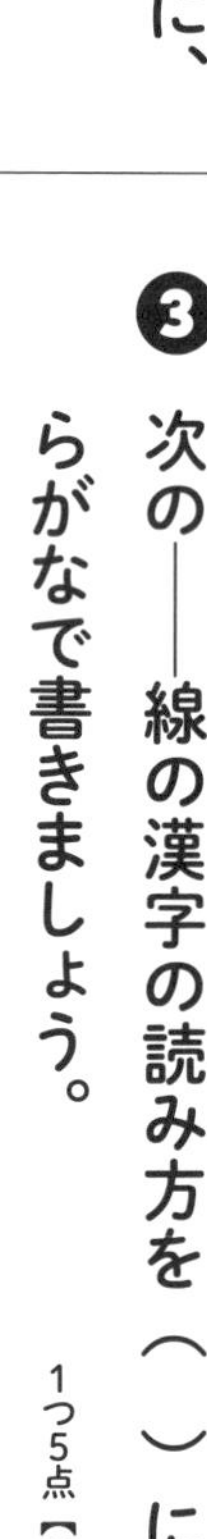

(1)
① 氷河がとける。（　　）
② 河の流れを見る。（　　）

(2)
① 墓前に行く。（　　）
② 墓を立てる。（　　）

(3)
① 余白に字を書く。（　　）
② 余りが出る。（　　）

(4)
① 雑音が聞こえる。（　　）
② 雑きんをしぼる。（　　）

❹ 次の漢字のカードを二まい組み合わせて、漢字を三つ作りましょう。（同じカードは一度しか使えません。） 1つ8点【24点】

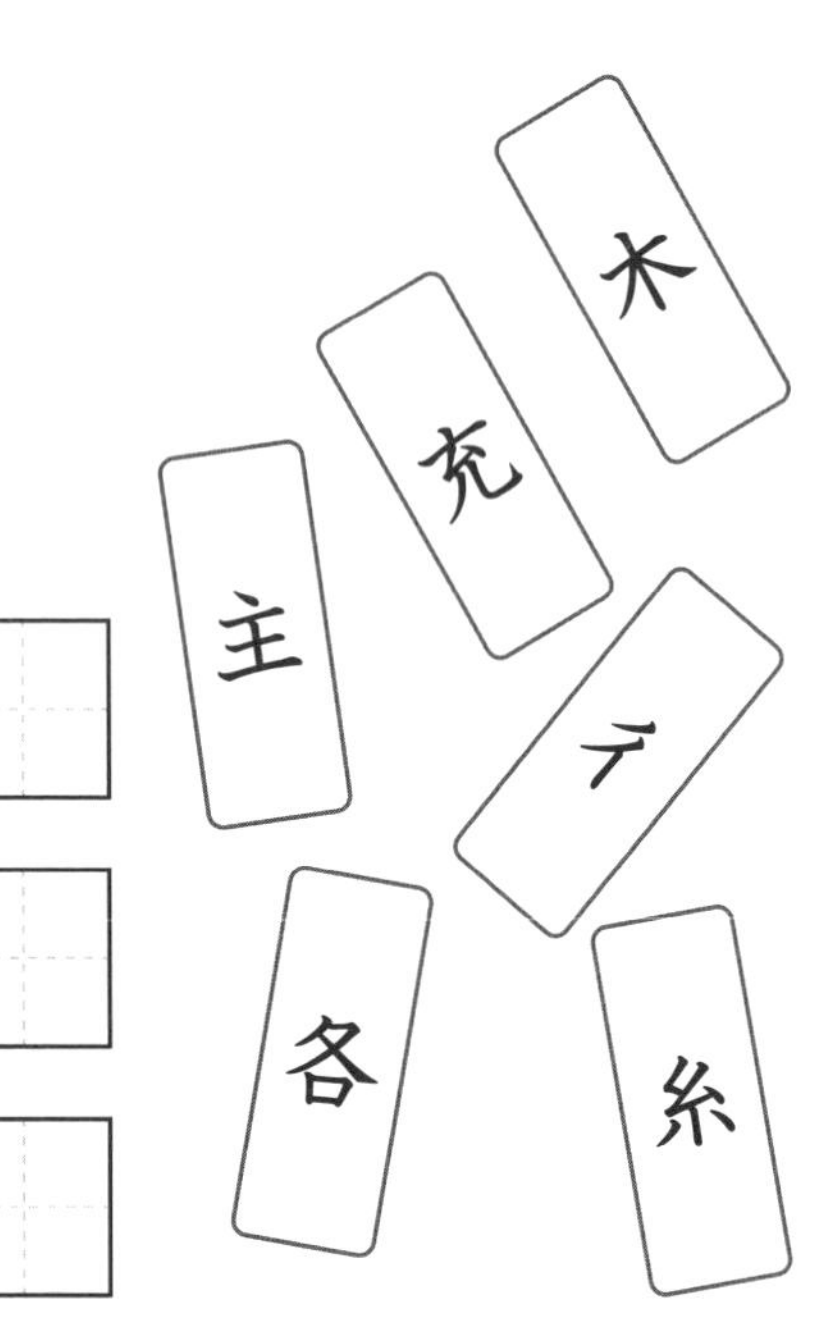

48 パズル・実践(せん)⑫

学習した日　月　日

名前

目標(もくひょう)時間 20分

得点　／100点

らくらくマルつけ

解説↓180ページ

2548

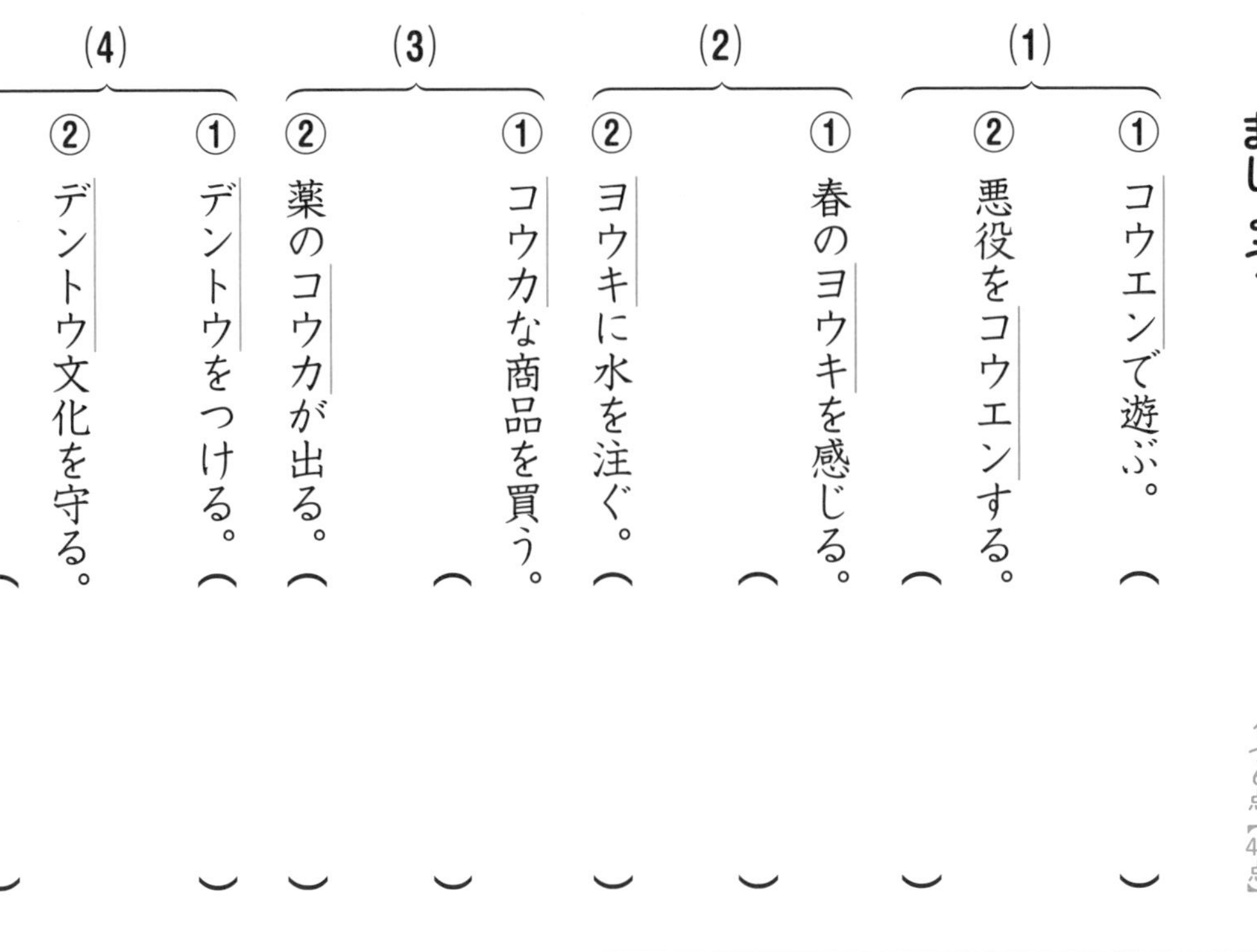

1 次の――線のカタカナを漢字で書き分けましょう。　1つ6点【48点】

(1) ① コウエンで遊ぶ。（　　）
② 悪役をコウエンする。（　　）

(2) ① 春のヨウキを感じる。（　　）
② ヨウキに水を注ぐ。（　　）

(3) ① コウカな商品を買う。（　　）
② 薬のコウカが出る。（　　）

(4) ① デントウをつける。（　　）
② デントウ文化を守る。（　　）

2 次の漢字の画数を数字で書きましょう。　1つ3点【12点】

(1) 旧……（　　）画

(2) 毒……（　　）画

(3) 雑……（　　）画

(4) 堂……（　　）画

3 次は、ある図かんの一部です。

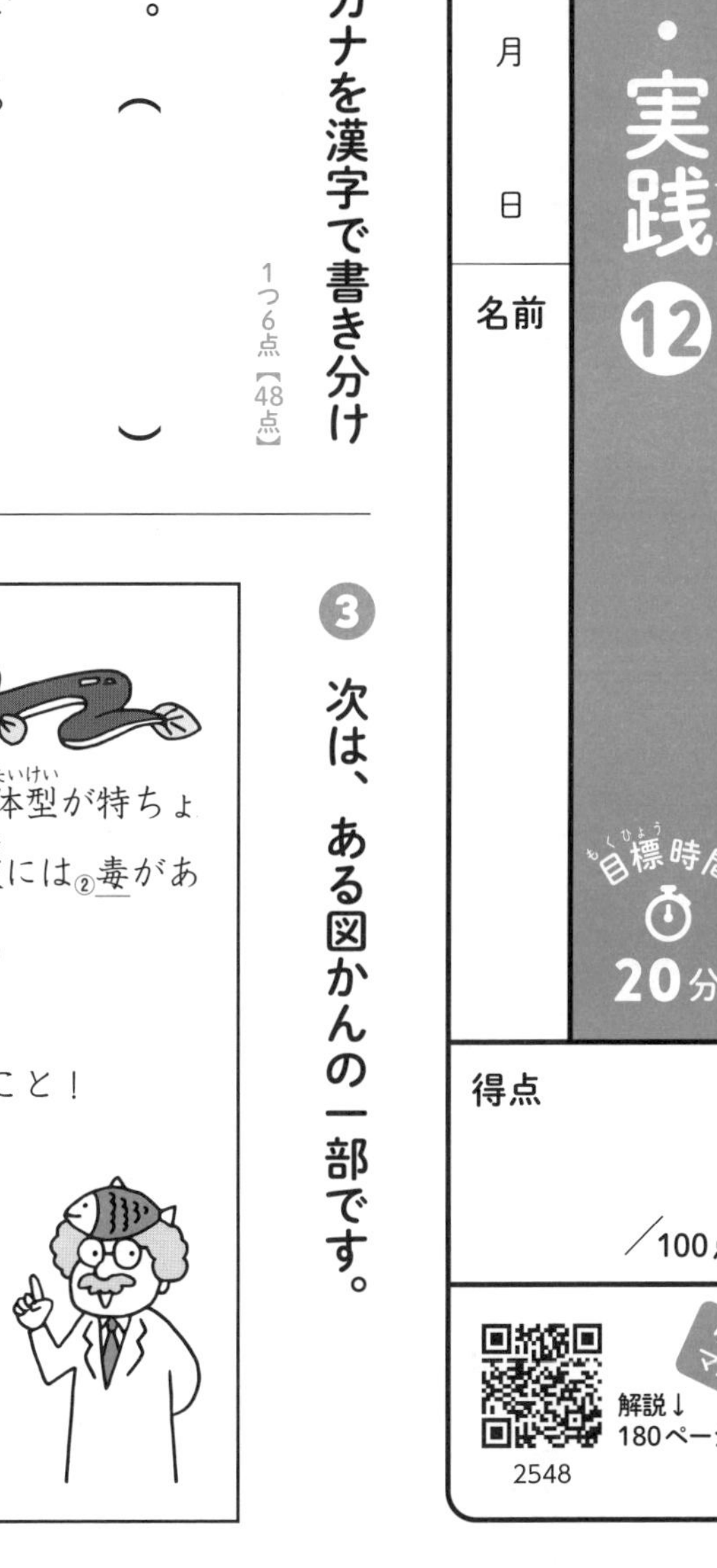

ニホンウナギ

科目：ウナギ目ウナギ科

①河あるいは海に生息する魚で、細長い体型(たいけい)が特ちょうです。体表はぬるぬるしていて、血液(けつえき)には②毒があります。河と海を③往復してすごします。

【④シイクの注意点】

ほかの種類の魚を⑤コンニュウさせないこと！

「土用(どよう)の丑(うし)の日」には、ウナギが食べられてきたぞ！ご先祖(せんぞ)さまも食べたかな？数が減(へ)ってきているので、出荷(しゅっか)が⑥テイシされる日がいつかやってくるかも……。

(1) ――線①～③の漢字の読みをひらがなで書きましょう。また、――線④～⑥のカタカナを漢字に直して書きましょう。　1つ6点【36点】

①（　　）　②（　　）

③（　　）

④（　　）　⑤（　　）

⑥（　　）

(2) 右の説明には、漢字のまちがいが一つあります。その漢字を見つけ、正しく書き直しましょう。　【4点】

□ → □

もう1回チャレンジ!!

48 パズル・実践(せん)⑫

学習した日　月　日

名前

目標(もくひょう)時間 20分

得点　／100点

解説↓180ページ

2548

❶ 次の――線のカタカナを漢字で書き分けましょう。 1つ6点【48点】

(1)
① コウエンで遊ぶ。（　　）
② 悪役をコウエンする。（　　）

(2)
① 春のヨウキを感じる。（　　）
② ヨウキに水を注ぐ。（　　）

(3)
① コウカな商品を買う。（　　）
② 薬のコウカが出る。（　　）

(4)
① デントウをつける。（　　）
② デントウ文化を守る。（　　）

❷ 次の漢字の画数を数字で書きましょう。 1つ3点【12点】

(1) 旧……（　　）画

(2) 毒……（　　）画

(3) 雑……（　　）画

(4) 堂……（　　）画

❸ 次は、ある図かんの一部です。

ニホンウナギ

科目：ウナギ目ウナギ科

①河あるいは海に生息する魚で、細長い体型(たいけい)が特ちょうです。体表はぬるぬるしていて、血液(けつえき)には②毒があります。河と海を③往復してすごします。

【④シイクの注意点】

ほかの種類の魚を⑤コンニュウさせないこと！

「土用(どよう)の丑(うし)の日」には、
ウナギが食べられてきたぞ！
ご先祖(せんぞ)さまも食べたかな？
数が減(へ)ってきているので、
出荷(しゅっか)が⑥テイシされる日が
いつかやってくるかも……。

(1) ――線①～③の漢字の読みをひらがなで書きましょう。また、――線④～⑥のカタカナを漢字に直して書きましょう。 1つ6点【36点】

①（　　）　②（　　）

③（　　）

④（　　）　⑤（　　）

⑥（　　）

(2) 右の説明には、漢字のまちがいが一つあります。その漢字を見つけ、正しく書き直しましょう。 【4点】

□→□

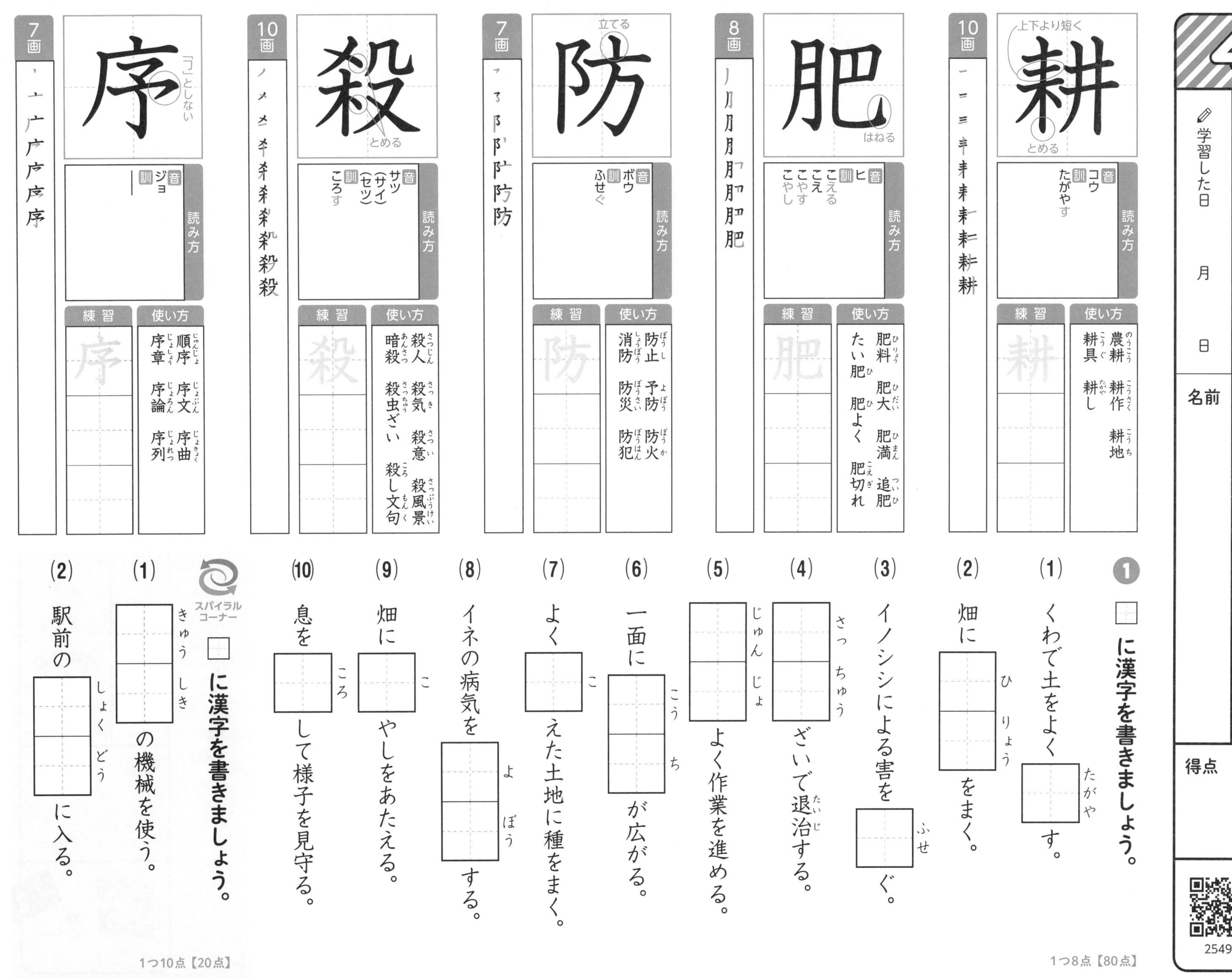

49 農家のくらし

学習した日　月　日

名前

目標時間 20分

得点　／100点

解説↓180ページ　2549

らくらくマルつけ

耕（10画）

上下より短く／とめる

筆順：一 二 三 丰 丰 耒 耒 耔 耕 耕

読み方：音 コウ　訓 たがや(す)

使い方：農耕（のうこう）　耕作（こうさく）　耕地（こうち）　耕具（こうぐ）　耕し（たがやし）

練習：耕

肥（8画）

はねる

筆順：丿 刀 月 月 月 肌 肌 肥

読み方：音 ヒ　訓 こ(える)　こえ　こ(やす)　こ(やし)

使い方：肥料（ひりょう）　肥大（ひだい）　肥満（ひまん）　追肥（ついひ）　たい肥（ひ）　肥（ひ）よく　肥切れ（こえぎれ）

練習：肥

防（7画）

立てる

筆順：㇇ 阝 阝 阝 阡 防 防

読み方：音 ボウ　訓 ふせ(ぐ)

使い方：防止（ぼうし）　予防（よぼう）　防火（ぼうか）　消防（しょうぼう）　防災（ぼうさい）　防犯（ぼうはん）

練習：防

殺（10画）

とめる

筆順：ノ メ メ 㐅 杀 杀 杀 杀 殺 殺

読み方：音 サツ（サイ）（セツ）　訓 ころ(す)

使い方：殺人（さつじん）　殺気（さっき）　殺意（さつい）　殺風景（さっぷうけい）　暗殺（あんさつ）　殺虫（さっちゅう）ざい　殺（ころ）し文句（もんく）

練習：殺

序（7画）

「コ」としない

筆順：丶 亠 广 广 庐 序 序

読み方：音 ジョ　訓 ―

使い方：順序（じゅんじょ）　序文（じょぶん）　序曲（じょきょく）　序章（じょしょう）　序論（じょろん）　序列（じょれつ）

練習：序

---

1 □に漢字を書きましょう。

(1) くわで土をよく□（たがや）す。

(2) 畑に□□（ひりょう）をまく。

(3) イノシシによる害を□（ふせ）ぐ。

(4) □□（さっちゅう）ざいで退治（たいじ）する。

(5) □□（じゅんじょ）よく作業を進める。

(6) 一面に□□（こうち）が広がる。

(7) よく□（こ）えた土地に種をまく。

(8) イネの病気を□□（よぼう）する。

(9) 畑に□（こ）やしをあたえる。

(10) 息を□（ころ）して様子を見守る。

1つ8点【80点】

スパイラルコーナー □に漢字を書きましょう。

(1) □□（きゅうしき）の機械を使う。

(2) 駅前の□□（しょくどう）に入る。

1つ10点【20点】

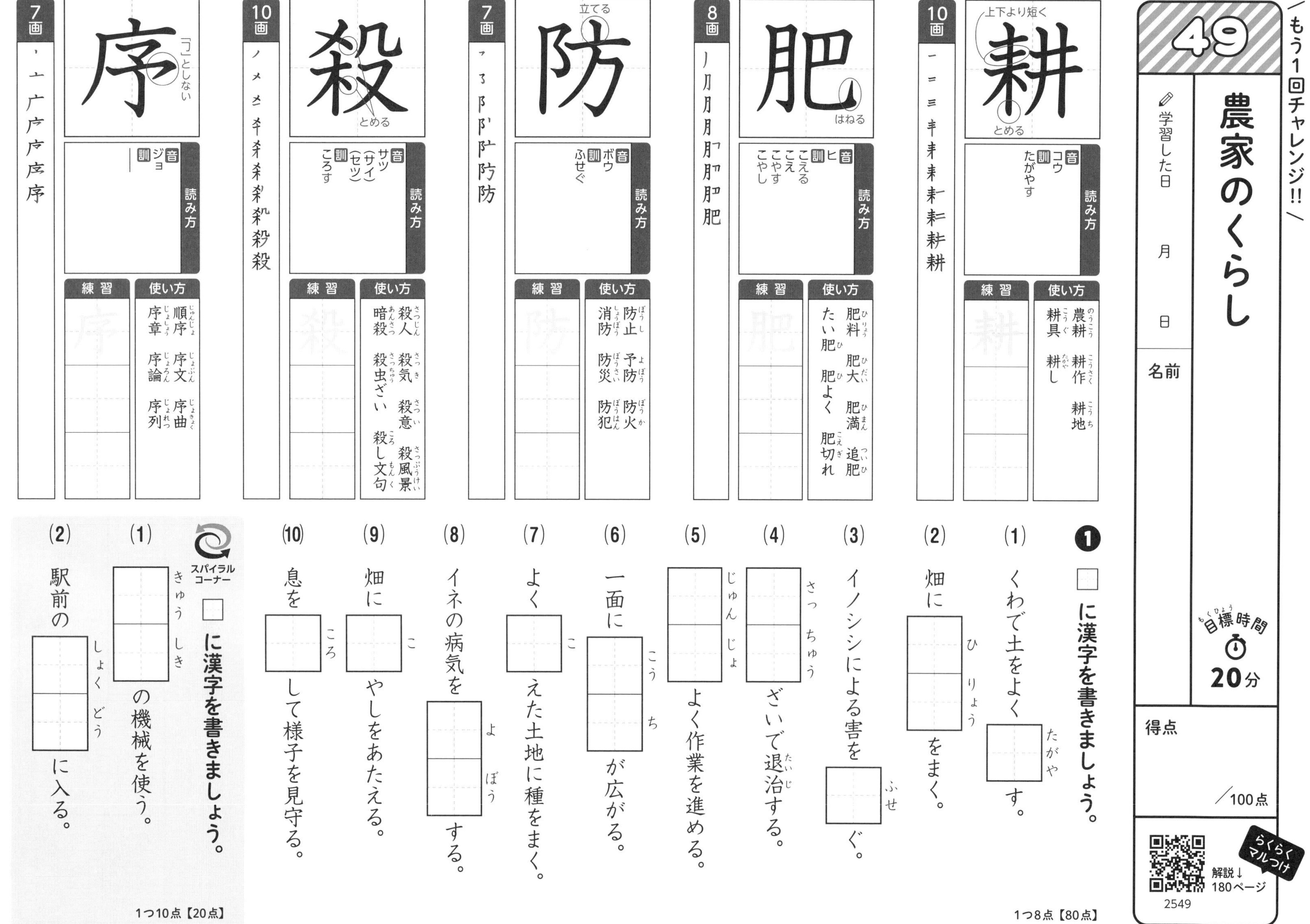

もう1回チャレンジ!!

49

農家のくらし

学習した日　月　日

名前

目標時間 20分

得点 ／100点

解説↓180ページ

らくらくマルつけ

2549

耕　10画　上下より短く　とめる
読み方　音 コウ　訓 たがやす
使い方　農耕（のうこう）　耕作（こうさく）　耕地（こうち）　耕具（こうぐ）　耕し（たがやし）

肥　8画　はねる
読み方　音 ヒ　訓 こえ　こえる　こやす　こやし
使い方　肥料（ひりょう）　肥大（ひだい）　肥満（ひまん）　追肥（ついひ）　たい肥（ひ）　肥（ひ）よく　肥切（こえぎ）れ

防　7画　立てる
読み方　音 ボウ　訓 ふせぐ
使い方　防止（ぼうし）　予防（よぼう）　防火（ぼうか）　消防（しょうぼう）　防災（ぼうさい）　防犯（ぼうはん）

殺　10画　とめる
読み方　音 サツ（サイ）（セツ）　訓 ころす
使い方　殺人（さつじん）　殺気（さっき）　殺意（さつい）　殺風景（さっぷうけい）　暗殺（あんさつ）　殺虫（さっちゅう）ざい　殺（ころ）し文句（もんく）

序　7画　「コ」としない
読み方　音 ジョ　訓 ―
使い方　順序（じゅんじょ）　序文（じょぶん）　序曲（じょきょく）　序章（じょしょう）　序論（じょろん）　序列（じょれつ）

❶ □に漢字を書きましょう。　1つ8点【80点】

(1) くわで土をよく□（たがや）す。

(2) 畑に□□（ひりょう）をまく。

(3) イノシシによる害を□（ふせ）ぐ。

(4) □□（さっちゅう）ざいで退治（たいじ）する。

(5) □□（じゅんじょ）よく作業を進める。

(6) 一面に□□（こうち）が広がる。

(7) よく□（こ）えた土地に種をまく。

(8) イネの病気を□□（よぼう）する。

(9) 畑に□（こ）やしをあたえる。

(10) 息を□（ころ）して様子を見守る。

スパイラルコーナー　□に漢字を書きましょう。　1つ10点【20点】

(1) □□（きゅうしき）の機械を使う。

(2) 駅前の□□（しょくどう）に入る。

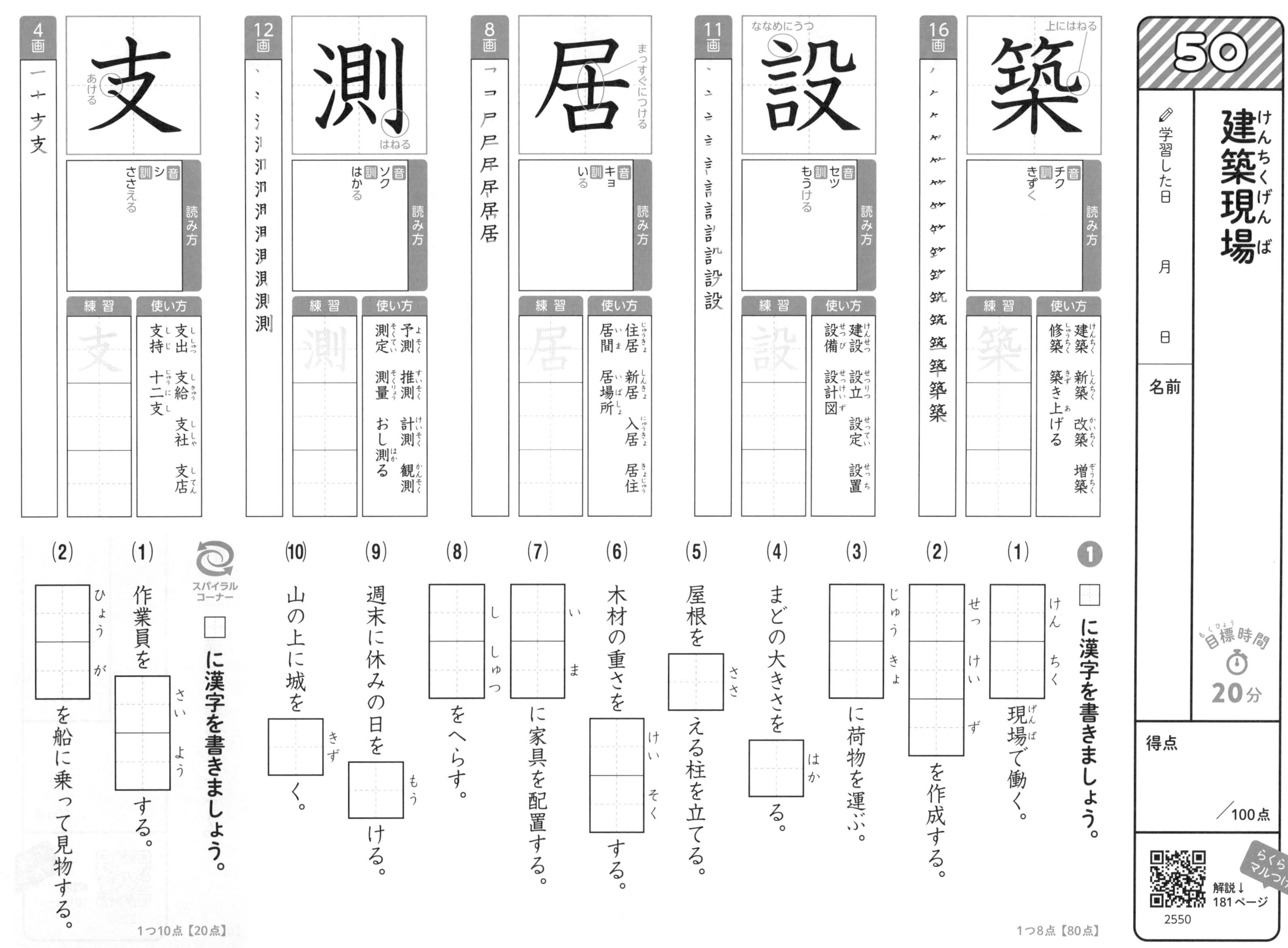

50 建築現場（けんちくげんば）

学習した日　月　日

名前

目標時間（もくひょうじかん）20分

得点　／100点

漢字	画数	音	訓	注意	使い方
築	16画	チク	きずく	上にはねる	建築（けんちく）　新築（しんちく）　改築（かいちく）　増築（ぞうちく）　修築（しゅうちく）　築（きず）き上（あ）げる
設	11画	セツ	もうける	ななめにうつ	建設（けんせつ）　設立（せつりつ）　設定（せってい）　設置（せっち）　設備（せつび）　設計図（せっけいず）
居	8画	キョ	いる	まっすぐにつける	住居（じゅうきょ）　新居（しんきょ）　入居（にゅうきょ）　居住（きょじゅう）　居間（いま）　居場所（いばしょ）
測	12画	ソク	はかる	はねる	予測（よそく）　推測（すいそく）　計測（けいそく）　観測（かんそく）　測定（そくてい）　測量（そくりょう）　おし測（はか）る
支	4画	シ	ささえる	あける	支出（ししゅつ）　支給（しきゅう）　支社（ししゃ）　支店（してん）　支持（しじ）　十二支（じゅうにし）

練習

1 □に漢字を書きましょう。

(1) □□（けんちく）現場（げんば）で働く。
(2) □□□（せっけいず）を作成する。
(3) □□（じゅうきょ）に荷物を運ぶ。
(4) まどの大きさを□（はか）る。
(5) 屋根を□（ささ）える柱を立てる。
(6) 木材の重さを□□（けいそく）する。
(7) □□（いま）に家具を配置する。
(8) □□（ししゅつ）をへらす。
(9) 週末に休みの日を□（もう）ける。
(10) 山の上に城を□（きず）く。

1つ8点【80点】

スパイラルコーナー

□に漢字を書きましょう。

(1) 作業員を□□（さいよう）する。
(2) □□（ひょうが）を船に乗って見物する。

1つ10点【20点】

らくらくマルつけ　解説↓181ページ

2550

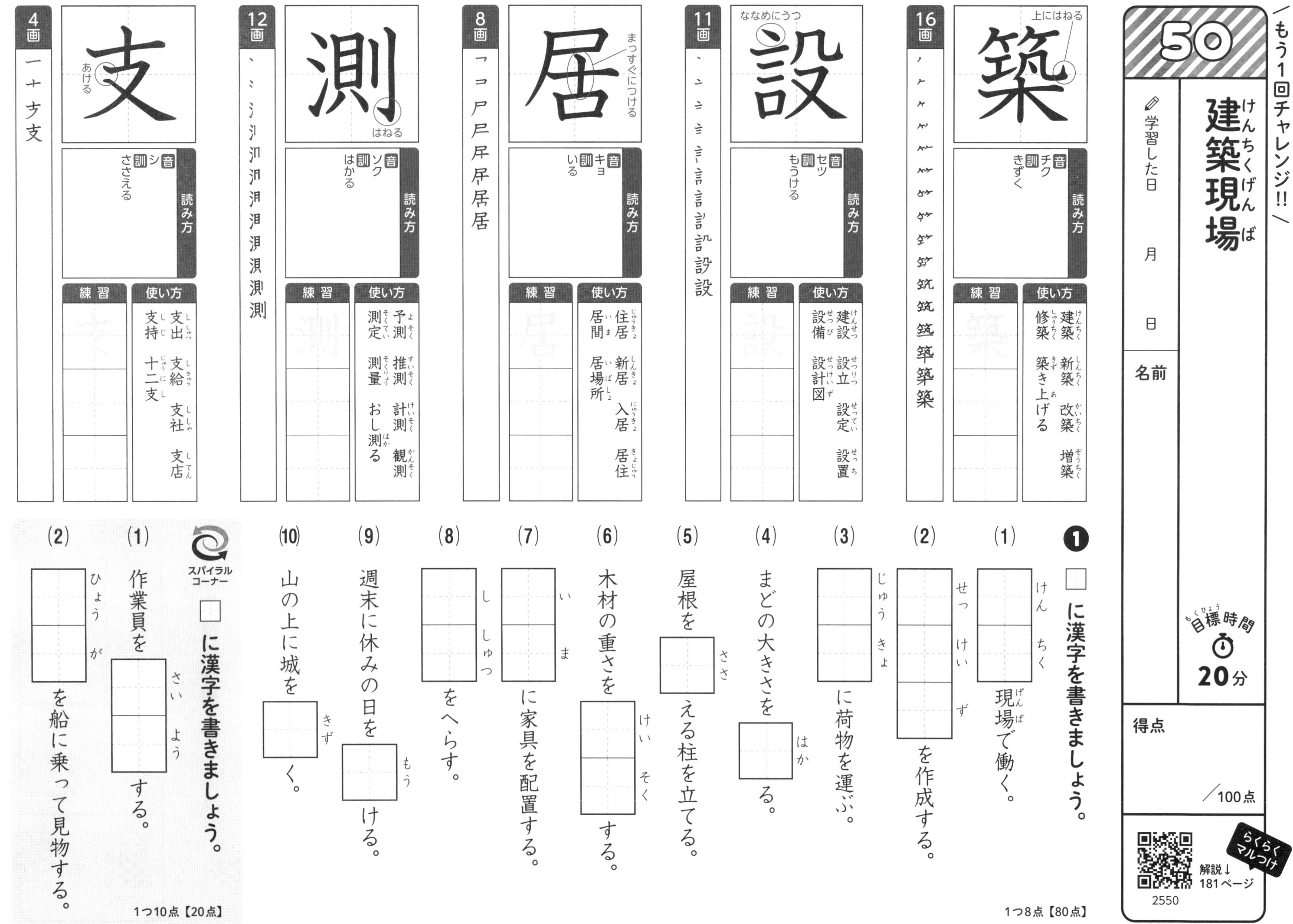

もう1回チャレンジ!!

50 建築現場（けんちくげんば）

学習した日　月　日

名前

目標時間 20分

得点　／100点

解説↓181ページ

らくらくマルつけ

2550

築（16画）

上にはねる

読み方：音 チク　訓 きずく

使い方：建築（けんちく）　新築（しんちく）　改築（かいちく）　増築（ぞうちく）　修築（しゅうちく）　築き上げる（きずきあげる）

設（11画）

ななめにうつ

読み方：音 セツ　訓 もうける

使い方：建設（けんせつ）　設立（せつりつ）　設定（せってい）　設置（せっち）　設備（せつび）　設計図（せっけいず）

居（8画）

まっすぐにつける

読み方：音 キョ　訓 いる

使い方：住居（じゅうきょ）　新居（しんきょ）　入居（にゅうきょ）　居住（きょじゅう）　居間（いま）　居場所（いばしょ）

測（12画）

はねる

読み方：音 ソク　訓 はかる

使い方：予測（よそく）　推測（すいそく）　計測（けいそく）　観測（かんそく）　測定（そくてい）　測量（そくりょう）　おし測る（はかる）

支（4画）

あける

読み方：音 シ　訓 ささえる

使い方：支出（ししゅつ）　支給（しきゅう）　支社（ししゃ）　支店（してん）　支持（しじ）　十二支（じゅうにし）

1 □に漢字を書きましょう。

(1) □（けんちく）現場で働く。

(2) □（せっけいず）を作成する。

(3) □（じゅうきょ）に荷物を運ぶ。

(4) まどの大きさを□（はか）る。

(5) 屋根を□（ささ）える柱を立てる。

(6) 木材の重さを□（けいそく）する。

(7) □（いま）に家具を配置する。

(8) □（ししゅつ）をへらす。

(9) 週末に休みの日を□（もう）ける。

(10) 山の上に城を□（きず）く。

1つ8点【80点】

スパイラルコーナー　□に漢字を書きましょう。

(1) 作業員を□（さいよう）する。

(2) □（ひょうが）を船に乗って見物する。

1つ10点【20点】

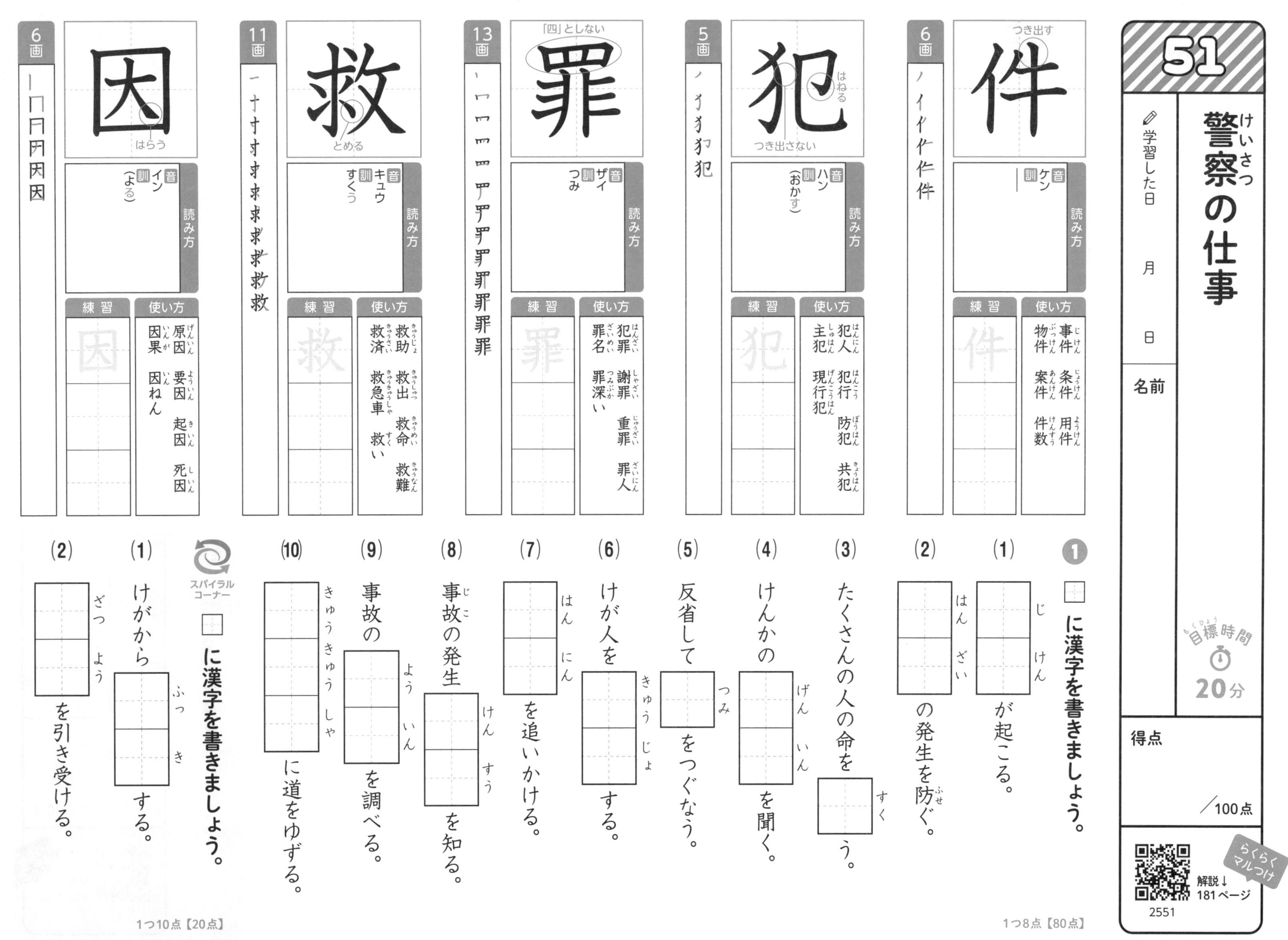

51 警察(けいさつ)の仕事

学習した日　月　日

名前

目標時間 20分

得点　／100点

解説↓ 181ページ

2551

件　6画　つき出す
音 ケン　訓 ―
使い方：事件(じけん)　条件(じょうけん)　用件(ようけん)　物件(ぶっけん)　案件(あんけん)　件数(けんすう)

犯　5画　はねる　つき出さない
音 ハン　訓 (おかす)
使い方：犯人(はんにん)　犯行(はんこう)　防犯(ぼうはん)　共犯(きょうはん)　主犯(しゅはん)　現行犯(げんこうはん)

罪　13画　「四」としない
音 ザイ　訓 つみ
使い方：犯罪(はんざい)　謝罪(しゃざい)　重罪(じゅうざい)　罪人(ざいにん)　罪名(ざいめい)　罪深(つみぶか)い

救　11画　とめる
音 キュウ　訓 すくう
使い方：救助(きゅうじょ)　救出(きゅうしゅつ)　救命(きゅうめい)　救難(きゅうなん)　救済(きゅうさい)　救急車(きゅうきゅうしゃ)　救(すく)い

因　6画　はらう
音 イン　訓 (よる)
使い方：原因(げんいん)　要因(よういん)　起因(きいん)　死因(しいん)　因果(いんが)　因(いん)ねん

練習

1 □に漢字を書きましょう。

(1) □□(じけん)が起こる。
(2) □□(はんざい)の発生を防(ふせ)ぐ。
(3) たくさんの人の命を□(すく)う。
(4) けんかの□□(げんいん)を聞く。
(5) 反省して□(つみ)をつぐなう。
(6) けが人を□□(きゅうじょ)する。
(7) □□(はんにん)を追いかける。
(8) 事故(じこ)の発生□□(けんすう)を知る。
(9) 事故の□□(よういん)を調べる。
(10) □□□(きゅうきゅうしゃ)に道をゆずる。

1つ8点【80点】

スパイラルコーナー

□に漢字を書きましょう。

(1) けがから□□(ふっき)する。
(2) □□(ざつよう)を引き受ける。

1つ10点【20点】

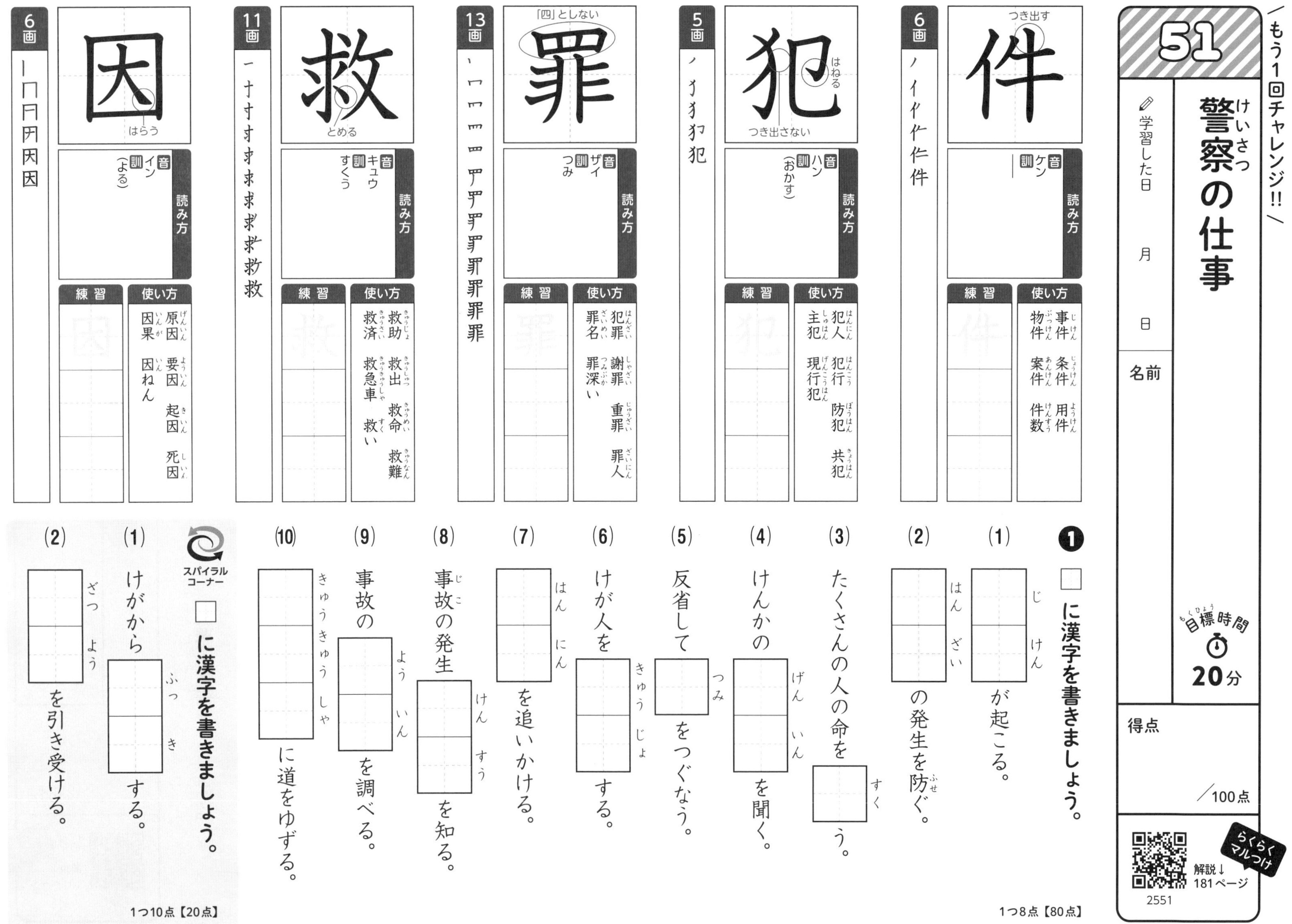

／もう1回チャレンジ!!／

51 警察（けいさつ）の仕事

学習した日　月　日

名前

目標時間（もくひょうじかん） 20分

得点　／100点

解説↓ 181ページ

2551

らくらくマルつけ

件　6画
読み方：音 ケン　訓 ―
使い方：事件（じけん）　条件（じょうけん）　用件（ようけん）　物件（ぶっけん）　案件（あんけん）　件数（けんすう）
つき出す

犯　5画
読み方：音 ハン　訓 （おかす）
使い方：犯人（はんにん）　犯行（はんこう）　防犯（ぼうはん）　共犯（きょうはん）　主犯（しゅはん）　現行犯（げんこうはん）
はねる　つき出さない

罪　13画
読み方：音 ザイ　訓 つみ
使い方：犯罪（はんざい）　謝罪（しゃざい）　重罪（じゅうざい）　罪人（ざいにん）　罪名（ざいめい）　罪深い（つみぶかい）
「四」としない

救　11画
読み方：音 キュウ　訓 すくう
使い方：救助（きゅうじょ）　救出（きゅうしゅつ）　救命（きゅうめい）　救難（きゅうなん）　救済（きゅうさい）　救急車（きゅうきゅうしゃ）　救い（すくい）
とめる

因　6画
読み方：音 イン　訓 （よる）
使い方：原因（げんいん）　要因（よういん）　起因（きいん）　死因（しいん）　因果（いんが）　因ねん（いんねん）
はらう

❶ □に漢字を書きましょう。

(1) □□（じけん）が起こる。
(2) □□（はんざい）の発生を防（ふせ）ぐ。
(3) たくさんの人の命を□（すく）う。
(4) けんかの□□（げんいん）を聞く。
(5) 反省して□（つみ）をつぐなう。
(6) けが人を□□（きゅうじょ）する。
(7) □□（はんにん）を追いかける。
(8) 事故（じこ）の発生□□（けんすう）を知る。
(9) 事故の□□（よういん）を調べる。
(10) □□□（きゅうきゅうしゃ）に道をゆずる。

1つ8点【80点】

スパイラルコーナー　□に漢字を書きましょう。

(1) けがから□□（ふっき）する。
(2) □□（ざつよう）を引き受ける。

1つ10点【20点】

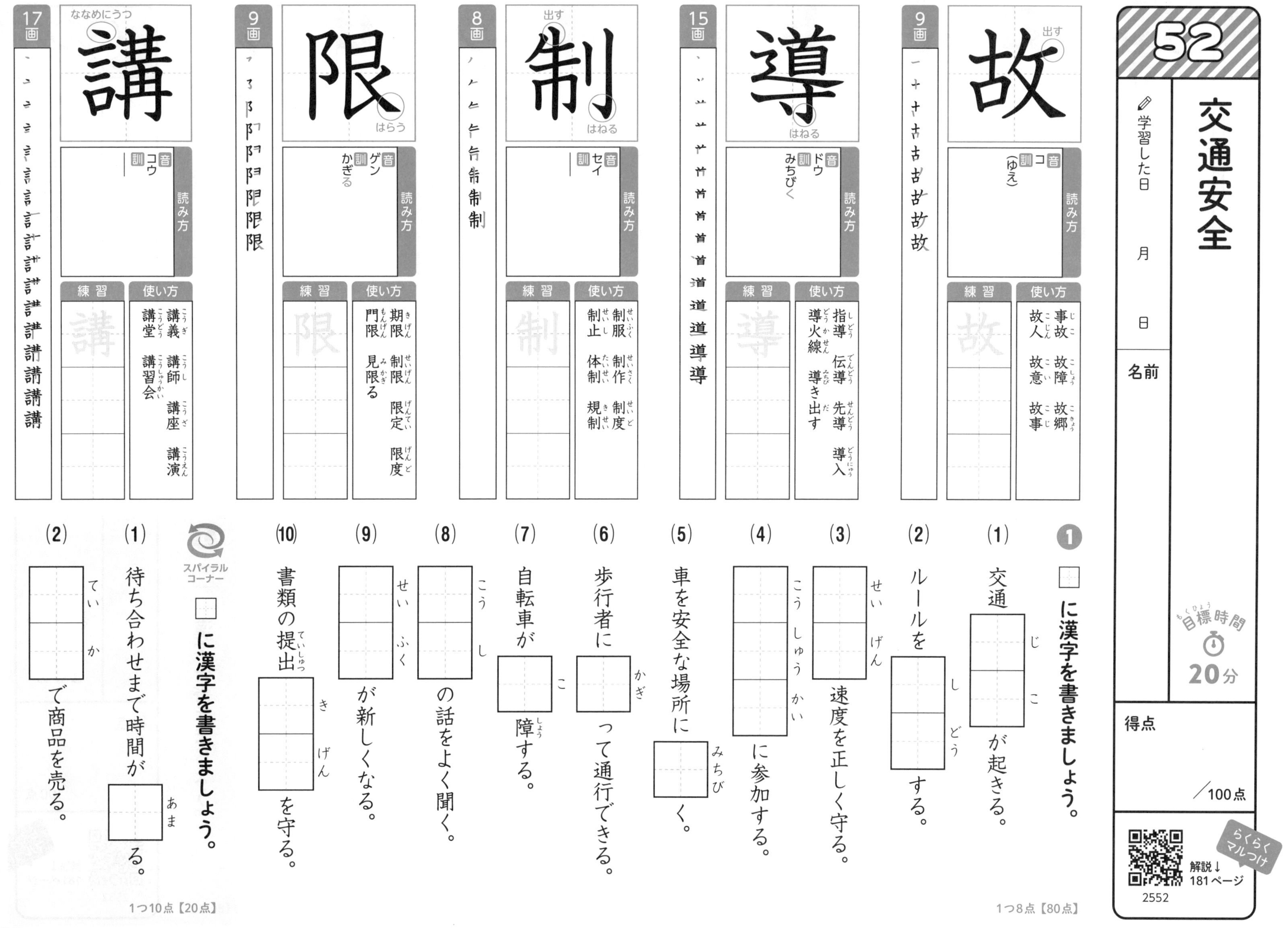

52 交通安全

学習した日　月　日

名前

目標時間 20分

得点　／100点

解説↓ 181ページ

2552

らくらくマルつけ

故（9画）出す
一 十 十 古 古 古 古 故 故
読み方：音 コ　訓 （ゆえ）
使い方：事故（じこ）　故障（こしょう）　故郷（こきょう）　故人（こじん）　故意（こい）　故事（こじ）

導（15画）はねる
読み方：音 ドウ　訓 みちびく
使い方：指導（しどう）　伝導（でんどう）　先導（せんどう）　導入（どうにゅう）　導火線（どうかせん）　導き出す（みちびきだす）

制（8画）出す　はねる
読み方：音 セイ　訓
使い方：制服（せいふく）　制作（せいさく）　制度（せいど）　制止（せいし）　体制（たいせい）　規制（きせい）

限（9画）はらう
読み方：音 ゲン　訓 かぎる
使い方：期限（きげん）　制限（せいげん）　限定（げんてい）　限度（げんど）　門限（もんげん）　見限る（みかぎる）

講（17画）ななめにうつ
読み方：音 コウ　訓
使い方：講義（こうぎ）　講師（こうし）　講座（こうざ）　講演（こうえん）　講堂（こうどう）　講習会（こうしゅうかい）

1 □に漢字を書きましょう。　1つ8点【80点】

(1) 交通［じこ］が起きる。

(2) ルールを［しどう］する。

(3) ［せいげん］速度を正しく守る。

(4) ［こうしゅうかい］に参加する。

(5) 車を安全な場所に［みちび］く。

(6) 歩行者に［かぎ］って通行できる。

(7) 自転車が［こ］障（しょう）する。

(8) ［こうし］の話をよく聞く。

(9) ［せいふく］が新しくなる。

(10) 書類の提出（ていしゅつ）［きげん］を守る。

スパイラルコーナー　□に漢字を書きましょう。　1つ10点【20点】

(1) 待ち合わせまで時間が［あま］る。

(2) ［ていか］で商品を売る。

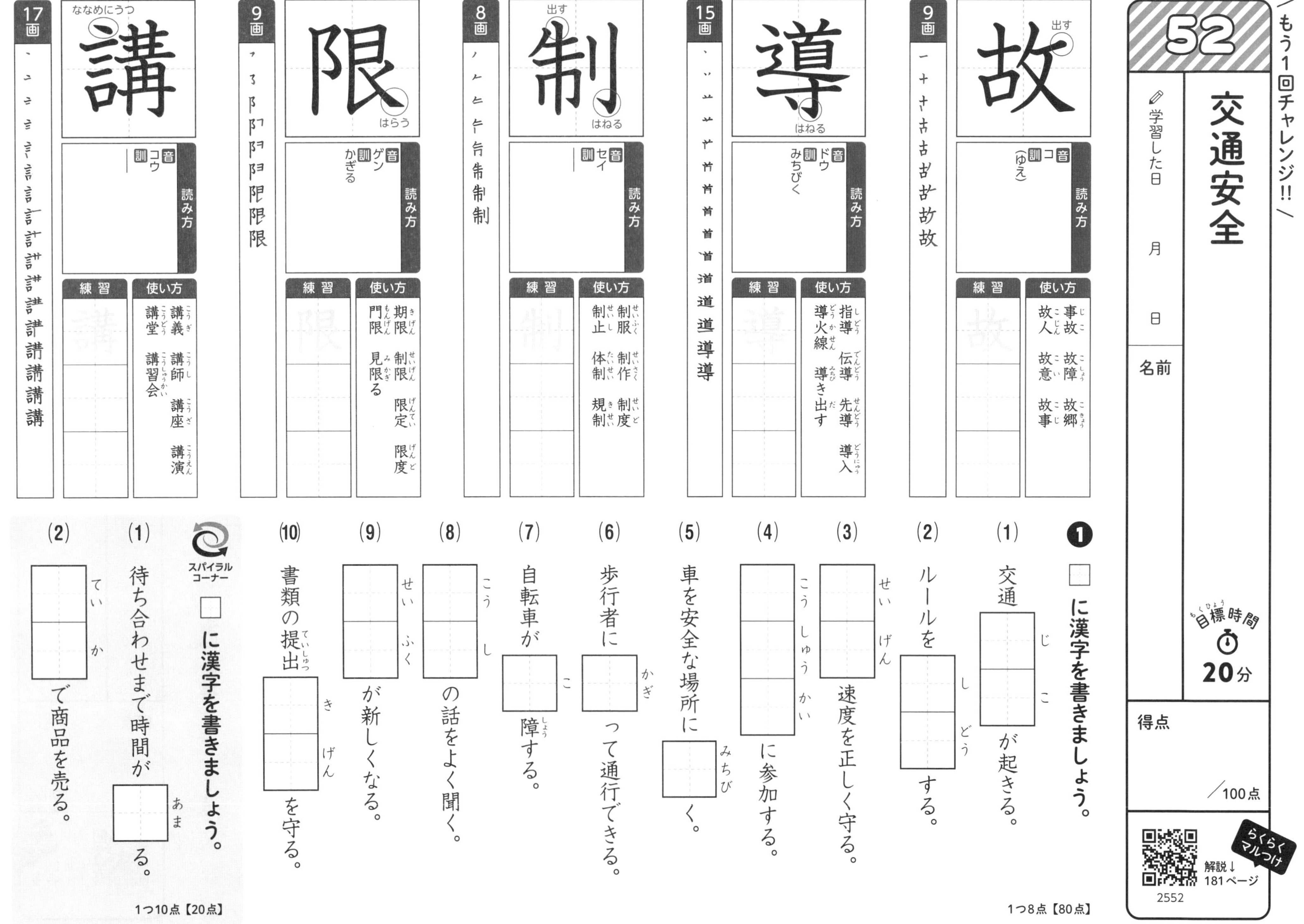

もう1回チャレンジ!!

52 交通安全

学習した日　月　日

名前

目標時間 20分

得点　／100点

解説↓ 181ページ

らくらくマルつけ

2552

故　9画　出す
音 コ　訓 (ゆえ)
一 十 十 古 古 古 古 故 故
使い方：事故　故障　故郷　故人　故意　故事

導　15画　はねる
音 ドウ　訓 みちびく
使い方：指導　伝導　先導　導入　導火線　導き出す

制　8画　出す　はねる
音 セイ　訓 ―
使い方：制服　制作　制度　制止　体制　規制

限　9画　はらう
音 ゲン　訓 かぎる
使い方：期限　制限　限定　限度　門限　見限る

講　17画　ななめにうつ
音 コウ　訓 ―
使い方：講義　講師　講座　講演　講堂　講習会

❶ □に漢字を書きましょう。

(1) 交通［じこ］が起きる。
(2) ルールを［しどう］する。
(3) ［せいげん］速度を正しく守る。
(4) ［こうしゅうかい］に参加する。
(5) 車を安全な場所に［みちび］く。
(6) 歩行者に［かぎ］って通行できる。
(7) 自転車が［こ］障する。
(8) ［こうし］の話をよく聞く。
(9) ［せいふく］が新しくなる。
(10) 書類の提出［きげん］を守る。

1つ8点【80点】

スパイラルコーナー

□に漢字を書きましょう。

(1) 待ち合わせまで時間が［あま］る。
(2) ［ていか］で商品を売る。

1つ10点【20点】

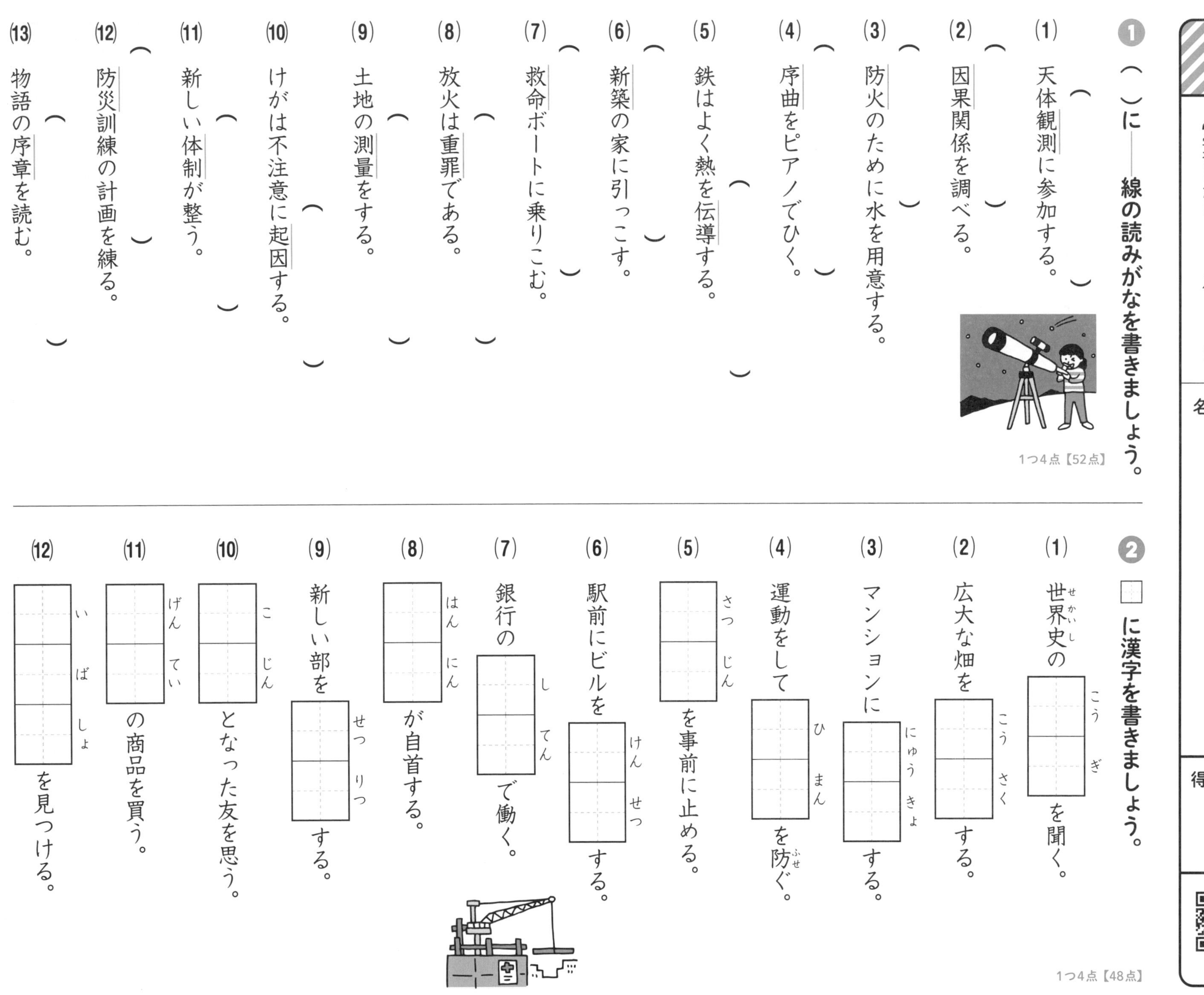

53 まとめのテスト⑬

学習した日　月　日

名前

目標時間(もくひょうじかん) 20分

得点　／100点

解説↓ 181ページ

らくらくマルつけ

2553

1 （　）に――線の読みがなを書きましょう。

1つ4点【52点】

(1) 天体<u>観測</u>に参加する。（　　）
(2) <u>因果</u>関係を調べる。（　　）
(3) <u>防火</u>のために水を用意する。（　　）
(4) <u>序曲</u>をピアノでひく。（　　）
(5) 鉄はよく熱を<u>伝導</u>する。（　　）
(6) <u>新築</u>の家に引っこす。（　　）
(7) <u>救命</u>ボートに乗りこむ。（　　）
(8) 放火は<u>重罪</u>である。（　　）
(9) 土地の<u>測量</u>をする。（　　）
(10) けがは不注意に<u>起因</u>する。（　　）
(11) 新しい<u>体制</u>が整う。（　　）
(12) <u>防災</u>訓練の計画を練る。（　　）
(13) 物語の<u>序章</u>を読む。（　　）

2 □に漢字を書きましょう。

1つ4点【48点】

(1) 世界史(せかいし)の［こうぎ］を聞く。
(2) 広大な畑を［こうさく］する。
(3) マンションに［にゅうきょ］する。
(4) 運動をして［ひまん］を防(ふせ)ぐ。
(5) ［さつじん］を事前に止める。
(6) 駅前にビルを［けんせつ］する。
(7) 銀行の［してん］で働く。
(8) ［はんにん］が自首する。
(9) 新しい部を［せつりつ］する。
(10) ［こじん］となった友を思う。
(11) ［げんてい］の商品を買う。
(12) ［いばしょ］を見つける。

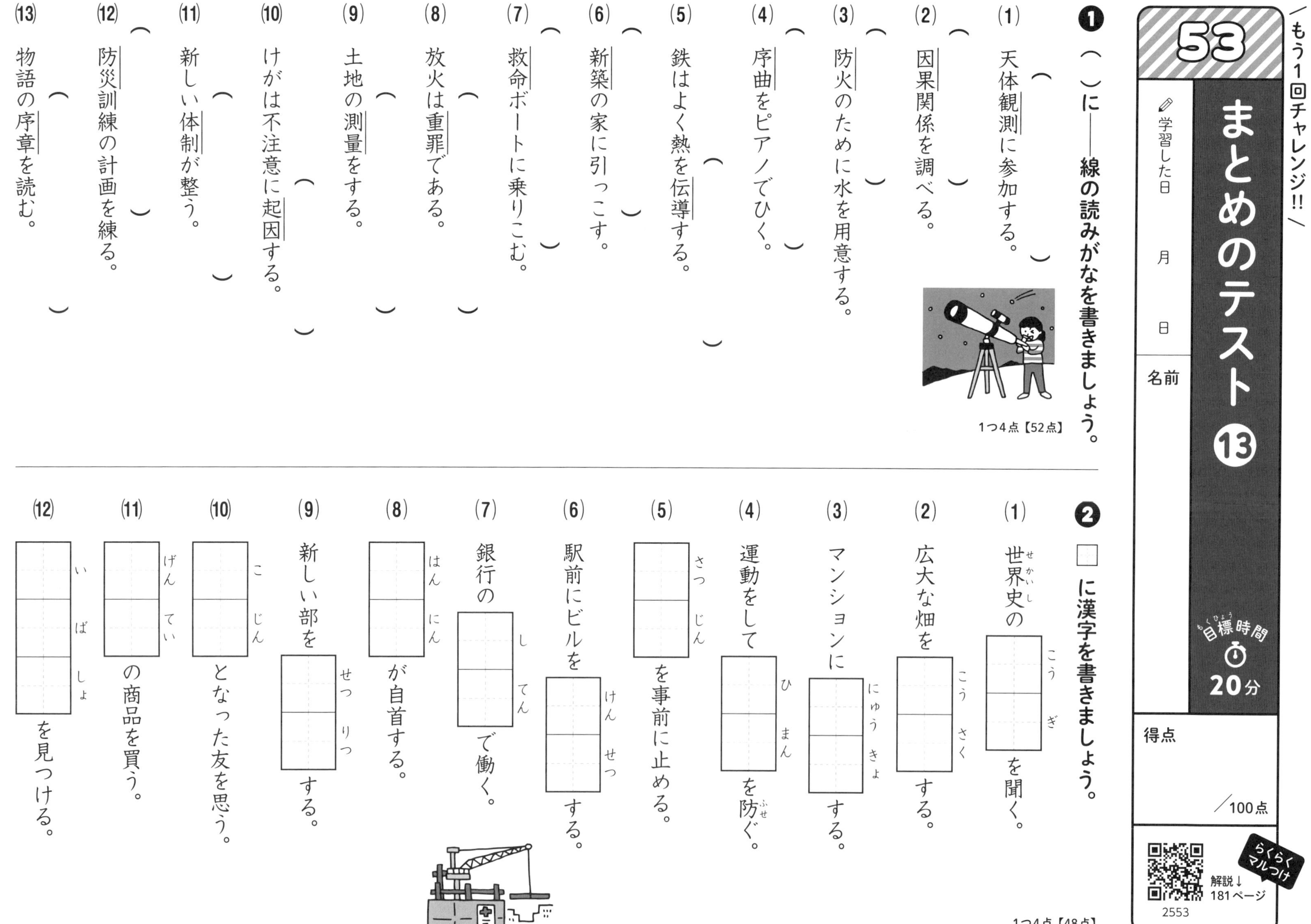

もう1回チャレンジ!!

53 まとめのテスト⑬

学習した日　月　日

名前

目標時間 20分

得点　／100点

らくらくマルつけ

解説↓ 181ページ

2553

❶ （　）に――線の読みがなを書きましょう。

1つ4点【52点】

(1) 天体<u>観測</u>に参加する。（　　）

(2) <u>因果</u>関係を調べる。（　　）

(3) <u>防火</u>のために水を用意する。（　　）

(4) <u>序曲</u>をピアノでひく。（　　）

(5) 鉄はよく熱を<u>伝導</u>する。（　　）

(6) <u>新築</u>の家に引っこす。（　　）

(7) <u>救命</u>ボートに乗りこむ。（　　）

(8) 放火は<u>重罪</u>である。（　　）

(9) 土地の<u>測量</u>をする。（　　）

(10) けがは不注意に<u>起因</u>する。（　　）

(11) 新しい<u>体制</u>が整う。（　　）

(12) <u>防災</u>訓練の計画を練る。（　　）

(13) 物語の<u>序章</u>を読む。（　　）

❷ □に漢字を書きましょう。

1つ4点【48点】

(1) 世界史（せかいし）の□□（こうぎ）を聞く。

(2) 広大な畑を□□（こうさく）する。

(3) マンションに□□（にゅうきょ）する。

(4) 運動をして□□（ひまん）を防（ふせ）ぐ。

(5) □□（さつじん）を事前に止める。

(6) 駅前にビルを□□（けんせつ）する。

(7) 銀行の□□（してん）で働く。

(8) □□（はんにん）が自首する。

(9) 新しい部を□□（せつりつ）する。

(10) □□（こじん）となった友を思う。

(11) □□（げんてい）の商品を買う。

(12) □□□（いばしょ）を見つける。

54 まとめのテスト ⑭

学習した日　月　日

名前

目標時間 20分

得点　／100点

解説↓ 182ページ

2554

らくらくマルつけ

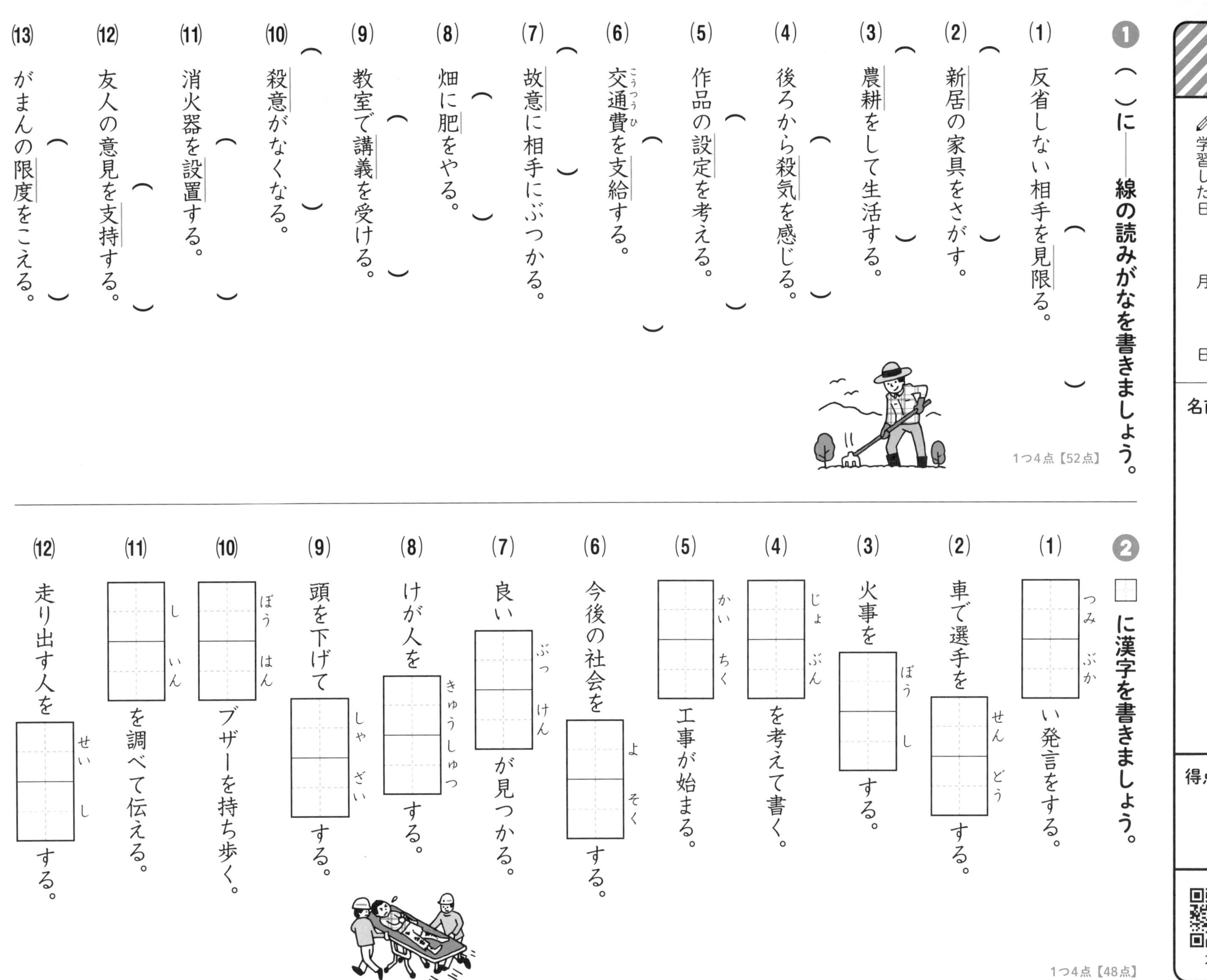

1 （　）に――線の読みがなを書きましょう。

1つ4点【52点】

(1) 反省しない相手を見限る。（　）
(2) 新居の家具をさがす。（　）
(3) 農耕をして生活する。（　）
(4) 後ろから殺気を感じる。（　）
(5) 作品の設定を考える。（　）
(6) 交通費（こうつうひ）を支給する。（　）
(7) 故意に相手にぶつかる。（　）
(8) 畑に肥をやる。（　）
(9) 教室で講義を受ける。（　）
(10) 殺意がなくなる。（　）
(11) 消火器を設置する。（　）
(12) 友人の意見を支持する。（　）
(13) がまんの限度をこえる。（　）

2 □に漢字を書きましょう。

1つ4点【48点】

(1) □□（つみぶか）い発言をする。
(2) 車で選手を□□（せんどう）する。
(3) 火事を□□（ぼうし）する。
(4) □□（じょぶん）を考えて書く。
(5) □□（かいちく）工事が始まる。
(6) 今後の社会を□□（よそく）する。
(7) 良い□□（ぶっけん）が見つかる。
(8) けが人を□□（きゅうしゅつ）する。
(9) 頭を下げて□□（しゃざい）する。
(10) □□（ぼうはん）ブザーを持ち歩く。
(11) □□（しいん）を調べて伝える。
(12) 走り出す人を□□（せいし）する。

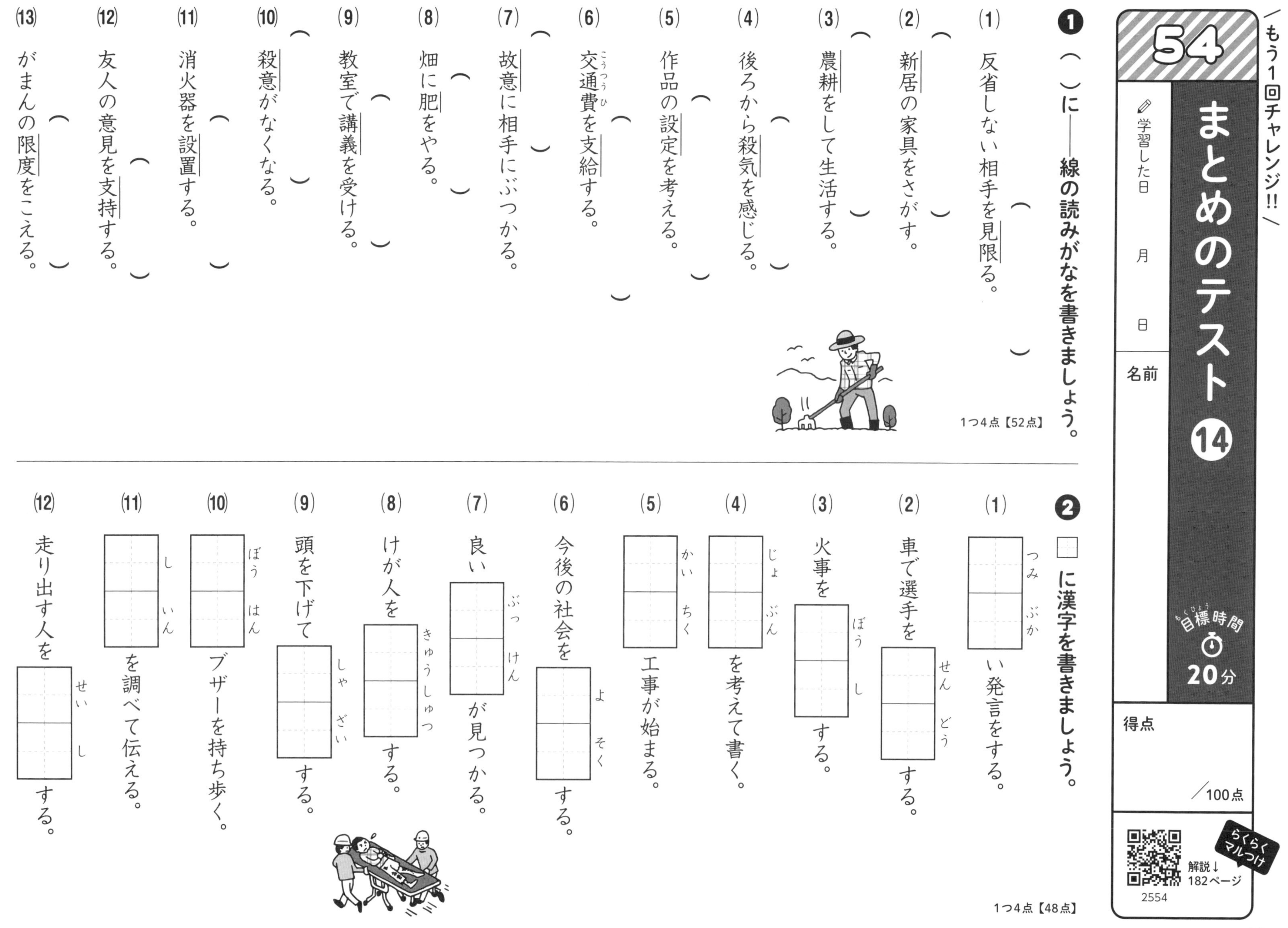

もう1回チャレンジ!!

54 まとめのテスト⑭

学習した日　月　日

名前

目標時間 20分

得点　／100点

解説↓ 182ページ

らくらくマルつけ

2554

❶ （　）に——線の読みがなを書きましょう。

1つ4点【52点】

(1) 反省しない相手を見限る。（　　）
(2) 新居の家具をさがす。（　　）
(3) 農耕をして生活する。（　　）
(4) 後ろから殺気を感じる。（　　）
(5) 作品の設定を考える。（　　）
(6) 交通費（こうつうひ）を支給する。（　　）
(7) 故意に相手にぶつかる。（　　）
(8) 畑に肥をやる。（　　）
(9) 教室で講義を受ける。（　　）
(10) 殺意がなくなる。（　　）
(11) 消火器を設置する。（　　）
(12) 友人の意見を支持する。（　　）
(13) がまんの限度をこえる。（　　）

❷ □に漢字を書きましょう。

1つ4点【48点】

(1) □□（つみ ぶか）い発言をする。
(2) 車で選手を□□（せん どう）する。
(3) 火事を□□（ぼう し）する。
(4) □□（じょ ぶん）を考えて書く。
(5) □□（かい ちく）工事が始まる。
(6) 今後の社会を□□（よ そく）する。
(7) 良い□□（ぶっ けん）が見つかる。
(8) けが人を□□（きゅう しゅつ）する。
(9) 頭を下げて□□（しゃ ざい）する。
(10) □□（ぼう はん）ブザーを持ち歩く。
(11) □□（し いん）を調べて伝える。
(12) 走り出す人を□□（せい し）する。

55 パズル・実践⑬

学習した日　月　日

名前

目標時間 20分

得点　／100点

解説↓182ページ

2555

らくらくマルつけ

❶ 矢印の向きに読むと熟語になるように、次の□に入る漢字を書きましょう。

1つ6点【18点】

(1) 農→□→具、作←□→地

(2) 防→□→行、主→□→人

(3) 無→□、謝→□、人←□→名

❷ 次の――線のカタカナを漢字で書き分けましょう。

1つ6点【18点】

(1) 時間をハカル。（　　）

(2) 重さをハカル。（　　）

(3) 水の深さをハカル。（　　）

❸ 次の――線の漢字の読み方を（　）にひらがなで書きましょう。

1つ6点【48点】

(1) ① 肥料を用意する。（　　）
② よく肥えた土地。（　　）

(2) ① 都市に居住する。（　　）
② 部屋に人が居る。（　　）

(3) ① 殺虫ざいを買う。（　　）
② かげで息を殺す。（　　）

(4) ① 設備を一新する。（　　）
② きまりを設ける。（　　）

❹ 次の漢字のカードを二まい組み合わせて、漢字を四つ作りましょう。（同じカードは一度しか使えません。）

1つ4点【16点】

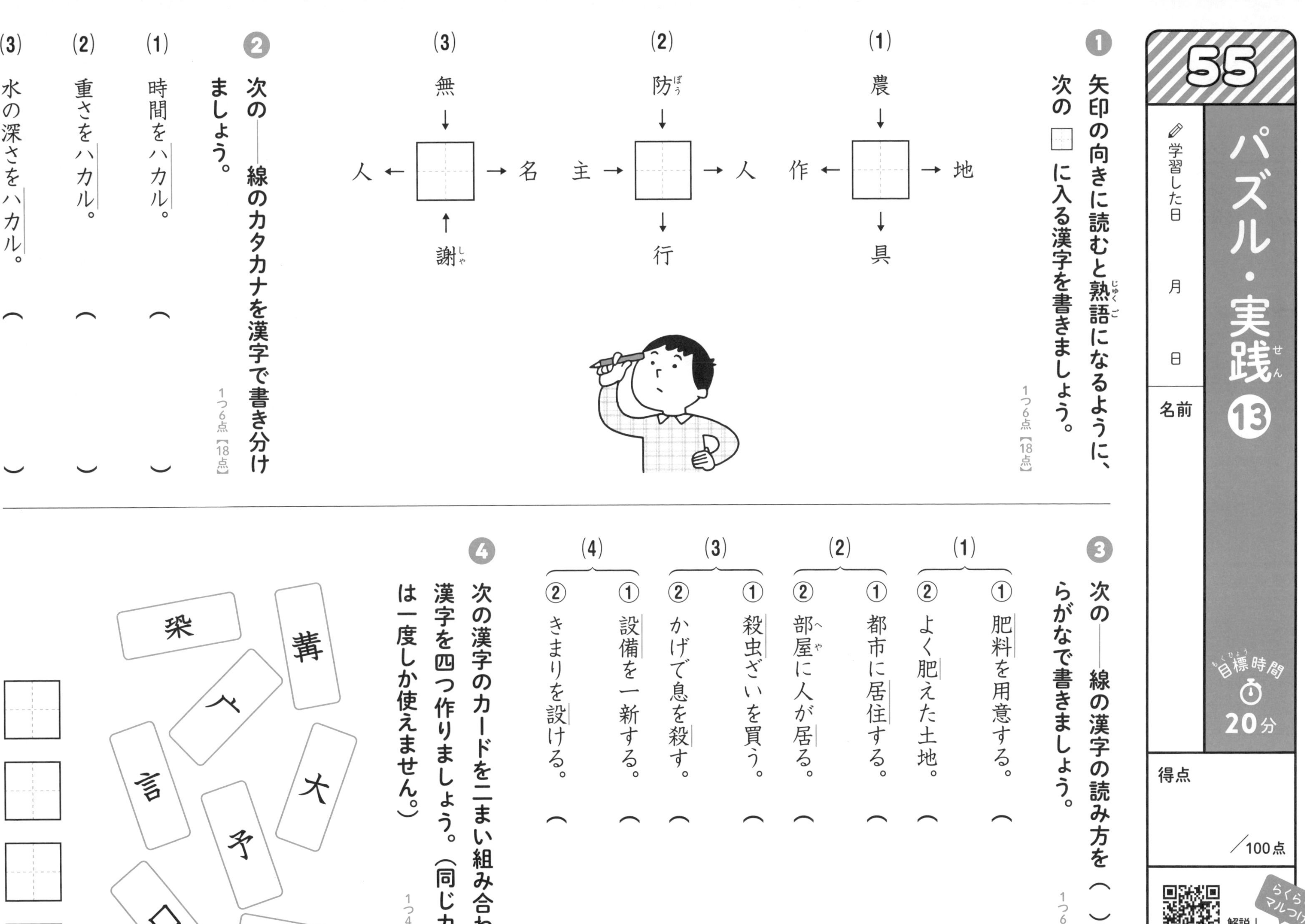

55 パズル・実践⑬

学習した日　月　日

名前

目標時間 20分

得点　／100点

解説↓182ページ

らくらくマルつけ

2555

❶ 矢印の向きに読むと熟語になるように、次の□に入る漢字を書きましょう。　1つ6点【18点】

(1)

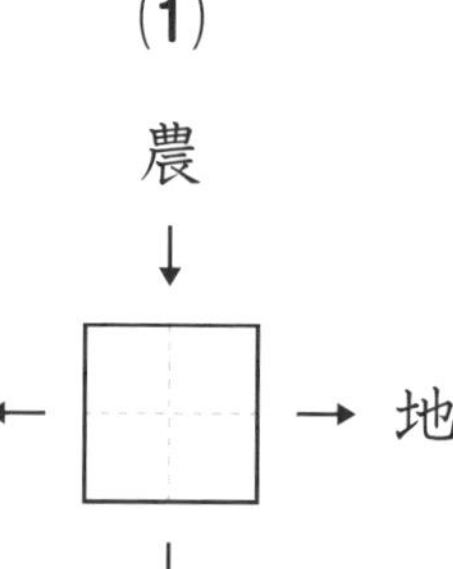

(2)

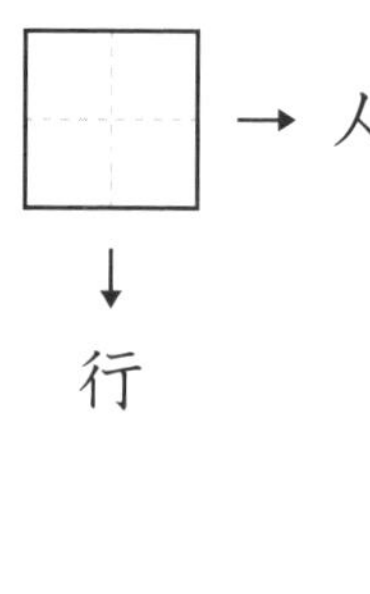

(3)

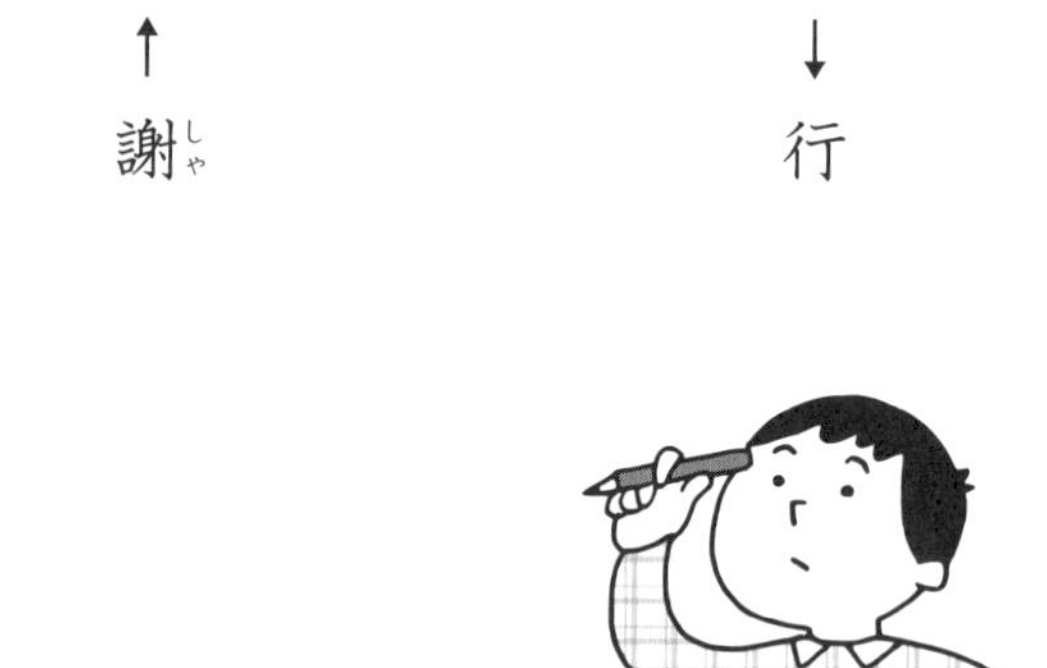

❷ 次の――線のカタカナを漢字で書き分けましょう。　1つ6点【18点】

(1) 時間をハカル。（　　）

(2) 重さをハカル。（　　）

(3) 水の深さをハカル。（　　）

❸ 次の――線の漢字の読み方を（　）にひらがなで書きましょう。　1つ6点【48点】

(1) ① 肥料を用意する。（　　）
② よく肥えた土地。（　　）

(2) ① 都市に居住する。（　　）
② 部屋に人が居る。（　　）

(3) ① 殺虫ざいを買う。（　　）
② かげで息を殺す。（　　）

(4) ① 設備を一新する。（　　）
② きまりを設ける。（　　）

❹ 次の漢字のカードを二まい組み合わせて、漢字を四つ作りましょう。（同じカードは一度しか使えません。）　1つ4点【16点】

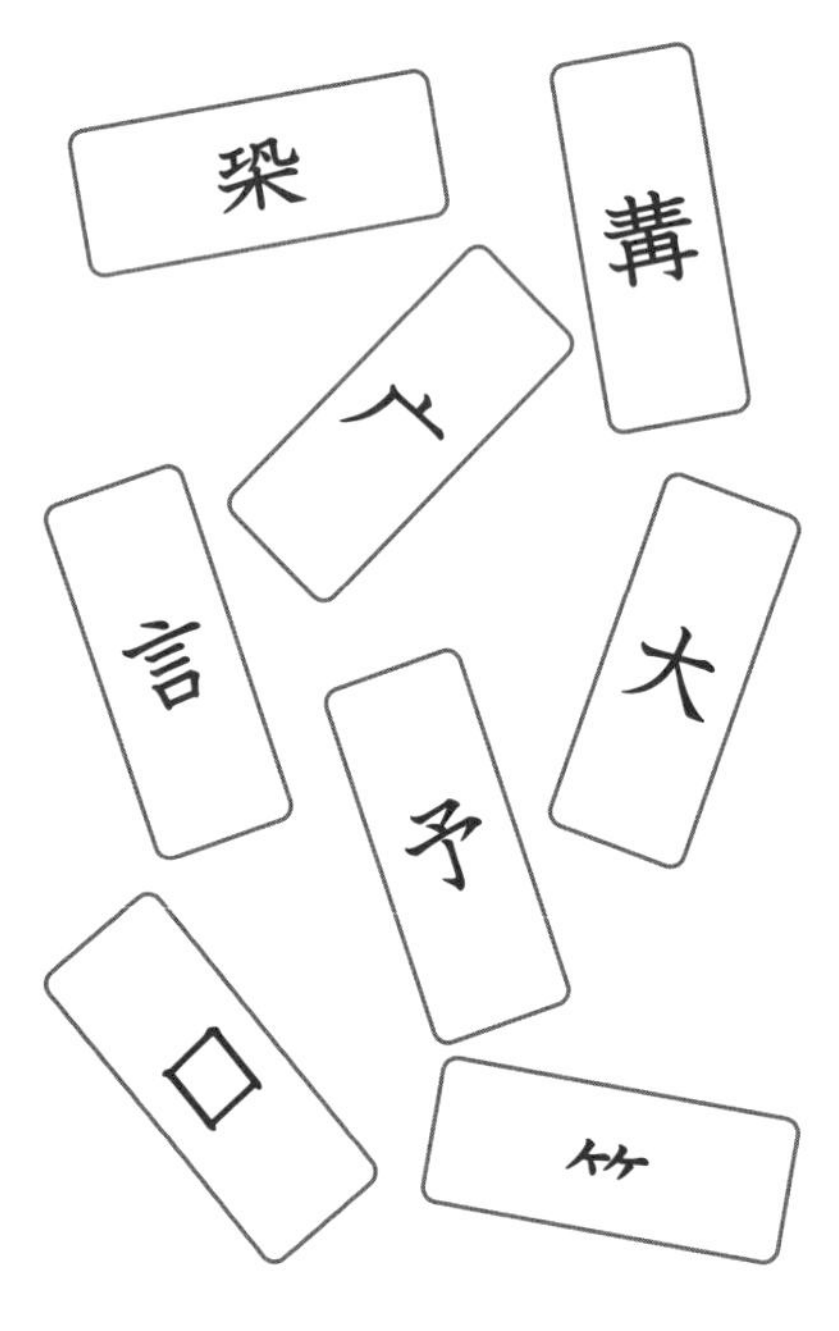

□　□　□　□

学習した日　月　日

名前

目標時間 20分

得点　／100点

解説↓182ページ

らくらくマルつけ

2556

❶ 次の文には、漢字のまちがいが一つずつあります。その漢字を見つけ、正しく書き直しましょう。 1つ6点【48点】

(1) 未来を予則して計画を立てる。　□→□

(2) 英語が上達するように指道する。　□→□

(3) 建竹現場に自動車で資材を運ぶ。　□→□

(4) 改善した案が多くの枝持を得る。　□→□

❷ 次の漢字の筆順が正しいほうを選び、記号で書きましょう。 1つ4点【12点】

(1) 罪
ア 冂 冂 罒 罒 罒 罒 罪 罪 罪
イ 冂 冂 罒 罒 罒 罒 罪 罪 罪
（　　　）

(2) 耕
ア 一 十 丰 耒 耒 耒 耒 耕
イ 一 二 三 耒 耒 耒 耒 耕
（　　　）

(3) 序
ア 丶 亠 广 广 广 广 序
イ ノ 丿 广 广 广 广 序
（　　　）

❸ 次は、ある児童が作成した交通安全ポスターです。

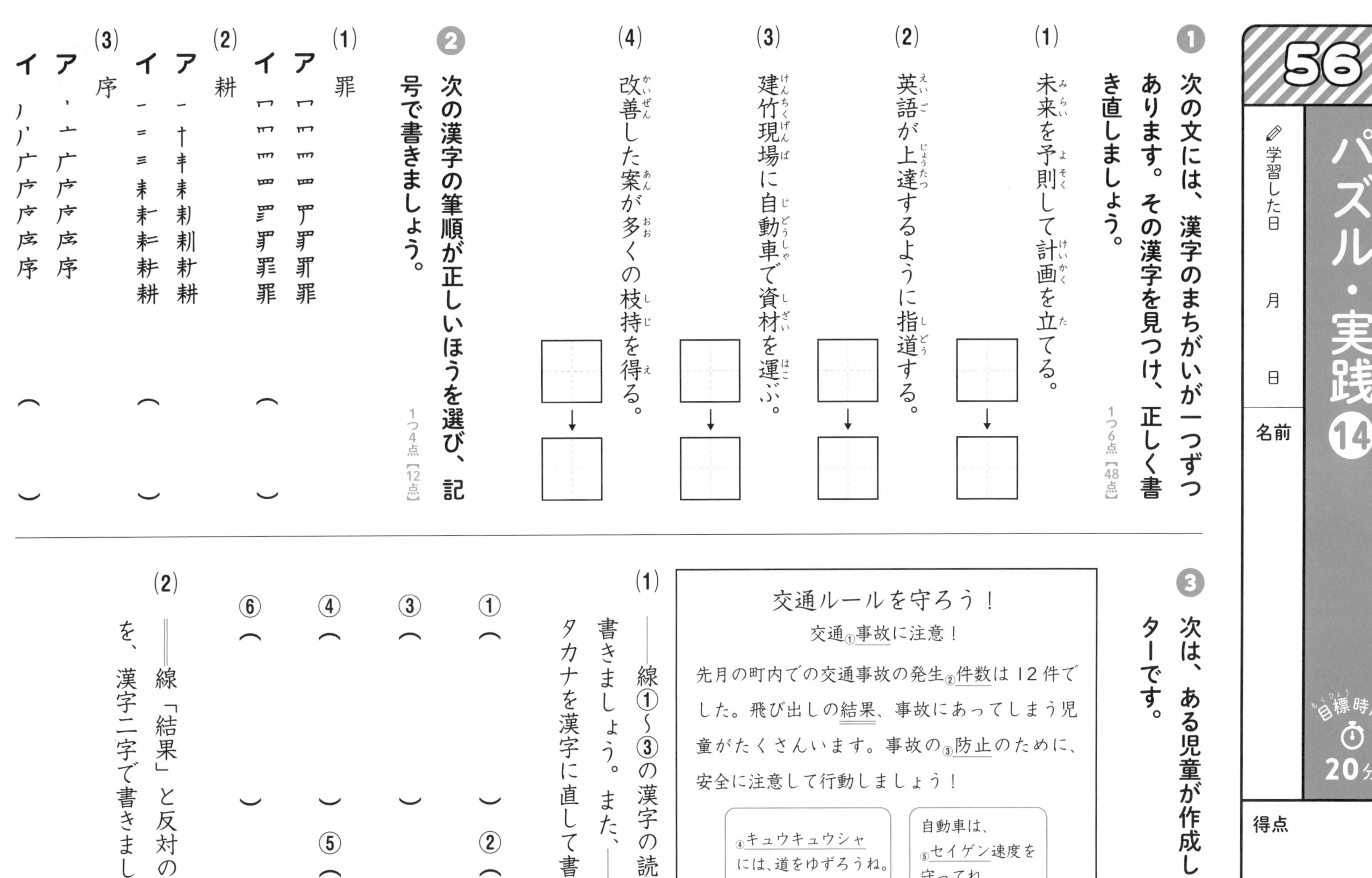

交通ルールを守ろう！

交通①事故に注意！

先月の町内での交通事故の発生②件数は12件でした。飛び出しの結果、事故にあってしまう児童がたくさんいます。事故の③防止のために、安全に注意して行動しましょう！

④キュウキュウシャには、道をゆずろうね。
自動車は、⑤セイゲン速度を守ってね。

※4月に、小学校校庭で交通安全⑥コウシュウカイを開く予定です。

(1) ――線①～③の漢字の読みをひらがなで書きましょう。また、――線④～⑥のカタカナを漢字に直して書きましょう。 1つ6点【36点】

①（　　　）　②（　　　）

③（　　　）　④（　　　）

⑤（　　　）　⑥（　　　）

(2) ＝＝線「結果」と反対の意味をもつ熟語を、漢字二字で書きましょう。 【4点】

□□

56 パズル・実践⑭

学習した日　月　日

名前

目標時間 20分

得点　／100点

解説↓182ページ

2556

❶ 次の文には、漢字のまちがいが一つずつあります。その漢字を見つけ、正しく書き直しましょう。 1つ6点【48点】

(1) 未来を予則して計画を立てる。

□→□

(2) 英語が上達するように指道する。

□→□

(3) 建竹現場に自動車で資材を運ぶ。

□→□

(4) 改善した案が多くの枝持を得る。

□→□

❷ 次の漢字の筆順が正しいほうを選び、記号で書きましょう。 1つ4点【12点】

(1) 罪

ア 罒罒罒罒罒罒罪罪罪罪

イ 罒罒罒罒罒罒罪罪罪罪

（　　）

(2) 耕

ア 一十丰耒耒耒耒耕耕耕

イ 一二三丰耒耒耒耕耕耕

（　　）

(3) 序

ア 丶亠广广户序序

イ ノ广广户户序序

（　　）

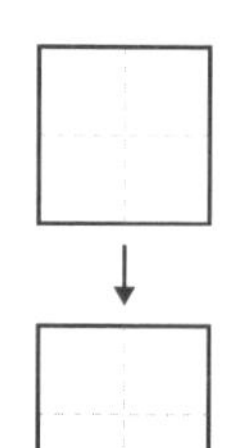

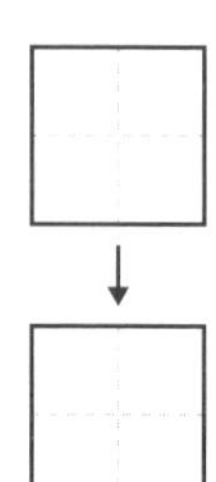

❸ 次は、ある児童が作成した交通安全ポスターです。

交通ルールを守ろう！

交通①事故に注意！

先月の町内での交通事故の発生②件数は12件でした。飛び出しの結果、事故にあってしまう児童がたくさんいます。事故の③防止のために、安全に注意して行動しましょう！

④キュウキュウシャには、道をゆずろうね。

自動車は、⑤セイゲン速度を守ってね。

※4月に、小学校校庭で交通安全⑥コウシュウカイを開く予定です。

(1) ——線①〜③の漢字の読みをひらがなで書きましょう。また、——線④〜⑥のカタカナを漢字に直して書きましょう。 1つ6点【36点】

①（　　）　②（　　）

③（　　）

④（　　）　⑤（　　）

⑥（　　）

(2) ═線「結果」と反対の意味をもつ熟語を、漢字二字で書きましょう。 【4点】

□□

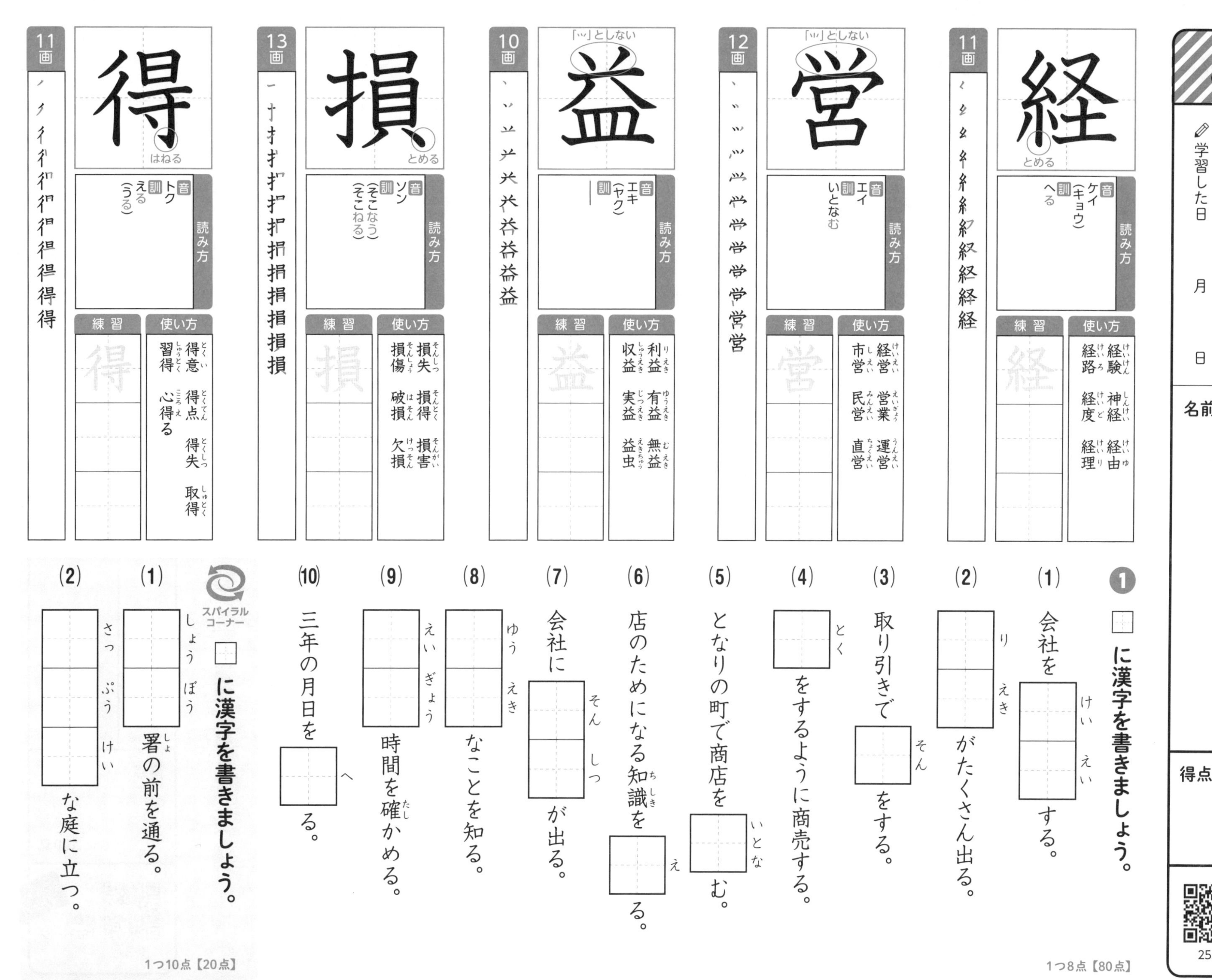

57 会社の経営（けいえい）

学習した日　月　日

名前

目標時間（もくひょうじかん）20分

得点　／100点

らくらくマルつけ

解説↓182ページ

2557

経（11画）

とめる

読み方：音 ケイ（キョウ）　訓 へる

使い方：経営（けいえい）　経験（けいけん）　神経（しんけい）　経由（けいゆ）　経路（けいろ）　経度（けいど）　経理（けいり）

練習：経

営（12画）

「⺍」としない

読み方：音 エイ　訓 いとなむ

使い方：経営（けいえい）　営業（えいぎょう）　運営（うんえい）　市営（しえい）　民営（みんえい）　直営（ちょくえい）

練習：営

益（10画）

「⺍」としない

読み方：音 エキ（ヤク）　訓 —

使い方：利益（りえき）　有益（ゆうえき）　無益（むえき）　収益（しゅうえき）　実益（じつえき）　益虫（えきちゅう）

練習：益

損（13画）

とめる

読み方：音 ソン　訓 （そこなう）（そこねる）

使い方：損失（そんしつ）　損得（そんとく）　損害（そんがい）　損傷（そんしょう）　破損（はそん）　欠損（けっそん）

練習：損

得（11画）

はねる

読み方：音 トク　訓 える（うる）

使い方：得意（とくい）　得点（とくてん）　得失（とくしつ）　取得（しゅとく）　習得（しゅうとく）　心得る（こころえる）

練習：得

1 □に漢字を書きましょう。

(1) 会社を□□（けいえい）する。

(2) □□（りえき）がたくさん出る。

(3) 取り引きで□（そん）をする。

(4) □（とく）をするように商売する。

(5) となりの町で商店を□（いとな）む。

(6) 店のためになる知識（ちしき）を□（え）る。

(7) 会社に□□（そんしつ）が出る。

(8) □□（ゆうえき）なことを知る。

(9) □□（えいぎょう）時間を確（たし）かめる。

(10) 三年の月日を□（へ）る。

1つ8点【80点】

スパイラルコーナー　□に漢字を書きましょう。

(1) □□（しょうぼう）署（しょ）の前を通る。

(2) □□□（さっぷうけい）な庭に立つ。

1つ10点【20点】

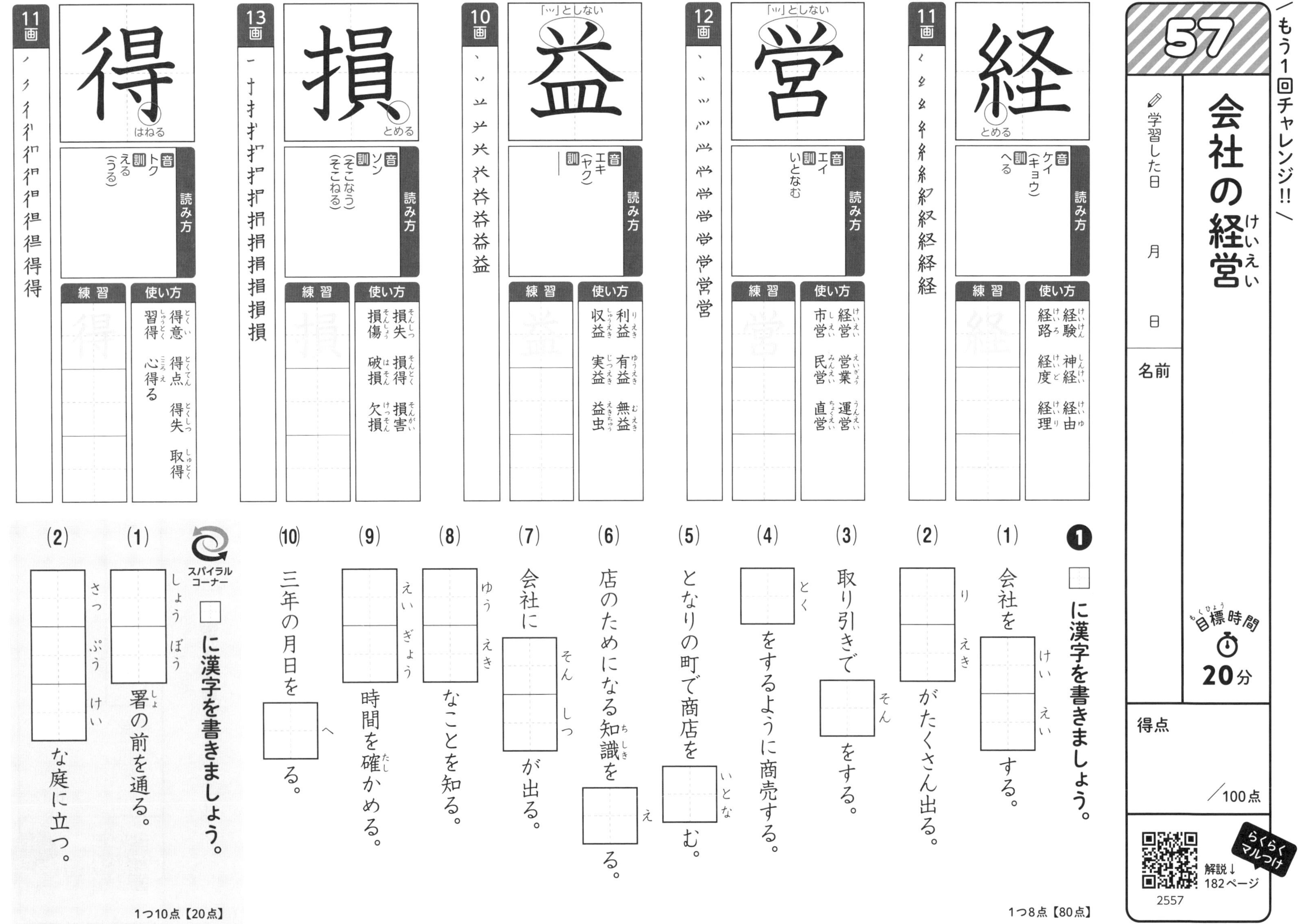

もう1回チャレンジ!!

57 会社の経営(けいえい)

学習した日　月　日

名前

目標時間(もくひょうじかん) 20分

得点　／100点

らくらくマルつけ

解説↓ 182ページ

2557

経 11画
とめる
読み方　音 ケイ（キョウ）　訓 へる
使い方　経験(けいけん)　神経(しんけい)　経由(けいゆ)　経路(けいろ)　経度(けいど)　経理(けいり)

営 12画
「⺍」としない
読み方　音 エイ　訓 いとなむ
使い方　経営(けいえい)　営業(えいぎょう)　運営(うんえい)　市営(しえい)　民営(みんえい)　直営(ちょくえい)

益 10画
「⺍」としない
読み方　音 エキ（ヤク）　訓 ―
使い方　利益(りえき)　有益(ゆうえき)　無益(むえき)　収益(しゅうえき)　実益(じつえき)　益虫(えきちゅう)

損 13画
とめる
読み方　音 ソン　訓 （そこなう）（そこねる）
使い方　損失(そんしつ)　損得(そんとく)　損害(そんがい)　損傷(そんしょう)　破損(はそん)　欠損(けっそん)

得 11画
はねる
読み方　音 トク　訓 える（うる）
使い方　得意(とくい)　得点(とくてん)　得失(とくしつ)　取得(しゅとく)　習得(しゅうとく)　心得(こころえ)る

1 □に漢字を書きましょう。　1つ8点【80点】

(1) 会社を［けいえい］する。
(2) ［りえき］がたくさん出る。
(3) 取り引きで［そん］をする。
(4) ［とく］をするように商売する。
(5) となりの町で商店を［いとな］む。
(6) 店のためになる知識(ちしき)を［え］る。
(7) 会社に［そんしつ］が出る。
(8) ［ゆうえき］なことを知る。
(9) ［えいぎょう］時間を確(たし)かめる。
(10) 三年の月日を［へ］る。

スパイラルコーナー　□に漢字を書きましょう。　1つ10点【20点】

(1) ［しょうぼう］署(しょ)の前を通る。
(2) ［さっぷうけい］な庭に立つ。

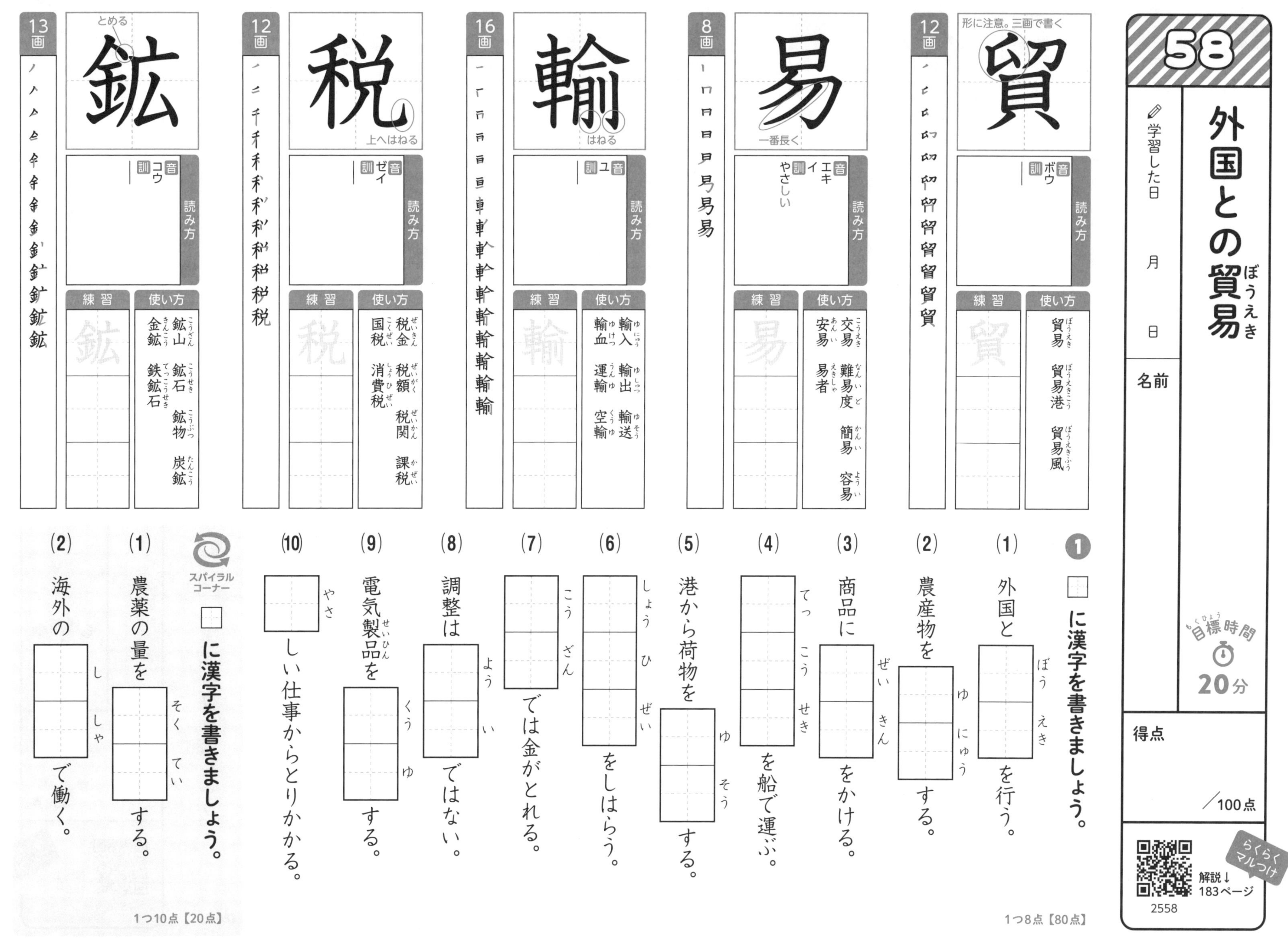

58 外国との貿易（ぼうえき）

学習した日　月　日

名前

目標時間（もくひょうじかん） 20分

得点　／100点

解説↓ 183ページ

らくらくマルつけ

2558

貿（12画）

形に注意。三画で書く

- 音：ボウ
- 訓：

使い方：貿易（ぼうえき）　貿易港（ぼうえきこう）　貿易風（ぼうえきふう）

練習

易（8画）

一番長く

- 音：エキ　イ
- 訓：やさしい

使い方：交易（こうえき）　難易度（なんいど）　簡易（かんい）　容易（ようい）　安易（あんい）　易者（えきしゃ）

練習

輸（16画）

はねる

- 音：ユ
- 訓：

使い方：輸入（ゆにゅう）　輸出（ゆしゅつ）　輸送（ゆそう）　輸血（ゆけつ）　運輸（うんゆ）　空輸（くうゆ）

練習

税（12画）

上へはねる

- 音：ゼイ
- 訓：

使い方：税金（ぜいきん）　税額（ぜいがく）　税関（ぜいかん）　課税（かぜい）　国税（こくぜい）　消費税（しょうひぜい）

練習

鉱（13画）

とめる

- 音：コウ
- 訓：

使い方：鉱山（こうざん）　鉱石（こうせき）　鉱物（こうぶつ）　炭鉱（たんこう）　金鉱（きんこう）　鉄鉱石（てっこうせき）

練習

1 □に漢字を書きましょう。

(1) 外国と□□（ぼうえき）を行う。

(2) 農産物を□□（ゆにゅう）する。

(3) 商品に□□（ぜいきん）をかける。

(4) □□□（てっこうせき）を船で運ぶ。

(5) 港から荷物を□□（ゆそう）する。

(6) □□□（しょうひぜい）をはらう。

(7) □□（こうざん）では金がとれる。

(8) 調整は□□（ようい）ではない。

(9) 電気製品（せいひん）を□□（くうゆ）する。

(10) □（やさ）しい仕事からとりかかる。

1つ8点【80点】

スパイラルコーナー　□に漢字を書きましょう。

(1) 農薬の量を□□（そくてい）する。

(2) 海外の□□（ししゃ）で働く。

1つ10点【20点】

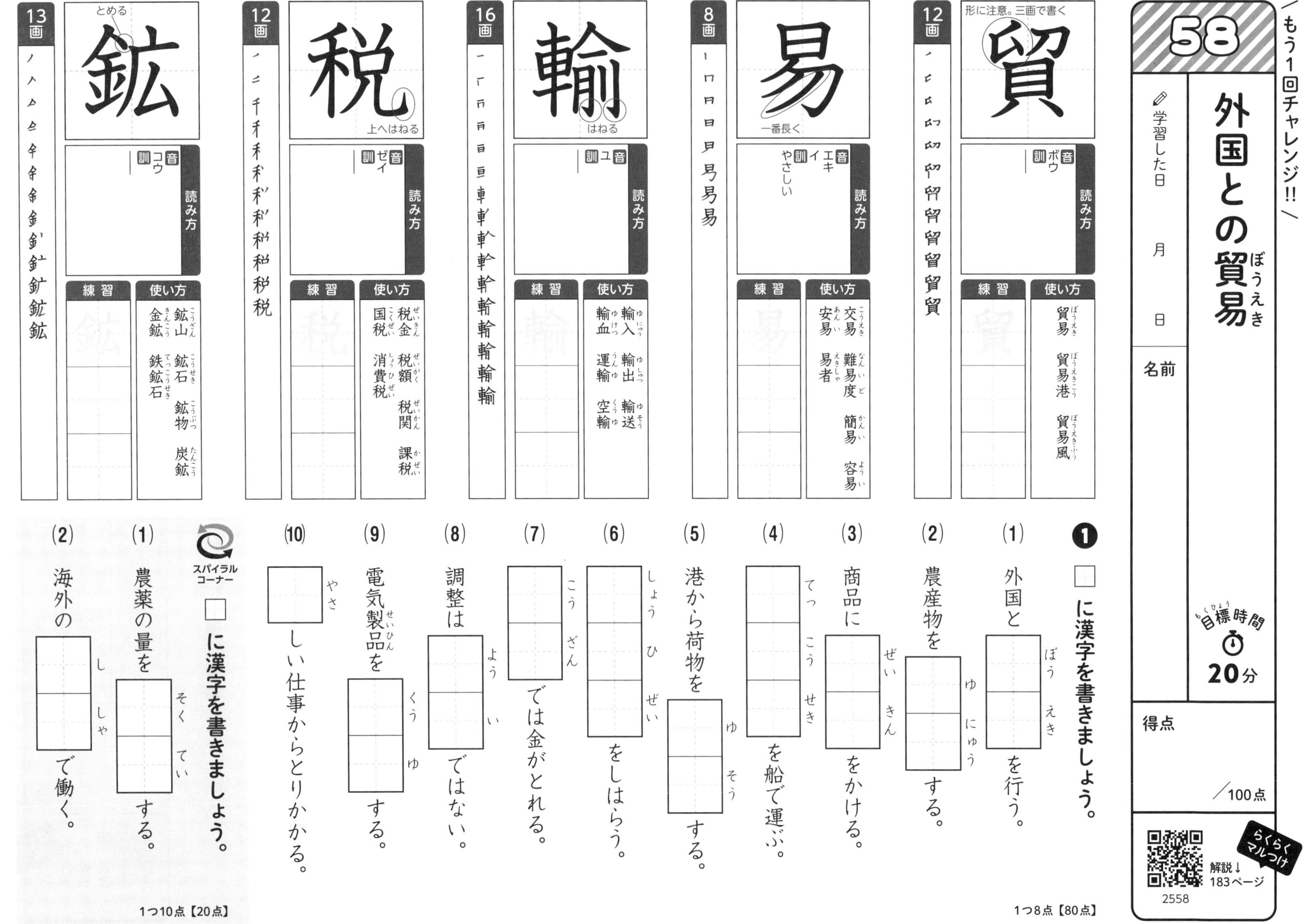

もう1回チャレンジ!!

58

外国との貿易(ぼうえき)

学習した日　月　日

名前

目標時間 20分

得点　／100点

解説↓ 183ページ

2558

貿 12画
形に注意。三画で書く
音 ボウ
訓
使い方：貿易(ぼうえき)　貿易港(ぼうえきこう)　貿易風(ぼうえきふう)

易 8画
一番長く
音 エキ　イ
訓 やさしい
使い方：交易(こうえき)　難易度(なんいど)　簡易(かんい)　容易(ようい)　安易(あんい)　易者(えきしゃ)

輸 16画
はねる
音 ユ
訓
使い方：輸入(ゆにゅう)　輸出(ゆしゅつ)　輸送(ゆそう)　輸血(ゆけつ)　運輸(うんゆ)　空輸(くうゆ)

税 12画
上へはねる
音 ゼイ
訓
使い方：税金(ぜいきん)　税額(ぜいがく)　税関(ぜいかん)　課税(かぜい)　国税(こくぜい)　消費税(しょうひぜい)

鉱 13画
とめる
音 コウ
訓
使い方：鉱山(こうざん)　鉱石(こうせき)　鉱物(こうぶつ)　炭鉱(たんこう)　金鉱(きんこう)　鉄鉱石(てっこうせき)

❶ □に漢字を書きましょう。　1つ8点【80点】

(1) 外国と□□(ぼうえき)を行う。
(2) 農産物を□□(ゆにゅう)する。
(3) 商品に□□(ぜいきん)をかける。
(4) □□□(てっこうせき)を船で運ぶ。
(5) 港から荷物を□□(ゆそう)する。
(6) □□□(しょうひぜい)をはらう。
(7) □□(こうざん)では金がとれる。
(8) 調整は□□(ようい)ではない。
(9) 電気製品(せいひん)を□□(くうゆ)する。
(10) □(やさ)しい仕事からとりかかる。

スパイラルコーナー
□に漢字を書きましょう。　1つ10点【20点】

(1) 農薬の量を□□(そくてい)する。
(2) 海外の□□(ししゃ)で働く。

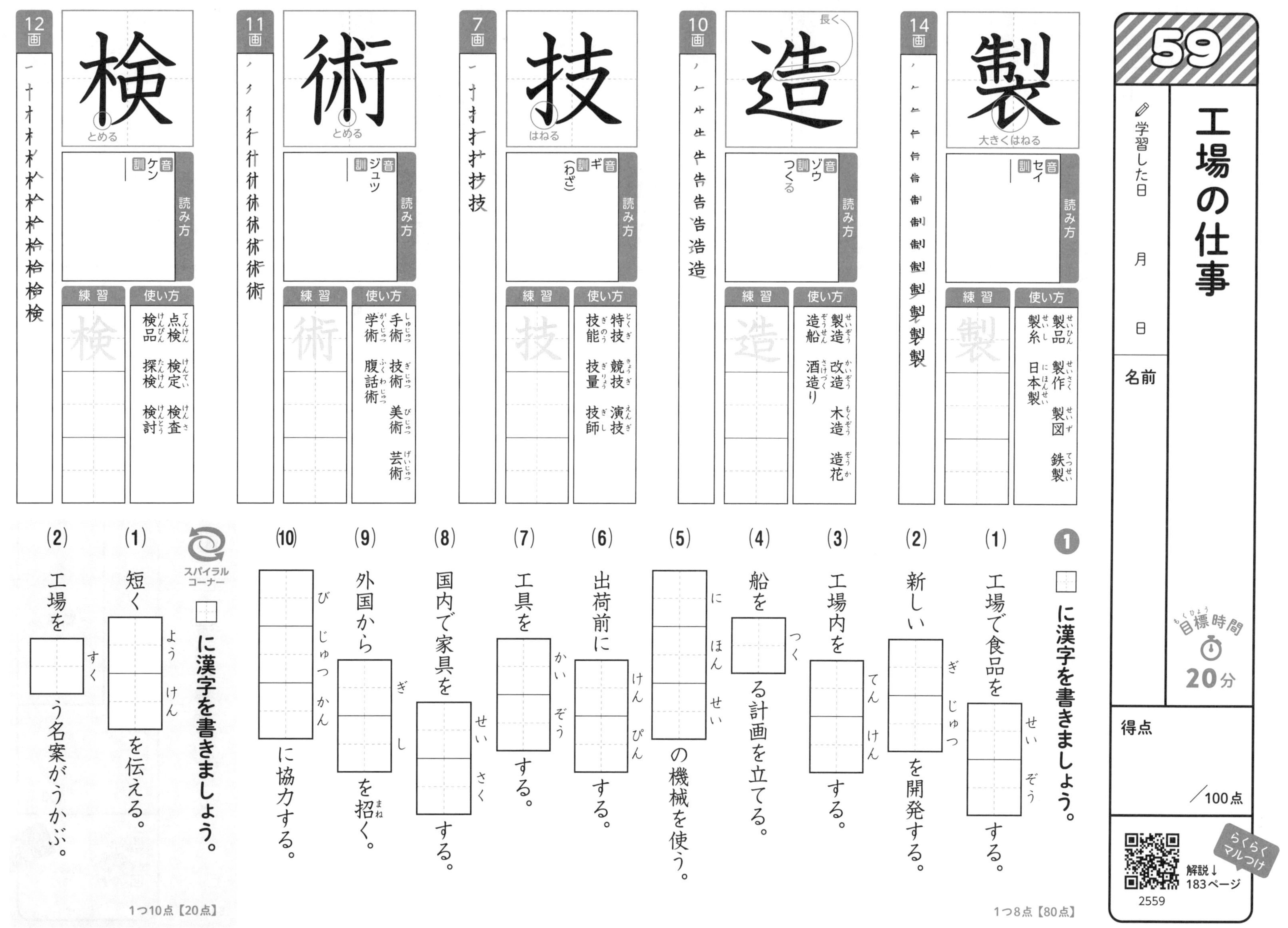

59 工場の仕事

学習した日　月　日

名前

目標時間 20分

得点　／100点

らくらくマルつけ　解説↓183ページ　2559

製（14画）

大きくはねる

読み方　音 セイ　訓 ―

使い方　製品（せいひん）　製作（せいさく）　製図（せいず）　鉄製（てつせい）　製糸（せいし）　日本製（にほんせい）

練習　製

造（10画）

長く

読み方　音 ゾウ　訓 つくる

使い方　製造（せいぞう）　改造（かいぞう）　木造（もくぞう）　造花（ぞうか）　造船（ぞうせん）　酒造り（さけづくり）

練習　造

技（7画）

はねる

読み方　音 ギ　訓（わざ）

使い方　特技（とくぎ）　競技（きょうぎ）　演技（えんぎ）　技能（ぎのう）　技量（ぎりょう）　技師（ぎし）

練習　技

術（11画）

とめる

読み方　音 ジュツ　訓 ―

使い方　手術（しゅじゅつ）　技術（ぎじゅつ）　美術（びじゅつ）　芸術（げいじゅつ）　学術（がくじゅつ）　腹話術（ふくわじゅつ）

練習　術

検（12画）

とめる

読み方　音 ケン　訓 ―

使い方　点検（てんけん）　検定（けんてい）　検査（けんさ）　検品（けんぴん）　探検（たんけん）　検討（けんとう）

練習　検

1　□に漢字を書きましょう。

(1) 工場で食品を［せいぞう］する。

(2) 新しい［ぎじゅつ］を開発する。

(3) 工場内を［てんけん］する。

(4) 船を［つく］る計画を立てる。

(5) ［にほんせい］の機械を使う。

(6) 出荷前に［けんぴん］する。

(7) 工具を［かいぞう］する。

(8) 国内で家具を［せいさく］する。

(9) 外国から［ぎし］を招（まね）く。

(10) ［びじゅつかん］に協力する。

1つ8点【80点】

スパイラルコーナー　□に漢字を書きましょう。

(1) 短く［ようけん］を伝える。

(2) 工場を［すく］う名案がうかぶ。

1つ10点【20点】

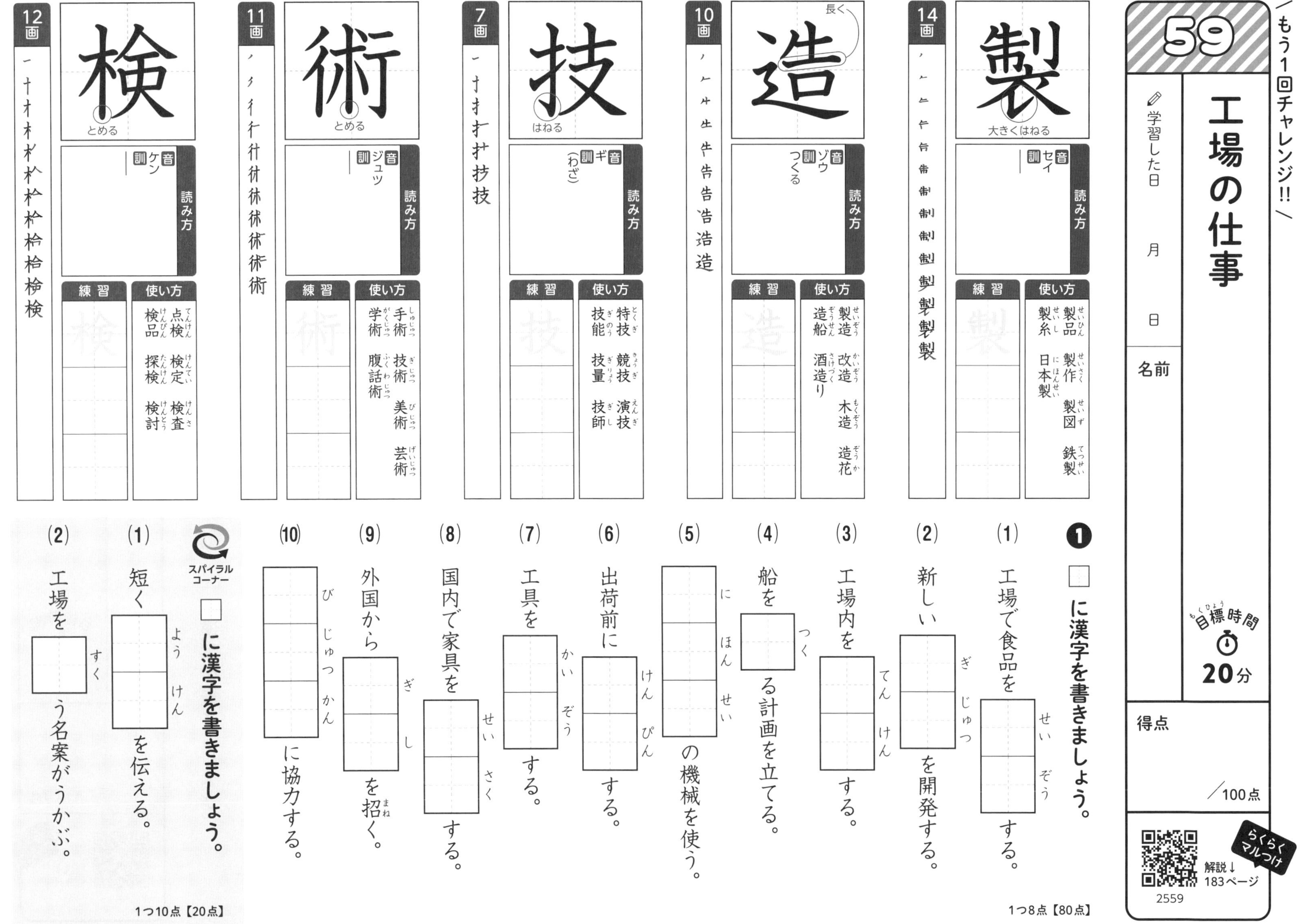

もう1回チャレンジ!!
59
工場の仕事
学習した日 月 日
名前
目標時間 20分
得点
/100点
らくらくマルつけ
解説↓ 183ページ
2559
製 14画 読み方 音 セイ 訓
大きくはねる
使い方 製品 製作 製図 鉄製 製糸 日本製
練習
造 10画 読み方 音 ゾウ 訓 つくる
長く
使い方 製造 改造 木造 造花 造船 酒造り
練習
技 7画 読み方 音 ギ 訓 (わざ)
はねる
使い方 特技 競技 演技 技能 技量 技師
練習
術 11画 読み方 音 ジュツ 訓
とめる
使い方 手術 技術 美術 芸術 学術 腹話術
練習
検 12画 読み方 音 ケン 訓
とめる
使い方 点検 検定 検査 検品 探検 検討
練習
1 □に漢字を書きましょう。
(1) 工場で食品を□(せいぞう)する。
(2) 新しい□(ぎじゅつ)を開発する。
(3) 工場内を□(てんけん)する。
(4) 船を□(つく)る計画を立てる。
(5) □(にほんせい)の機械を使う。
(6) 出荷前に□(けんぴん)する。
(7) 工具を□(かいぞう)する。
(8) 国内で家具を□(せいさく)する。
(9) 外国から□(ぎし)を招く。
(10) □(びじゅつかん)に協力する。
1つ8点【80点】
スパイラルコーナー
□に漢字を書きましょう。
(1) 短く□(ようけん)を伝える。
(2) 工場を□(すく)う名案がうかぶ。
1つ10点【20点】

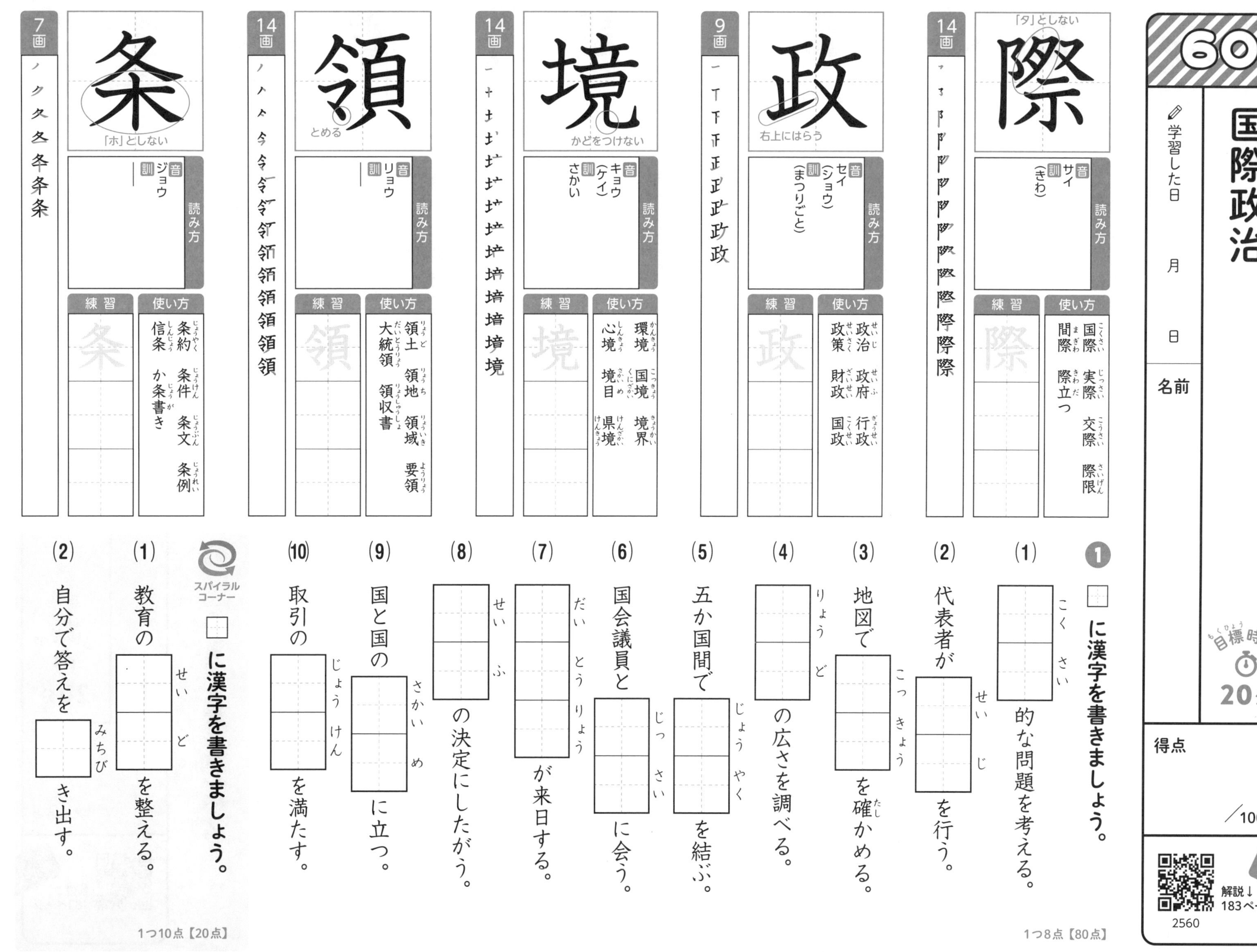

60 国際政治（こくさいせいじ）

学習した日　月　日

名前

目標時間（もくひょうじかん）20分

得点　／100点

らくらくマルつけ

解説↓ 183ページ

2560

際（14画）
「タ」としない

読み方：音 サイ　訓（きわ）

使い方：国際（こくさい）　実際（じっさい）　交際（こうさい）　際限（さいげん）　間際（まぎわ）　際立つ（きわだつ）

政（9画）
右上にはらう

読み方：音 セイ（ショウ）　訓（まつりごと）

使い方：政治（せいじ）　政府（せいふ）　行政（ぎょうせい）　政策（せいさく）　財政（ざいせい）　国政（こくせい）

境（14画）
かどをつけない

読み方：音 キョウ（ケイ）　訓 さかい

使い方：環境（かんきょう）　国境（こっきょう）　境界（きょうかい）　心境（しんきょう）　境目（さかいめ）　県境（けんざかい／けんきょう）

領（14画）
とめる

読み方：音 リョウ　訓 —

使い方：領土（りょうど）　領地（りょうち）　領域（りょういき）　要領（ようりょう）　大統領（だいとうりょう）　領収書（りょうしゅうしょ）

条（7画）
「ホ」としない

読み方：音 ジョウ　訓 —

使い方：条約（じょうやく）　条件（じょうけん）　条文（じょうぶん）　条例（じょうれい）　信条（しんじょう）　か条書き（かじょうがき）

1 □に漢字を書きましょう。

(1) □（こくさい）的な問題を考える。

(2) 代表者が□（せいじ）を行う。

(3) 地図で□（こっきょう）を確（たし）かめる。

(4) □（りょうど）の広さを調べる。

(5) 五か国間で□（じょうやく）を結ぶ。

(6) 国会議員と□（じっさい）に会う。

(7) □（だいとうりょう）が来日する。

(8) □（せいふ）の決定にしたがう。

(9) 国と国の□（さかいめ）に立つ。

(10) 取引の□（じょうけん）を満たす。

1つ8点【80点】

スパイラルコーナー □に漢字を書きましょう。

(1) 教育の□（せいど）を整える。

(2) 自分で答えを□（みちび）き出す。

1つ10点【20点】

もう１回チャレンジ!!

60 国際政治（こくさいせいじ）

学習した日　月　日

名前

目標時間 20分

得点　／100点

解説↓ 183ページ

2560

らくらくマルつけ

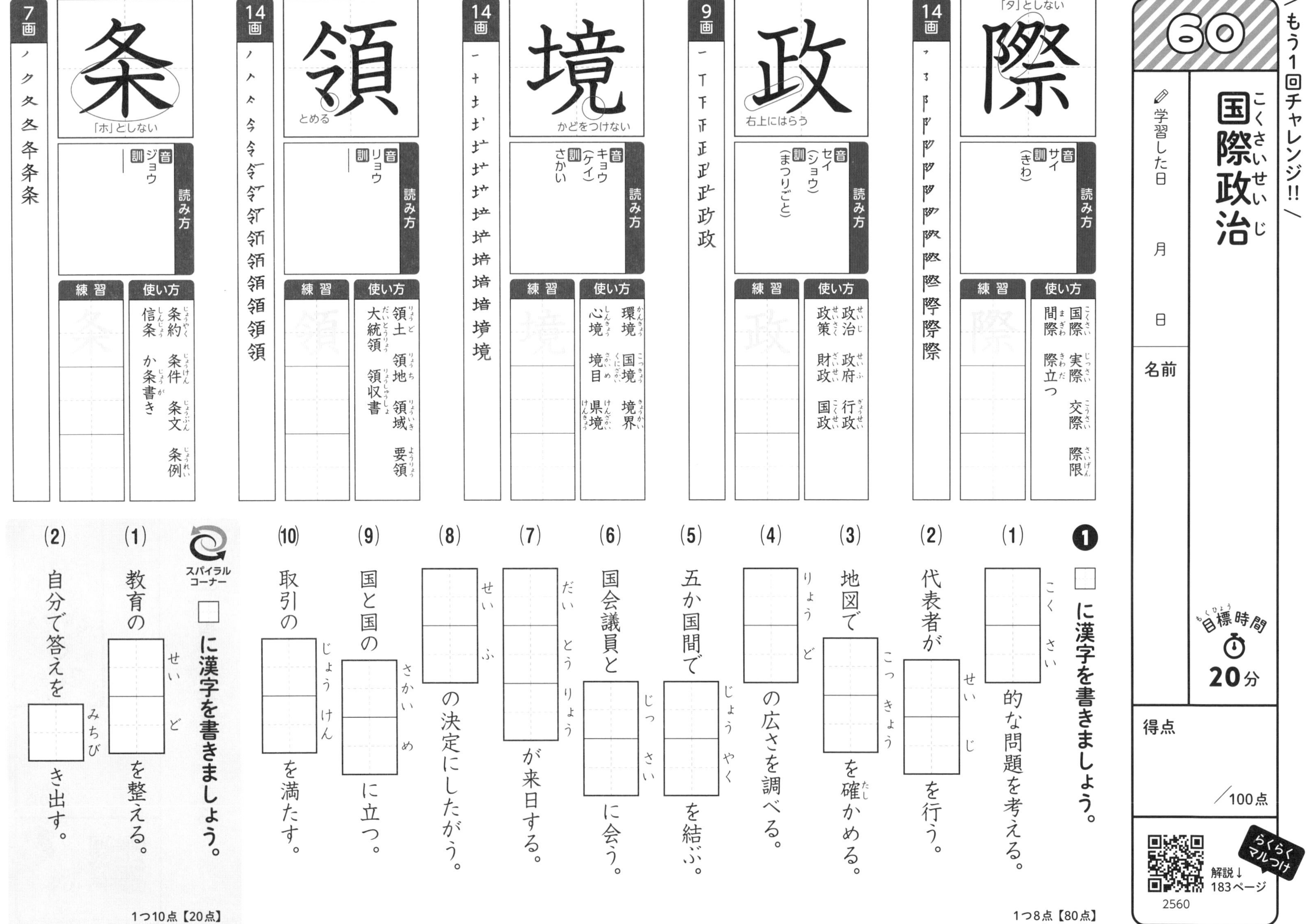

際 14画
「夕」としない
読み方　音 サイ　訓 (きわ)
使い方　国際（こくさい）　実際（じっさい）　交際（こうさい）　際限（さいげん）　間際（まぎわ）　際立つ（きわだつ）

政 9画
右上にはらう
読み方　音 セイ (ショウ)　訓 (まつりごと)
使い方　政治（せいじ）　政府（せいふ）　行政（ぎょうせい）　政策（せいさく）　財政（ざいせい）　国政（こくせい）

境 14画
かどをつけない
読み方　音 キョウ (ケイ)　訓 さかい
使い方　環境（かんきょう）　国境（こっきょう）　境界（きょうかい）　心境（しんきょう）　境目（さかいめ）　県境（けんざかい／けんきょう）

領 14画
とめる
読み方　音 リョウ　訓 —
使い方　領土（りょうど）　領地（りょうち）　領域（りょういき）　要領（ようりょう）　大統領（だいとうりょう）　領収書（りょうしゅうしょ）

条 7画
「ホ」としない
読み方　音 ジョウ　訓 —
使い方　条約（じょうやく）　条件（じょうけん）　条文（じょうぶん）　条例（じょうれい）　信条（しんじょう）　か条書き（かじょうがき）

❶ □に漢字を書きましょう。

(1) □□（こくさい）的な問題を考える。
(2) 代表者が□□（せいじ）を行う。
(3) 地図で□□（こっきょう）を確（たし）かめる。
(4) □□（りょうど）の広さを調べる。
(5) 五か国間で□□（じょうやく）を結ぶ。
(6) 国会議員と□□（じっさい）に会う。
(7) □□□（だいとうりょう）が来日する。
(8) □□（せいふ）の決定にしたがう。
(9) 国と国の□□（さかいめ）に立つ。
(10) 取引の□□（じょうけん）を満たす。

1つ8点【80点】

スパイラルコーナー　□に漢字を書きましょう。

(1) 教育の□□（せいど）を整える。
(2) 自分で答えを□（みちび）き出す。

1つ10点【20点】

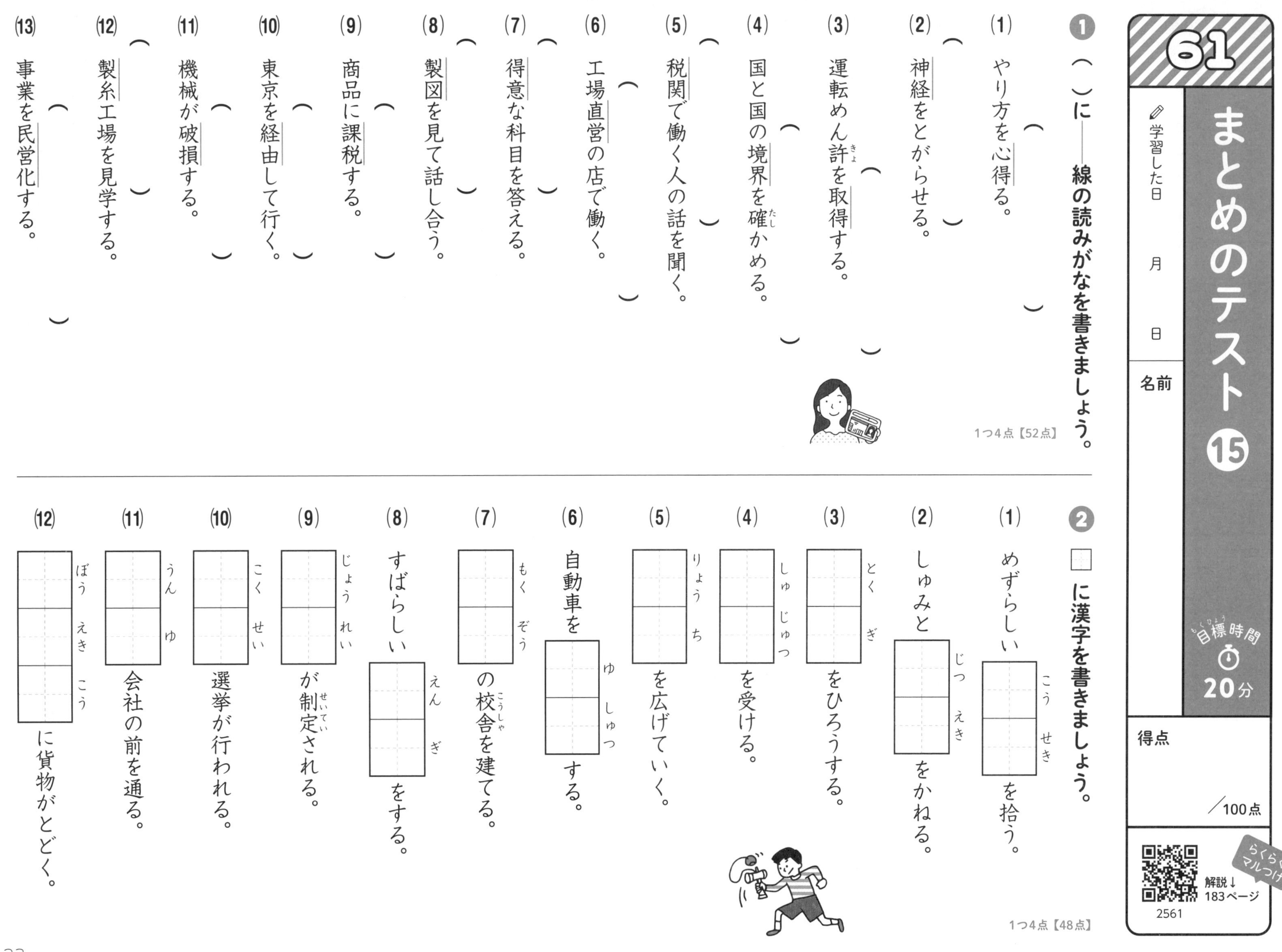

61 まとめのテスト ⑮

学習した日　月　日

名前

目標時間 20分

得点　／100点

解説↓183ページ

らくらくマルつけ

2561

❶ （　）に――線の読みがなを書きましょう。　1つ4点【52点】

(1) やり方を心得る。（　）
(2) 神経をとがらせる。（　）
(3) 運転めん許を取得する。（　）
(4) 国と国の境界を確かめる。（　）
(5) 税関で働く人の話を聞く。（　）
(6) 工場直営の店で働く。（　）
(7) 得意な科目を答える。（　）
(8) 製図を見て話し合う。（　）
(9) 商品に課税する。（　）
(10) 東京を経由して行く。（　）
(11) 機械が破損する。（　）
(12) 製糸工場を見学する。（　）
(13) 事業を民営化する。（　）

❷ □に漢字を書きましょう。　1つ4点【48点】

(1) めずらしい［こうせき］を拾う。
(2) しゅみと［じつえき］をかねる。
(3) ［とくぎ］をひろうする。
(4) ［しゅじゅつ］を受ける。
(5) ［りょうち］を広げていく。
(6) 自動車を［ゆしゅつ］する。
(7) ［もくぞう］の校舎を建てる。
(8) すばらしい［えんぎ］をする。
(9) ［じょうれい］が制定される。
(10) ［こくせい］選挙が行われる。
(11) ［うんゆ］会社の前を通る。
(12) ［ぼうえきこう］に貨物がとどく。

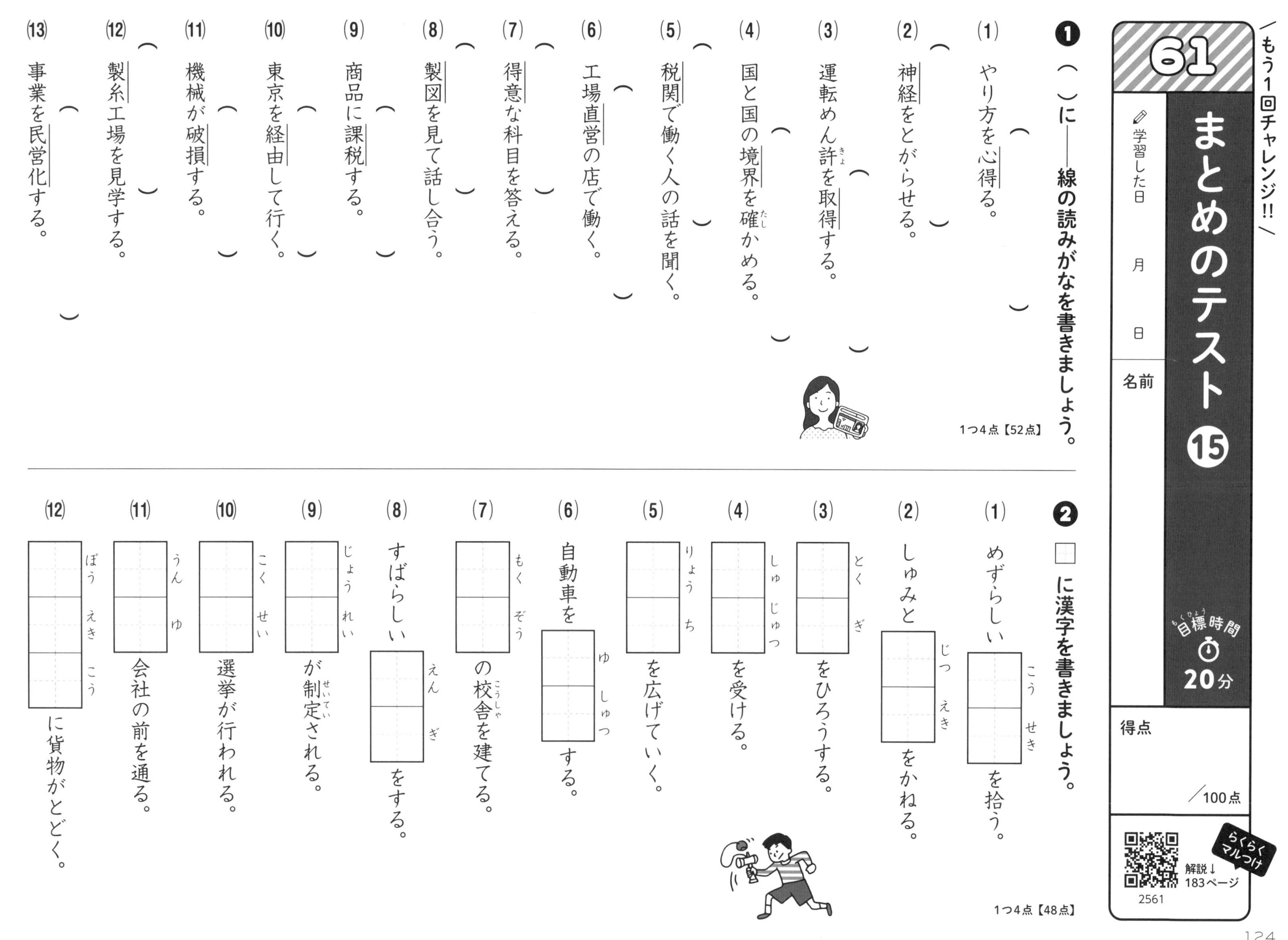

/もう1回チャレンジ!!/

61

まとめのテスト⑮

学習した日　月　日

名前

目標時間 20分

得点　／100点

らくらくマルつけ

解説↓183ページ

2561

❶ （　）に——線の読みがなを書きましょう。

1つ4点【52点】

(1) やり方を心得る。（　　）
(2) 神経をとがらせる。（　　）
(3) 運転めん許(きょ)を取得する。（　　）
(4) 国と国の境界を確(たし)かめる。（　　）
(5) 税関で働く人の話を聞く。（　　）
(6) 工場直営の店で働く。（　　）
(7) 得意な科目を答える。（　　）
(8) 製図を見て話し合う。（　　）
(9) 商品に課税する。（　　）
(10) 東京を経由して行く。（　　）
(11) 機械が破損する。（　　）
(12) 製糸工場を見学する。（　　）
(13) 事業を民営化する。（　　）

❷ □に漢字を書きましょう。

1つ4点【48点】

(1) めずらしい□□（こうせき）を拾う。
(2) しゅみと□□（じつえき）をかねる。
(3) □□（とくぎ）をひろうする。
(4) □□（しゅじゅつ）を受ける。
(5) □□（りょうち）を広げていく。
(6) 自動車を□□（ゆしゅつ）する。
(7) □□（もくぞう）の校舎(こうしゃ)を建てる。
(8) すばらしい□□（えんぎ）をする。
(9) □□（じょうれい）が制定(せいてい)される。
(10) □□（こくせい）選挙が行われる。
(11) □□（うんゆ）会社の前を通る。
(12) □□□（ぼうえきこう）に貨物がとどく。

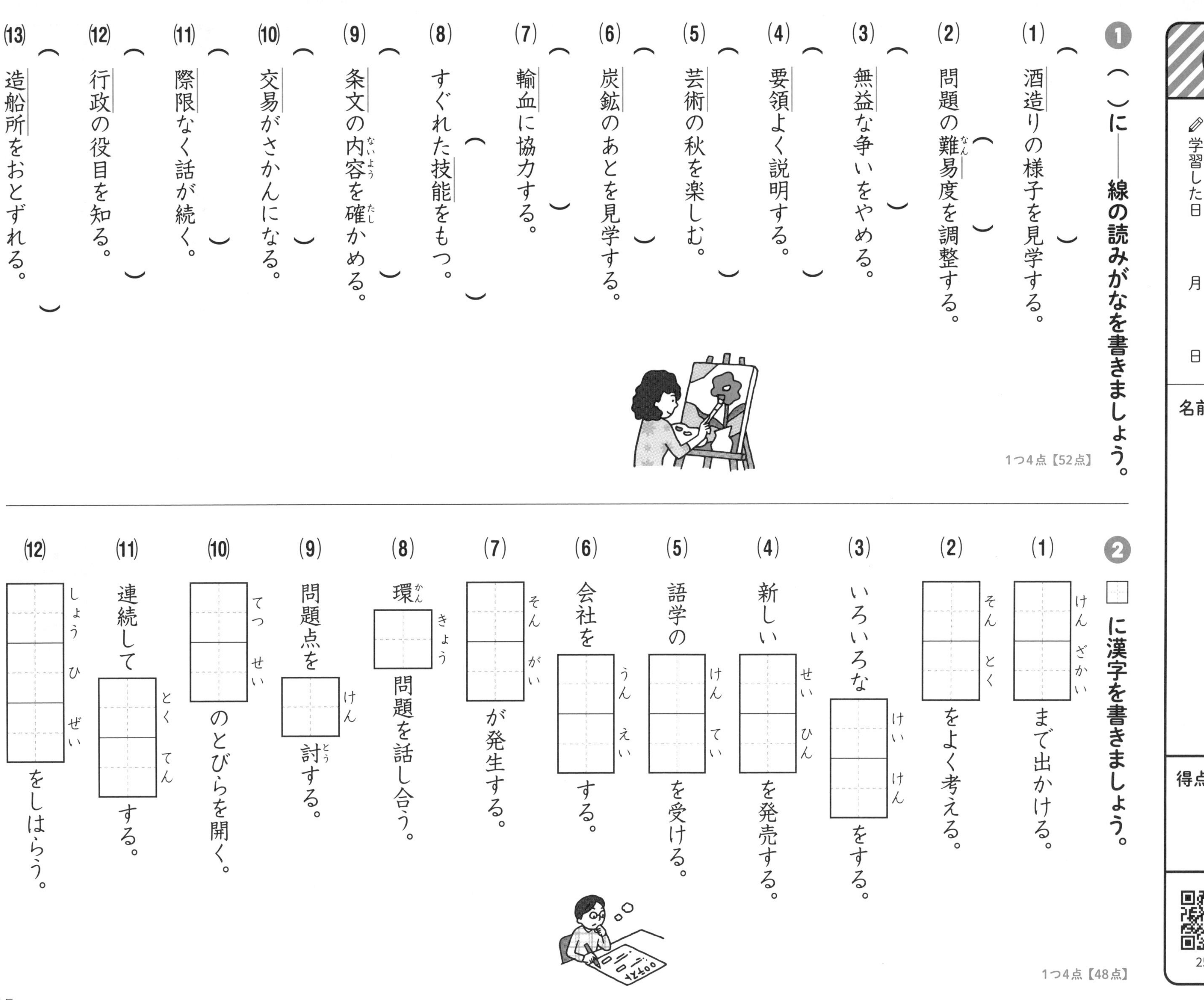

62 まとめのテスト 16

学習した日　月　日

名前

目標時間 20分

得点　／100点

らくらくマルつけ

解説↓ 184ページ

2562

1 （　）に――線の読みがなを書きましょう。

1つ4点【52点】

(1) 酒造りの様子を見学する。（　）
(2) 問題の難易度を調整する。（　）
(3) 無益な争いをやめる。（　）
(4) 要領よく説明する。（　）
(5) 芸術の秋を楽しむ。（　）
(6) 炭鉱のあとを見学する。（　）
(7) 輸血に協力する。（　）
(8) すぐれた技能をもつ。（　）
(9) 条文の内容(ないよう)を確(たし)かめる。（　）
(10) 交易がさかんになる。（　）
(11) 際限なく話が続く。（　）
(12) 行政の役目を知る。（　）
(13) 造船所をおとずれる。（　）

2 □に漢字を書きましょう。

1つ4点【48点】

(1) □□（けんざかい）まで出かける。
(2) □□（そんとく）をよく考える。
(3) いろいろな□□（けいけん）をする。
(4) 新しい□□（せいひん）を発売する。
(5) 語学の□□（けんてい）を受ける。
(6) 会社を□□（うんえい）する。
(7) □□（そんがい）が発生する。
(8) 環(かん)□（きょう）問題を話し合う。
(9) 問題点を□（けん）討(とう)する。
(10) □□（てっせい）のとびらを開く。
(11) 連続して□□（とくてん）する。
(12) □□□（しょうひぜい）をしはらう。

もう1回チャレンジ!!

62 まとめのテスト 16

学習した日　月　日

名前

目標時間 20分

得点　／100点

解説↓ 184ページ

らくらくマルつけ

2562

1 （　）に――線の読みがなを書きましょう。

1つ4点【52点】

(1) 酒造りの様子を見学する。（　）
(2) 問題の難易度を調整する。（　）
(3) 無益な争いをやめる。（　）
(4) 要領よく説明する。（　）
(5) 芸術の秋を楽しむ。（　）
(6) 炭鉱のあとを見学する。（　）
(7) 輸血に協力する。（　）
(8) すぐれた技能をもつ。（　）
(9) 条文の内容を確かめる。（　）
(10) 交易がさかんになる。（　）
(11) 際限なく話が続く。（　）
(12) 行政の役目を知る。（　）
(13) 造船所をおとずれる。（　）

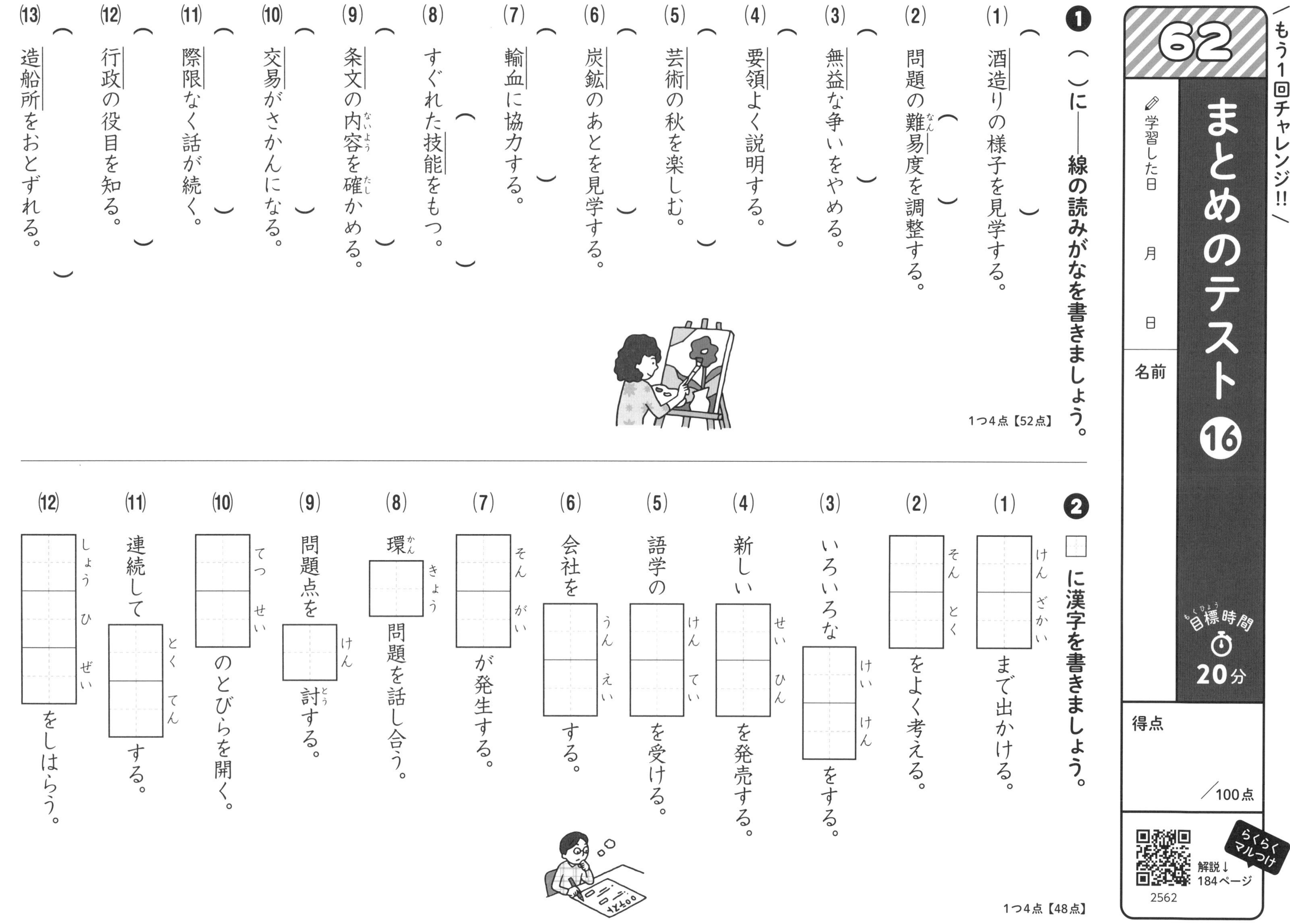

2 □に漢字を書きましょう。

1つ4点【48点】

(1) □□（けんざかい）まで出かける。
(2) □□（そんとく）をよく考える。
(3) いろいろな□□（けいけん）をする。
(4) 新しい□□（せいひん）を発売する。
(5) 語学の□□（けんてい）を受ける。
(6) 会社を□□（うんえい）する。
(7) □□（そんがい）が発生する。
(8) 環□（きょう）問題を話し合う。
(9) 問題点を□（けん）討する。
(10) □□（てっせい）のとびらを開く。
(11) 連続して□□（とくてん）する。
(12) □□□（しょうひぜい）をしはらう。

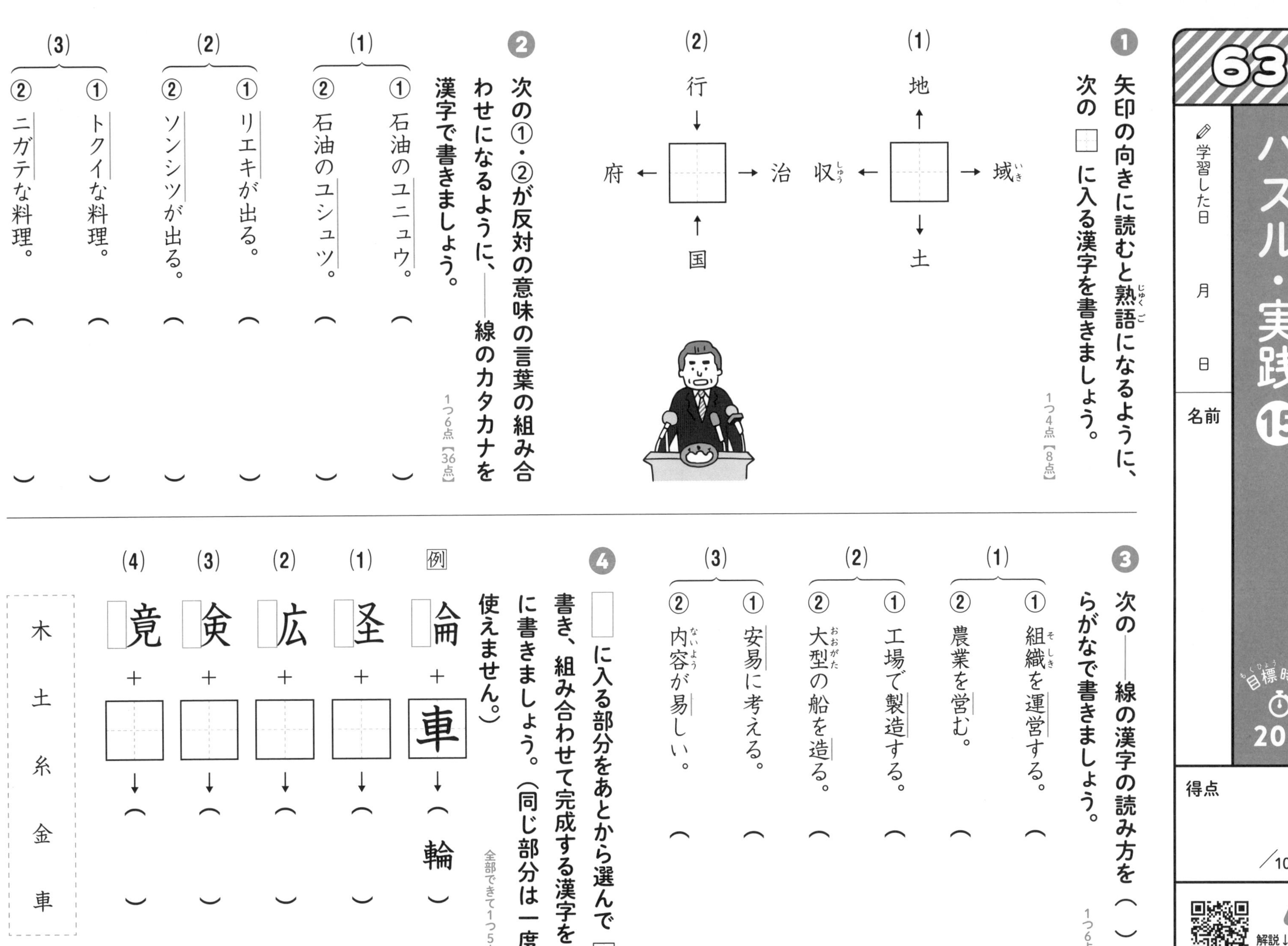

63

パズル・実践⑮

学習した日　月　日

名前

目標時間 20分

得点　／100点

らくらくマルつけ

解説↓184ページ

2563

❶ 矢印の向きに読むと熟語になるように、次の□に入る漢字を書きましょう。　1つ4点【8点】

(1) 地 ↑、収 ←□→ 域、↓ 土

(2) 行 ↓、府 ←□→ 治、↑ 国

❷ 次の①・②が反対の意味の言葉の組み合わせになるように、——線のカタカナを漢字で書きましょう。　1つ6点【36点】

(1) ① 石油のユニュウ。（　　）
② 石油のユシュツ。（　　）

(2) ① リエキが出る。（　　）
② ソンシツが出る。（　　）

(3) ① トクイな料理。（　　）
② ニガテな料理。（　　）

❸ 次の——線の漢字の読み方を（　）にひらがなで書きましょう。　1つ6点【36点】

(1) ① 組織を運営する。（　　）
② 農業を営む。（　　）

(2) ① 工場で製造する。（　　）
② 大型の船を造る。（　　）

(3) ① 安易に考える。（　　）
② 内容が易しい。（　　）

❹ □に入る部分をあとから選んで□に書き、組み合わせて完成する漢字を（　）に書きましょう。（同じ部分は一度しか使えません。）　全部できて1つ5点【20点】

例 □侖 ＋ 車 →（輪）

(1) □圣 ＋ □ →（　　）

(2) □広 ＋ □ →（　　）

(3) □㑒 ＋ □ →（　　）

(4) □竟 ＋ □ →（　　）

木　土　糸　金　車

もう1回チャレンジ!!

63 パズル・実践⑮

学習した日　月　日

名前

目標時間 20分

得点　／100点

らくらくマルつけ　解説↓184ページ　2563

❶ 矢印の向きに読むと熟語になるように、次の□に入る漢字を書きましょう。　1つ4点【8点】

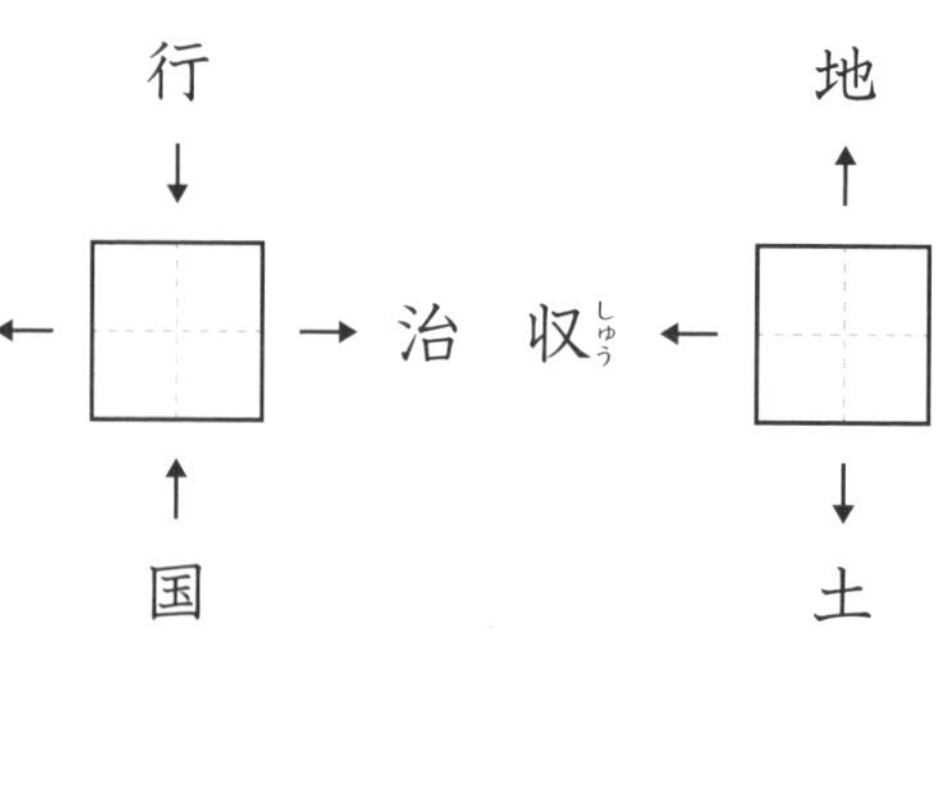

❷ 次の①・②が反対の意味の言葉の組み合わせになるように、――線のカタカナを漢字で書きましょう。　1つ6点【36点】

(1) ① 石油のユニュウ。（　　）
② 石油のユシュツ。（　　）

(2) ① リエキが出る。（　　）
② ソンシツが出る。（　　）

(3) ① トクイな料理。（　　）
② ニガテな料理。（　　）

❸ 次の――線の漢字の読み方を（　）にひらがなで書きましょう。　1つ6点【36点】

(1) ① 組織を運営する。（　　）
② 農業を営む。（　　）

(2) ① 工場で製造する。（　　）
② 大型の船を造る。（　　）

(3) ① 安易に考える。（　　）
② 内容が易しい。（　　）

❹ □に入る部分をあとから選んで□に書き、組み合わせて完成する漢字を（　）に書きましょう。（同じ部分は一度しか使えません。）　全部できて1つ5点【20点】

例 □侖 ＋ 車 → （輪）

(1) □圣 ＋ □ → （　　）

(2) □広 ＋ □ → （　　）

(3) □矣 ＋ □ → （　　）

(4) □竟 ＋ □ → （　　）

木　土　糸　金　車

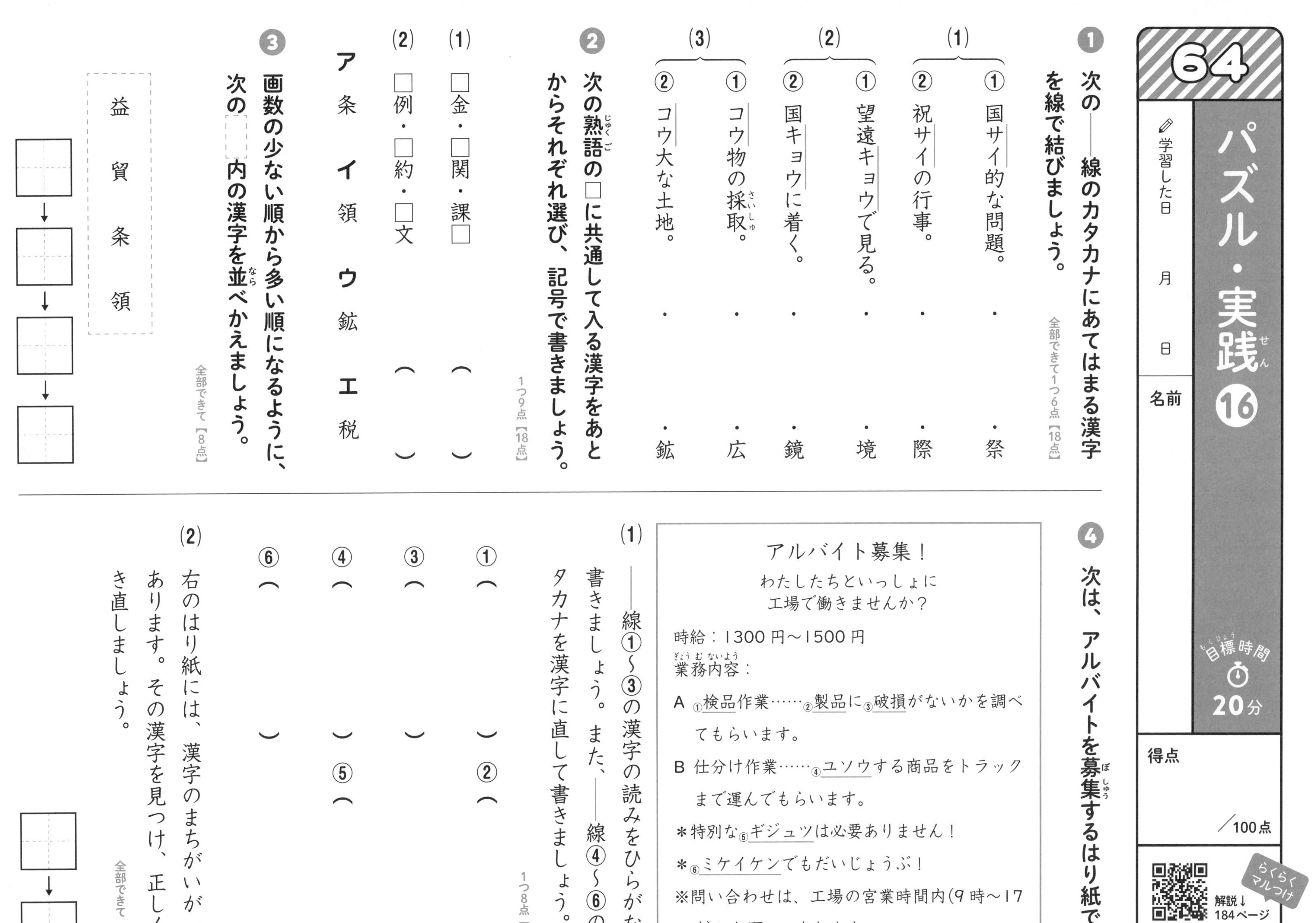

64

パズル・実践⑯

学習した日　　月　　日

名前

目標時間 20分

得点　　／100点

解説↓184ページ

らくらくマルつけ

2564

1 次の――線のカタカナにあてはまる漢字を線で結びましょう。　全部できて1つ6点【18点】

(1)
① 国サイ的な問題。　・　　・祭
② 祝サイの行事。　・　　・際

(2)
① 望遠キョウで見る。　・　　・境
② 国キョウに着く。　・　　・鏡

(3)
① コウ物の採取。　・　　・広
② コウ大な土地。　・　　・鉱

2 次の熟語の□に共通して入る漢字をあとからそれぞれ選び、記号で書きましょう。　1つ9点【18点】

(1) □金・□関・課□　（　　）

(2) □例・□約・□文　（　　）

ア 条　イ 領　ウ 鉱　エ 税

3 画数の少ない順から多い順になるように、次の□内の漢字を並べかえましょう。　全部できて【8点】

益　貿　条　領

□→□→□→□

4 次は、アルバイトを募集するはり紙です。

アルバイト募集！
わたしたちといっしょに
工場で働きませんか？
時給：1300円～1500円
業務内容：
A ①検品作業……②製品に③破損がないかを調べてもらいます。
B 仕分け作業……④ユソウする商品をトラックまで運んでもらいます。
＊特別な⑤ギジュツは必要ありません！
＊⑥ミケイケンでもだいじょうぶ！
※問い合わせは、工場の宮業時間内(9時～17時)にお願いいたします。

(1) ――線①～③の漢字の読みをひらがなで書きましょう。また、――線④～⑥のカタカナを漢字に直して書きましょう。　1つ8点【48点】

①（　　）　②（　　）
③（　　）
④（　　）　⑤（　　）
⑥（　　）

(2) 右のはり紙には、漢字のまちがいが一つあります。その漢字を見つけ、正しく書き直しましょう。　全部できて【8点】

□→□

もう1回チャレンジ!!

64 パズル・実践(せん) 16

学習した日　月　日

名前

目標時間(もくひょう) 20分

得点　／100点

解説↓ 184ページ

2564

らくらくマルつけ

❶ 次の――線のカタカナにあてはまる漢字を線で結びましょう。 全部できて1つ6点【18点】

(1)
① 国サイ的な問題。・　・祭
② 祝サイの行事。・　・際

(2)
① 望遠キョウで見る。・　・境
② 国キョウに着く。・　・鏡

(3)
① コウ物の採取(さいしゅ)。・　・広
② コウ大な土地。・　・鉱

❷ 次の熟語(じゅくご)の□に共通して入る漢字をあとからそれぞれ選び、記号で書きましょう。 1つ9点【18点】

(1) □金・□関・課□　（　　）
(2) □例・□約・□文　（　　）

ア 条　イ 領　ウ 鉱　エ 税

❸ 画数の少ない順から多い順になるように、次の□内の漢字を並(なら)べかえましょう。 全部できて【8点】

益　貿　条　領

□→□→□→□

❹ 次は、アルバイトを募集(ぼしゅう)するはり紙です。

> アルバイト募集！
> わたしたちといっしょに
> 工場で働きませんか？
>
> 時給：1300円～1500円
> 業務内容(ぎょうむないよう)：
> A ①検品作業……②製品に③破損がないかを調べてもらいます。
> B 仕分け作業……④ユソウする商品をトラックまで運んでもらいます。
> ＊特別な⑤ギジュツは必要ありません！
> ＊⑥ミケイケンでもだいじょうぶ！
> ※問い合わせは、工場の宮業時間内(9時～17時)にお願いいたします。

(1) ――線①～③の漢字の読みをひらがなで書きましょう。また、――線④～⑥のカタカナを漢字に直して書きましょう。 1つ8点【48点】

①（　　）　②（　　）
③（　　）
④（　　）　⑤（　　）
⑥（　　）

(2) 右のはり紙には、漢字のまちがいが一つあります。その漢字を見つけ、正しく書き直しましょう。 全部できて【8点】

□→□

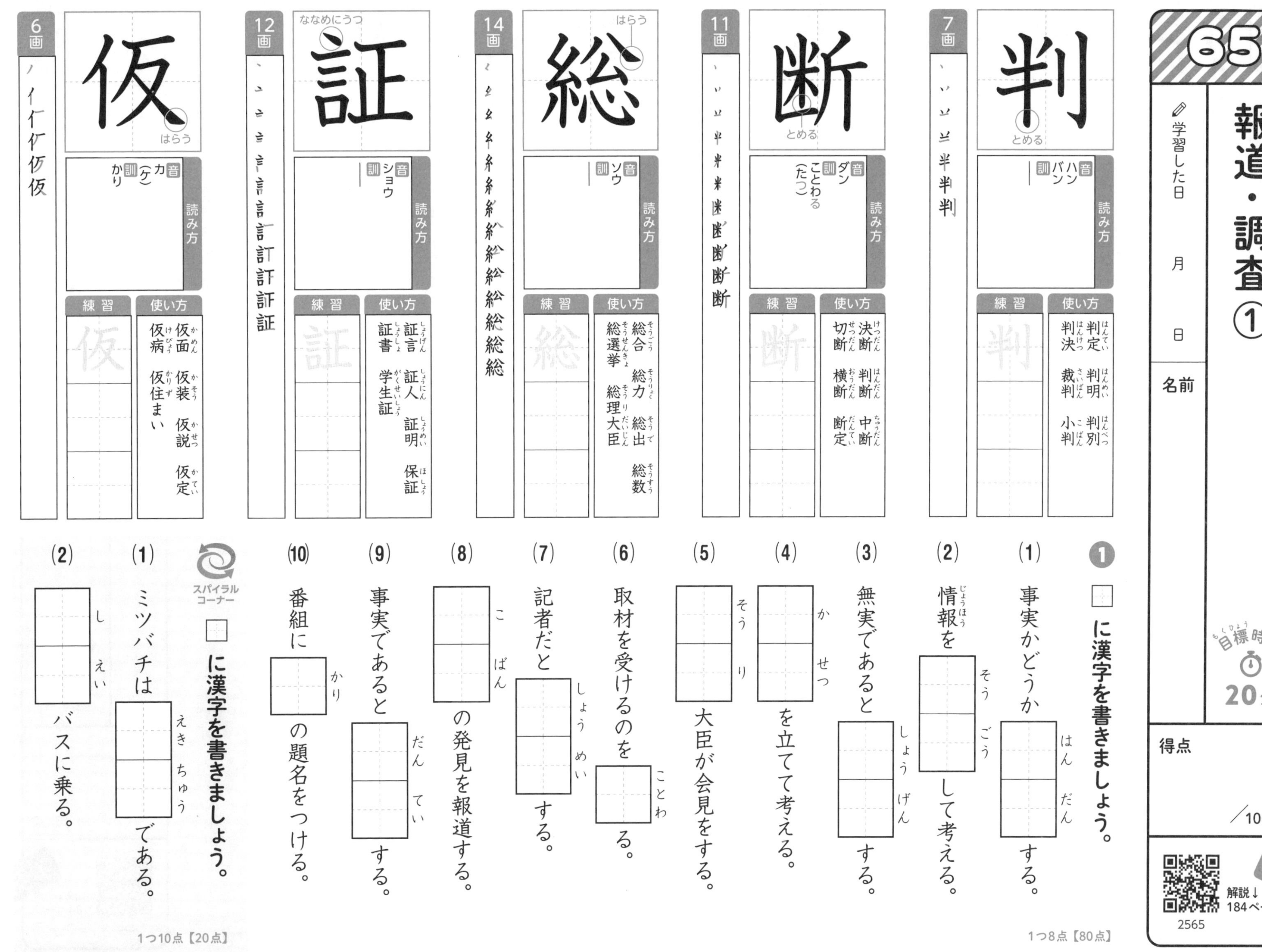

65 報道（ほうどう）・調査（ちょうさ）①

学習した日　月　日

名前

目標時間（もくひょうじかん）　20分

得点　／100点

解説↓ 184ページ

らくらくマルつけ

2565

判　7画

筆順：丶 丷 丷 兰 半 半 判

とめる

読み方　音：ハン・バン　訓：―

使い方：判定（はんてい）　判明（はんめい）　判別（はんべつ）　判決（はんけつ）　裁判（さいばん）　小判（こばん）

練習：判

断　11画

筆順：丶 丷 丷 半 米 米 𠃊 㡭 迷 断 断

とめる

読み方　音：ダン　訓：ことわる・（たつ）

使い方：決断（けつだん）　判断（はんだん）　中断（ちゅうだん）　切断（せつだん）　横断（おうだん）　断定（だんてい）

練習：断

総　14画

筆順：く 幺 幺 糸 糸 糸 糸 糸 糸 糸 絵 総 総 総

はらう

読み方　音：ソウ　訓：―

使い方：総合（そうごう）　総力（そうりょく）　総出（そうで）　総数（そうすう）　総選挙（そうせんきょ）　総理大臣（そうりだいじん）

練習：総

証　12画

筆順：丶 亠 亠 言 言 言 言 訂 訂 訂 訂 証

ななめにうつ

読み方　音：ショウ　訓：―

使い方：証言（しょうげん）　証人（しょうにん）　証明（しょうめい）　保証（ほしょう）　証書（しょうしょ）　学生証（がくせいしょう）

練習：証

仮　6画

筆順：ノ イ 仃 仃 仮 仮

はらう

読み方　音：カ・（ケ）　訓：かり

使い方：仮面（かめん）　仮装（かそう）　仮説（かせつ）　仮定（かてい）　仮病（けびょう）　仮住（かりず）まい

練習：仮

❶ □に漢字を書きましょう。

1つ8点【80点】

(1) 事実かどうか□□（はんだん）する。

(2) 情報（じょうほう）を□□（そうごう）して考える。

(3) 無実であると□□（しょうげん）する。

(4) □□（かせつ）を立てて考える。

(5) □□（そうり）大臣が会見をする。

(6) 取材を受けるのを□（ことわ）る。

(7) 記者だと□□（しょうめい）する。

(8) □□（こばん）の発見を報道する。

(9) 事実であると□□（だんてい）する。

(10) 番組に□（かり）の題名をつける。

スパイラルコーナー　□に漢字を書きましょう。

1つ10点【20点】

(1) ミツバチは□□（えきちゅう）である。

(2) □□（しえい）バスに乗る。

もう1回チャレンジ!!

65 報道(ほうどう)・調査(ちょうさ)①

学習した日　月　日

名前

目標時間 20分

得点　／100点

解説↓ 184ページ

らくらくマルつけ

2565

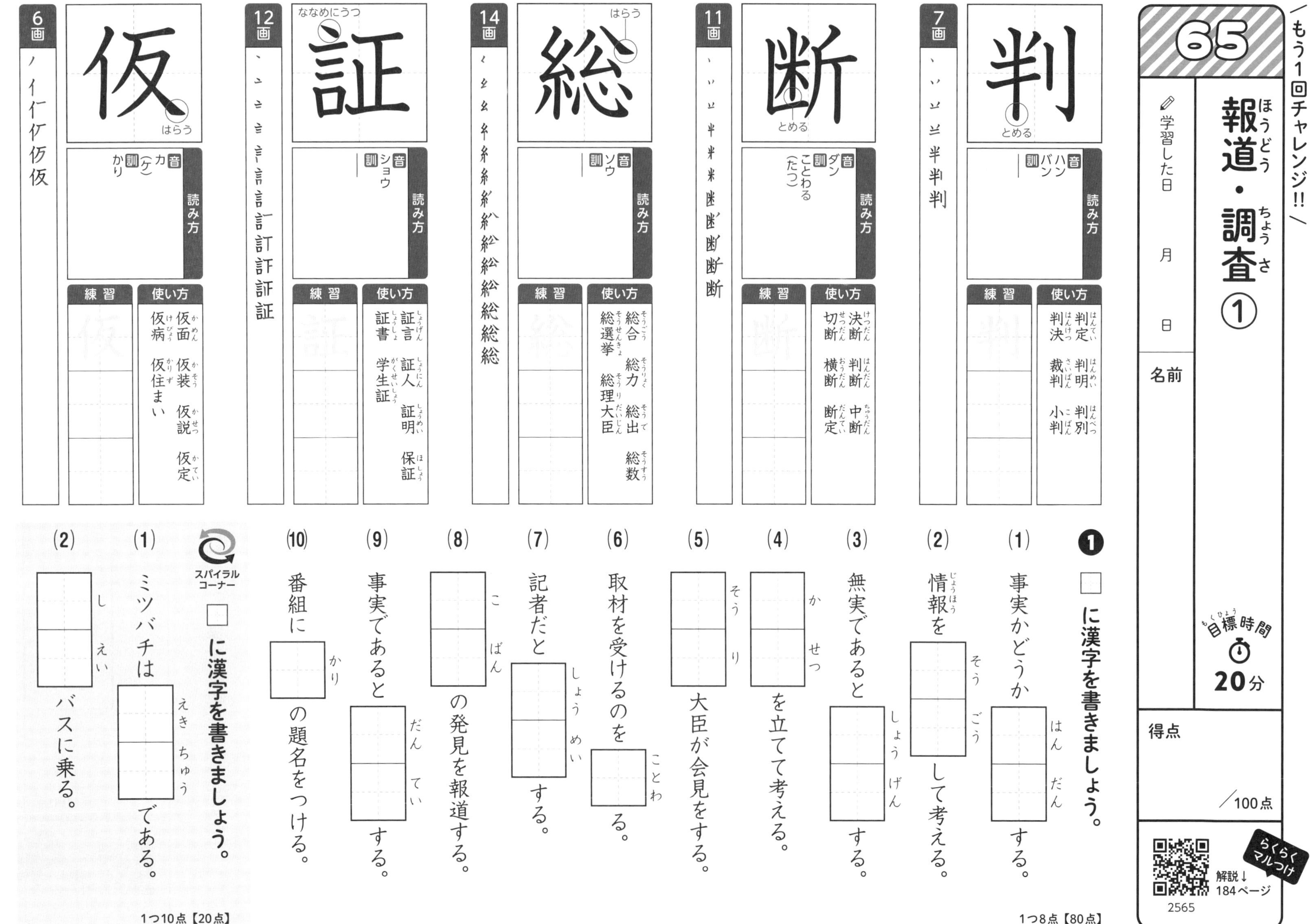

判 7画
読み方 音 ハン バン 訓 ―
筆順：丶 丷 兰 半 半 判 判
使い方：判定(はんてい) 判明(はんめい) 判別(はんべつ) 判決(はんけつ) 裁判(さいばん) 小判(こばん)
とめる

断 11画
読み方 音 ダン 訓 ことわる (たつ)
筆順：丶 丷 丬 半 米 米 迷 迷 断 断 断
使い方：決断(けつだん) 判断(はんだん) 中断(ちゅうだん) 切断(せつだん) 横断(おうだん) 断定(だんてい)
とめる

総 14画
読み方 音 ソウ 訓 ―
筆順：く 幺 幺 糸 糸 糸 糸 糸 糸 総 総 総 総 総
使い方：総合(そうごう) 総力(そうりょく) 総出(そうで) 総数(そうすう) 総選挙(そうせんきょ) 総理大臣(そうりだいじん)
はらう

証 12画
読み方 音 ショウ 訓 ―
筆順：丶 亠 亠 言 言 言 言 訂 訂 証 証 証
使い方：証言(しょうげん) 証人(しょうにん) 証明(しょうめい) 保証(ほしょう) 証書(しょうしょ) 学生証(がくせいしょう)
ななめにうつ

仮 6画
読み方 音 カ (ケ) 訓 かり
筆順：ノ 亻 仁 仮 仮 仮
使い方：仮面(かめん) 仮装(かそう) 仮説(かせつ) 仮定(かてい) 仮病(けびょう) 仮住まい(かりずまい)
はらう

練習

❶ □に漢字を書きましょう。　1つ8点【80点】

(1) 事実かどうか［はんだん］する。

(2) 情報(じょうほう)を［そうごう］して考える。

(3) 無実であると［しょうげん］する。

(4) ［かせつ］を立てて考える。

(5) ［そうり］大臣が会見をする。

(6) 取材を受けるのを［ことわ］る。

(7) 記者だと［しょうめい］する。

(8) ［こばん］の発見を報道する。

(9) 事実であると［だんてい］する。

(10) 番組に［かり］の題名をつける。

スパイラルコーナー

□に漢字を書きましょう。　1つ10点【20点】

(1) ミツバチは［えきちゅう］である。

(2) ［しえい］バスに乗る。

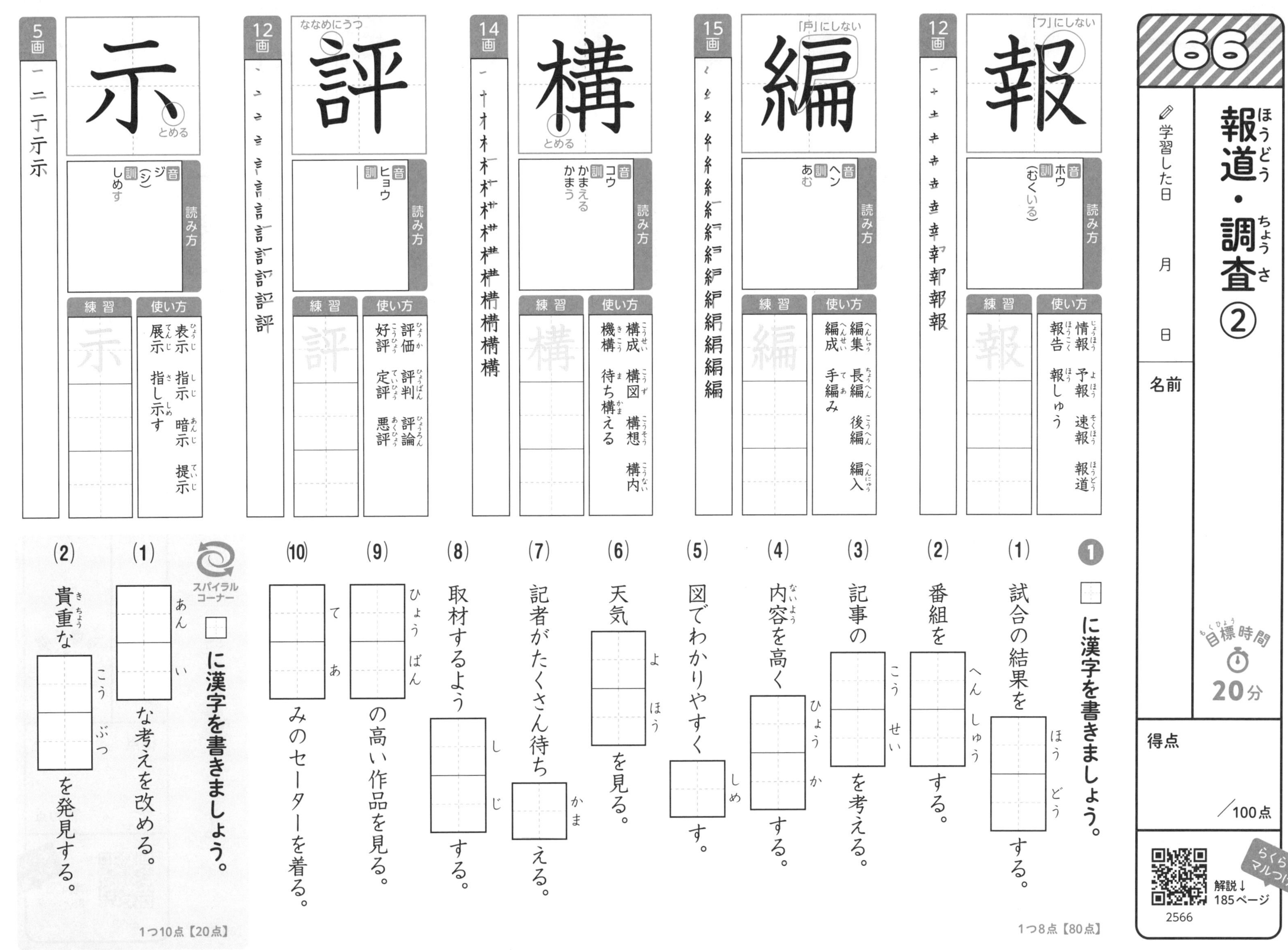

66 報道（ほうどう）・調査（ちょうさ）②

学習した日　月　日

名前

目標時間 20分

得点　／100点

報 12画
「フ」にしない

一 十 土 キ 圭 圭 幸 幸 幸 郣 報 報

読み方：音 ホウ　訓 (むくいる)

使い方：情報（じょうほう）　予報（よほう）　速報（そくほう）　報道（ほうどう）　報告（ほうこく）　報しゅう（ほう）

編 15画
「戸」にしない

く 幺 幺 糸 糸 糸 糹 紅 紀 紀 紀 紀 絹 編 編

読み方：音 ヘン　訓 あむ

使い方：編集（へんしゅう）　長編（ちょうへん）　後編（こうへん）　編入（へんにゅう）　編成（へんせい）　手編み（てあ）

構 14画
とめる

一 十 オ 木 朴 朴 栏 栏 栱 棤 構 構 構 構

読み方：音 コウ　訓 かまえる　かまう

使い方：構成（こうせい）　構図（こうず）　構想（こうそう）　構内（こうない）　機構（きこう）　待ち構える（まかま）

評 12画
ななめにうつ

丶 亠 二 言 言 言 言 訂 訂 評 評 評

読み方：音 ヒョウ　訓 ―

使い方：評価（ひょうか）　評判（ひょうばん）　評論（ひょうろん）　好評（こうひょう）　定評（ていひょう）　悪評（あくひょう）

示 5画
とめる

一 二 亍 亓 示

読み方：音 ジ (シ)　訓 しめす

使い方：表示（ひょうじ）　指示（しじ）　暗示（あんじ）　提示（ていじ）　展示（てんじ）　指し示す（さしめ）

練習：報　編　構　評　示

1 □に漢字を書きましょう。

(1) 試合の結果を［ほうどう］する。

(2) 番組を［へんしゅう］する。

(3) 記事の［こうせい］を考える。

(4) 内容（ないよう）を高く［ひょうか］する。

(5) 図でわかりやすく［しめ］す。

(6) 天気［よほう］を見る。

(7) 記者がたくさん待ち［かま］える。

(8) 取材するよう［しじ］する。

(9) ［ひょうばん］の高い作品を見る。

(10) ［てあ］みのセーターを着る。

1つ8点【80点】

スパイラルコーナー □に漢字を書きましょう。

(1) ［あんい］な考えを改める。

(2) 貴重（きちょう）な［こうぶつ］を発見する。

1つ10点【20点】

2566

らくらくマルつけ

解説↓ 185ページ

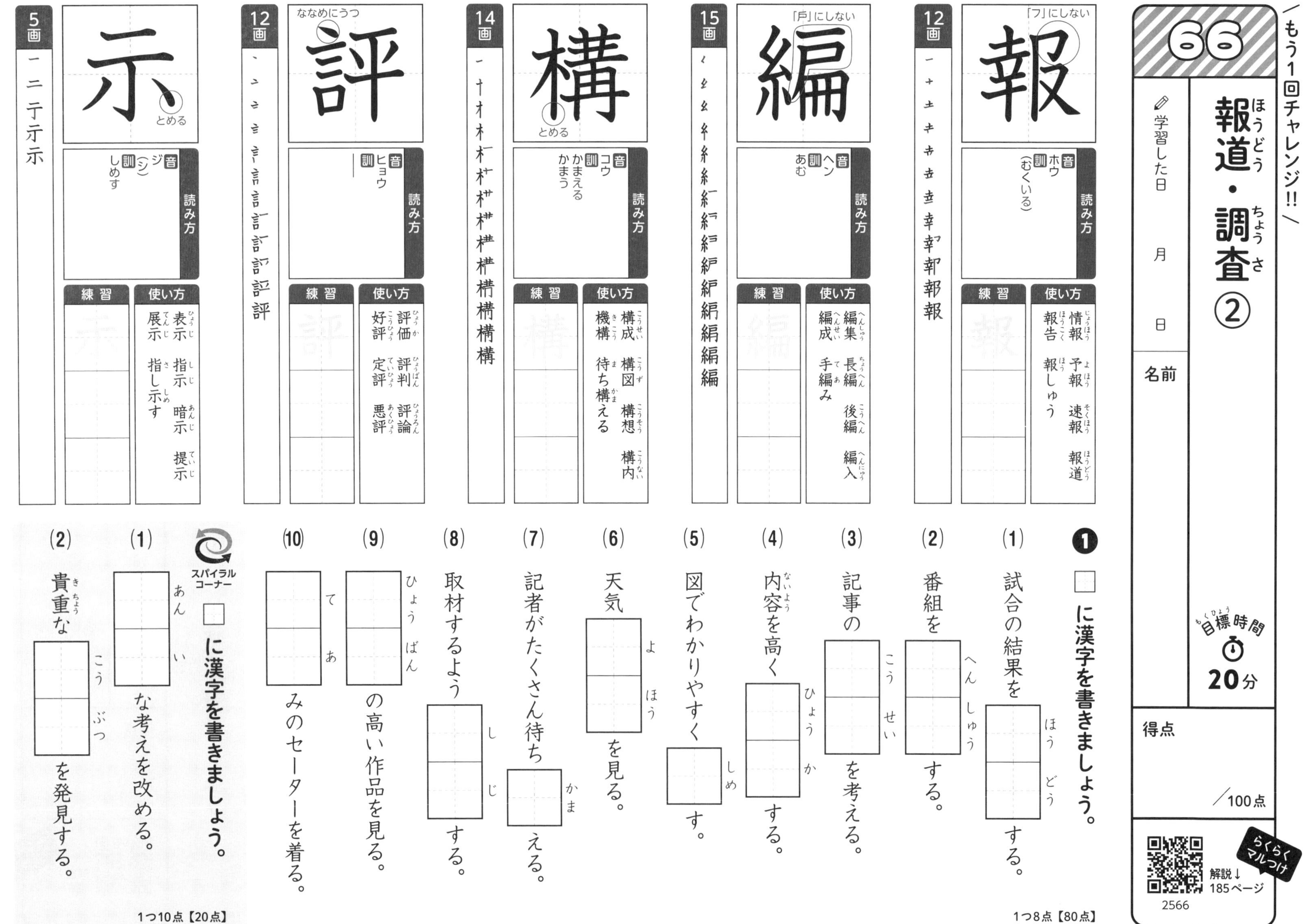

もう1回チャレンジ!!

66

報道（ほうどう）・調査（ちょうさ）②

学習した日　月　日

名前

目標時間　20分

得点　／100点

解説↓185ページ

2566

らくらくマルつけ

報　12画

「フ」にしない

読み方　音 ホウ　訓 （むくいる）

使い方　情報（じょうほう）　予報（よほう）　速報（そくほう）　報道（ほうどう）　報告（ほうこく）　報しゅう

練習

編　15画

「戸」にしない

読み方　音 ヘン　訓 あむ

使い方　編集（へんしゅう）　長編（ちょうへん）　後編（こうへん）　編入（へんにゅう）　編成（へんせい）　手編（てあ）み

練習

構　14画

とめる

読み方　音 コウ　訓 かまえる　かまう

使い方　構成（こうせい）　構図（こうず）　構想（こうそう）　構内（こうない）　機構（きこう）　待（ま）ち構（かま）える

練習

評　12画

ななめにうつ

読み方　音 ヒョウ　訓 ―

使い方　評価（ひょうか）　評判（ひょうばん）　評論（ひょうろん）　好評（こうひょう）　定評（ていひょう）　悪評（あくひょう）

練習

示　5画

とめる

読み方　音 ジ　（シ）　訓 しめす

使い方　表示（ひょうじ）　指示（しじ）　暗示（あんじ）　提示（ていじ）　展示（てんじ）　指（さ）し示（しめ）す

練習

❶ □に漢字を書きましょう。

(1) 試合の結果を□□（ほうどう）する。

(2) 番組を□□（へんしゅう）する。

(3) 記事の□□（こうせい）を考える。

(4) 内容（ないよう）を高く□□（ひょうか）する。

(5) 図でわかりやすく□（しめ）す。

(6) 天気□□（よほう）を見る。

(7) 記者がたくさん待ち□（かま）える。

(8) 取材するよう□□（しじ）する。

(9) □□（ひょうばん）の高い作品を見る。

(10) □□（てあ）みのセーターを着る。

1つ8点【80点】

スパイラルコーナー　□に漢字を書きましょう。

(1) □□（あんい）な考えを改める。

(2) 貴重（きちょう）な□□（こうぶつ）を発見する。

1つ10点【20点】

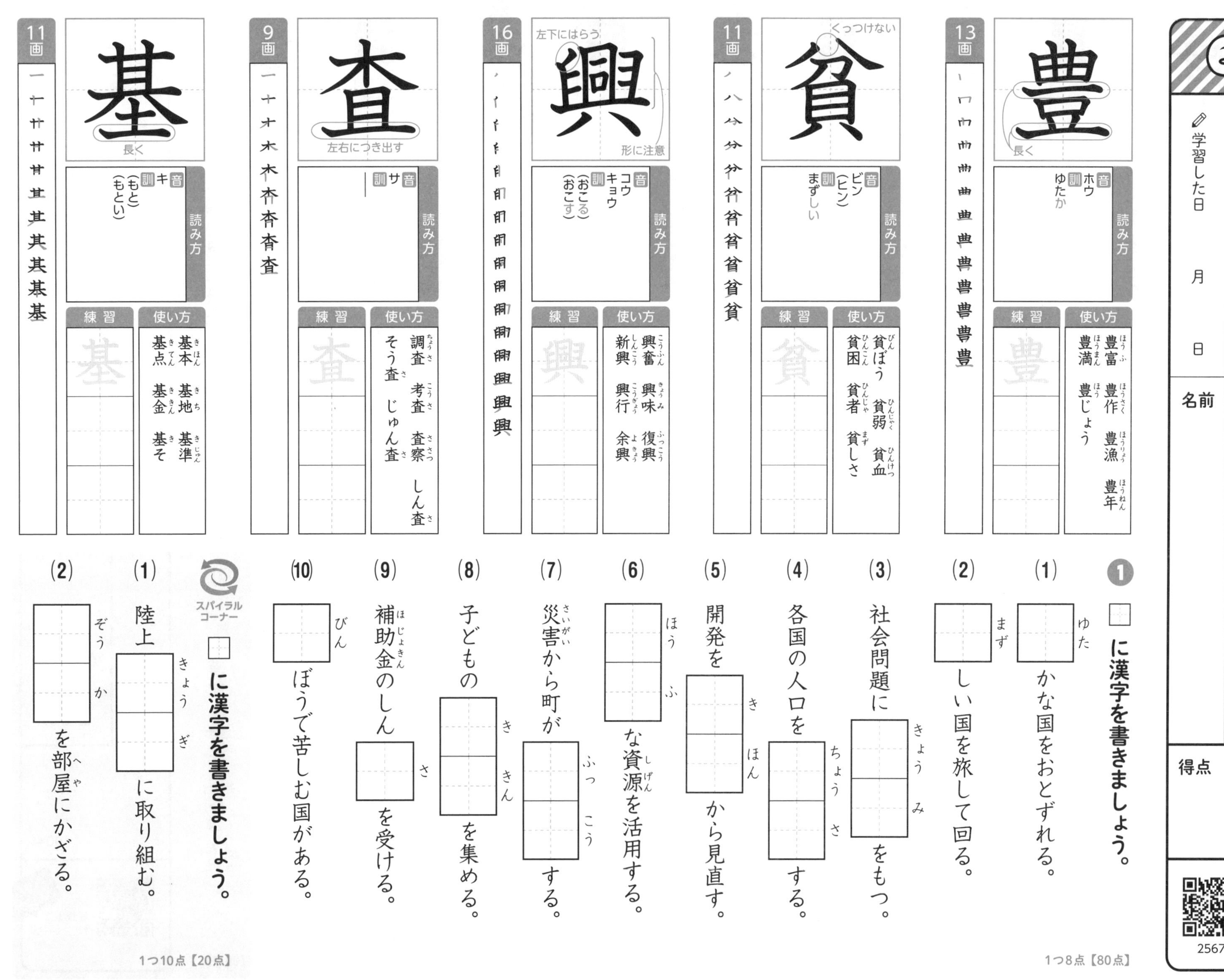

67

社会問題に取り組む

学習した日　月　日

名前

目標時間(もくひょうじかん) 20分

得点　／100点

解説↓185ページ

らくらくマルつけ

2567

豊（13画）

長く

読み方：音 ホウ／訓 ゆたか

使い方：豊富(ほうふ)　豊作(ほうさく)　豊漁(ほうりょう)　豊年(ほうねん)　豊満(ほうまん)　豊(ほう)じょう

貧（11画）

くっつけない

読み方：音 ビン（ヒン）／訓 まずしい

使い方：貧(びん)ぼう　貧弱(ひんじゃく)　貧血(ひんけつ)　貧困(ひんこん)　貧者(ひんじゃ)　貧(まず)しさ

興（16画）

左下にはらう　形に注意

読み方：音 コウ　キョウ／訓（おこる）（おこす）

使い方：興奮(こうふん)　興味(きょうみ)　復興(ふっこう)　新興(しんこう)　興行(こうぎょう)　余興(よきょう)

査（9画）

左右につき出す

読み方：音 サ／訓 —

使い方：調査(ちょうさ)　考査(こうさ)　査察(ささつ)　しん査(さ)　そう査(さ)　じゅん査(さ)

基（11画）

長く

読み方：音 キ／訓（もと）（もとい）

使い方：基本(きほん)　基地(きち)　基準(きじゅん)　基点(きてん)　基金(ききん)　基(き)そ

---

1 □に漢字を書きましょう。

(1) □(ゆた)かな国をおとずれる。

(2) □(まず)しい国を旅して回る。

(3) 社会問題に□□(きょうみ)をもつ。

(4) 各国の人口を□□(ちょうさ)する。

(5) 開発を□□(きほん)から見直す。

(6) □□(ほうふ)な資源(しげん)を活用する。

(7) 災害(さいがい)から町が□□(ふっこう)する。

(8) 子どもの□□(ききん)を集める。

(9) 補助金(ほじょきん)のしん□(さ)を受ける。

(10) □(びん)ぼうで苦しむ国がある。

1つ8点【80点】

スパイラルコーナー □に漢字を書きましょう。

(1) 陸上□□(きょうぎ)に取り組む。

(2) □□(ぞうか)を部屋(へや)にかざる。

1つ10点【20点】

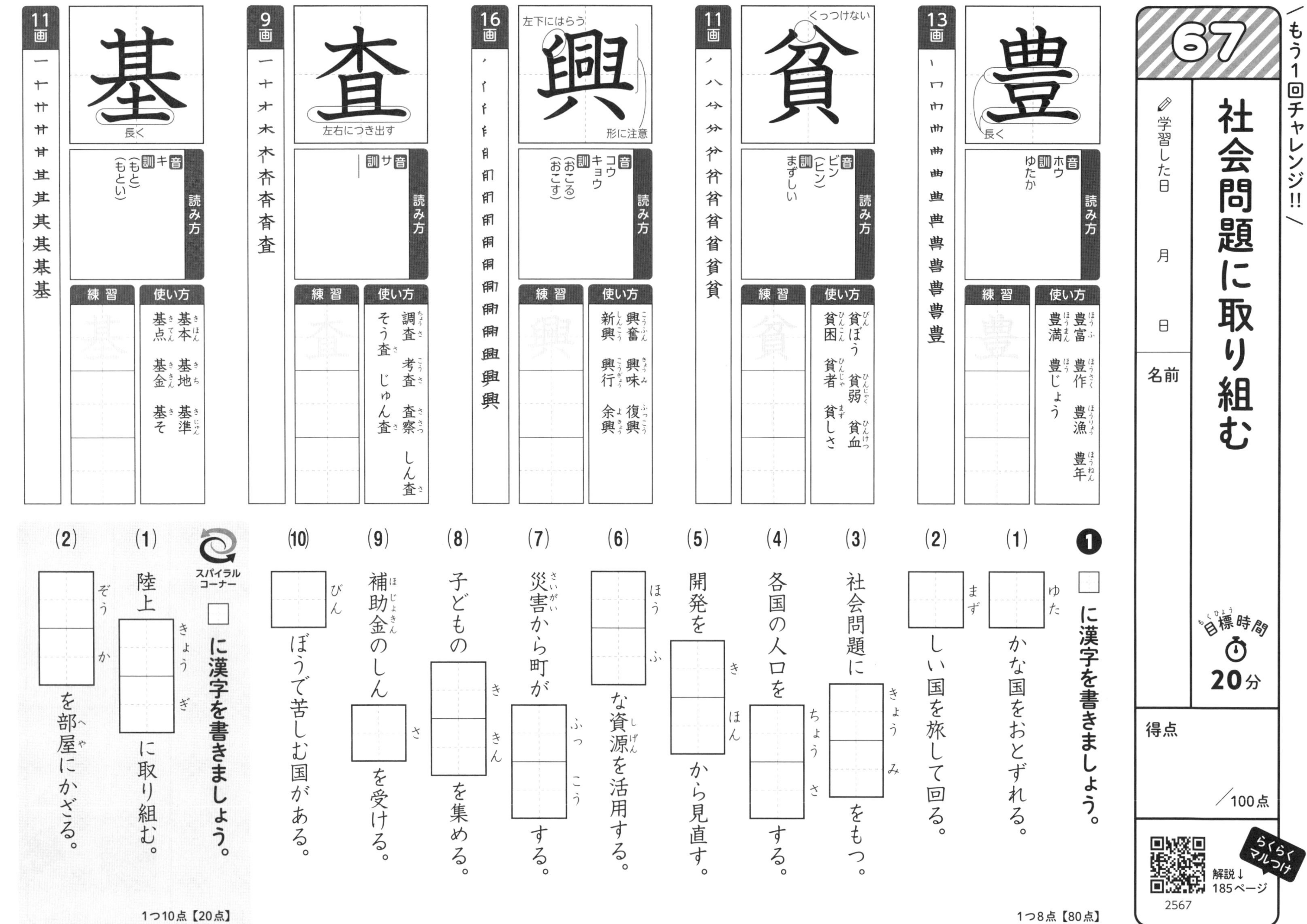

もう1回チャレンジ!!

67 社会問題に取り組む

学習した日　月　日

名前

目標時間 20分

得点　／100点

解説↓185ページ

2567

らくらくマルつけ

豊 13画 読み方 音 ホウ 訓 ゆたか 使い方 豊富 豊作 豊漁 豊年 豊満 豊じょう

貧 11画 読み方 音 ビン（ヒン） 訓 まずしい 使い方 貧ぼう 貧弱 貧血 貧困 貧者 貧しさ

興 16画 読み方 音 コウ キョウ 訓 （おこる）（おこす） 使い方 興奮 興味 復興 新興 興行 余興

査 9画 読み方 音 サ 使い方 調査 考査 査察 そう査 じゅん査 しん査

基 11画 読み方 音 キ 訓 （もと）（もとい） 使い方 基本 基地 基準 基点 基金 基そ

1 □に漢字を書きましょう。

(1) ゆた□かな国をおとずれる。

(2) まず□しい国を旅して回る。

(3) 社会問題にきょうみ□□をもつ。

(4) 各国の人口をちょうさ□□する。

(5) 開発をきほん□□から見直す。

(6) ほうふ□□な資源を活用する。

(7) 災害から町がふっこう□□する。

(8) 子どものききん□□を集める。

(9) 補助金のしんさ□を受ける。

(10) びん□ぼうで苦しむ国がある。

1つ8点【80点】

スパイラルコーナー □に漢字を書きましょう。

(1) 陸上きょうぎ□□に取り組む。

(2) ぞうか□□を部屋にかざる。

1つ10点【20点】

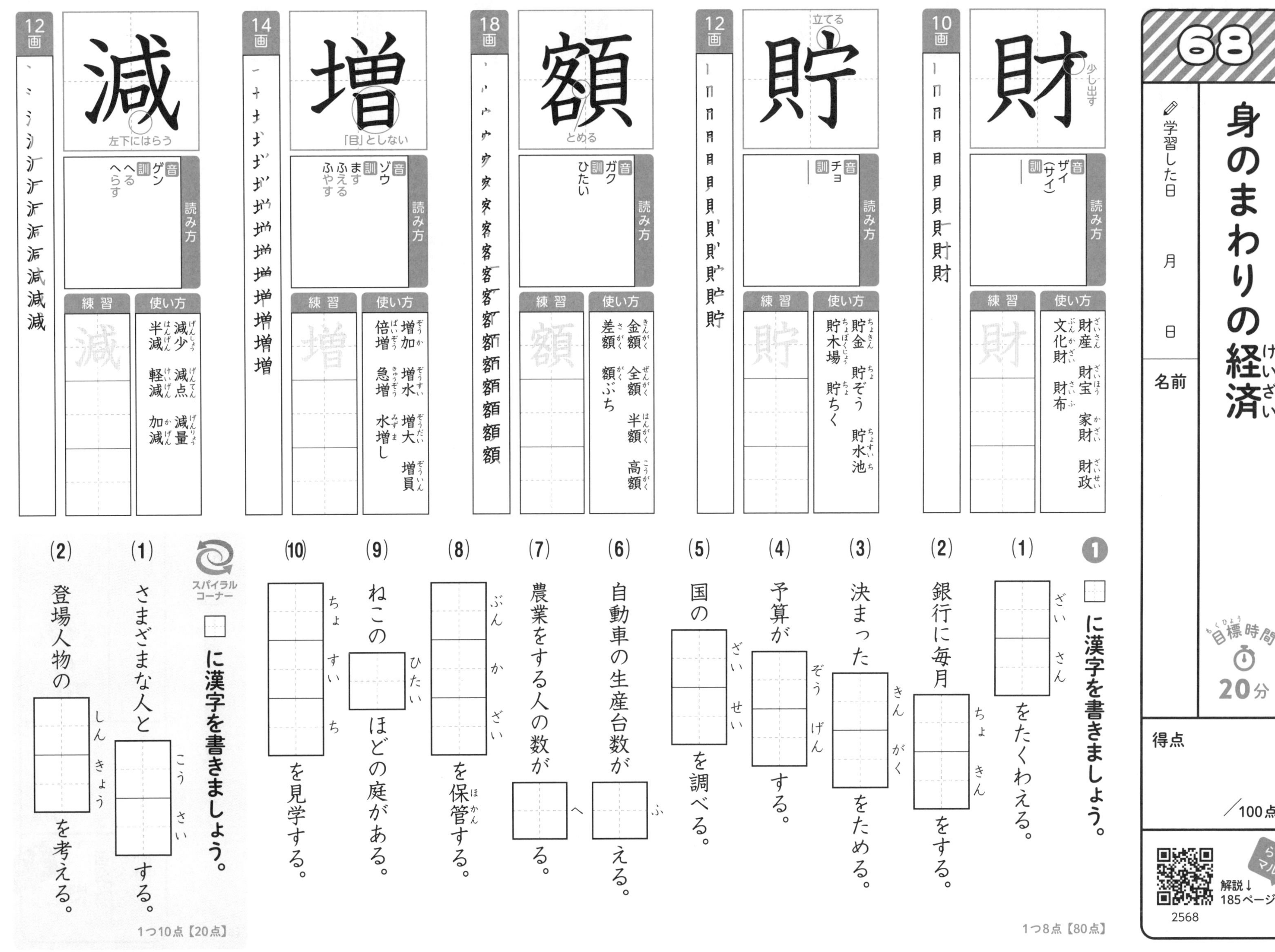

68 身のまわりの経済(けいざい)

学習した日　月　日

名前

目標時間(もくひょうじかん) 20分

得点　／100点

解説↓ 185ページ

2568

らくらくマルつけ

財 10画

少し出す

読み方　音 ザイ（サイ）　訓 ―

使い方　財産(ざいさん)　財宝(ざいほう)　家財(かざい)　財政(ざいせい)　文化財(ぶんかざい)　財布(さいふ)

練習　財

貯 12画

立てる

読み方　音 チョ　訓 ―

使い方　貯金(ちょきん)　貯ぞう　貯水池(ちょすいち)　貯木場(ちょぼくじょう)　貯ちく

練習　貯

額 18画

とめる

読み方　音 ガク　訓 ひたい

使い方　金額(きんがく)　全額(ぜんがく)　半額(はんがく)　高額(こうがく)　差額(さがく)　額ぶち

練習　額

増 14画

「日」としない

読み方　音 ゾウ　訓 ます　ふえる　ふやす

使い方　増加(ぞうか)　増水(ぞうすい)　増大(ぞうだい)　増員(ぞういん)　倍増(ばいぞう)　急増(きゅうぞう)　水増し(みずまし)

練習　増

減 12画

左下にはらう

読み方　音 ゲン　訓 へる　へらす

使い方　減少(げんしょう)　減点(げんてん)　減量(げんりょう)　半減(はんげん)　軽減(けいげん)　加減(かげん)

練習　減

1 □に漢字を書きましょう。

(1) □□(ざいさん)をたくわえる。

(2) 銀行に毎月□□(ちょきん)をする。

(3) 決まった□□(きんがく)をためる。

(4) 予算が□□(ぞうげん)する。

(5) 国の□□(ざいせい)を調べる。

(6) 自動車の生産台数が□(ふ)える。

(7) 農業をする人の数が□(へ)る。

(8) □□□(ぶんかざい)を保管(ほかん)する。

(9) ねこの□(ひたい)ほどの庭がある。

(10) □□□(ちょすいち)を見学する。

1つ8点【80点】

スパイラルコーナー □に漢字を書きましょう。

(1) さまざまな人と□□(こうさい)する。

(2) 登場人物の□□(しんきょう)を考える。

1つ10点【20点】

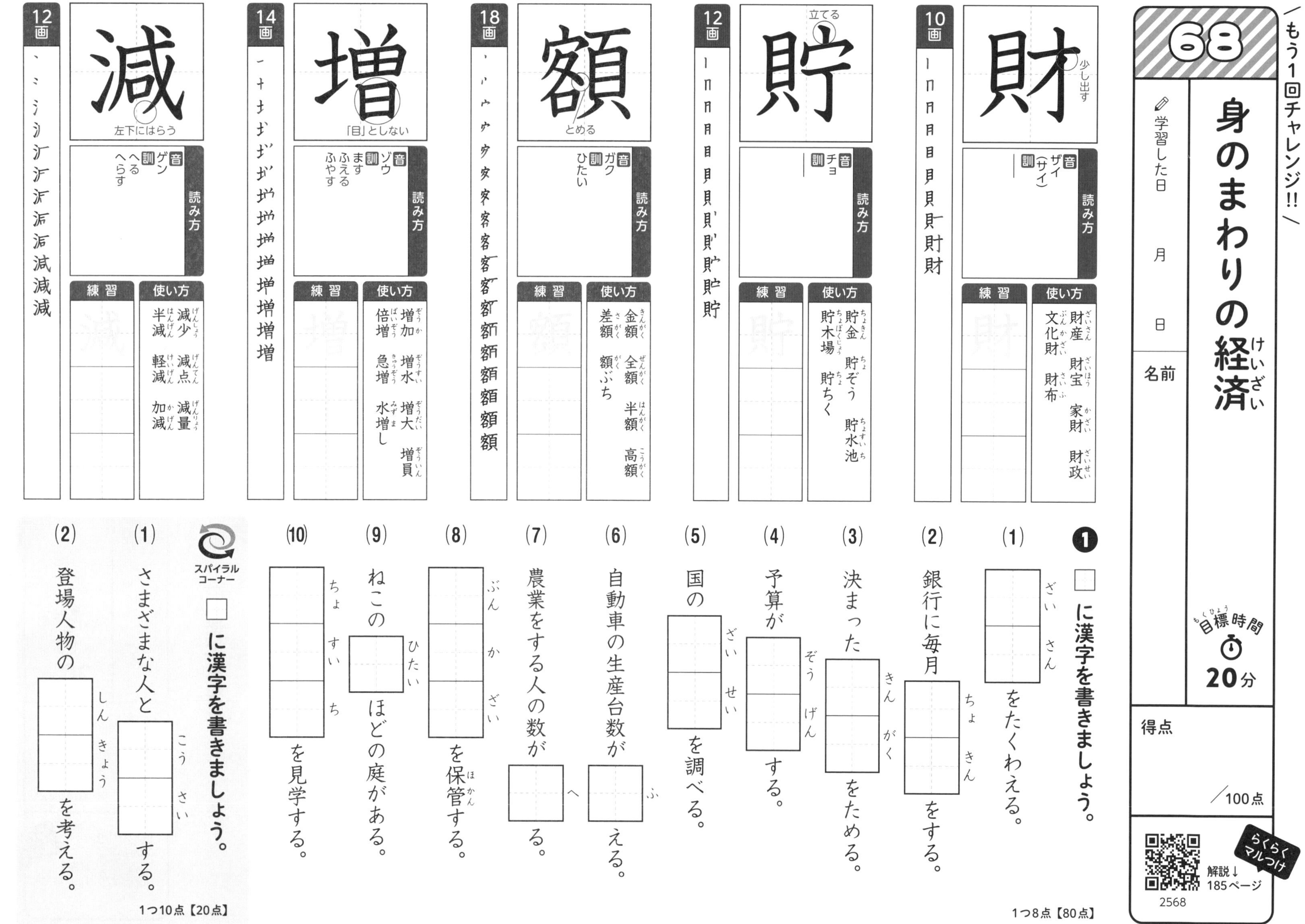

もう1回チャレンジ!!

68 身のまわりの経済(けいざい)

学習した日　月　日

名前

目標時間(もくひょうじかん) 20分

得点　／100点

らくらくマルつけ

解説↓ 185ページ

2568

財（10画）

少し出す

読み方　音 ザイ（サイ）　訓 ―

使い方　財産(ざいさん)　財宝(ざいほう)　家財(かざい)　財政(ざいせい)　文化財(ぶんかざい)　財布(さいふ)

練習

貯（12画）

立てる

読み方　音 チョ　訓 ―

使い方　貯金(ちょきん)　貯ぞう(ちょ)　貯水池(ちょすいち)　貯木場(ちょぼくじょう)　貯ちく(ちょ)

練習

額（18画）

とめる

読み方　音 ガク　訓 ひたい

使い方　金額(きんがく)　全額(ぜんがく)　半額(はんがく)　高額(こうがく)　差額(さがく)　額ぶち(がく)

練習

増（14画）

「目」としない

読み方　音 ゾウ　訓 ます　ふえる　ふやす

使い方　増加(ぞうか)　増水(ぞうすい)　増大(ぞうだい)　増員(ぞういん)　倍増(ばいぞう)　急増(きゅうぞう)　水増し(みずま)

練習

減（12画）

左下にはらう

読み方　音 ゲン　訓 へる　へらす

使い方　減少(げんしょう)　減点(げんてん)　減量(げんりょう)　半減(はんげん)　軽減(けいげん)　加減(かげん)

練習

1 □に漢字を書きましょう。

(1) □□(ざいさん)をたくわえる。

(2) 銀行に毎月□□(ちょきん)をする。

(3) 決まった□□(きんがく)をためる。

(4) 予算が□□(ぞうげん)する。

(5) 国の□□(ざいせい)を調べる。

(6) 自動車の生産台数が□(ふ)える。

(7) 農業をする人の数が□(へ)る。

(8) □□□(ぶんかざい)を保管(ほかん)する。

(9) ねこの□(ひたい)ほどの庭がある。

(10) □□□(ちょすいち)を見学する。

1つ8点【80点】

スパイラルコーナー

□に漢字を書きましょう。

(1) さまざまな人と□□(こうさい)する。

(2) 登場人物の□□(しんきょう)を考える。

1つ10点【20点】

69

まとめのテスト 17

学習した日　月　日

名前

目標時間 20分

得点　／100点

解説↓ 185ページ

2569

らくらくマルつけ

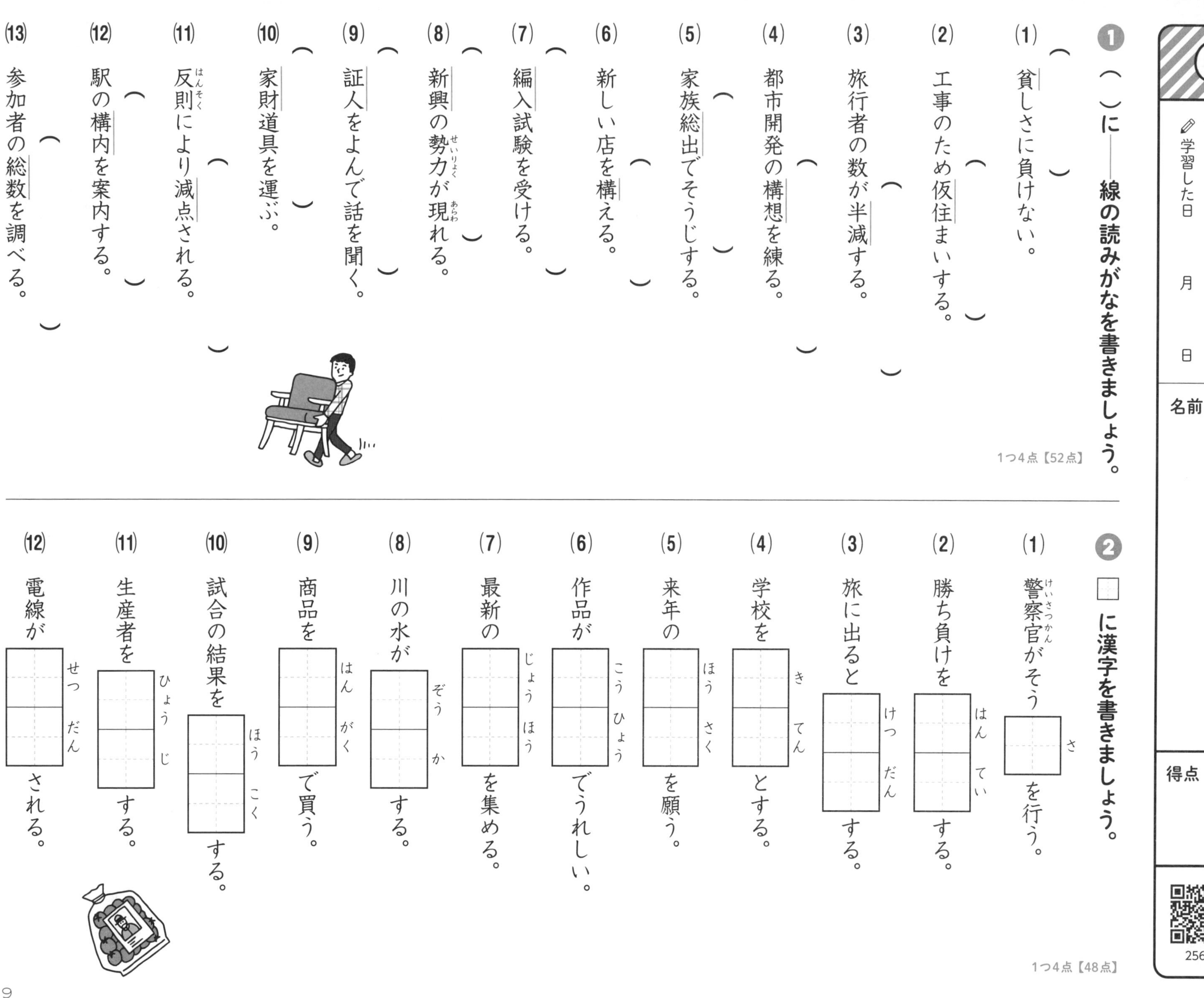

1 （　）に——線の読みがなを書きましょう。

1つ4点【52点】

(1) 貧しさに負けない。（　）

(2) 工事のため仮住まいする。（　）

(3) 旅行者の数が半減する。（　）

(4) 都市開発の構想を練る。（　）

(5) 家族総出でそうじする。（　）

(6) 新しい店を構える。（　）

(7) 編入試験を受ける。（　）

(8) 新興の勢力（せいりょく）が現（あらわ）れる。（　）

(9) 証人をよんで話を聞く。（　）

(10) 家財道具を運ぶ。（　）

(11) 反則（はんそく）により減点される。（　）

(12) 駅の構内を案内する。（　）

(13) 参加者の総数を調べる。（　）

2 □に漢字を書きましょう。

1つ4点【48点】

(1) 警察官（けいさつかん）がそう□（さ）を行う。

(2) 勝ち負けを□□（はんてい）する。

(3) 旅に出ると□□（けつだん）する。

(4) 学校を□□（きてん）とする。

(5) 来年の□□（ほうさく）を願う。

(6) 作品が□□（こうひょう）でうれしい。

(7) 最新の□□（じょうほう）を集める。

(8) 川の水が□□（ぞうか）する。

(9) 商品を□□（はんがく）で買う。

(10) 試合の結果を□□（ほうこく）する。

(11) 生産者を□□（ひょうじ）する。

(12) 電線が□□（せつだん）される。

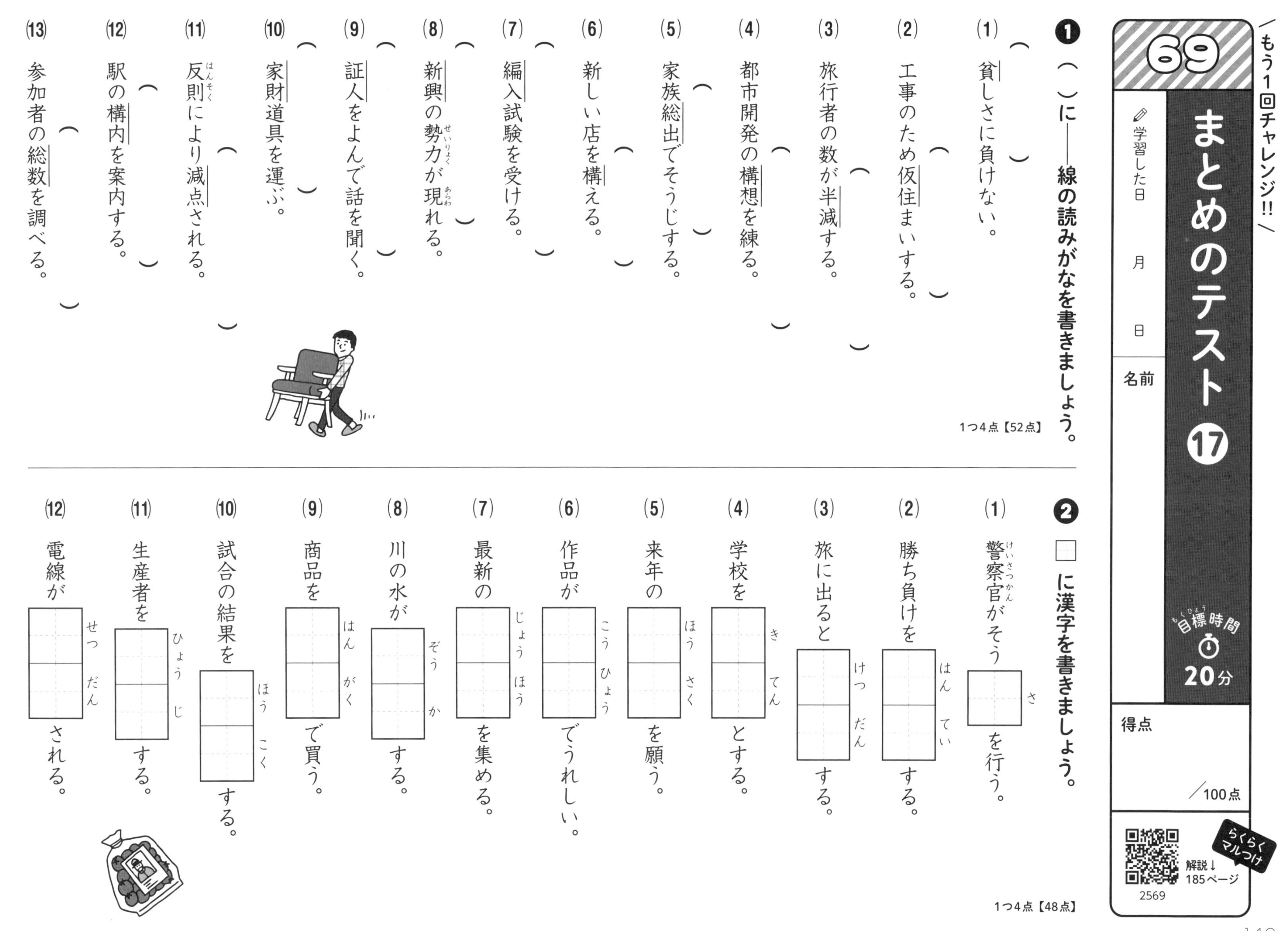

＼もう1回チャレンジ!!／

69

まとめのテスト⑰

学習した日　月　日

名前

目標時間(もくひょうじかん) 20分

得点　／100点

らくらくマルつけ

解説↓ 185ページ

2569

1 （　）に——線の読みがなを書きましょう。

1つ4点【52点】

(1) 貧しさに負けない。（　　）
(2) 工事のため仮住まいする。（　　）
(3) 旅行者の数が半減する。（　　）
(4) 都市開発の構想を練る。（　　）
(5) 家族総出でそうじする。（　　）
(6) 新しい店を構える。（　　）
(7) 編入試験を受ける。（　　）
(8) 新興の勢力(せいりょく)が現(あらわ)れる。（　　）
(9) 証人をよんで話を聞く。（　　）
(10) 家財道具を運ぶ。（　　）
(11) 反則(はんそく)により減点される。（　　）
(12) 駅の構内を案内する。（　　）
(13) 参加者の総数を調べる。（　　）

2 □に漢字を書きましょう。

1つ4点【48点】

(1) 警察官(けいさつかん)がそう□(さ)を行う。
(2) 勝ち負けを□□(はんてい)する。
(3) 旅に出ると□□(けつだん)する。
(4) 学校を□□(きてん)とする。
(5) 来年の□□(ほうさく)を願う。
(6) 作品が□□(こうひょう)でうれしい。
(7) 最新の□□(じょうほう)を集める。
(8) 川の水が□□(ぞうか)する。
(9) 商品を□□(はんがく)で買う。
(10) 試合の結果を□□(ほうこく)する。
(11) 生産者を□□(ひょうじ)する。
(12) 電線が□□(せつだん)される。

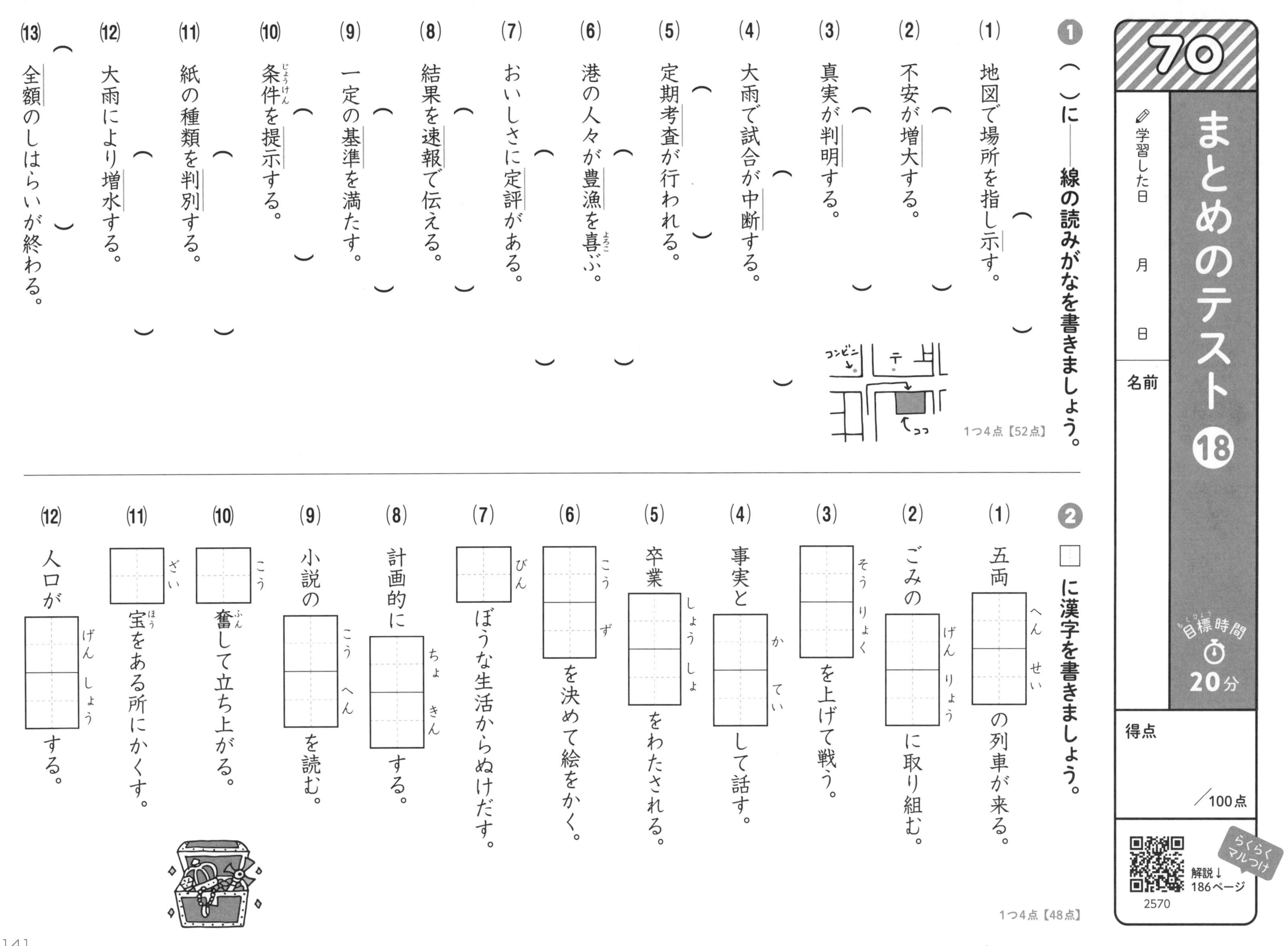

70

まとめのテスト 18

学習した日　月　日

名前

目標時間 20分

得点　／100点

解説↓186ページ

2570

らくらくマルつけ

1 （　）に――線の読みがなを書きましょう。

1つ4点【52点】

(1) 地図で場所を指し<u>示</u>す。（　）

(2) 不安が<u>増大</u>する。（　）

(3) 真実が<u>判明</u>する。（　）

(4) 大雨で試合が<u>中断</u>する。（　）

(5) <u>定期考査</u>が行われる。（　）

(6) 港の人々が<u>豊漁</u>を喜ぶ。（　）

(7) おいしさに<u>定評</u>がある。（　）

(8) 結果を<u>速報</u>で伝える。（　）

(9) 一定の<u>基準</u>を満たす。（　）

(10) 条件を<u>提示</u>する。（　）

(11) 紙の種類を<u>判別</u>する。（　）

(12) 大雨により<u>増水</u>する。（　）

(13) <u>全額</u>のしはらいが終わる。（　）

2 □に漢字を書きましょう。

1つ4点【48点】

(1) 五両□□（へんせい）の列車が来る。

(2) ごみの□□（げんりょう）に取り組む。

(3) □□（そうりょく）を上げて戦う。

(4) 事実と□□（かてい）して話す。

(5) 卒業□□（しょうしょ）をわたされる。

(6) □□（こうず）を決めて絵をかく。

(7) □（びん）ぼうな生活からぬけだす。

(8) 計画的に□□（ちょきん）する。

(9) 小説の□□（こうへん）を読む。

(10) □（こう）奮して立ち上がる。

(11) □（ざい）宝をある所にかくす。

(12) 人口が□□（げんしょう）する。

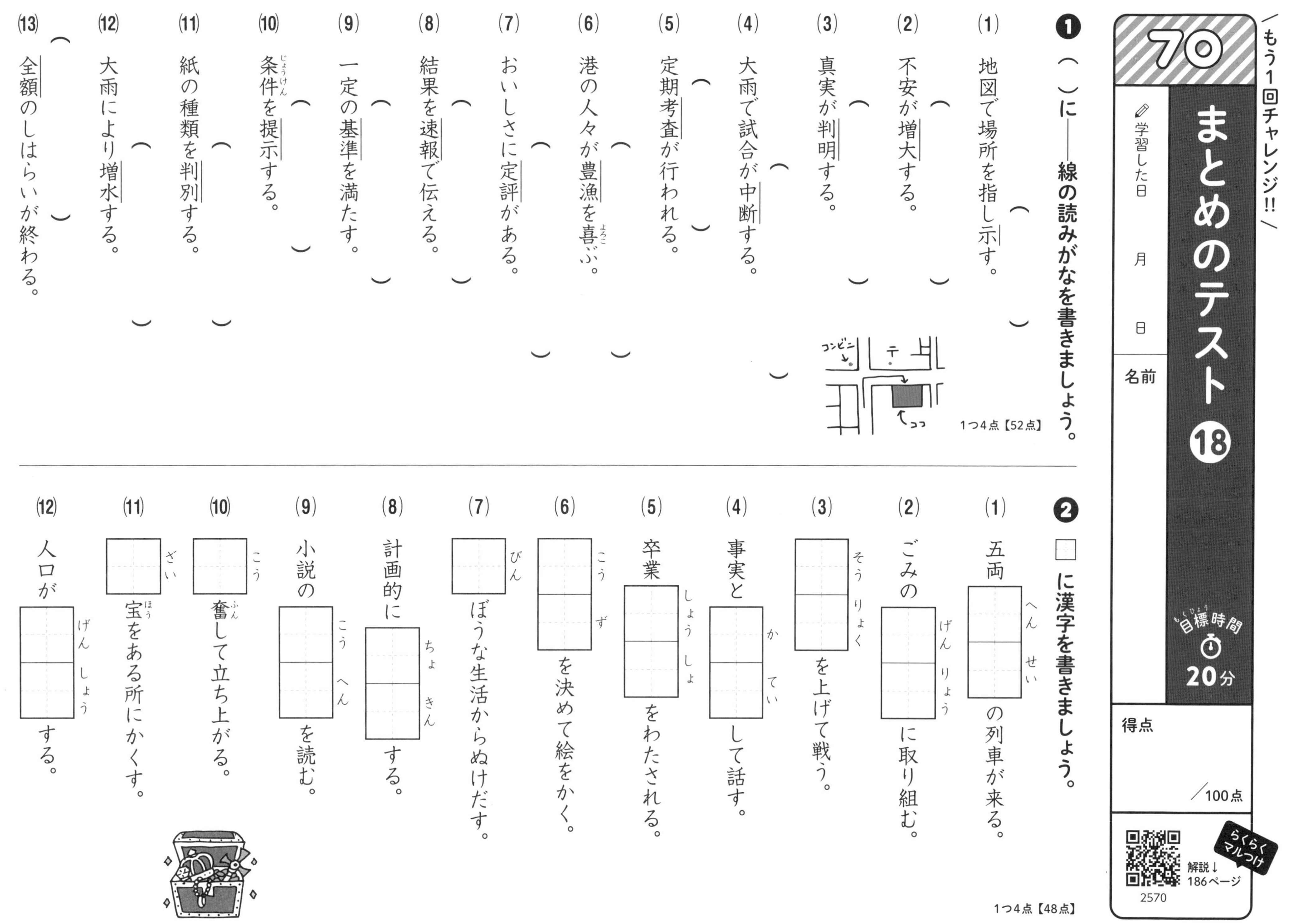

もう1回チャレンジ!!

70

まとめのテスト18

学習した日　月　日

名前

目標時間 20分

得点 ／100点

解説↓ 186ページ

らくらくマルつけ

2570

1 （　）に――線の読みがなを書きましょう。

1つ4点【52点】

(1) 地図で場所を指し示す。（　）
(2) 不安が増大する。（　）
(3) 真実が判明する。（　）
(4) 大雨で試合が中断する。（　）
(5) 定期考査が行われる。（　）
(6) 港の人々が豊漁を喜ぶ。（　）
(7) おいしさに定評がある。（　）
(8) 結果を速報で伝える。（　）
(9) 一定の基準を満たす。（　）
(10) 条件を提示する。（　）
(11) 紙の種類を判別する。（　）
(12) 大雨により増水する。（　）
(13) 全額のしはらいが終わる。（　）

2 □に漢字を書きましょう。

1つ4点【48点】

(1) 五両□□（へんせい）の列車が来る。
(2) ごみの□□（げんりょう）に取り組む。
(3) □□（そうりょく）を上げて戦う。
(4) 事実と□□（かてい）して話す。
(5) 卒業□□（しょうしょ）をわたされる。
(6) □□（こうず）を決めて絵をかく。
(7) □（びん）ぼうな生活からぬけだす。
(8) 計画的に□□（ちょきん）する。
(9) 小説の□□（こうへん）を読む。
(10) □（こう）奮して立ち上がる。
(11) □（ざい）宝をある所にかくす。
(12) 人口が□□（げんしょう）する。

71

パズル・実践（せん）⑰

学習した日　月　日

名前

目標時間（もくひょうじかん）20分

得点　／100点

らくらくマルつけ

解説↓186ページ

2571

1 矢印の向きに読むと熟語（じゅくご）になるように、次の□に入る漢字を書きましょう。 1つ5点【10点】

(1)
面 ↑ □ → 定
説 ← □
□ ↓ 装（そう）

(2)
好 → □
□ → 価（か）
判 ← □
悪 → □

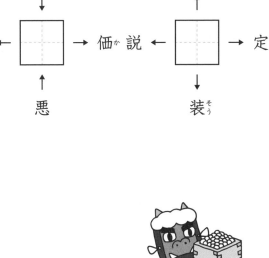

2 ①・②が反対の意味の言葉の組み合わせになるように、——線のカタカナを漢字で書きましょう。送りがなが必要なものは送りがなも書きましょう。 1つ6点【36点】

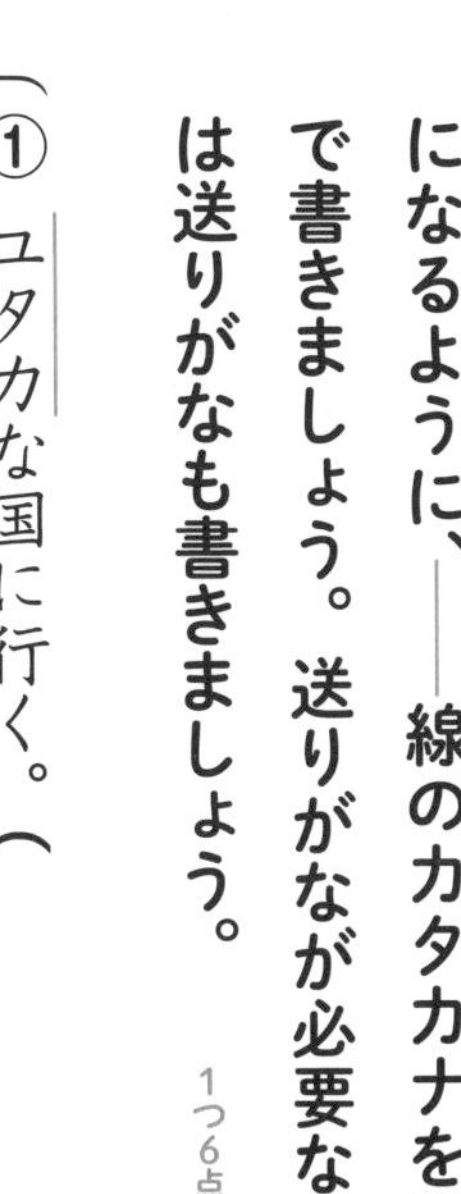

(1) ① ユタカな国に行く。（　　）
② マズシイ国に行く。（　　）

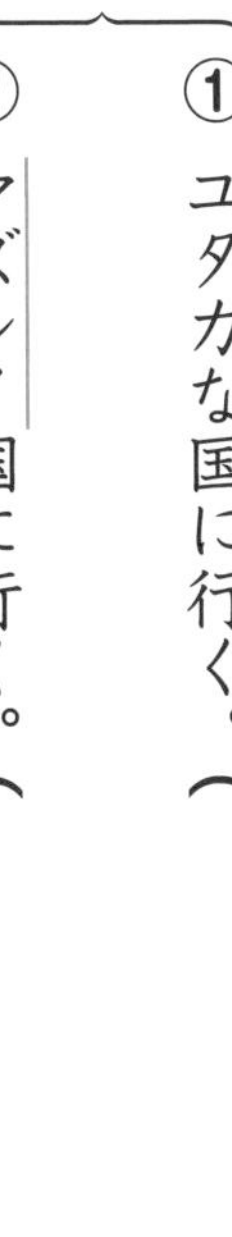

(2) ① 体重がフエル。（　　）
② 体重がヘル。（　　）

(3) ① コウガクの商品。（　　）
② テイガクの商品。（　　）

3 次の——線の漢字と同じ読み方をする漢字をふくむ熟語をあとから選び、記号で書きましょう。 1つ6点【12点】

(1) 小判（　　）
ア 判明　イ 判別
ウ 評判　エ 判決

(2) 興味（　　）
ア 復興　イ 余興
ウ 興行　エ 新興

4 次の——線の漢字の読み方を（　）にひらがなで書きましょう。 1つ6点【24点】

(1) ① 機構を改革（かいかく）する。（　　）
② カメラを構える。（　　）

(2) ① 指示にしたがう。（　　）
② 理解（りかい）を示す。（　　）

5 次の漢字を足し算してできる一字の漢字を、□に書きましょう。 1つ6点【18点】

(1) 言 ＋ 正 ＝ □

(2) 貝 ＋ 才 ＝ □

(3) 糸 ＋ 公 ＋ 心 ＝ □

71 パズル・実践（せん）⑰

学習した日　月　日

名前

目標時間 20分

得点　／100点

解説↓186ページ

2571

❶ 矢印の向きに読むと熟語（じゅくご）になるように、次の□に入る漢字を書きましょう。 1つ5点【10点】

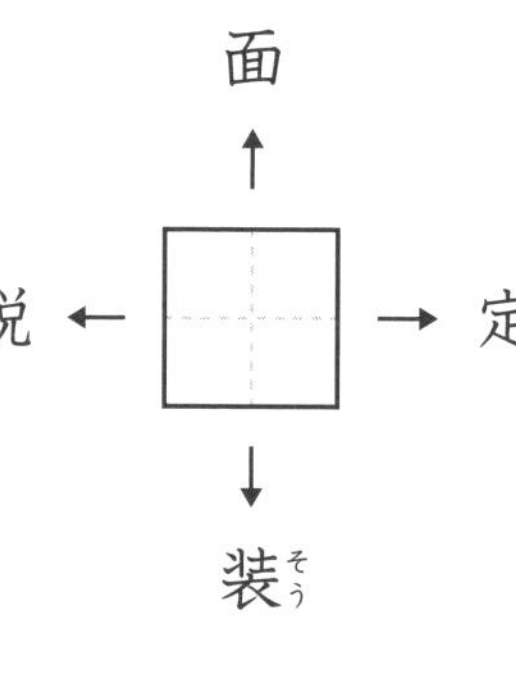

(1) 面 ↑ □ → 定　説 ← □　□ ↓ 装（そう）

(2) 好 ↓ □　悪 ↑ □　□ → 価（か）　判 ← □

❷ ①・②が反対の意味の言葉の組み合わせになるように、――線のカタカナを漢字で書きましょう。送りがなが必要なものは送りがなも書きましょう。 1つ6点【36点】

(1)
① ユタカな国に行く。（　　）
② マズシイ国に行く。（　　）

(2)
① 体重がフエル。（　　）
② 体重がヘル。（　　）

(3)
① コウガクの商品。（　　）
② テイガクの商品。（　　）

❸ 次の――線の漢字と同じ読み方をする漢字をふくむ熟語をあとから選び、記号で書きましょう。 1つ6点【12点】

(1) 小判（　　）
ア 判明　イ 判別
ウ 評判　エ 判決

(2) 興味（　　）
ア 復興　イ 余興
ウ 興行　エ 新興

❹ 次の――線の漢字の読み方を（　）にひらがなで書きましょう。 1つ6点【24点】

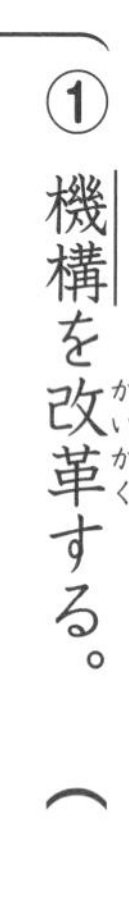

(1)
① 機構を改革（かいかく）する。（　　）
② カメラを構える。（　　）

(2)
① 指示にしたがう。（　　）
② 理解（りかい）を示す。（　　）

❺ 次の漢字を足し算してできる一字の漢字を、□に書きましょう。 1つ6点【18点】

(1) 言＋正＝□

(2) 貝＋才＝□

(3) 糸＋公＋＋心＝□

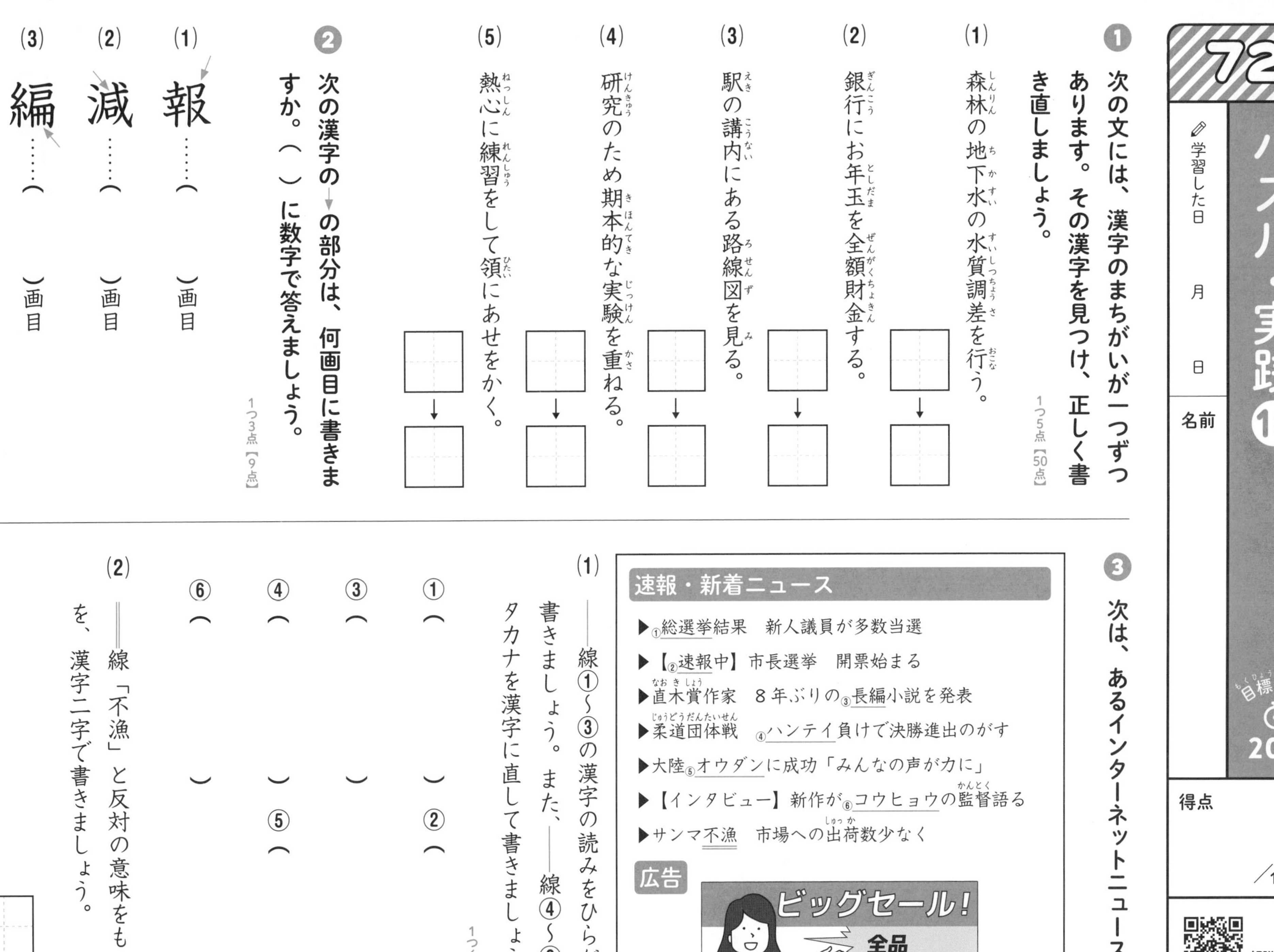

72 パズル・実践 18

目標時間 20分

学習した日　月　日

名前

得点　／100点

解説↓186ページ　2572

らくらくマルつけ

1 次の文には、漢字のまちがいが一つずつあります。その漢字を見つけ、正しく書き直しましょう。 1つ5点【50点】

(1) 森林の地下水の水質調差を行う。　□→□

(2) 銀行にお年玉を全額財金する。　□→□

(3) 駅の講内にある路線図を見る。　□→□

(4) 研究のため期本的な実験を重ねる。　□→□

(5) 熱心に練習をして領にあせをかく。　□→□

2 次の漢字の↓の部分は、何画目に書きますか。（　）に数字で答えましょう。 1つ3点【9点】

(1) 報……（　）画目

(2) 減……（　）画目

(3) 編……（　）画目

3 次は、あるインターネットニュースです。

速報・新着ニュース

- ▶①総選挙結果　新人議員が多数当選
- ▶【②速報中】市長選挙　開票始まる
- ▶直木賞作家　８年ぶりの③長編小説を発表
- ▶柔道団体戦　④ハンテイ負けで決勝進出のがす
- ▶大陸⑤オウダンに成功「みんなの声が力に」
- ▶【インタビュー】新作が⑥コウヒョウの監督語る
- ▶サンマ不漁　市場への出荷数少なく

(1) ――線①～③の漢字の読みをひらがなで書きましょう。また、――線④～⑥のカタカナを漢字に直して書きましょう。 1つ6点【36点】

①（　　）　②（　　）

③（　　）

④（　　）　⑤（　　）

⑥（　　）

(2) ＝線「不漁」と反対の意味をもつ熟語を、漢字二字で書きましょう。 【5点】

□□

もう1回チャレンジ!!

72 パズル・実践⑱

学習した日　月　日

名前

目標時間 20分

得点　／100点

解説↓186ページ

らくらくマルつけ

2572

❶ 次の文には、漢字のまちがいが一つずつあります。その漢字を見つけ、正しく書き直しましょう。 1つ5点【50点】

(1) 森林の地下水の水質調差を行う。 □→□

(2) 銀行にお年玉を全額財金する。 □→□

(3) 駅の講内にある路線図を見る。 □→□

(4) 研究のため期本的な実験を重ねる。 □→□

(5) 熱心に練習をして領にあせをかく。 □→□

❷ 次の漢字の→の部分は、何画目に書きますか。（　）に数字で答えましょう。 1つ3点【9点】

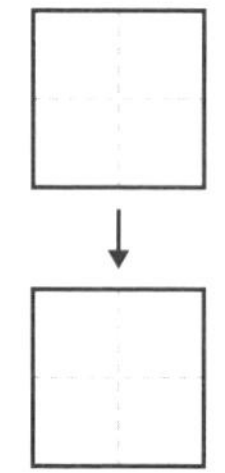

(1) 報……（　　）画目

(2) 減……（　　）画目

(3) 編……（　　）画目

❸ 次は、あるインターネットニュースです。

速報・新着ニュース

▶ ①総選挙結果　新人議員が多数当選

▶【②速報中】市長選挙　開票始まる

▶ 直木賞作家　８年ぶりの③長編小説を発表

▶ 柔道団体戦　④ハンテイ負けで決勝進出のがす

▶ 大陸⑤オウダンに成功「みんなの声が力に」

▶【インタビュー】新作が⑥コウヒョウの監督語る

▶ サンマ不漁　市場への出荷数少なく

広告

(1) ——線①～③の漢字の読みをひらがなで書きましょう。また、——線④～⑥のカタカナを漢字に直して書きましょう。 1つ6点【36点】

①（　　）②（　　）

③（　　）

④（　　）⑤（　　）

⑥（　　）

(2) ══線「不漁」と反対の意味をもつ熟語を、漢字二字で書きましょう。 【5点】

□□

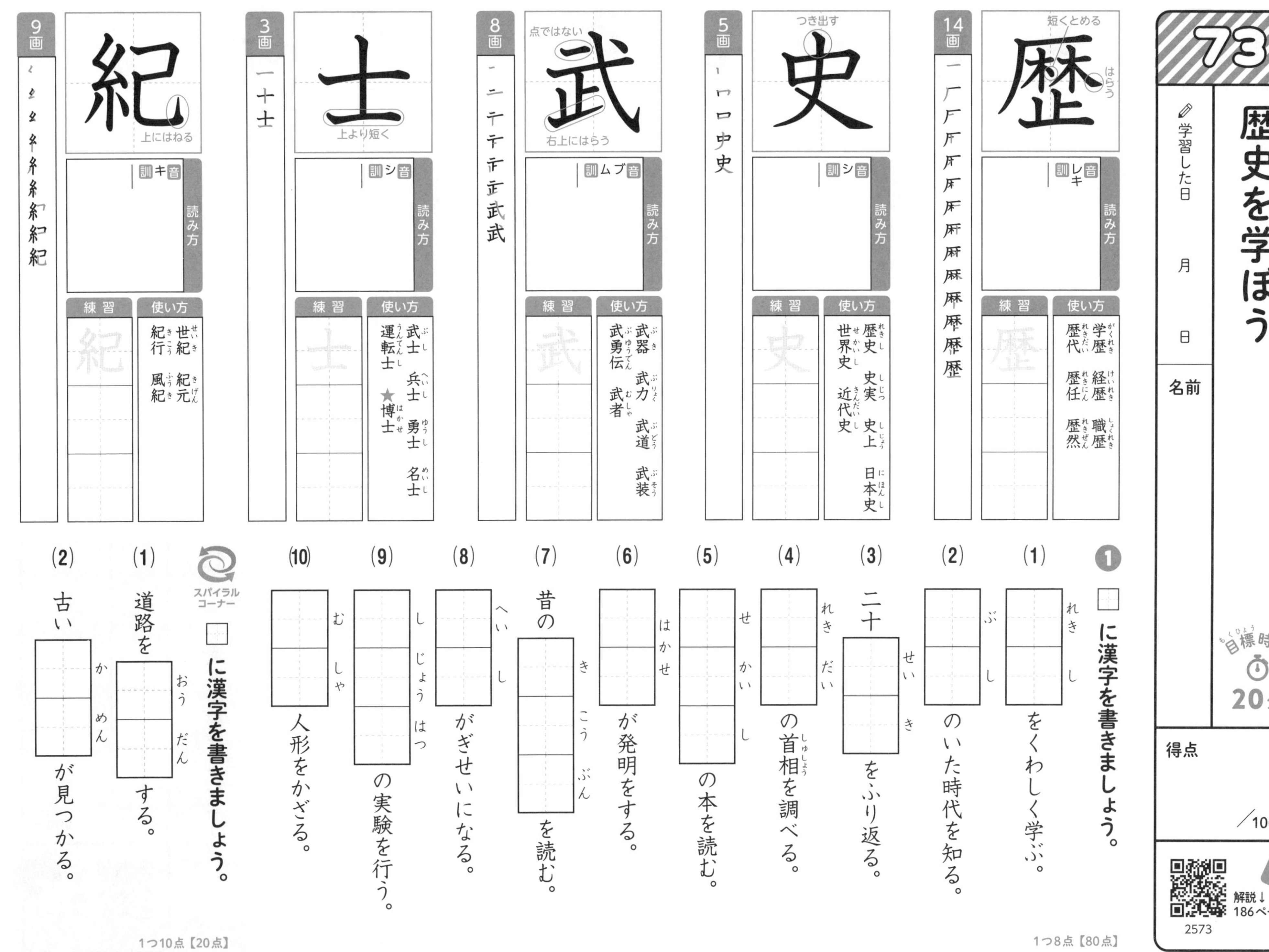

73 歴史（れきし）を学ぼう

学習した日　月　日

名前

目標時間（もくひょうじかん） 20分

歴 14画

筆順：一 厂 厂 厈 厈 厤 厤 厤 麻 麻 歴 歴 歴 歴

短くとめる／はらう

読み方：音 レキ　訓 —

使い方：学歴（がくれき）　経歴（けいれき）　職歴（しょくれき）　歴代（れきだい）　歴任（れきにん）　歴然（れきぜん）

史 5画

筆順：丨 口 口 中 史

つき出す

読み方：音 シ　訓 —

使い方：歴史（れきし）　史実（しじつ）　史上（しじょう）　日本史（にほんし）　世界史（せかいし）　近代史（きんだいし）

武 8画

筆順：一 二 千 千 千 正 武 武

点ではない／右上にはらう

読み方：音 ブ ム　訓 —

使い方：武器（ぶき）　武力（ぶりょく）　武道（ぶどう）　武装（ぶそう）　武勇伝（ぶゆうでん）　武者（むしゃ）

士 3画

筆順：一 十 士

上より短く

読み方：音 シ　訓 —

使い方：武士（ぶし）　兵士（へいし）　勇士（ゆうし）　名士（めいし）　運転士（うんてんし）　★博士（はかせ）

紀 9画

筆順：く 幺 幺 糸 糸 糸 糸 紀 紀

上にはねる

読み方：音 キ　訓 —

使い方：世紀（せいき）　紀元（きげん）　紀行（きこう）　風紀（ふうき）

練習：歴　史　武　士　紀

1 □に漢字を書きましょう。

(1) □（れきし）をくわしく学ぶ。

(2) □（ぶし）のいた時代を知る。

(3) 二十□（せいき）をふり返る。

(4) □（れきだい）の首相（しゅしょう）を調べる。

(5) □（せかいし）の本を読む。

(6) □（はかせ）が発明をする。

(7) 昔の□（きこうぶん）を読む。

(8) □（へいし）がぎせいになる。

(9) □（しじょうはつ）の実験を行う。

(10) □（むしゃ）人形をかざる。

1つ8点【80点】

スパイラルコーナー □に漢字を書きましょう。

(1) 道路を□（おうだん）する。

(2) 古い□（かめん）が見つかる。

1つ10点【20点】

得点　／100点

解説↓ 186ページ

らくらくマルつけ

2573

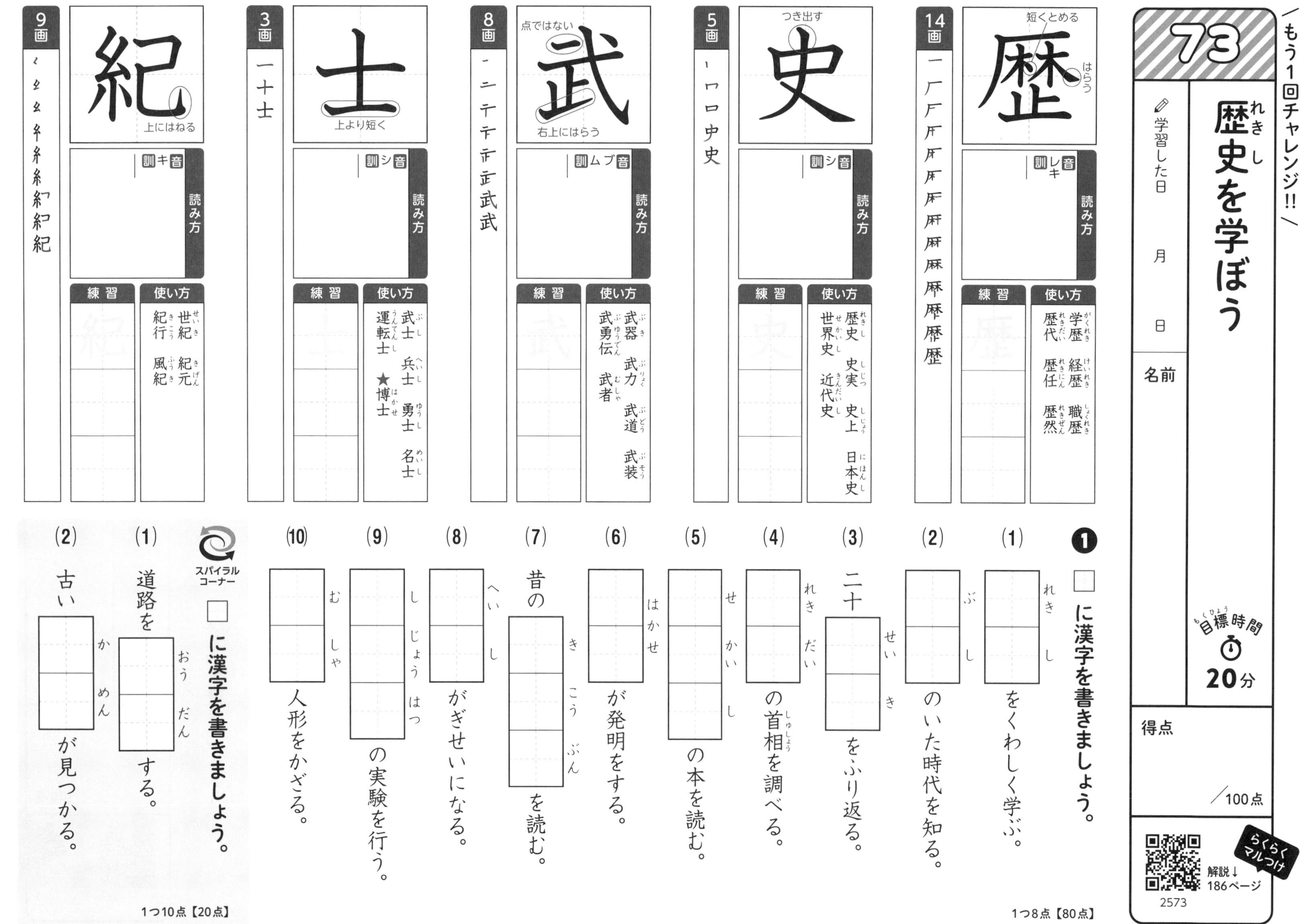

もう1回チャレンジ!!

73 歴史(れきし)を学ぼう

学習した日　月　日

名前

目標(もくひょう)時間 20分

得点　／100点

らくらくマルつけ

解説↓ 186ページ

2573

歴（14画）

短くとめる　はらう

読み方　音 レキ　訓

一 厂 厂 厂 厂 屏 屏 屏 屏 麻 厯 厯 歴 歴

使い方　歴史(れきし)　学歴(がくれき)　経歴(けいれき)　職歴(しょくれき)　歴代(れきだい)　歴任(れきにん)　歴然(れきぜん)

練習

史（5画）

つき出す

読み方　音 シ　訓

丨 口 口 中 史

使い方　歴史(れきし)　史実(しじつ)　史上(しじょう)　日本史(にほんし)　世界史(せかいし)　近代史(きんだいし)

練習

武（8画）

点ではない　右上にはらう

読み方　音 ム ブ　訓

一 二 干 干 亍 正 武 武

使い方　武器(ぶき)　武力(ぶりょく)　武道(ぶどう)　武装(ぶそう)　武勇伝(ぶゆうでん)　武者(むしゃ)

練習

士（3画）

上より短く

読み方　音 シ　訓

一 十 士

使い方　武士(ぶし)　兵士(へいし)　勇士(ゆうし)　名士(めいし)　運転士(うんてんし)　★博士(はかせ)

練習

紀（9画）

上にはねる

読み方　音 キ　訓

く 幺 幺 糸 糸 糸 紀 紀 紀

使い方　世紀(せいき)　紀元(きげん)　紀行(きこう)　風紀(ふうき)

練習

---

1 □に漢字を書きましょう。

(1) ［れきし］をくわしく学ぶ。

(2) ［ぶし］のいた時代を知る。

(3) 二十［せいき］をふり返る。

(4) ［れきだい］の首相(しゅしょう)を調べる。

(5) ［せかいし］の本を読む。

(6) ［はかせ］が発明をする。

(7) 昔の［きこうぶん］を読む。

(8) ［へいし］がぎせいになる。

(9) ［しじょうはつ］の実験を行う。

(10) ［むしゃ］人形をかざる。

1つ8点【80点】

スパイラルコーナー

□に漢字を書きましょう。

(1) 道路を［おうだん］する。

(2) 古い［かめん］が見つかる。

1つ10点【20点】

74 現在（げんざい）・過去（かこ）・未来

学習した日　月　日

名前

目標時間（もくひょうじかん） 20分

得点　／100点

らくらくマルつけ

解説↓ 187ページ

2574

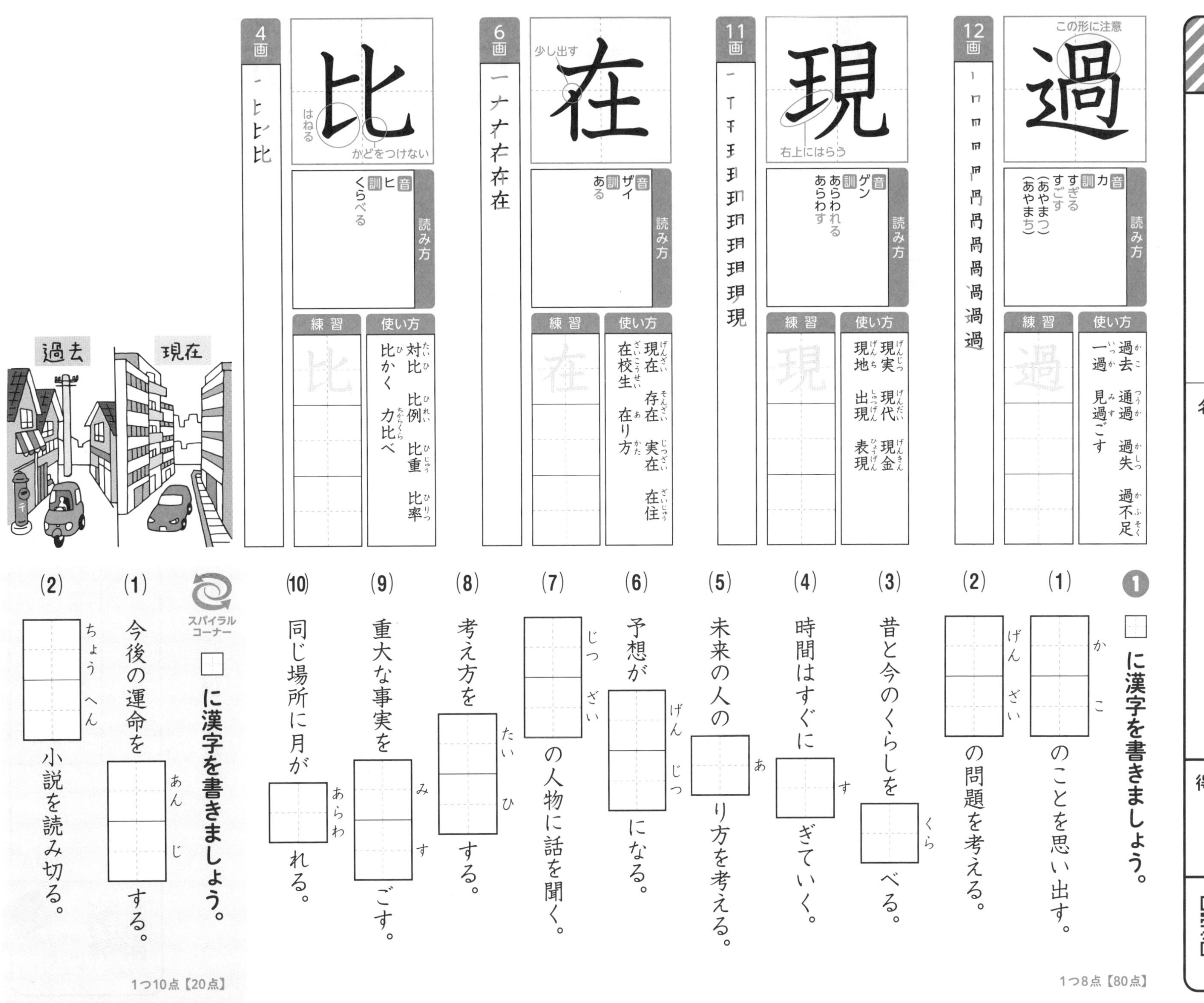

1 □に漢字を書きましょう。

(1) □□（かこ）のことを思い出す。

(2) □□（げんざい）の問題を考える。

(3) 昔と今のくらしを□（くら）べる。

(4) 時間はすぐに□（す）ぎていく。

(5) 未来の人の□（あ）り方を考える。

(6) 予想が□□（げんじつ）になる。

(7) □□（じつざい）の人物に話を聞く。

(8) 考え方を□□（たいひ）する。

(9) 重大な事実を□□（みす）ごす。

(10) 同じ場所に月が□（あらわ）れる。

1つ8点【80点】

スパイラルコーナー

□に漢字を書きましょう。

(1) 今後の運命を□□（あんじ）する。

(2) □□（ちょうへん）小説を読み切る。

1つ10点【20点】

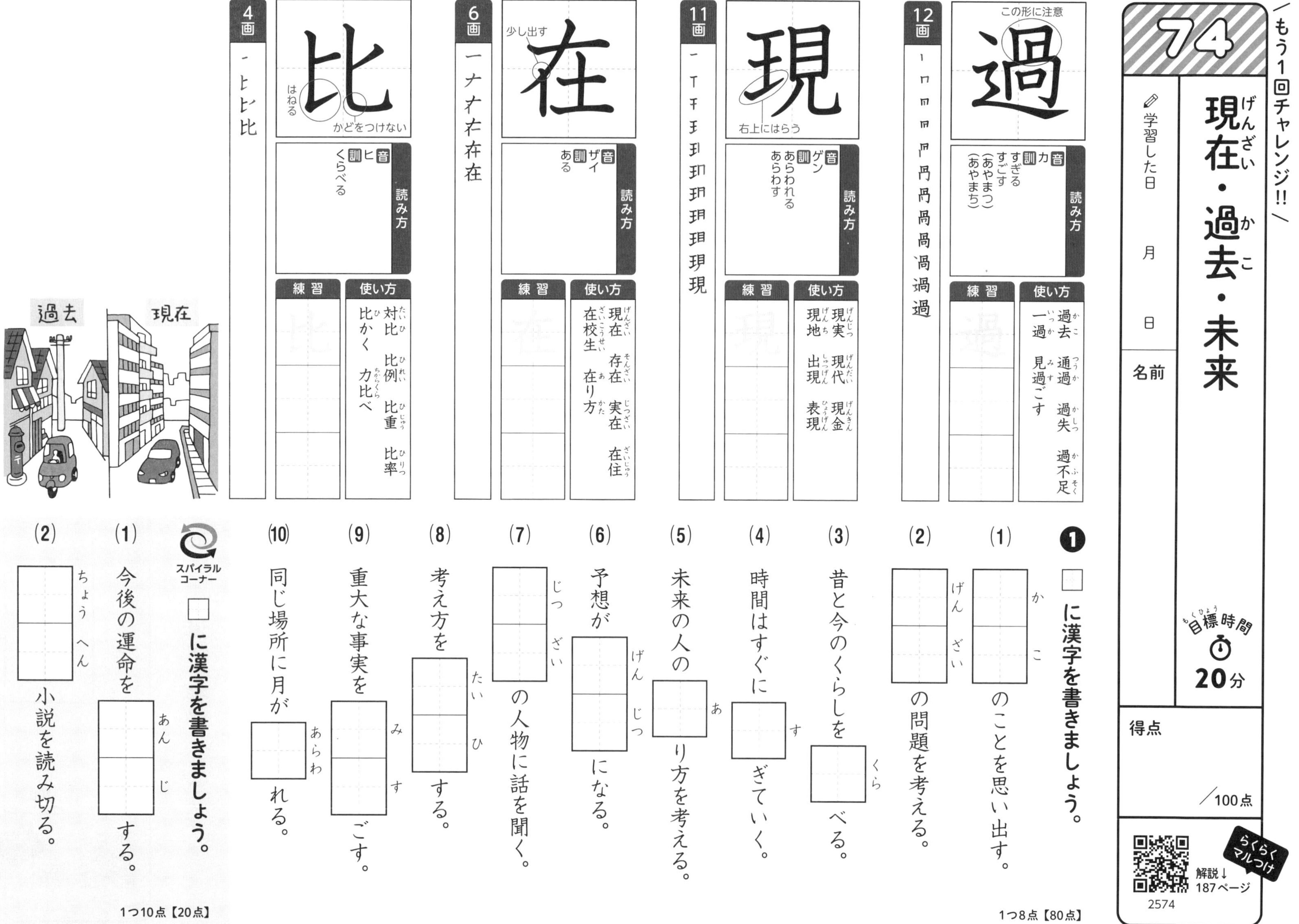

もう1回チャレンジ!!

74 現在(げんざい)・過去(かこ)・未来

学習した日　月　日

名前

目標時間(もくひょうじかん)　20分

得点　／100点

解説↓187ページ

2574

らくらくマルつけ

過　12画

この形に注意

読み方　音 カ　訓 すぎる　すごす　（あやまつ）　（あやまち）

使い方　過去(かこ)　通過(つうか)　過失(かしつ)　過不足(かふそく)　一過(いっか)　見過(みす)ごす

練習

現　11画

右上にはらう

読み方　音 ゲン　訓 あらわれる　あらわす

使い方　現実(げんじつ)　現代(げんだい)　現金(げんきん)　現地(げんち)　出現(しゅつげん)　表現(ひょうげん)

練習

在　6画

少し出す

読み方　音 ザイ　訓 ある

使い方　現在(げんざい)　存在(そんざい)　実在(じつざい)　在住(ざいじゅう)　在校生(ざいこうせい)　在(あ)り方(かた)

練習

比　4画

はねる　かどをつけない

読み方　音 ヒ　訓 くらべる

使い方　対比(たいひ)　比例(ひれい)　比重(ひじゅう)　比率(ひりつ)　比(ひ)かく　力比(ちからくら)べ

練習

過去　現在

1 □に漢字を書きましょう。　1つ8点【80点】

(1) □(かこ)のことを思い出す。

(2) □(げんざい)の問題を考える。

(3) 昔と今のくらしを□(くら)べる。

(4) 時間はすぐに□(す)ぎていく。

(5) 未来の人の□(あ)り方を考える。

(6) 予想が□(げんじつ)になる。

(7) □(じつざい)の人物に話を聞く。

(8) 考え方を□(たいひ)する。

(9) 重大な事実を□(みす)ごす。

(10) 同じ場所に月が□(あらわ)れる。

スパイラルコーナー　□に漢字を書きましょう。　1つ10点【20点】

(1) 今後の運命を□(あんじ)する。

(2) □(ちょうへん)小説を読み切る。

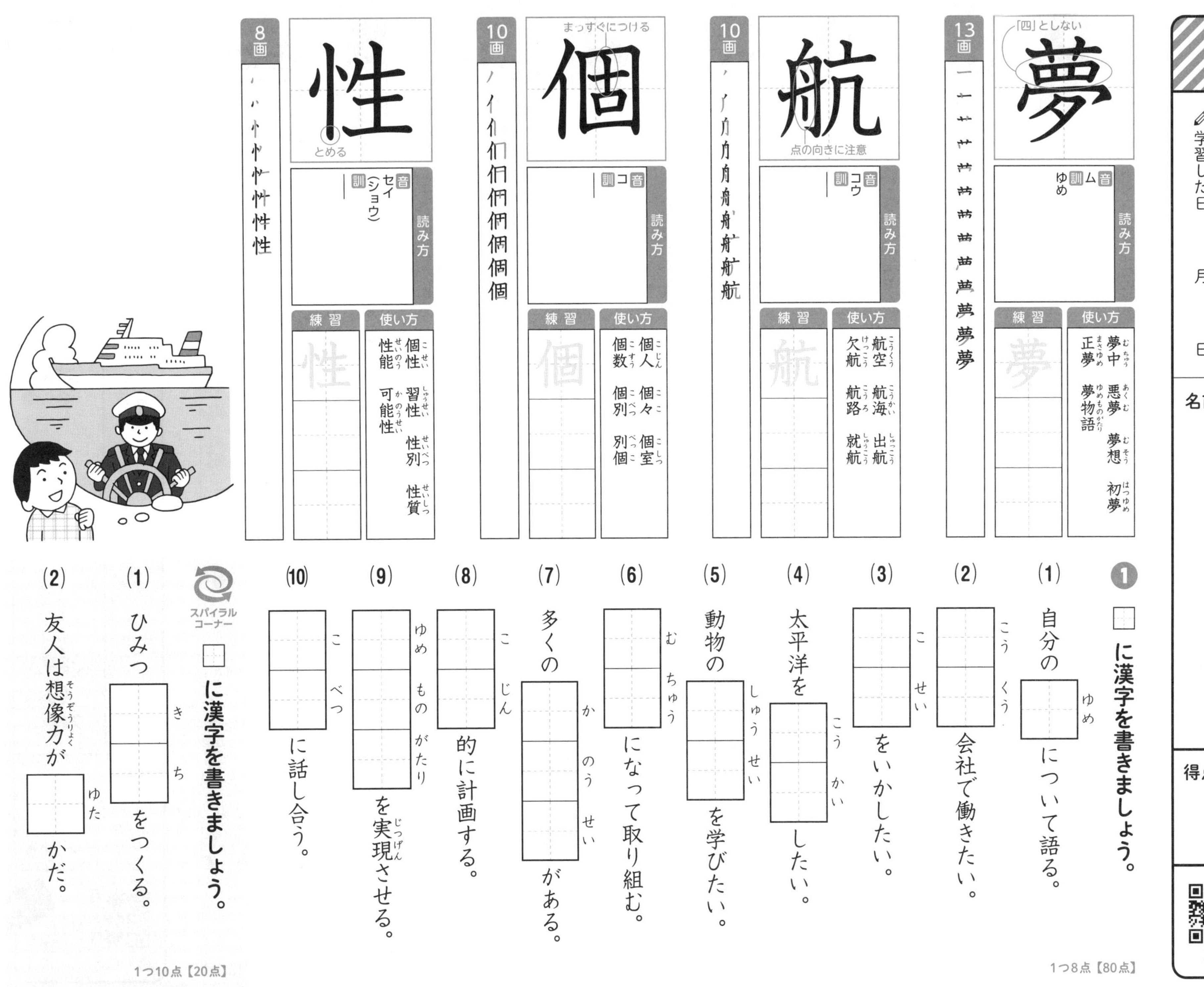

75 わたしたちの夢(ゆめ)

学習した日　月　日

名前

目標(もくひょう)時間 20分

得点　／100点

らくらくマルつけ

解説↓ 187ページ

2575

夢

13画

「四」としない

読み方　音 ム　訓 ゆめ

使い方：夢中(むちゅう)　悪夢(あくむ)　夢想(むそう)　初夢(はつゆめ)　正夢(まさゆめ)　夢物語(ゆめものがたり)

練習

航

10画

点の向きに注意

読み方　音 コウ　訓

使い方：航空(こうくう)　航海(こうかい)　出航(しゅっこう)　欠航(けっこう)　航路(こうろ)　就航(しゅうこう)

練習

個

10画

まっすぐにつける

読み方　音 コ　訓

使い方：個人(こじん)　個々(ここ)　個室(こしつ)　個数(こすう)　個別(こべつ)　別個(べっこ)

練習

性

8画

とめる

読み方　音 セイ（ショウ）　訓

使い方：個性(こせい)　習性(しゅうせい)　性別(せいべつ)　性質(せいしつ)　性能(せいのう)　可能性(かのうせい)

練習

1 □に漢字を書きましょう。

(1) 自分の□(ゆめ)について語る。

(2) □□(こうくう)会社で働きたい。

(3) □□(こせい)をいかしたい。

(4) 太平洋を□□(こうかい)したい。

(5) 動物の□□(しゅうせい)を学びたい。

(6) □□(むちゅう)になって取り組む。

(7) 多くの□□□(かのうせい)がある。

(8) □□(こじん)的に計画する。

(9) □□□(ゆめものがたり)を実現(じつげん)させる。

(10) □□(こべつ)に話し合う。

1つ8点【80点】

スパイラルコーナー　□に漢字を書きましょう。

(1) ひみつ□□(きち)をつくる。

(2) 友人は想像力(そうぞうりょく)が□(ゆた)かだ。

1つ10点【20点】

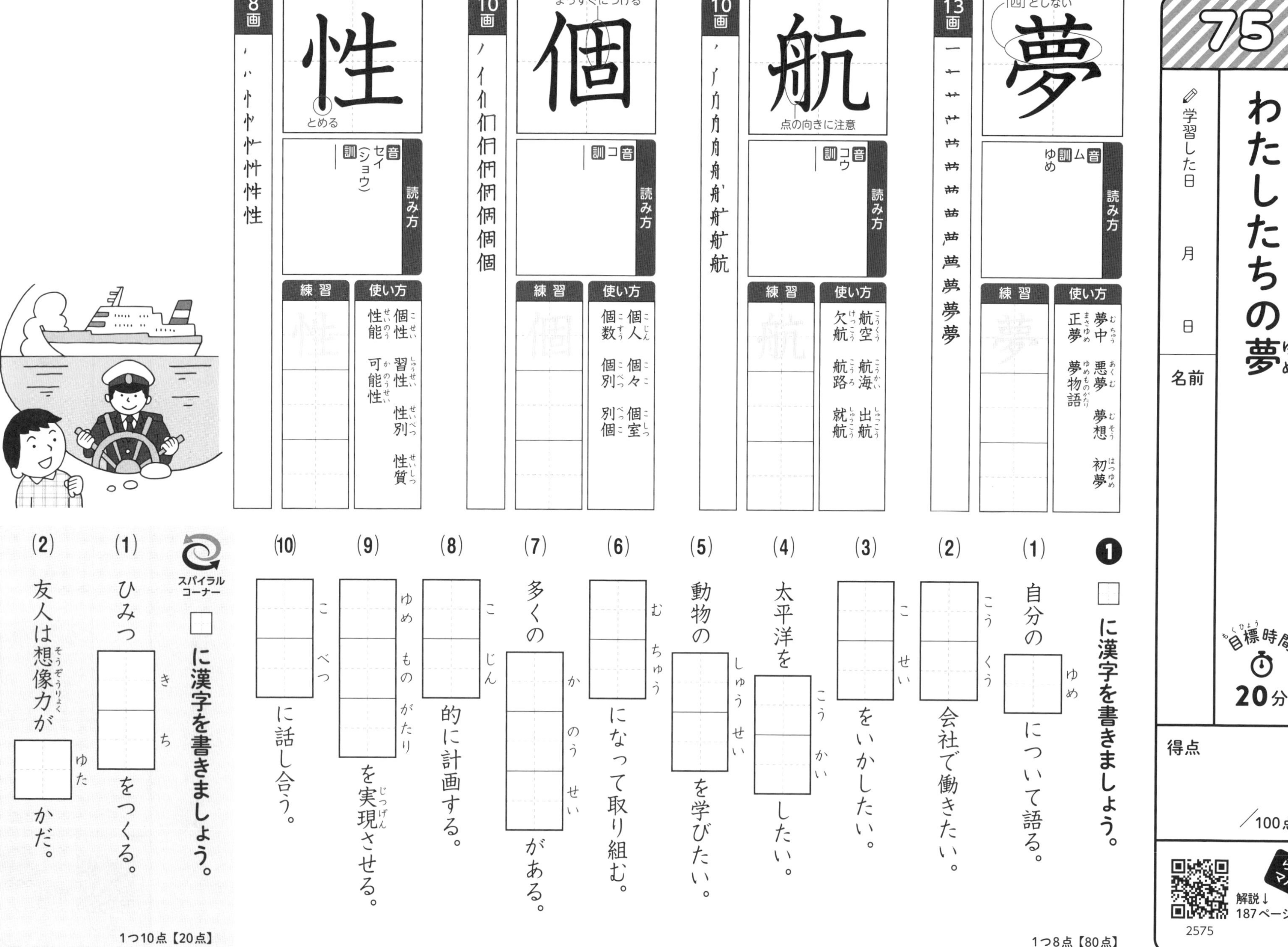

もう1回チャレンジ!!

75 わたしたちの夢(ゆめ)

学習した日　月　日

名前

目標(もくひょう)時間 20分

得点 ／100点

らくらくマルつけ

解説↓ 187ページ

2575

夢 13画

「四」としない

読み方　音 ム　訓 ゆめ

使い方　夢中(むちゅう)　悪夢(あくむ)　夢想(むそう)　初夢(はつゆめ)　正夢(まさゆめ)　夢物語(ゆめものがたり)

航 10画

点の向きに注意

読み方　音 コウ　訓 ―

使い方　航空(こうくう)　航海(こうかい)　出航(しゅっこう)　欠航(けっこう)　航路(こうろ)　就航(しゅうこう)

個 10画

まっすぐにつける

読み方　音 コ　訓 ―

使い方　個人(こじん)　個々(ここ)　個室(こしつ)　個数(こすう)　個別(こべつ)　別個(べっこ)

性 8画

とめる

読み方　音 セイ（ショウ）　訓 ―

使い方　個性(こせい)　習性(しゅうせい)　性別(せいべつ)　性質(せいしつ)　性能(せいのう)　可能性(かのうせい)

練習

1 □に漢字を書きましょう。

(1) 自分の□(ゆめ)について語る。

(2) □(こうくう)会社で働きたい。

(3) □(こせい)をいかしたい。

(4) 太平洋を□(こうかい)したい。

(5) 動物の□(しゅうせい)を学びたい。

(6) □(むちゅう)になって取り組む。

(7) 多くの□(かのうせい)がある。

(8) □(こじん)的に計画する。

(9) □(ゆめものがたり)を実現(じつげん)させる。

(10) □(こべつ)に話し合う。

1つ8点【80点】

スパイラルコーナー

□に漢字を書きましょう。

(1) ひみつ□(きち)をつくる。

(2) 友人は想像力(そうぞうりょく)が□(ゆた)かだ。

1つ10点【20点】

76

まとめのテスト⑲

学習した日　月　日

名前

目標時間 20分

得点　／100点

解説↓187ページ

らくらくマルつけ

2576

1 (　)に――線の読みがなを書きましょう。

1つ4点【52点】

(1) 個々（　）で話し合いを行う。

(2) 昨日の夢が正夢（　）になる。

(3) 物体の性質（　）を知る。

(4) 勇士（　）として生きる。

(5) 島への定期便が出航（　）する。

(6) 海外に十年間在住（　）する。

(7) 史実（　）をもとに考える。

(8) 子犬の性別（　）を調べる。

(9) 宇宙（うちゅう）旅行を夢想（　）する。

(10) 別個（　）の問題とする。

(11) 南に向けて航路（　）をとる。

(12) 近代（　）史の授業（じゅぎょう）を受ける。

(13) ことわざ博士（　）とよばれる。

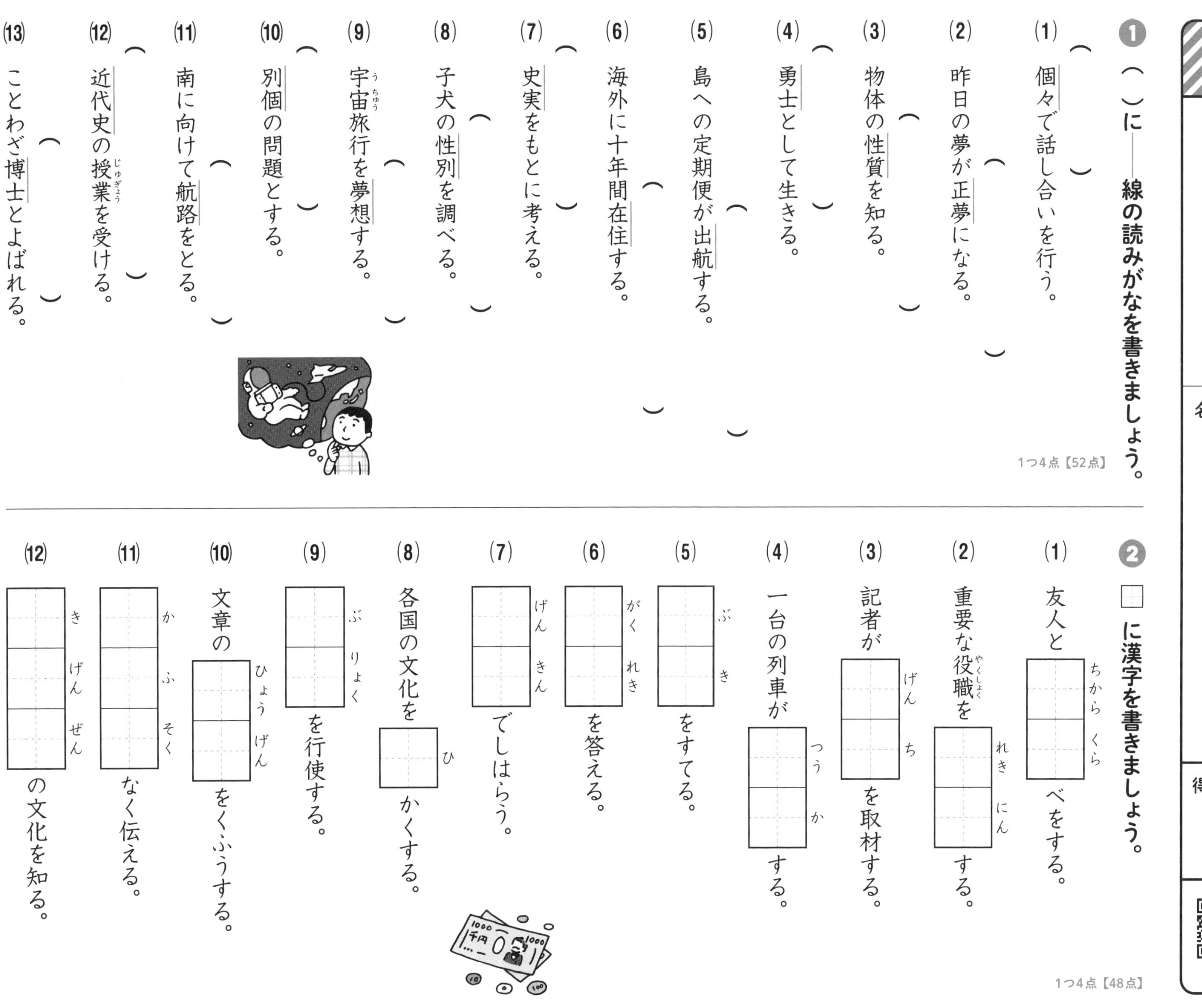

2 □に漢字を書きましょう。

1つ4点【48点】

(1) 友人と□□（ちから くら）べをする。

(2) 重要な役職（やくしょく）を□□（れき にん）する。

(3) 記者が□□（げん ち）を取材する。

(4) 一台の列車が□□（つう か）する。

(5) □□（ぶ き）をすてる。

(6) □□（がく れき）を答える。

(7) □□（げん きん）ではらう。

(8) 各国の文化を□（ひ）かくする。

(9) □□（ぶ りょく）を行使する。

(10) 文章の□□（ひょう げん）をくふうする。

(11) □□□（か ふ そく）なく伝える。

(12) □□□（き げん ぜん）の文化を知る。

＼もう1回チャレンジ!!／

76 まとめのテスト⑲

学習した日　月　日

名前

目標時間 20分

得点　／100点

1 （　）に――線の読みがなを書きましょう。

1つ4点【52点】

(1) 個々で話し合いを行う。（　）
(2) 昨日の夢が正夢になる。（　）
(3) 物体の性質を知る。（　）
(4) 勇士として生きる。（　）
(5) 島への定期便が出航する。（　）
(6) 海外に十年間在住する。（　）
(7) 史実をもとに考える。（　）
(8) 子犬の性別を調べる。（　）
(9) 宇宙（うちゅう）旅行を夢想する。（　）
(10) 別個の問題とする。（　）
(11) 南に向けて航路をとる。（　）
(12) 近代史の授業（じゅぎょう）を受ける。（　）
(13) ことわざ博士とよばれる。（　）

2 □に漢字を書きましょう。

1つ4点【48点】

(1) 友人と［ちから　くら］べをする。
(2) 重要な役職（やくしょく）を［れき　にん］する。
(3) 記者が［げん　ち］を取材する。
(4) 一台の列車が［つう　か］する。
(5) ［ぶ　き］をすてる。
(6) ［がく　れき］を答える。
(7) ［げん　きん］でしはらう。
(8) 各国の文化を［ひ］かくする。
(9) ［ぶ　りょく］を行使する。
(10) 文章の［ひょう　げん］をくふうする。
(11) ［か　ふ　そく］なく伝える。
(12) ［き　げん　ぜん］の文化を知る。

解説↓187ページ

らくらくマルつけ

2576

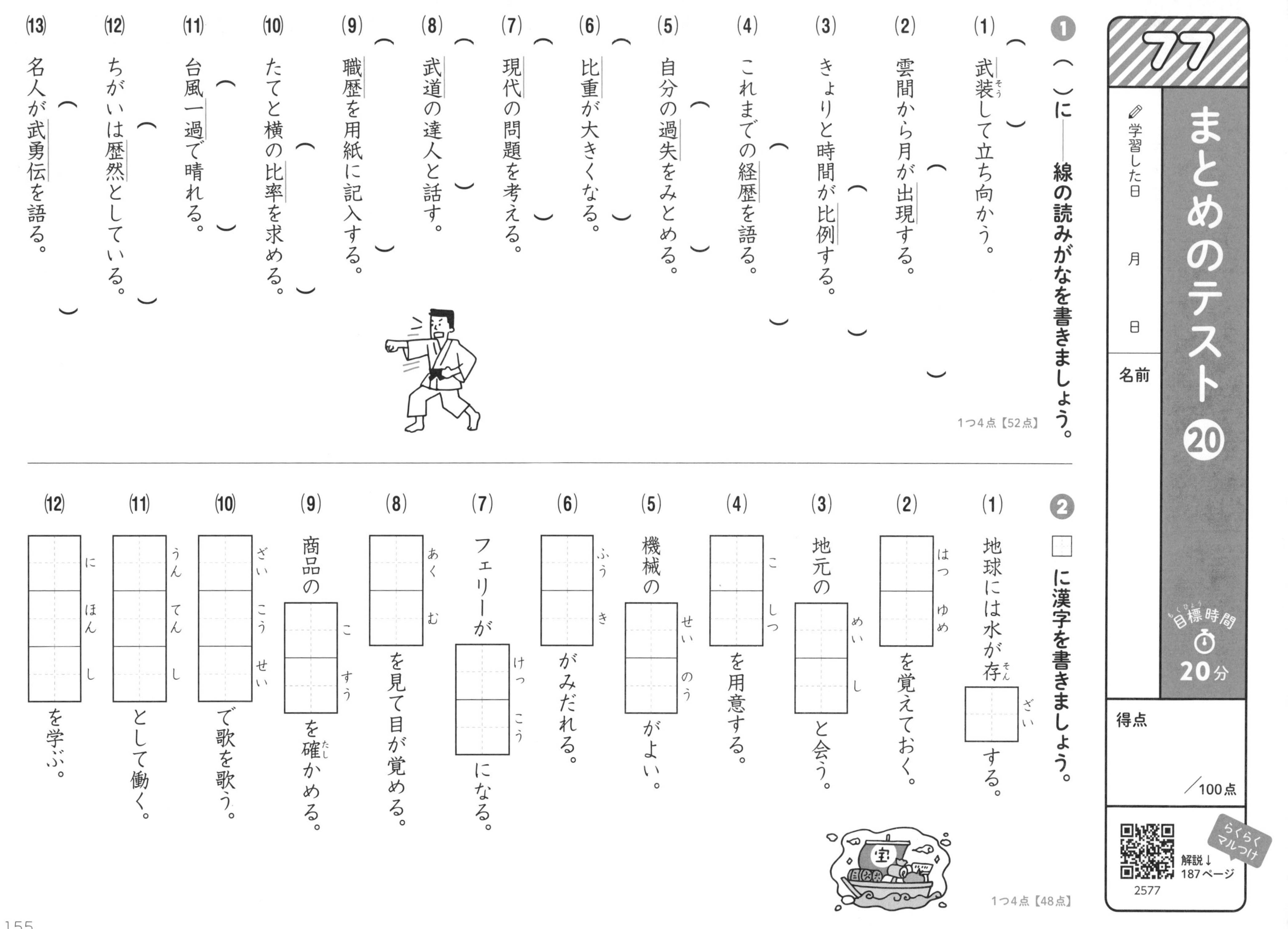

77

まとめのテスト 20

学習した日　月　日

名前

目標時間（もくひょうじかん） 20分

得点　／100点

らくらくマルつけ

解説↓ 187ページ

2577

1 （　）に——線の読みがなを書きましょう。

1つ4点【52点】

(1) 武装（そう）して立ち向かう。（　　）

(2) 雲間から月が出現する。（　　）

(3) きょりと時間が比例する。（　　）

(4) これまでの経歴を語る。（　　）

(5) 自分の過失をみとめる。（　　）

(6) 比重が大きくなる。（　　）

(7) 現代の問題を考える。（　　）

(8) 武道の達人と話す。（　　）

(9) 職歴を用紙に記入する。（　　）

(10) たてと横の比率を求める。（　　）

(11) 台風一過で晴れる。（　　）

(12) ちがいは歴然としている。（　　）

(13) 名人が武勇伝を語る。（　　）

2 □に漢字を書きましょう。

1つ4点【48点】

(1) 地球には水が存（そん）［ざい］する。

(2) ［はつゆめ］を覚えておく。

(3) 地元の［めいし］と会う。

(4) ［こしつ］を用意する。

(5) 機械の［せいのう］がよい。

(6) ［ふうき］がみだれる。

(7) フェリーが［けっこう］になる。

(8) ［あくむ］を見て目が覚める。

(9) 商品の［こすう］を確（たし）かめる。

(10) ［ざいこうせい］で歌を歌う。

(11) ［うんてんし］として働く。

(12) ［にほんし］を学ぶ。

＼もう１回チャレンジ!!／

77

まとめのテスト 20

学習した日　月　日

名前

目標時間 20分

得点　／100点

解説↓ 187ページ

2577

らくらくマルつけ

1 （　）に――線の読みがなを書きましょう。　1つ4点【52点】

(1) 武装（そう）して立ち向かう。
(2) 雲間から月が出現する。
(3) きょりと時間が比例する。
(4) これまでの経歴を語る。
(5) 自分の過失をみとめる。
(6) 比重が大きくなる。
(7) 現代の問題を考える。
(8) 武道の達人と話す。
(9) 職歴を用紙に記入する。
(10) たてと横の比率を求める。
(11) 台風一過で晴れる。
(12) ちがいは歴然としている。
(13) 名人が武勇伝を語る。

2 □に漢字を書きましょう。　1つ4点【48点】

(1) 地球には水が存（そん）□（ざい）する。
(2) □□（はつゆめ）を覚えておく。
(3) 地元の□□（めいし）と会う。
(4) □□（こしつ）を用意する。
(5) 機械の□□（せいのう）がよい。
(6) □□（ふうき）がみだれる。
(7) フェリーが□□（けっこう）になる。
(8) □□（あくむ）を見て目が覚める。
(9) 商品の□□（こすう）を確（たし）かめる。
(10) □□□（ざいこうせい）で歌を歌う。
(11) □□□（うんてんし）として働く。
(12) □□□（にほんし）を学ぶ。

78 パズル・実践⑲

目標時間 20分

学習した日　月　日

名前

得点　／100点

らくらくマルつけ　解説↓188ページ　2578

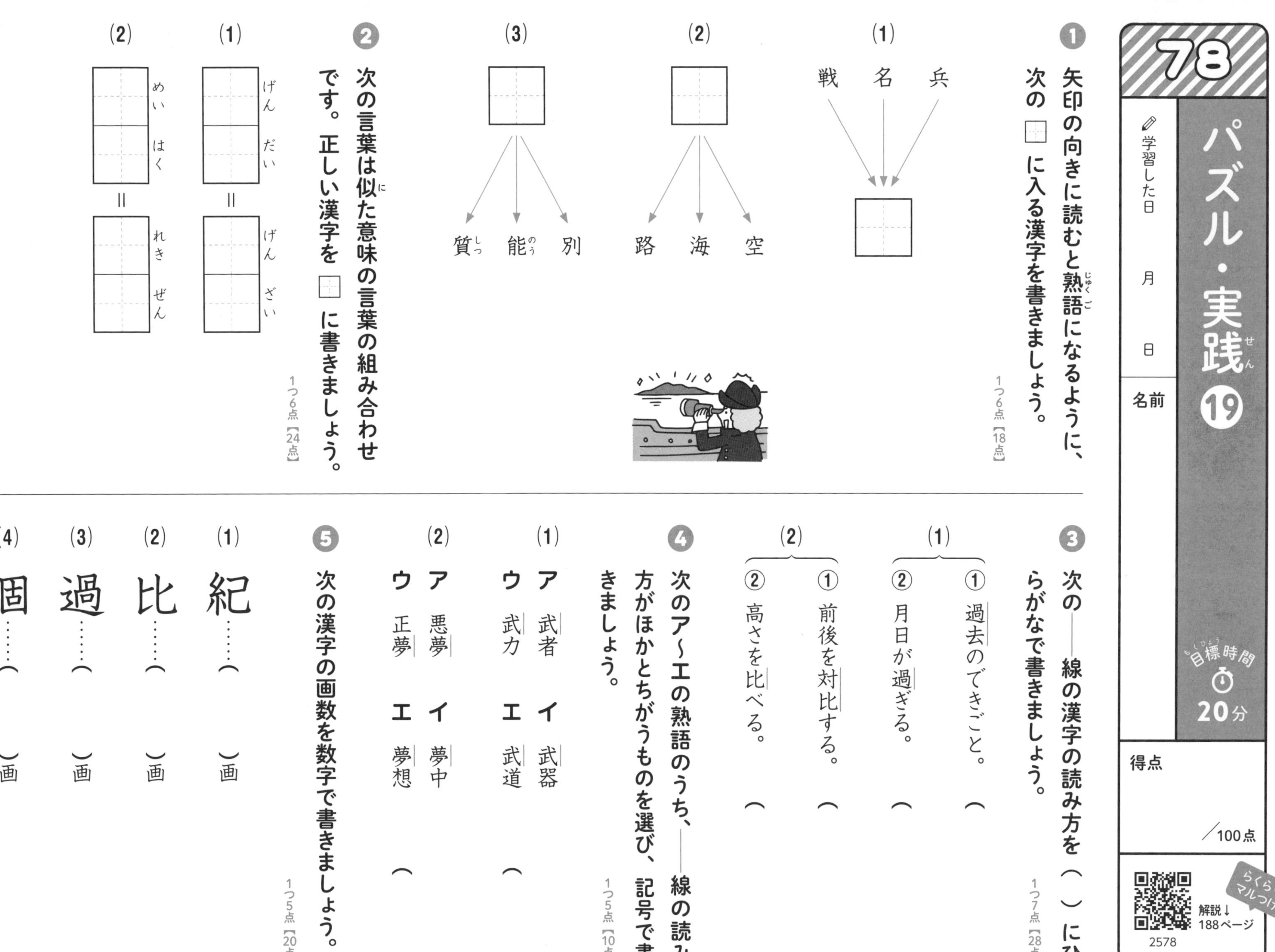

1 矢印の向きに読むと熟語になるように、次の□に入る漢字を書きましょう。　1つ6点【18点】

(1) 兵　名　戦 → □

(2) □ → 空　海　路

(3) □ → 別　能　質

2 次の言葉は似た意味の言葉の組み合わせです。正しい漢字を□に書きましょう。　1つ6点【24点】

(1) げんざい ＝ げんだい

(2) れきぜん ＝ めいはく

3 次の――線の漢字の読み方を（　）にひらがなで書きましょう。　1つ7点【28点】

(1) ① 過去のできごと。（　）
② 月日が過ぎる。（　）

(2) ① 前後を対比する。（　）
② 高さを比べる。（　）

4 次のア～エの熟語のうち、――線の読み方がほかとちがうものを選び、記号で書きましょう。　1つ5点【10点】

(1) ア 武者　イ 武器　ウ 武力　エ 武道（　）

(2) ア 悪夢　イ 夢中　ウ 正夢　エ 夢想（　）

5 次の漢字の画数を数字で書きましょう。　1つ5点【20点】

(1) 紀……（　）画

(2) 比……（　）画

(3) 過……（　）画

(4) 個……（　）画

＼もう1回チャレンジ!!／

78

パズル・実践⑲

学習した日　月　日

名前

目標時間 20分

得点　／100点

らくらくマルつけ

解説↓188ページ

2578

❶ 矢印の向きに読むと熟語になるように、次の□に入る漢字を書きましょう。　1つ6点【18点】

(1) 兵　名　戦 → □

(2) □ → 空　海　路

(3) □ → 別　能　質

❷ 次の言葉は似た意味の言葉の組み合わせです。正しい漢字を□に書きましょう。　1つ6点【24点】

(1) げんだい ＝ げんざい

(2) めいはく ＝ れきぜん

❸ 次の――線の漢字の読み方を（　）にひらがなで書きましょう。　1つ7点【28点】

(1) ① 過去のできごと。（　　）
② 月日が過ぎる。（　　）

(2) ① 前後を対比する。（　　）
② 高さを比べる。（　　）

❹ 次のア～エの熟語のうち、――線の読み方がほかとちがうものを選び、記号で書きましょう。　1つ5点【10点】

(1) ア 武者　イ 武器　ウ 武力　エ 武道　（　　）

(2) ア 悪夢　イ 夢中　ウ 正夢　エ 夢想　（　　）

❺ 次の漢字の画数を数字で書きましょう。　1つ5点【20点】

(1) 紀……（　）画

(2) 比……（　）画

(3) 過……（　）画

(4) 個……（　）画

❶ 次のクロスワードパズルが完成するように、□に漢字を書きましょう。 1つ5点【50点】

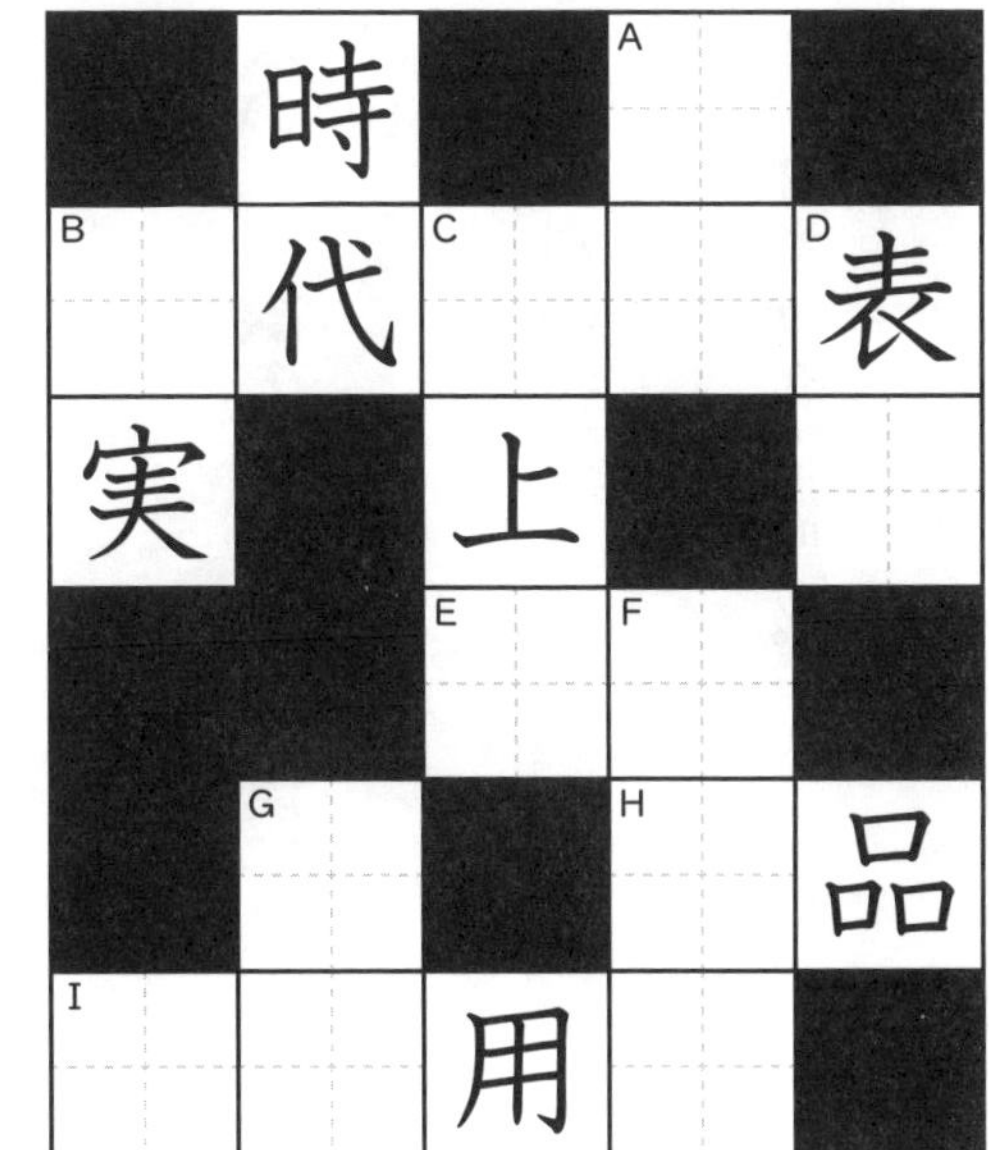

■	時	■	A	■
B	代	C		D 表
実	■	上	■	
■	■	E	F	■
■	G	■	H	品
I		用		■

タテのカギ

A 大人になること
B 目の前に起きていること
C これまでなかったことが起きる
D 気持ちのあらわれた顔つき
F 本当とは思えない話
G 雨が上がったあとに広がる

ヨコのカギ

B 今の時代に起きていることをまとめたもの
E １月１日か２日に見る
H 形のあるしなもののこと
I パイロットなら覚えておきたいこと

❷ 次の——線のカタカナを漢字で書き分けましょう。 1つ5点【30点】

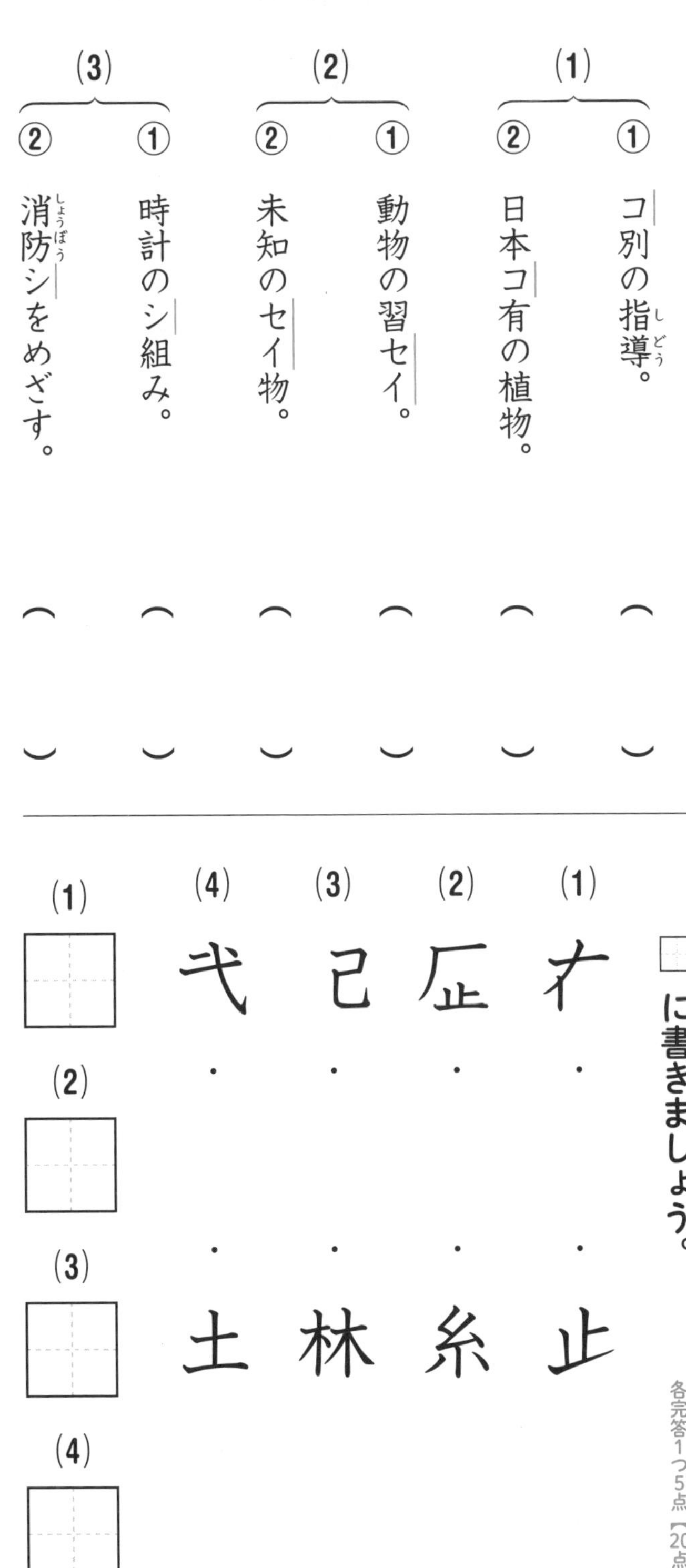

(1)
① コ別の指導（しどう）。（　　）
② 日本コ有の植物。（　　）

(2)
① 動物の習セイ。（　　）
② 未知のセイ物。（　　）

(3)
① 時計のシ組み。（　　）
② 消防（しょうぼう）シをめざす。（　　）

❸ 次の漢字の欠けている部分を下から選び、線で結びましょう。また、できた漢字を□に書きましょう。 各完答1つ5点【20点】

(1) 𠂇・　　・止
(2) 丘・　　・糸
(3) 己・　　・林
(4) 弋・　　・土

(1) □
(2) □
(3) □
(4) □

＼もう1回チャレンジ!!／

79 パズル・実践⑳

学習した日　月　日

名前

目標時間 20分

得点　／100点

らくらくマルつけ　解説↓188ページ

2579

❶ 次のクロスワードパズルが完成するように、□に漢字を書きましょう。

1つ5点【50点】

■	時	■	A	■
B	代	C		D 表
実	■	上	■	
■	■	E	F	■
■	G	■	H	品
I		用		■

タテのカギ

A　大人になること

B　目の前に起きていること

C　これまでなかったことが起きる

D　気持ちのあらわれた顔つき

F　本当とは思えない話

G　雨が上がったあとに広がる

ヨコのカギ

B　今の時代に起きていることをまとめたもの

E　１月１日か２日に見る

H　形のあるしなもののこと

I　パイロットなら覚えておきたいこと

❷ 次の――線のカタカナを漢字で書き分けましょう。

1つ5点【30点】

(1)
① コ別の指導（しどう）。（　　）
② 日本コ有の植物。（　　）

(2)
① 動物の習セイ。（　　）
② 未知のセイ物。（　　）

(3)
① 時計のシ組み。（　　）
② 消防（しょうぼう）シをめざす。（　　）

❸ 次の漢字の欠けている部分を下から選び、線で結びましょう。また、できた漢字を□に書きましょう。

各完答1つ5点【20点】

(1) 𠂇・　・止

(2) ⿸厂止・　・糸

(3) 己・　・林

(4) 弋・　・土

(1) □

(2) □

(3) □

(4) □

パズル・実践㉑

学習した日　　月　　日

名前

目標時間 20分

得点　　／100点

らくらくマルつけ　解説↓188ページ　2580

1 矢印の向きに読むと熟語になるように、次の□に入る漢字を書きましょう。　1つ8点【16点】

(1)
道 ↑ □
□ → 器
術 ← □
□ ↓ 力

(2)
現 ↓ □
□ → 住
校 ← □
存 ↑ □

2 次の――線のカタカナにあてはまる漢字を線で結びましょう。　全部できて1つ7点【14点】

(1)
① 思いをアラワす。　・　　・現
② すがたをアラワす。　・　　・表

(2)
① 大きな公園がアる。　・　　・有
② はりに毒がアる。　・　　・在

3 次の漢字の↓の部分は、何画目に書きますか。（　）に数字で書きましょう。　1つ8点【16点】

(1) 性……（　　）画目

(2) 航……（　　）画目

4 次は、ある人物の伝記の一部です。

> 十①世紀ごろには、②武士が③出現していたと考えられています。
> 武士による政治を始めようと、各地で戦いがくり広げられました。その結果、④ユメ見ていた武士による政治が実現されることとなったのです。
> そうして戦った武士の一人が、「牛若丸」とよばれた⑤カコをもつ源義経です。
> 源義経には、兄の源頼朝に殺されたという悲しい物語があります。
>
> ⑥レキシの一ページに名をきざむことになったんだね。武士の時代を今の時代とクラベルのもおもしろいね。

(1) ――線①～③の漢字の読みをひらがなで書きましょう。また、――線④～⑥のカタカナを漢字に直して書きましょう。　1つ8点【48点】

①（　　）　②（　　）

③（　　）

④（　　）　⑤（　　）

⑥（　　）

(2) ══線「クラベル」を、漢字と送りがなで書きましょう。　【6点】

（　　）

もう1回チャレンジ!!

80

パズル・実践 21

学習した日　　月　　日

名前

目標時間 20分

得点　　／100点

らくらくマルつけ

解説↓188ページ

2580

1 矢印の向きに読むと熟語になるように、次の□に入る漢字を書きましょう。　1つ8点【16点】

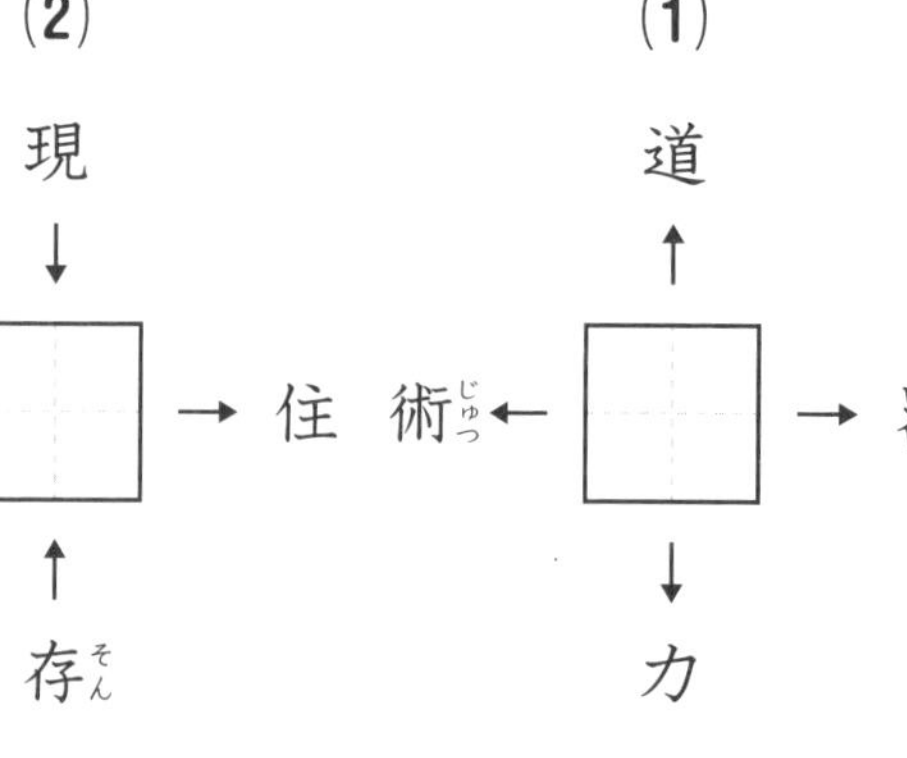

2 次の――線のカタカナにあてはまる漢字を線で結びましょう。　全部できて1つ7点【14点】

(1)
① 思いをアラワす。・　　・現
② すがたをアラワす。・　　・表

(2)
① 大きな公園がアる。・　　・有
② はりに毒がアる。・　　・在

3 次の漢字の→の部分は、何画目に書きますか。（　）に数字で書きましょう。　1つ8点【16点】

(1) 性……（　　）画目

(2) 航……（　　）画目

4 次は、ある人物の伝記の一部です。

十①世紀ごろには、②武士が③出現していたと考えられています。

武士による政治を始めようと、各地で戦いがくり広げられました。その結果、④ユメ見ていた武士による政治が実現されることとなったのです。

そうして戦った武士の一人が、「牛若丸」とよばれた⑤カコをもつ源義経です。

源義経には、兄の源頼朝に殺されたという悲しい物語があります。

⑥レキシの一ページに名をきざむことになったんだね。武士の時代を今の時代とクラベルのもおもしろいね。

(1) ――線①～③の漢字の読みをひらがなで書きましょう。また、――線④～⑥のカタカナを漢字に直して書きましょう。　1つ8点【48点】

①（　　）　②（　　）
③（　　）
④（　　）　⑤（　　）
⑥（　　）

(2) ＝線「クラベル」を、漢字と送りがなで書きましょう。　【6点】

（　　）

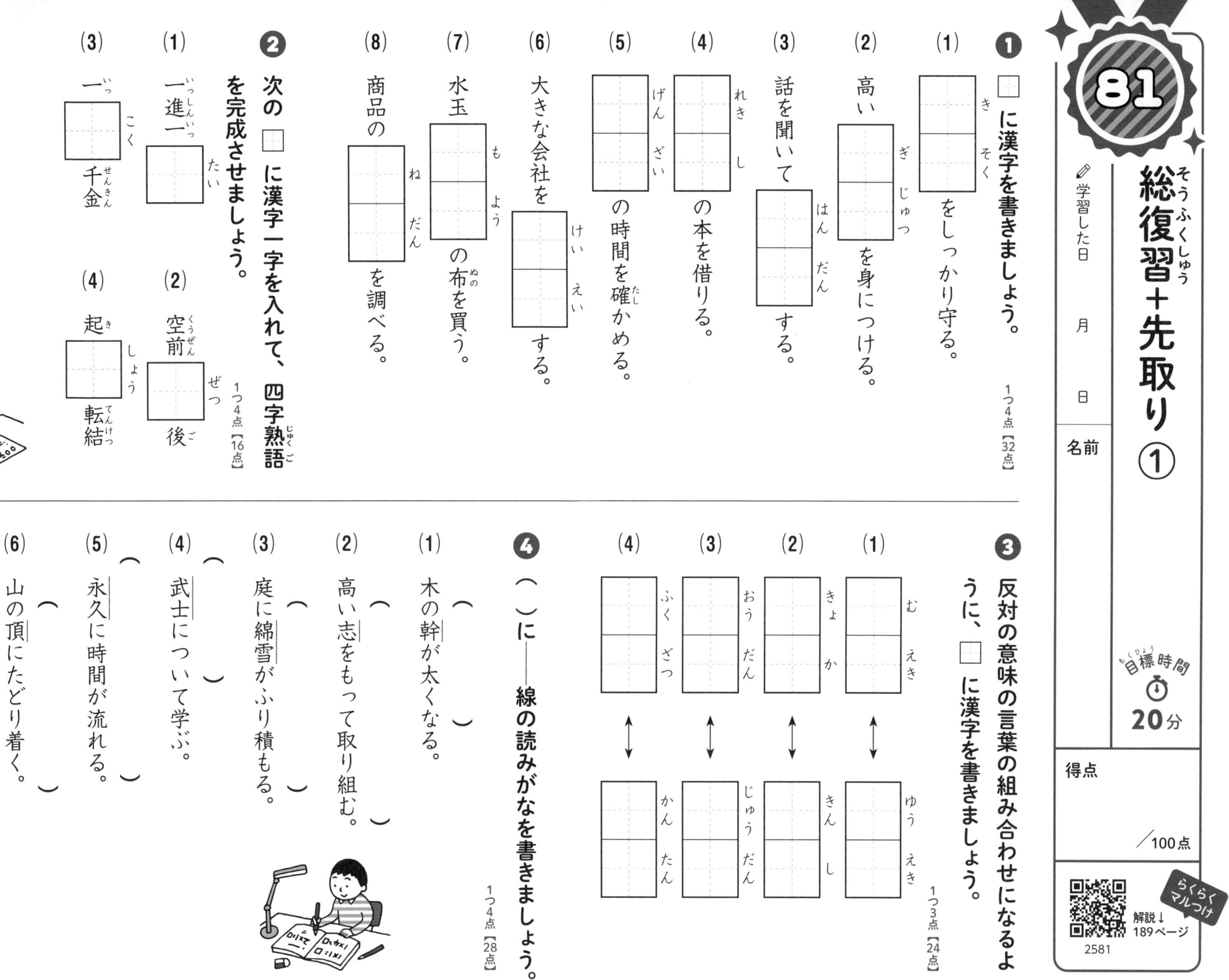

81 総復習＋先取り①

学習した日　月　日

名前

目標時間 20分

得点　／100点

らくらくマルつけ

解説↓ 189ページ

2581

1 □に漢字を書きましょう。　1つ4点【32点】

(1) □□（きそく）をしっかり守る。

(2) 高い□□（ぎじゅつ）を身につける。

(3) 話を聞いて□□（はんだん）する。

(4) □□（れきし）の本を借りる。

(5) □□（げんざい）の時間を確かめる。

(6) 大きな会社を□□（けいえい）する。

(7) 水玉□□（もよう）の布を買う。

(8) 商品の□□（ねだん）を調べる。

2 次の□に漢字一字を入れて、四字熟語を完成させましょう。　1つ4点【16点】

(1) 一進一□（たい）

(2) 空前□（ぜつ）後

(3) 一□（こく）千金

(4) 起□（しょう）転結

3 反対の意味の言葉の組み合わせになるように、□に漢字を書きましょう。　1つ3点【24点】

(1) □□（むえき）↔□□（ゆうえき）

(2) □□（きょか）↔□□（きんし）

(3) □□（おうだん）↔□□（じゅうだん）

(4) □□（ふくざつ）↔□□（かんたん）

4 （　）に――線の読みがなを書きましょう。　1つ4点【28点】

(1) 木の幹が太くなる。（　）

(2) 高い志をもって取り組む。（　）

(3) 庭に綿雪がふり積もる。（　）

(4) 武士について学ぶ。（　）

(5) 永久に時間が流れる。（　）

(6) 山の頂にたどり着く。（　）

(7) 運動して腹筋をきたえる。（　）

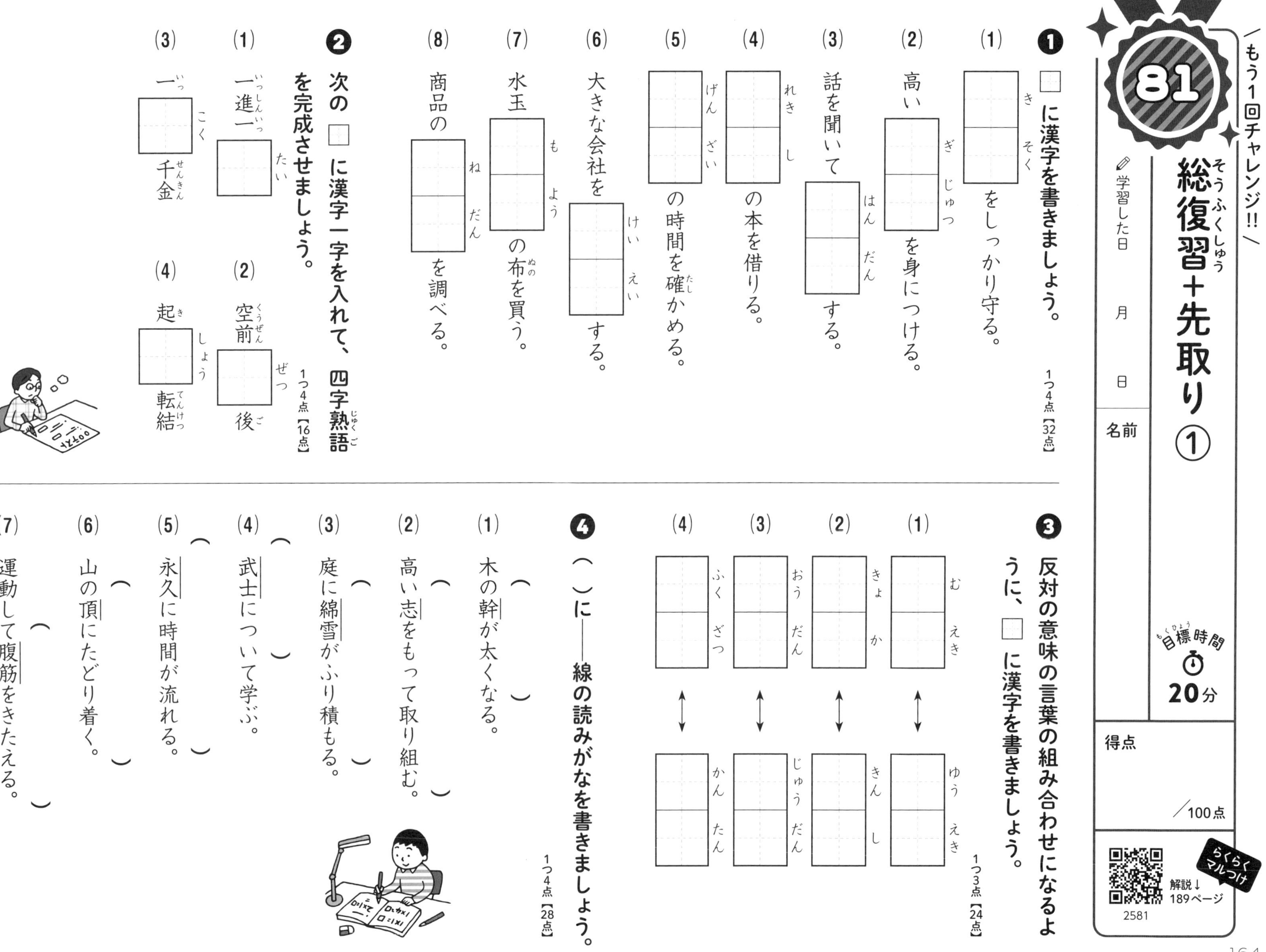

もう1回チャレンジ!!

81

総復習(そうふくしゅう)+先取り①

学習した日　月　日

名前

目標時間(もくひょうじかん) 20分

得点　／100点

らくらくマルつけ

解説↓ 189ページ

2581

1 □に漢字を書きましょう。 1つ4点【32点】

(1) □□(きそく)をしっかり守る。

(2) 高い□□(ぎじゅつ)を身につける。

(3) 話を聞いて□□(はんだん)する。

(4) □□(れきし)の本を借りる。

(5) □□(げんざい)の時間を確(たし)かめる。

(6) 大きな会社を□□(けいえい)する。

(7) 水玉□□(もよう)の布(ぬの)を買う。

(8) 商品の□□(ねだん)を調べる。

2 次の□に漢字一字を入れて、四字熟語(じゅくご)を完成させましょう。 1つ4点【16点】

(1) 一進一(いっしんいっ)□(たい)

(2) 空前(くうぜん)□(ぜつ)後(ご)

(3) 一(いっ)□(こく)千金(せんきん)

(4) 起(き)□(しょう)転結(てんけつ)

3 反対の意味の言葉の組み合わせになるように、□に漢字を書きましょう。 1つ3点【24点】

(1) □□(むえき) ↔ □□(ゆうえき)

(2) □□(きょか) ↔ □□(きんし)

(3) □□(おうだん) ↔ □□(じゅうだん)

(4) □□(ふくざつ) ↔ □□(かんたん)

4 (　)に――線の読みがなを書きましょう。 1つ4点【28点】

(1) 木の幹が太くなる。（　　）

(2) 高い志をもって取り組む。（　　）

(3) 庭に綿雪がふり積もる。（　　）

(4) 武士について学ぶ。（　　）

(5) 永久に時間が流れる。（　　）

(6) 山の頂にたどり着く。（　　）

(7) 運動して腹筋をきたえる。（　　）

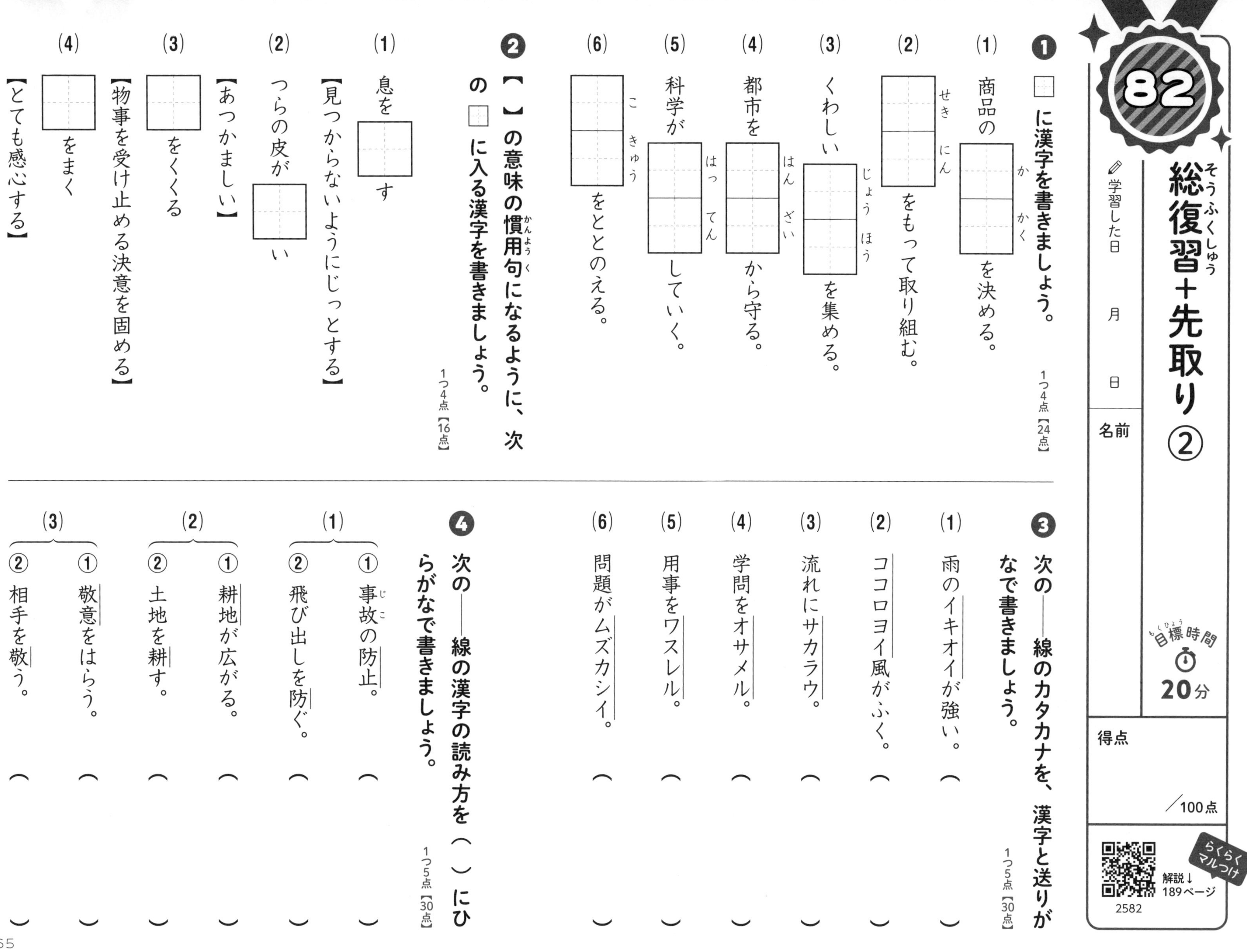

82 総復習（そうふくしゅう）＋先取り②

学習した日　月　日

名前

目標（もくひょう）時間 20分

得点　／100点

解説↓189ページ

らくらくマルつけ

2582

1 □に漢字を書きましょう。　1つ4点【24点】

(1) 商品の［かかく］を決める。

(2) ［せきにん］をもって取り組む。

(3) くわしい［じょうほう］を集める。

(4) 都市を［はんざい］から守る。

(5) 科学が［はってん］していく。

(6) ［こきゅう］をととのえる。

2 【　】の意味の慣用句（かんようく）になるように、次の□に入る漢字を書きましょう。　1つ4点【16点】

(1) 息を□す　【見つからないようにじっとする】

(2) つらの皮が□い　【あつかましい】

(3) □をくくる　【物事を受け止める決意を固める】

(4) □をまく　【とても感心する】

3 次の——線のカタカナを、漢字と送りがなで書きましょう。　1つ5点【30点】

(1) 雨のイキオイが強い。（　　）

(2) ココロヨイ風がふく。（　　）

(3) 流れにサカラウ。（　　）

(4) 学問をオサメル。（　　）

(5) 用事をワスレル。（　　）

(6) 問題がムズカシイ。（　　）

4 次の——線の漢字の読み方を（　）にひらがなで書きましょう。　1つ5点【30点】

(1)
① 事故（じこ）の防止。（　　）
② 飛び出しを防ぐ。（　　）

(2)
① 耕地が広がる。（　　）
② 土地を耕す。（　　）

(3)
① 敬意をはらう。（　　）
② 相手を敬う。（　　）

＼もう1回チャレンジ!!／

82

総復習（そうふくしゅう）＋先取り②

学習した日　月　日

名前

目標時間（もくひょうじかん）20分

得点　／100点

らくらくマルつけ

解説↓189ページ

2582

❶ □に漢字を書きましょう。　1つ4点【24点】

(1) 商品の□□（かかく）を決める。

(2) □□（せきにん）をもって取り組む。

(3) くわしい□□（じょうほう）を集める。

(4) 都市を□□（はんざい）から守る。

(5) 科学が□□（はってん）していく。

(6) □□（こきゅう）をととのえる。

❷ 【　】の意味の慣用句（かんようく）になるように、次の□に入る漢字を書きましょう。　1つ4点【16点】

(1) 息を□す【見つからないようにじっとする】

(2) つらの皮が□い【あつかましい】

(3) □をくくる【物事を受け止める決意を固める】

(4) □をまく【とても感心する】

❸ 次の――線のカタカナを、漢字と送りがなで書きましょう。　1つ5点【30点】

(1) 雨のイキオイが強い。（　　）

(2) ココロヨイ風がふく。（　　）

(3) 流れにサカラウ。（　　）

(4) 学問をオサメル。（　　）

(5) 用事をワスレル。（　　）

(6) 問題がムズカシイ。（　　）

❹ 次の――線の漢字の読み方を（　）にひらがなで書きましょう。　1つ5点【30点】

(1)
① 事故（じこ）の防止。（　　）
② 飛び出しを防ぐ。（　　）

(2)
① 耕地が広がる。（　　）
② 土地を耕す。（　　）

(3)
① 敬意をはらう。（　　）
② 相手を敬う。（　　）

83 総復習（そうふくしゅう）＋先取り③

学習した日　月　日

名前

目標時間（もくひょうじかん） 20分

得点　／100点

らくらくマルつけ

解説↓189ページ

2583

1 次の――線のカタカナを漢字で書き分けましょう。 1つ4点【24点】

(1) ① ケン悪なふん囲気（いき）。（　）
② 水道管の点ケン。（　）

(2) ① 組シキの一員。（　）
② 後ろを意シキする。（　）

(3) ① 新しい冷ゾウ庫。（　）
② 心ゾウの手術（しゅじゅつ）。（　）

2 【　】の意味のことわざになるように、次の□に入る漢字を書きましょう。 1つ4点【16点】

(1) □けは人のためならず
【人への親切が、めぐりめぐって自分のためになる】

(2) 早起きは三文の□
【朝早く起きるとよいことがある】

(3) どんぐりの□比（くら）べ
【どれもたいした差がない】

(4) □の持ちぐされ
【物や才能（さいのう）を十分に活用できていない】

3 次の――線のカタカナを漢字で書き分けましょう。 1つ4点【24点】

(1) ① シジを出す。（　）
② かれの意見をシジする。（　）

(2) ① 校舎（こうしゃ）のカイシュウ。（　）
② ごみのカイシュウ。（　）

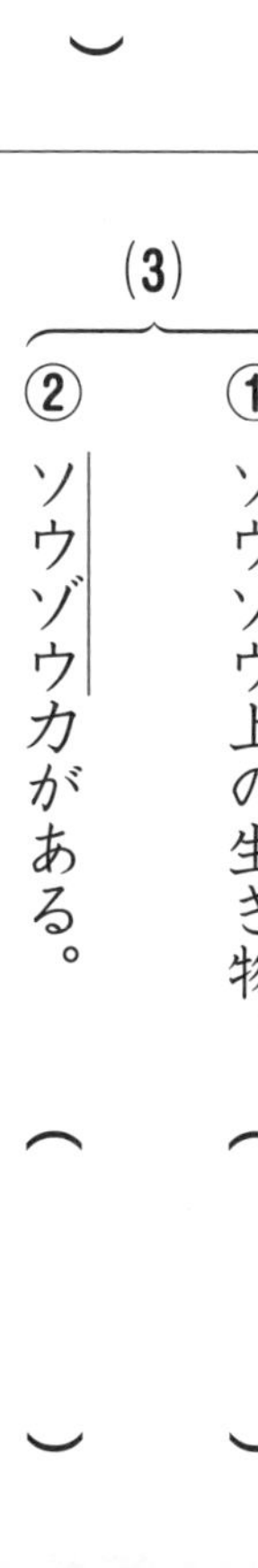

(3) ① ソウゾウ上の生き物。（　）
② ソウゾウカがある。（　）

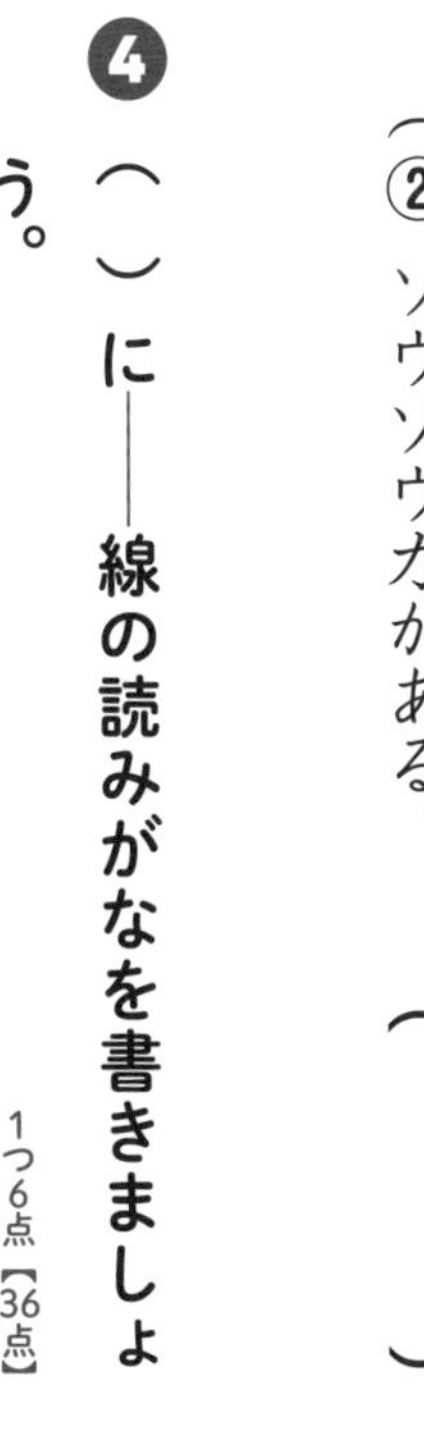

4 （　）に――線の読みがなを書きましょう。 1つ6点【36点】

(1) 牛の群れを率いる。（　）

(2) 毛糸で上着を編む。（　）

(3) 水に塩を混ぜる。（　）

(4) 話し合いの場を設ける。（　）

(5) 争いをみごとに裁く。（　）

(6) 友達（ともだち）の家を訪ねる。（　）

もう1回チャレンジ!!

83

総復習＋先取り③

学習した日　月　日

名前

目標時間 20分

得点　／100点

らくらくマルつけ　解説↓189ページ　2583

❶ 次の――線のカタカナを漢字で書き分けましょう。 1つ4点【24点】

(1) ① ケン悪なふん囲気。（　　）
　② 水道管の点ケン。（　　）

(2) ① 組シキの一員。（　　）
　② 後ろを意シキする。（　　）

(3) ① 新しい冷ゾウ庫。（　　）
　② 心ゾウの手術。（　　）

❷ 【　】の意味のことわざになるように、次の□に入る漢字を書きましょう。 1つ4点【16点】

(1) □けは人のためならず
【人への親切が、めぐりめぐって自分のためになる】

(2) 早起きは三文の□
【朝早く起きるとよいことがある】

(3) どんぐりの□比べ
【どれもたいした差がない】

(4) □の持ちぐされ
【物や才能を十分に活用できていない】

❸ 次の――線のカタカナを漢字で書き分けましょう。 1つ4点【24点】

(1) ① シジを出す。（　　）
　② かれの意見をシジする。（　　）

(2) ① 校舎のカイシュウ。（　　）
　② ごみのカイシュウ。（　　）

(3) ① ソウゾウ上の生き物。（　　）
　② ソウゾウカがある。（　　）

❹ （　）に――線の読みがなを書きましょう。 1つ6点【36点】

(1) 牛の群れを率いる。（　　）

(2) 毛糸で上着を編む。（　　）

(3) 水に塩を混ぜる。（　　）

(4) 話し合いの場を設ける。（　　）

(5) 争いをみごとに裁く。（　　）

(6) 友達の家を訪ねる。（　　）

漢字ギガドリル　小学5年

答え

わからなかった問題は、ポイントの解説をよく読んで、確認してください。

1 学校の設備
3ページ

❶
(1)校舎　(2)職員室　(3)保健室
(4)非常口　(5)保　(6)常日
(7)宿舎　(8)職業　(9)日常
(10)非公開

(1)倉庫
(2)借

まちがえたら、4年の漢字を見直しましょう。

ポイント

❶ (3)「保」の訓読みは、「たも(つ)」です。

(4)「非常」には、「非情」という同じ読みの熟語があるので注意しましょう。「非」は、筆順に注意して書きましょう。

(6)「常日ごろ」は、「ふだん・いつも」という意味です。

(7)「宿舎」は、「とまるための建物」のことです。

(9)「日常」も「常日ごろ」と同じ意味の言葉です。

2 学校の授業①
5ページ

❶
(1)授業　(2)教師　(3)知識
(4)能力　(5)解　(6)意識
(7)理解　(8)才能　(9)医師
(10)教授

(1)挙
(2)辞書

まちがえたら、4年の漢字を見直しましょう。

ポイント

❶ (2)「師」は、最後の画をつきだしません。「帀」の部分の字形に注意して書くようにしましょう。

(3)「識」は、同じ部分をもつ「職」に注意して書き分けましょう。

(5)「解く」の「解」の「刀」の部分を「力」と書かないようにしましょう。

3 学校の授業②
7ページ

❶
(1)成績　(2)円周率　(3)複数
(4)版画　(5)句　(6)率
(7)語句　(8)重複　(9)出版
(10)功績

(1)欠席
(2)静

まちがえたら、4年の漢字を見直しましょう。

ポイント

❶ (1)「績」は、形が似ていて同じ音読みの「積」に注意して書き分けましょう。

(2)「円周率」は、「円周の直径に対する比率」のことです。「率」は、形の似た「卒」に注意して書き分けましょう。

(6)「率いる」は、「引きつれて行く・したがえて行く」という意味です。

(8)「重複」は、「同じ物事が重なること」という意味です。「じゅうふく」とも読みます。

4 給食の時間
9ページ

❶
(1)栄養素　(2)衛生的　(3)液
(4)酸味　(5)小麦粉　(6)素材
(7)粉末　(8)液体　(9)炭酸水
(10)粉薬

(1)食器
(2)夕飯

まちがえたら、4年の漢字を見直しましょう。

ポイント

❶ (2)「衛生的」は、「よごれがなくきれいなさま」という意味の言葉です。「衛星」という同じ読みの言葉があるので注意しましょう。「衛星」は、「惑星の周囲を円をえがいてまわっている天体」のことです。

(4)「酸味」は、「すっぱい味」という意味の言葉です。

(5)「粉」には、複数の読みがあります。音読みは「フン」、訓読みは「こ」「こな」です。

5 まとめのテスト❶ 11ページ

❶ (1)と (2)りつ (3)ひこう (4)もくはん (5)じょうしき (6)りょうし (7)かいせつ (8)めんしき (9)ぎょうせき (10)だりつ (11)ふくせん (12)くしゅう (13)ようそ

❷ (1)粉 (2)保 (3)牛舎 (4)職場 (5)血液 (6)知能 (7)伝授 (8)粉雪 (9)液化 (10)駅舎 (11)塩酸 (12)保育園

ポイント

❶ (3)「非行」は、「正しくない行い・人としての正しい道から外れた行い」という意味の言葉です。「非」という漢字には、「悪い・まちがっている」という意味があります。
(8)「面識」は、「知り合いであること・おたがいの顔を知っていること」という意味です。

❷ (7)「伝授」は、「伝えさずけること」という意味です。

6 まとめのテスト❷ 13ページ

❶ (1)じゅ (2)ほ (3)のう (4)へいしゃ (5)やくしょく (6)さんか (7)じゅじゅ (8)しゅえい (9)じしょく (10)ほかん (11)かんしゃ (12)きのう (13)じえい

❷ (1)炭素 (2)解答 (3)正常 (4)複写 (5)実績 (6)通常 (7)句点 (8)図版 (9)倍率 (10)識別 (11)手品師 (12)非常識

ポイント

❶ (7)「授受」は、「わたすことと受け取ること」という意味です。「授」と「受」は、同じ音読みの漢字なので注意しましょう。
(8)「守衛」は、「見張り・警備をする人」のことです。
(13)「自衛」は、「自力で自分を守ること」という意味です。

❷ (4)「複写」は、「写しとること」という意味です。
(12)「非」という漢字には、「〜がない・〜でない」などの打ち消しの意味があります。

7 パズル・実践❶ 15ページ

❶ (1)句 (2)識

❷ (1)①医師 ②意思 (2)①酸化 ②参加 (3)①機能 ②昨日

❸ (1)①かいせつ ②と (2)①ばいりつ ②ひき (3)①ほかん ②たも

❹ 液・績・粉・版（順不同）

ポイント

❶ (1)「文句」「語句」「句点」「句集」の熟語ができます。
(2)「知識」「意識」「面識」「良識」の熟語ができます。

❷ (1)②「意思」は、「思いや考え」という意味です。「意志」という同じ読みの熟語は、「何かをしようという気持ち・何かをしたくないという気持ち」という意味です。注意して書き分けましょう。

❸ それぞれ①は音読み、②は訓読みで読みます。

❹ 漢字の右部分を「つくり」、左部分を「へん」といいます。

8 パズル・実践❷ 17ページ

❶ (1)ア (2)イ (3)イ (4)ア

❷ (1)夜→液 (2)街→衛 (3)受→授

❸ (1)①こうしゃ ②りつ ③ひじょう ④職員 ⑤保 ⑥理解 (2)14

ポイント

❶ 漢字は、正しい筆順で書くようにしましょう。

❷ 形の似ている漢字や、同じ読みの漢字を注意して書き分けましょう。

❸ (1)②「確率」を漢字で書く場合に、「確立」と書くまちがいが多いので注意しましょう。
(2)「複」は「ネ（ころもへん）」です。「ネ（しめすへん）」ではないので注意しましょう。

9 修学旅行 19ページ

❶
(1)修学 (2)行程 (3)貸
(4)仏像 (5)程度 (6)仏教
(7)想像 (8)貸 (9)仏
(10)修

(1)職人 (2)常

まちがえたら、見直しましょう。 ≫3ページ

ポイント

❶ (2)「行程」は、「旅行などの日々の予定」という意味です。「行程」には、「工程」「高低」「校庭」などの同じ読みの熟語があるので注意しましょう。
(8)「貸す」の反対の意味の言葉は「借りる」です。組み合わせで覚えておきましょう。
(10)「修める」は、「学んで自分のものにする」という意味です。「修」の三画目の「丨」を書きわすれないように注意しましょう。

10 委員会活動 21ページ

❶
(1)所属 (2)組織 (3)資料
(4)提案 (5)質問 (6)提出
(7)資金 (8)金属 (9)材質
(10)手織

(1)分解 (2)標識

まちがえたら、見直しましょう。 ≫5ページ

ポイント

❶ (1)「所属」は、「人や物が、ある団体や集団の一部として加わっていること」という意味です。
(2)「組織」の「織」には、「シキ」という音読みと「お(る)」という訓読みがありますが、「シキ」を使った主な熟語は「組織」のみです。「お(る)」を使った熟語には「織物」「手織り」などがありますが、「織り物」とは書かずに「織物」と書くのが一般的です。
(3)「資」と(5)「質」、19ページで学習した「貸」は、「貝」の部分が共通していて形が似ているので注意して書き分けましょう。

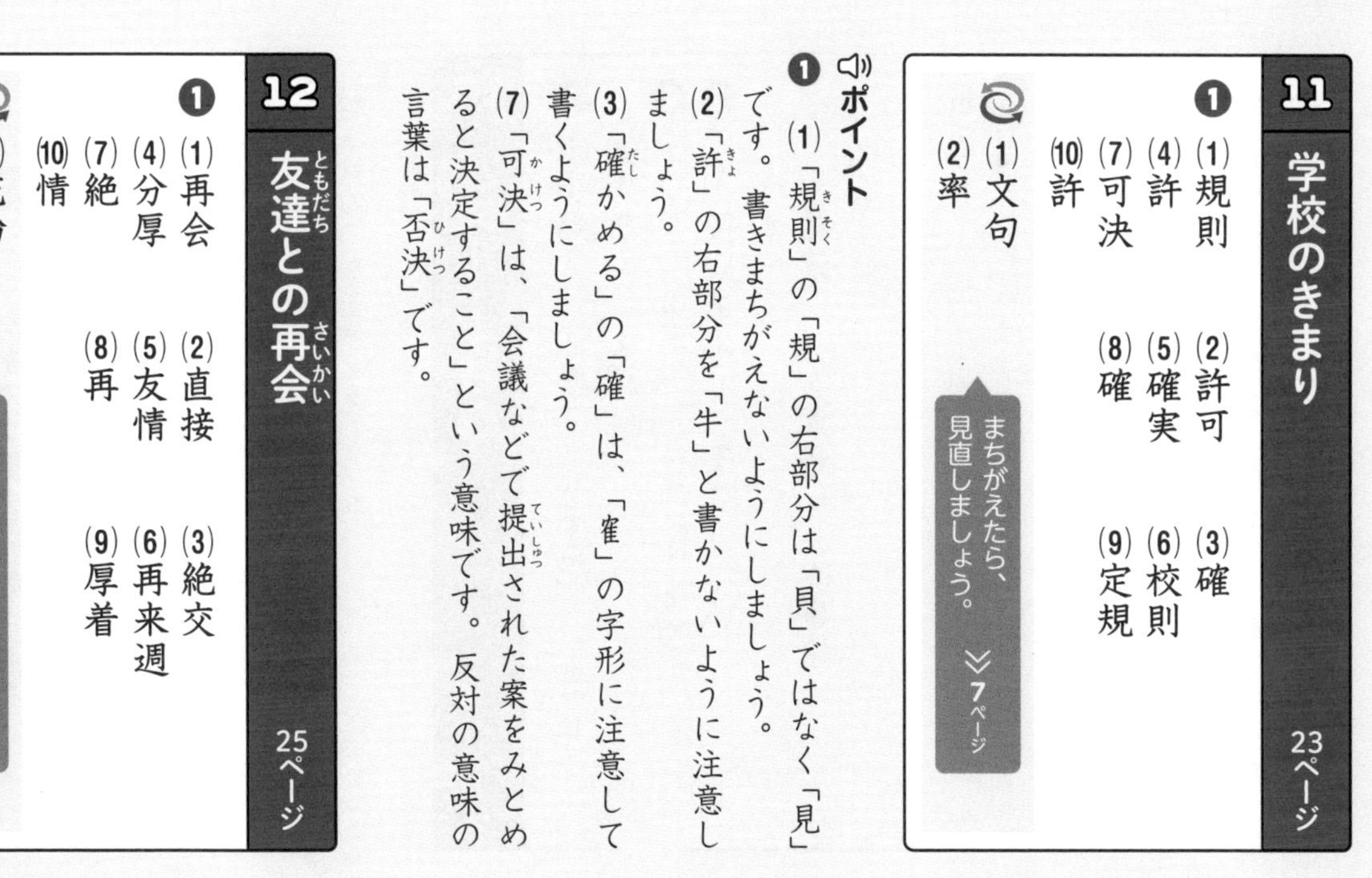

11 学校のきまり 23ページ

❶
(1)規則 (2)許可 (3)確
(4)許 (5)確実 (6)校則
(7)可決 (8)確 (9)定規
(10)許

(1)文句 (2)率

まちがえたら、見直しましょう。 ≫7ページ

ポイント

❶ (1)「規則」の「規」の右部分は「貝」ではなく「見」です。書きまちがえないようにしましょう。
(2)「許」の右部分を「牛」と書かないように注意しましょう。
(3)「確かめる」の「確」は、「隺」の字形に注意して書くようにしましょう。
(7)「可決」は、「会議などで提出された案をみとめると決定すること」という意味です。反対の意味の言葉は「否決」です。

12 友達との再会 25ページ

❶
(1)再会 (2)直接 (3)絶交
(4)分厚 (5)友情 (6)再来週
(7)絶 (8)再 (9)厚着
(10)情

(1)花粉 (2)衛星

まちがえたら、見直しましょう。 ≫9ページ

ポイント

❶ (2)「直接」は、「間に何かをはさまないで接すること」という意味です。反対の意味の言葉は「間接」で、「間に何かをはさんで接すること」という意味です。
(3)「絶交」は、「つき合いをやめること」という意味です。
(8)「再び」は、送りがなを「再たび」と書くまちがいが多いので注意しましょう。
(10)「情けない」は、「みじめである・なげかわしい」という意味です。

13 まとめのテスト③ 27ページ

❶ (1)きょ (2)ぞう (3)かしや［かしいえ］ (4)せきぶつ (5)きてい (6)げんそく (7)ぜんてい (8)かんじょう (9)さいはつ (10)ねんぶつ (11)てっそく (12)ひんしつ (13)じょうねつ

❷ (1)可能 (2)修正 (3)日程 (4)接近 (5)正確 (6)資産 (7)絶対 (8)配属 (9)確信 (10)物資 (11)面接 (12)不可解

ポイント

❶ (1)「許容」は、「そこまではよいとだいたいのところでみとめること」という意味です。「許」の訓読みは「ゆる(す)」です。

(5)「規定」は、「きまり・定めたこと」という意味です。

(11)「鉄則」は、「変えることができないきまり」という意味です。「鉄則」は、「規則」よりも守ることがきびしく求められます。

❷ (12)「不可解」は、「理解をしようとしても理解がおよばないこと」という意味です。

14 まとめのテスト④ 29ページ

❶ (1)ふたし (2)おりもの (3)あつがみ (4)ぜつぼう (5)しざい (6)ふか (7)ふぞく (8)めいかく (9)けんしゅう (10)ぜっけい (11)おんてい (12)せつぞくご (13)ふかしぎ

❷ (1)仏様 (2)再度 (3)規約 (4)反則 (5)特許 (6)事情 (7)画像 (8)法則 (9)物質 (10)大仏 (11)再生 (12)人物像

ポイント

❶ (4)「絶望」は、「希望を失うこと・望みが絶たれること」という意味です。

(7)「付属」は、「附属」と書くこともあります。

(10)「絶景」は、「すばらしい景色」という意味です。「絶」には、「たち切る」という意味のほかに、「とても」という意味があります。

❷ (5)「特許」は「特許権」ともいい、「新しい発明をひとりじめして利用できる権利」という意味です。

15 パズル・実践③ 31ページ

❶ (1)質 (2)仏

❷
(1) ①家ゾクの会話。―族 ②金ゾクの種類。―属
(2) ①箱のソク面。―側 ②成功の法ソク。―則
(3) ①組シキを作る。―織 ②意シキが高い。―識

❸ (1)①しゅうせい ②おさ (2)①どうじょう ②なさ (3)①さいど ②ふたた (4)①かくじつ ②たし

❹ (1)貸 (2)規 (3)許 (4)程

ポイント

❶ (1)「質問」「質素」「物質」「品質」の熟語ができます。

(2)「大仏」「念仏」「仏像」「仏教」の熟語ができます。

❷ (1)「族」という漢字には、「祖先や種類が同じものの集まり」という意味があります。一方、「属」という漢字には「同じ種類・仲間」という意味があります。同じ音読みで意味も似ているので注意しましょう。

❸ それぞれ①は音読み、②は訓読みで読みます。

❹ 漢字が上下に組み合わされるのか、左右に組み合わされるのかを考えましょう。

16 パズル・実践④ 33ページ

❶ (1)①熱 ②厚 (2)①絶 ②立 (3)①折 ②織

❷ (1)ウ (2)エ (3)イ (4)ウ

❸ (1)①ていあん ②こうてい ③か ④絶景 ⑤資料 ⑥事情 (2)習→修

ポイント

❶ (1)「温度が高い」という意味で用いる場合には「熱い」、「物のはばが大きい」という意味で用いる場合には「厚い」を用います。

❷ (1)「可」「句」の画数は五画です。「名」「向」「各」の画数は六画です。

(2)「再」「印」の画数は六画です。「労」「初」「別」の画数は七画です。

(3)「接」「液」の画数は十一画です。「粉」「孫」「特」の画数は十画です。
(4)「像」「酸」の画数は十四画です。「資」「試」「節」の画数は十三画です。

❸

(2)「建物のこわれた部分などを直すこと」という意味の言葉は「改修」です。

17 人の気持ちや動作① 35ページ

❶

(1)喜 (2)志 (3)精神
(4)態度 (5)迷 (6)喜
(7)志望 (8)精 (9)志
(10)迷子

(1)修理
(2)貸

まちがえたら、見直しましょう。 19ページ

ポイント

❶

(2)「志」は、「ある目的を決めてめざす気持ち」という意味です。「志」の訓読みには「こころざし」と「こころざ(す)」がありますが、「志し」のように送りがなは必要ありません。
(10)「迷子」は、特別な読み方をする熟字訓という言葉です。

18 人の気持ちや動作② 37ページ

❶

(1)賛成 (2)逆 (3)告
(4)破 (5)感謝 (6)逆転
(7)告白 (8)読破 (9)自画自賛
(10)逆上

(1)属
(2)体質

まちがえたら、見直しましょう。 21ページ

ポイント

❶

(2)「逆らう」という訓読みのほかに、「逆」には「さか」という訓読みがあります。「さか」を使った熟語には、(10)「逆上がり」や「逆立ち」などがあります。
(9)「自画自賛」は、「自分のかいた絵画を自分で賞賛すること」という意味から転じて、「自分のことを自分でほめること」という意味ももつようになった四字熟語です。

19 話し合いをする① 39ページ

❶

(1)主張 (2)述 (3)弁護
(4)禁止 (5)張 (6)記述
(7)保護 (8)禁物 (9)弁当
(10)護

(1)確
(2)許

まちがえたら、見直しましょう。 23ページ

ポイント

❶

(2)「述べる」の「述」は、五画目の「、」を書きわすれないようにしましょう。
(3)「弁護」は、「物事の理由や状態を説明してかばうこと」という意味です。「護」という漢字には、「かばう・まもる・たすける」という意味があります。
(8)「禁物」は、「してはならないこと」という意味です。「きんもつ」と読むことにも注意しましょう。
(10)「看護」は、「けがをした人や病気の人の世話をしたり手当てをしたりすること」という意味です。

20 話し合いをする② 41ページ

❶

(1)義務 (2)責任 (3)省略
(4)務 (5)責 (6)任
(7)正義感 (8)自責 (9)任
(10)略図

(1)再
(2)表情

まちがえたら、見直しましょう。 25ページ

ポイント

❶

(1)「義務」は、「しなければならない務め」という意味です。反対の意味の言葉は「権利」です。
(4)「務める」は、「ある役目を引き受けて行う」という意味です。同じ読みの言葉に「努める」「勤める」があるので注意して書き分けましょう。
(8)「自責の念」は、「自分で自分の失敗をとがめる気持ち」のことです。

21 まとめのテスト⑤ 43ページ

❶ (1)の (2)りゃくしき (3)さかだ (4)せいまい (5)しがん (6)はんぎゃく (7)べんめい (8)さんび (9)にんき (10)けいりゃく (11)とうべん (12)たいし (13)まいご

❷ (1)喜 (2)破 (3)張 (4)態 (5)広告 (6)主義 (7)生態 (8)月謝 (9)予告 (10)絶賛 (11)意義 (12)禁句

ポイント

❶ (7)「弁明」は、「説明して事情などを明らかにすること」という意味です。

(8)「賛美」は、「ほめたたえること」という意味です。

(10)「計略」は、「相手をだまそうとするたくらみ」という意味です。

❷ (10)「絶賛」は、「これ以上なくほめること」という意味です。

22 まとめのテスト⑥ 45ページ

❶ (1)ば (2)きん (3)じたい (4)あいご (5)しゃい (6)はさん (7)ぜんじゅつ (8)こくち (9)しゃれい (10)ようご (11)じったい (12)ていぎ (13)そうは

❷ (1)迷 (2)精 (3)業務 (4)賛同 (5)逆行 (6)任命 (7)戦略 (8)事務 (9)意志 (10)一喜 (11)重責 (12)花弁

ポイント

❶ (4)「愛護」は、「かわいがってかばい守ること」という意味です。

(10)「養護」は、「児童や生徒が健康であるように保ち、成長を助けていくこと」という意味です。

(13)「走破」は、「予定していた道のりを走り切ること」という意味です。

❷ (5)「逆」は、六画目の「ノ」の向きを反対に書かないように注意しましょう。

(10)「一喜一憂」は、「喜んだりなやんだりすること」という意味の四字熟語です。

23 パズル・実践⑤ 47ページ

❶ (1)略 (2)義

❷ (1)①喜ぶ ②悲しむ (2)①賛成 ②反対 (3)①許可 ②禁止

❸ (1)①しゅちょう ②は (2)①ぎゃくてん ②さか (3)①こうこく ②つ

❹ 精・破・志・責（順不同）

ポイント

❶ (1)「省略」「計略」「戦略」の熟語ができます。

(2)「意義」「正義」「主義」の熟語ができます。

❷ (1)①「喜ぶ」と②「悲しむ」を組み合わせた「悲喜」という熟語があります。「悲喜こもごも」で、「悲しみと喜びを代わる代わる経験すること・悲しみと喜びがまじっていること」という意味です。

24 パズル・実践⑥ 49ページ

❶ (1) ①勝負にヤブれる。――敗
②書類がヤブれる。――破

(2) ①主役をツトめる。――務
②勉学にツトめる。――努

❷ (1)志す (2)任せる (3)述べる

❸ (1)20（画） (2)13（画） (3)17（画） (4)14（画）

❹ (1)①逆 ②迷 ③責 ④べんとう ⑤は ⑥かんしゃ
(2)①自体→事態 ②喜こび→喜び

ポイント

❶ (1)「さけたりあなが開いたりして元の形がこわれる」という意味で用いる場合には「破れる」、「勝負ごとなどに負ける」という意味で用いる場合には「敗れる」と書きます。

(2)「ある役目を引き受けて行う」という意味で用いる場合には「務める」、「力をつくして物事を行う」という意味で用いる場合には「努める」と書きます。

❹ (1)⑤「張る」は、形の似た「帳」に注意して書き分けましょう。「張」と「帳」は、音読みも同じく「チョウ」です。

(2)①「物事の成り行き」という意味で用いる場合には「事態」と書きます。

25 生活の様子①

51ページ

❶
(1)習慣 (2)毛布 (3)綿
(4)清潔 (5)周囲 (6)慣
(7)布 (8)囲 (9)不潔
(10)綿花

(1)大喜
(2)迷

まちがえたら、見直しましょう。35ページ

ポイント

❶ (2)「布」の音読みは「フ」、訓読みは「ぬの」です。熟語によって、音訓を読み分けましょう。

(3)「綿」の訓読みは「わた」、音読みは「メン」です。

(4)「潔」は、「丰」の部分を「王」、「刀」の部分を「力」と書かないように注意しましょう。

26 生活の様子②

53ページ

❶
(1)快適 (2)独 (3)留守番
(4)状態 (5)留 (6)快
(7)独立 (8)適切 (9)留学
(10)年賀状

(1)破
(2)逆風

まちがえたら、見直しましょう。37ページ

ポイント

❶ (2)「ひとり」は、「独り」とも「一人」とも書きますが、「ひとりごと」の場合は「独り言」と書きます。

(3)「留」には、「ル」と「リュウ」の音読みがあるので注意しましょう。訓読みは「と(める)」「と(まる)」です。

(6)「快い」は、「気持ちがよい・さわやかである」という意味です。「快よい」と書いたり、「心よい」と書いたりするまちがいが多いので注意しましょう。

27 身のまわりのもの

55ページ

❶
(1)眼科 (2)朝刊 (3)型
(4)銅賞 (5)月刊 (6)銅貨
(7)型紙 (8)眼鏡 (9)賞品
(10)原型

(1)出張
(2)禁

まちがえたら、見直しましょう。39ページ

ポイント

❶ (3)「型」の音読みは「ケイ」、訓読みは「かた」です。「ケイ」と読む熟語には「模型」のほかに「原型」「類型」「典型」などがあります。

(7)「型紙」のように、「型」を「かた」と読む熟語には「大型」「小型」などがあります。

(8)「眼鏡」は、特別な読みをする熟字訓です。

(9)「賞品」は、「大会などで成績がよかったほうびとしてあたえられる品物」のことです。同じ読みの熟語に「商品」があるので注意しましょう。

28 親せきの家

57ページ

❶
(1)妻 (2)招 (3)似
(4)対応 (5)夫妻 (6)招待
(7)婦人服 (8)応 (9)似顔絵
(10)新婦

(1)任
(2)公務員

まちがえたら、見直しましょう。41ページ

ポイント

❶ (1)「妻」は、画の長さやつき出す画、つき出さない画に注意して書くようにしましょう。

(8)「応える」には、同じ読みの言葉に「答える」があるので注意しましょう。「働きかけに対して応じる」という意味で用いる場合には「応える」、「答えを出す・返事をする」という意味で用いる場合には「答える」と書きます。

29 まとめのテスト⑦

59ページ

❶
(1)**てごた** (2)**ふな**
(3)**さいし** (4)**どくしん**
(5)**どうせん** (6)**けっぱく**
(7)**めいかい** (8)**かんれい**
(9)**れんめん** (10)**ちゃくがんてん**
(11)**どくとく** (12)**てんけいてき**
(13)**めがね**

❷
(1)布 (2)招 (3)休刊
(4)適当 (5)賞状 (6)留学
(7)配布 (8)最適 (9)金賞
(10)週刊 (11)残留 (12)老婦人

ポイント

❶ (6)「潔白」は、「心や行いに後ろめたいことがなくきれいなこと」という意味です。

(9)「連綿」は、「絶えずに長く続いているさま」という意味です。

(12)「典型的」は、「ある種類のものの特ちょうをよく表しているさま」という意味です。

❷ (4)「適当」には、「ふさわしい・ちょうどよい」という意味と、「いいかげん」という意味があります。

30 まとめのテスト⑧ 61ページ

❶ (1)てまね (2)ぬのじ (3)そらに (4)わたぐも (5)ふじん (6)かんこう (7)しょうしゅう (8)てきりょう (9)りゅうねん (10)ぶんぷ (11)こうけつ (12)しゅふ (13)じゅしょう

❷ (1)銅 (2)囲 (3)大型 (4)反応 (5)病状 (6)快調 (7)独自 (8)慣習 (9)包囲 (10)応急 (11)不快 (12)老眼鏡

ポイント

❶ (3)「空似」は、「血のつながりがないのに顔などがよく似ていること」という意味です。

(11)「高潔」は、「りっぱな人がらで、欲望のためには心を動かさないさま」という意味です。

(13)「受賞」は、「賞を受けること」です。反対の意味の言葉は「授賞」で、「賞をさずけること」です。

❷ (8)「慣習」は、「しきたり・ならわし」のことです。

31 パズル・実践⑦ 63ページ

❶ (1)独 (2)適 (3)潔

❷ (1)招く (2)快い (3)留める

❸ (1)ウ (2)イ

❹ (1)期待にコタえる。― 応
(2)問題にコタえる。― 答

❺ 囲・眼・似（順不同）

ポイント

❶ (1)「単独」「独学」「独身」「独立」の熟語ができます。

(2)「最適」「好適」「適当」「適切」の熟語ができます。

(3)「清潔」「高潔」「不潔」「簡潔」の熟語ができます。

❷ (3)「留める」には、同じ読みの「止める」があるので注意して書き分けましょう。

❸ (1)「布目」は「ぬのめ」と読み、同じように「布」を訓読みの「ぬの」で読むのは、**ウ**「布地」の「ぬのじ」です。ほかは音読みの「フ」で読み、それぞれ**ア**「毛布」は「もうふ」、**イ**「分布」は「ぶんぷ」、**エ**「散布」は「さんぷ」と読みます。

(2)「綿花」は「めんか」と読み、同じように「綿」を音読みの「メン」で読むのは、**イ**「連綿」の「れんめん」です。ほかは訓読みの「わた」で読み、それぞれ**ア**「綿毛」は「わたげ」、**ウ**「綿雲」は「わたぐも」、**エ**「綿雪」は「わたゆき」と読みます。

❹ 同じ読みの言葉を書き分けましょう。

❺「囲」は、「囗（くにがまえ）」の中に「井」が入ります。

32 パズル・実践⑧ 65ページ

❶ (1) ①フ人服の売り場。― 婦
②社長フ人の話。― 夫

(2) ①手ガタをとる。― 形
②小ガタの自動車。― 型

(3) ①ショウ和の時代。― 昭
②家にショウ待する。― 招
③ショウ明を消す。― 照

❷ (1)5（画目） (2)5（画目） (3)1（画目） (4)3（画目）

❸ (1)①かいちょう ②どう ③しゅうかん ④状態 ⑤賞賛 ⑥囲
(2)7（画）

ポイント

❶ (1)「婦人」は「成人した女性」、「夫人」は「ある男性の妻」という意味です。

❷ 漢字は、筆順に注意して書くようにしましょう。

(3)「布」のように、横画が長く、左はらいが短い場合は、左はらいを先に書きます。

❸ (1)④「状態」には、「上体」「常体」などの同じ読みの熟語があるので注意しましょう。

(2)「応」の「广」は「丶→亠→广」、「心」は「丶→心→心→心」の筆順で書きます。

33 台風に備える 67ページ

❶ (1)災害 (2)暴風 (3)低気圧 (4)気象 (5)勢 (6)災 (7)勢力 (8)象 (9)暴 (10)圧力

(1)囲 (2)綿毛

まちがえたら、見直しましょう。≫51ページ

ポイント

①

(1)「災」は、「巛」の向きに注意して書きましょう。

(3)「低気圧」は、「周囲よりも気圧が低いところ」という意味です。低気圧のところは、多くの場合は天気が悪くなります。反対の意味の言葉は「高気圧」です。

(4)「気象」は、「大気の状態」のことです。「象」の音読みには「ショウ」「ゾウ」があるので、注意して読み分けましょう。

34 身のまわりの自然　69ページ

①

(1)桜　(2)幹　(3)枝

(4)山脈　(5)険　(6)桜色

(7)険　(8)水脈　(9)小枝

(10)新幹線

(1)快晴　(2)単独

まちがえたら、見直しましょう。≫53ページ

ポイント

①

(4)「山脈」は、「山の連なり」という意味です。「脈」という漢字には、「ひとすじになって続くもの」という意味があります。

(5)「険しい」は、「かたむきが急で進むのがむずかしいさま」という意味です。「険」の音読みは「ケン」で、「ケン」と読む熟語には「危険」「保険」「険悪」などがあります。

35 わたしたちの地球　71ページ

①

(1)永久　(2)平均　(3)効果

(4)燃料　(5)永[長]　(6)燃

(7)永遠　(8)久　(9)均等

(10)効

(1)肉眼　(2)銅山

まちがえたら、見直しましょう。≫55ページ

ポイント

①

(1)「永」は、形の似た「氷」と書きまちがえないように注意しましょう。

(5)「永い」には「長い」という同じ読みの言葉があるので注意しましょう。時間のはばを表す場合、「永い」「長い」どちらも使いますが、「永い」はいつまでも続くことを表し、「長い」は単にながい時間を表します。

(10)「効く」は、「働きや効果などが現れる」という意味です。「聞く」という同じ読みの言葉があるので注意しましょう。

36 世界旅行に出かけよう　73ページ

①

(1)準備　(2)費用　(3)移動

(4)寄　(5)備　(6)移

(7)寄港　(8)食費　(9)予備

(10)準急

(1)応答　(2)似合

まちがえたら、見直しましょう。≫57ページ

ポイント

①

(1)「準備」と似た意味の言葉に、「用意」があります。

(6)「移り変わる」は、「時とともに変化していく」という意味です。「移る」には、「写る」「映る」という同じ読みの言葉があるので注意しましょう。

(10)「準急」は、「準急行列車」を略したもので、急行列車よりも停車駅の多い列車のことをいいます。「準」という漢字は、熟語の前に付いて「それに近いもの・それに次ぐもの」という意味を表すことがあります。

37 まとめのテスト⑨　75ページ

①

(1)いきお　(2)そな

(3)みゃく　(4)えだまめ

(5)きふ　(6)こうりょく

(7)りょひ　(8)けんあく

(9)てんさい　(10)けいせい

(11)かいひ　(12)びひん

(13)きしゅくしゃ

②

(1)桜　(2)燃　(3)象

(4)血圧　(5)永遠　(6)均一

(7)幹線　(8)永住　(9)対象

(10)移行　(11)準決勝　(12)持久走

ポイント

①

(8)「険悪」は、「とげとげしいさま・悪化して気がぬけないさま」という意味です。

(9)「天災」は、「地しんや台風などの自然現象によって生じる災害」という意味です。同じ読みの熟語に「天才」があります。

(10)「形勢」は、「その時々の動きや勢いの関係」という意味です。

②

(7)「幹線道路」は、「主要な通り道となる道路」のことです。「幹」という漢字には、「木の幹」という意味のほかに、「物事の主要な部分」という意味があります。

38 まとめのテスト⑩ 77ページ

❶ (1)よざくら (2)ながねん[えいねん] (3)かんじ (4)ふねん (5)じゅうあつ (6)きんせい (7)ひょうじゅん (8)さくらがい (9)えいぞく (10)いてん (11)かんぶ (12)すいじゅん (13)じきゅうそう

❷ (1)枝 (2)大暴 (3)火災 (4)険 (5)効用 (6)学費 (7)枝葉 (8)葉脈 (9)運勢 (10)暴力 (11)整備 (12)寄生虫

ポイント

❶ (2)「永年」は、「永」を訓読みで読む場合には「ながねん」と読み、「永」を音読みで読む場合は「えいねん」と読みます。
(3)「幹事」は、「会などの世話をする役目の人」のことです。

❷ (5)「効用」は、「効き目」という意味です。「効」のように音読みが「コウ」の漢字は、「交」「校」「高」「公」など数多くあるので、書き分けに注意しましょう。

39 パズル・実践⑨ 79ページ

❶ (1)効 (2)幹 (3)象 (4)勢 (5)移[異] (6)費

❷ (1)氷→永 (2)質→費 (3)像→象

❸ (1)①じゅんび ②そな (2)①けんあく ②けわ (3)①じきゅうそう ②ひさ

❹ (1)土 (2)木 (3)火 (4)口

ポイント

❶ 「こう」「かん」「しょう」「せい」「い」「ひ」の部分を漢字で書きましょう。
(5)「移動」には同じ読みの「異動」があります。「異動」の「異」は六年生で習います。「異動」は「地位や職務などが変わること」という意味です。

❷ 形の似た漢字や、同じ部分のある漢字は特に注意して書くようにしましょう。

❸ それぞれ①は音読み、②は訓読みで読みます。

❹ 「木」や「土」は、へんになると「木」や「土」のようになり、とめ・はらいなどの筆の運びや形が変わるので注意しましょう。

40 パズル・実践⑩ 81ページ

❶ (1)①聞 ②効 (2)①長 ②永

❷ (1)イ (2)ウ (3)エ (4)ア

❸ 枝→脈→備→幹

❹ (1)①桜 ②平均 ③大勢 ④ていきあつ ⑤ぼうふう ⑥よ (2)写→移

ポイント

❶ (1)「音や声を耳で感じ取る」という意味で用いる場合は「聞く」、「働きや効果などが現れる」という意味で用いる場合には「効く」と書きます。
(2)「長」と「永」は同じ訓読みの漢字です。「長」を「なが」と読む熟語には「長話」「長電話」、「永」を「なが」と読む熟語には「永年」「日永」などがあります。

❷ □に漢字をあてはめて熟語ができるかどうかを考えるようにしましょう。

❸ 「備」は十二画、「幹」は十三画、「枝」は八画、「脈」は十画で書きます。

❹ (1)③「勢」の音読みは「セイ」ですが、「大勢」は「おおぜい」と読みます。
(2)「変わる」という意味で用いる場合には「移る」と書きます。

41 歴史にふれる 83ページ

❶ (1)墓 (2)祖先 (3)本堂 (4)旧校舎 (5)伝統 (6)墓地 (7)祖父母 (8)旧道 (9)統合 (10)堂

(1)大勢 (2)印象

まちがえたら、見直しましょう。 67ページ

ポイント

❶ (2)「祖」は、「且」の部分が共通していて、「ソ」という音読みも同じ「組」に注意して書き分けましょう。
(3)「本堂」は、「寺で仏像などが置かれている、中心となる建物」のことです。
(9)「統合」は、「二つ以上のものをいっしょにして一つにすること」という意味です。「統」という漢字には、「一つにまとめる」という意味と「ひとつながり」という意味があります。

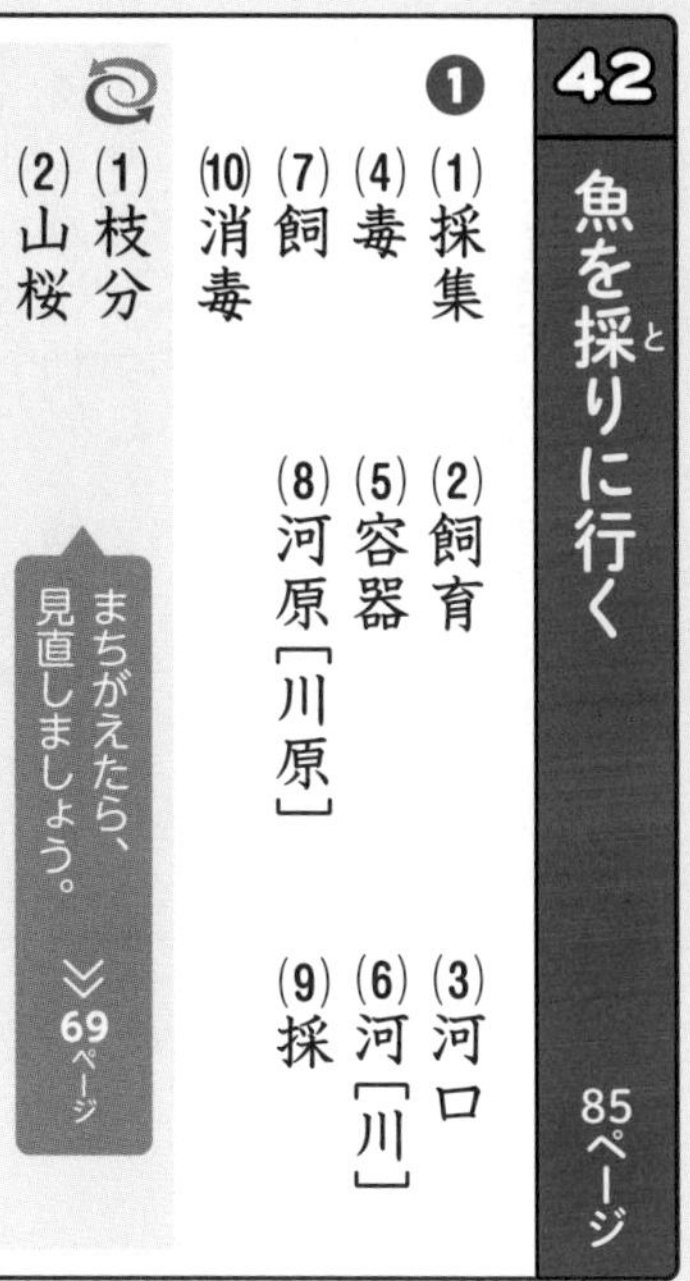

42 魚を採りに行く　85ページ

❶
(1)採集　(2)飼育　(3)河口
(4)毒　(5)容器　(6)河［川］
(7)飼　(8)河原［川原］　(9)採
(10)消毒

(1)枝分
(2)山桜

まちがえたら、見直しましょう。 ≫69ページ

ポイント
❶
(1)「採」は、四画目の「ノ」を書きわすれないようにしましょう。
(6)「河」と同じ読みの言葉に「川」があり、大きなかわの場合には、「河」と書いて使い分けることがあります。
(8)「河原」は、特別な読み方をする言葉です。「川原」とも書きます。
(9)「動植物などを集める」という意味で用いる場合には、「採る」と書きます。

43 バスに乗る　87ページ

❶
(1)停車　(2)往復　(3)混雑
(4)停止　(5)混　(6)雑
(7)混　(8)回復　(9)右往左往
(10)雑木林

(1)燃料
(2)有効

まちがえたら、見直しましょう。 ≫71ページ

ポイント
❶
(2)「往復」は、「行きと帰り」のことです。「往」という漢字には、「出かけて行く」という意味があります。
(3)「混」の音読みは「コン」です。訓読みは、「ま（じる）」「ま（ざる）」「ま（ぜる）」「こ（む）」といくつかあるので注意して読み分けましょう。
(9)「右往左往」は、「右に行ったり左に行ったりするさま」という意味から転じて、「うろたえるさま」という意味もあります。

44 げきを見に行く　89ページ

❶
(1)公演　(2)団　(3)価格
(4)余　(5)出演　(6)団体
(7)価　(8)余計　(9)合格
(10)余

(1)寄
(2)移住

まちがえたら、見直しましょう。 ≫73ページ

ポイント
❶
(1)「公演」は、「げきなどを公開の場で演じること」という意味です。同じ読みの言葉に「公園」「好演」「講演」があるので、注意して書き分けましょう。
(3)「価」の「覀」の部分は、「一→丅→冂→襾→覀」の筆順で書きます。
(6)「団体」と反対の意味の言葉は、「個人」です。

45 まとめのテスト⑪　91ページ

❶
(1)はかまい　(2)ひとご
(3)とうけい　(4)おうねん
(5)がんそ　(6)うんが
(7)ようりょう　(8)よりょく
(9)ていせん　(10)とうち
(11)たいかく　(12)こうかいどう
(13)かわら

❷
(1)飼　(2)毒　(3)新旧
(4)復習　(5)採点　(6)団体
(7)復活　(8)主演　(9)採血
(10)高価　(11)雑草　(12)食中毒

ポイント
❶
(4)「往年」は、「昔・過ぎ去った時」という意味です。「往」という漢字には、「時が過ぎ去る」という意味があります。
(10)「統治」は、「国や人を支配して治めること」という意味です。
(12)「公会堂」は、「一般の人々が会合などを行うために建てられた建物」のことです。
❷
(4)「復」は、同じ読みで形の似た「複」に注意して書き分けましょう。

46 まとめのテスト⑫　93ページ

❶ (1)どくやく　(2)だんけつ　(3)ふっきゅう　(4)さいしゅ　(5)しりょう　(6)しかく　(7)ざつおん　(8)えんぜつ　(9)しゅうだん　(10)ふくげん　(11)おうふく　(12)ぶっか　(13)えんしゅう

❷ (1)余　(2)墓場　(3)先祖　(4)本堂　(5)銀河　(6)統一　(7)内容　(8)余分　(9)墓石　(10)混合　(11)停電　(12)議事堂

ポイント

❶ (5)「飼料」は、「えさ」のことです。同じ読みの言葉に「資料」があるので注意しましょう。

❷ (9)「墓石」は音読みでは「ぼせき」、訓読みでは「はかいし」と読みます。

47 パズル・実践⑪　95ページ

❶ (1)堂　(2)団

❷
(1) ①牧場で牛をカう。―飼　②書店で本をカう。―買
(2) ①先に点をトる。―取　②山で山菜をトる。―採
(3) ①水に塩がマざる。―混　②子どもがマざる。―交

❸ (1)①ひょうが　②かわ　(2)①ぼぜん　②はか　(3)①よはく　②あま　(4)①ざつおん　②ぞう

❹ 統・格・往（順不同）

ポイント

❶ (1)「本堂」「食堂」「講堂」の熟語ができます。
(2)「団体」「団結」「団長」の熟語ができます。

❷ (3)水と塩のように、「二つ以上の種類のものがいっしょになって見分けがつきづらくなる」という意味で用いる場合には「混ざる」、子どもと大人のように、「二つ以上の種類のものがいっしょになるが見分けはつく」という意味で用いる場合には「交ざる」と書きます。

❸ (1)~(3)それぞれ①は音読み、②は訓読みで読みます。
(4)「雑」の音読みには、「ザツ」と「ゾウ」の二つがあります。

❹ 漢字の右と左の部分の組み合わせを考えましょう。

48 パズル・実践⑫　97ページ

❶ (1)①公園　②好演　(2)①陽気　②容器　(3)①高価　②効果　(4)①電灯　②伝統

❷ (1)5（画）　(2)8（画）　(3)14（画）　(4)11（画）

❸ (1)①かわ　②どく　③おうふく　④飼育　⑤混入　⑥停止　(2)組→祖

ポイント

❶ 同じ読みの熟語を注意して書き分けましょう。

❷ 一画一画ていねいに数えるようにしましょう。

❸ (2)「自分の一族の祖先」という意味の熟語は「先祖」で、「祖」を「組」と書くのはまちがいです。

49 農家のくらし　99ページ

❶ (1)耕　(2)肥料　(3)防　(4)殺虫　(5)順序　(6)耕地　(7)肥　(8)予防　(9)肥　(10)殺

(1)旧式　(2)食堂

まちがえたら、見直しましょう。≫83ページ

ポイント

❶ (1)「耕す」の「耒」を「未」と書かないようにしましょう。横画の数に注意して書くようにします。
(7)「肥えた」は、「土地が農作物を育てる力が豊かである」という意味です。また、「肥える」には、「太っている・ふっくらとしていて肉づきがよい」という意味もあります。
(9)「肥やし」は、「肥料」のことで、「肥」とも書きます。

50 建築現場 101ページ

❶ (1)建築 (2)設計図 (3)住居 (4)測 (5)支 (6)計測 (7)居間 (8)支出 (9)設 (10)築

(1)採用 (2)氷河

まちがえたら、見直しましょう。 ≫85ページ

ポイント

❶(1)「築」は、「凡」を「几」と書かないようにしましょう。十二画目には「、」が必要です。
(4)「測る」と同じ読みの言葉には、「計る」「量る」などがあるので注意しましょう。
(6)「測」は、同じ読みで形の似た「則」や「側」に注意して書き分けましょう。
(7)「居間」は、「家族がよくすごす部屋」のことで、「茶の間」「リビングルーム」ともいいます。
(8)「支出」と反対の意味の言葉は、「収入」です。

51 警察の仕事 103ページ

❶ (1)事件 (2)犯罪 (3)救 (4)原因 (5)罪 (6)救助 (7)犯人 (8)件数 (9)要因 (10)救急車

(1)復帰 (2)雑用

まちがえたら、見直しましょう。 ≫87ページ

ポイント

❶(1)「件」の右部分は、「午」ではなく「牛」なので注意しましょう。
(2)「犯」は、とめ・はらいや字形に注意して書くようにしましょう。「罪」は、「非」の筆順に注意して書くようにしましょう。
(9)「要因」は、「物事がそうなったおおもとの理由となること」という意味です。「因」という漢字には、「物事が起こるもと」という意味があります。

52 交通安全 105ページ

❶ (1)事故 (2)指導 (3)制限 (4)講習会 (5)導 (6)限 (7)故 (8)講師 (9)制服 (10)期限

(1)余 (2)定価

まちがえたら、見直しましょう。 ≫89ページ

ポイント

❶(3)「制」という漢字には、「おさえる」という意味があります。ほかに「さだめる」という意味があり、この意味で使われる熟語には、「制定」「制度」などがあります。「おきて」という意味で使われる熟語には、「体制」などがあります。「つくる」という意味で使われる熟語には、「制作」などがあります。
(4)「講」は、「冓」の字形に注意して書くようにしましょう。
(6)「限る」は、「物事の数量あるいは対象となるものなどのはん囲を定める」という意味です。

53 まとめのテスト⑬ 107ページ

❶ (1)かんそく (2)いんが (3)ぼうか (4)じょきょく (5)でんどう (6)しんちく (7)きゅうめい (8)じゅうざい (9)そくりょう (10)きいん (11)たいせい (12)ぼうさい (13)じょしょう

❷ (1)講義 (2)耕作 (3)入居 (4)肥満 (5)殺人 (6)建設 (7)支店 (8)犯人 (9)設立 (10)故人 (11)限定 (12)居場所

ポイント

❶(2)「因果」は、「原因と結果」のことです。「果」の音読みは「カ」ですが、「因果」の場合は「ガ」と読むことにも注意しましょう。
(10)「起因」は、「ある物事が起きる原因となること」という意味です。

❷(10)「故人」は、「死んだ人・死者」という意味です。また、「古くからの友人・旧友」という意味もあります。同じ読みの言葉に「個人」があるので、文の中での使われ方に注意して書き分けましょう。

54 まとめのテスト⑭ 109ページ

❶ (1)みかぎ (2)しんきょ
(3)のうこう (4)さっき
(5)せってい (6)しきゅう
(7)こい (8)こえ
(9)こうぎ (10)さつい
(11)せっち (12)しじ
(13)げんど

❷ (1)罪深 (2)先導 (3)防止
(4)序文 (5)改築 (6)予測
(7)物件 (8)救出 (9)謝罪
(10)防犯 (11)死因 (12)制止

ポイント

❶ (7)「故意」は、「わざとすること」という意味です。反対の意味の言葉は、「不注意などでしてしまうこと」という意味の「過失」です。

❷ (8)「肥」は、「肥料・こやし」という意味です。
(12)「制止」は、同じ読みの「静止」に注意して書き分けるようにしましょう。

55 パズル・実践⑬ 111ページ

❶ (1)耕 (2)犯 (3)罪

❷ (1)計る (2)量る (3)測る

❸ (1)①ひりょう ②こ
(2)①きょじゅう ②い
(3)①さっちゅう ②ころ
(4)①せつび ②もう

❹ 序・講・築・因（順不同）

ポイント

❶ (1)「農耕」「耕具」「耕地」「耕作」の熟語ができます。
(2)「防犯」「犯行」「犯人」「主犯」の熟語ができます。
(3)「無罪」「謝罪」「罪名」「罪人」の熟語ができます。

❷ 「時間や数」について調べる場合には「計る」、「重さや容積」について調べる場合には「量る」、「長さや高さや深さや広さ」について調べる場合には「測る」と書きます。

❸ それぞれ①は音読み、②は訓読みで読みます。

❹ それぞれ「たれ」「かんむり」「へん」「かまえ」にあたる部分と、その組み合わせを考えましょう。

56 パズル・実践⑭ 113ページ

❶ (1)則→測 (2)道→導
(3)竹→築 (4)枝→支

❷ (1)ア (2)イ (3)ア

❸ (1)①じこ ②けんすう
③ぼうし ④救急車 ⑤制限
⑥講習会
(2)原因

ポイント

❶ 同じ音読みの漢字や、同じ部分のある漢字に注意して書き分けましょう。

❷ 漢字は、「上から下に」「左から右に」という順で書くのが主な原則になります。(3)「序」のように、横画と左はらいがある場合には、短いほうを先に書きます。

❸ (1)④「救」も「急」も音読みは「キュウ」です。「急救車」と逆に書いてしまわないように注意しましょう。
(2)「結果」は、「あることをきっかけに生じた果てのこと」という意味で、反対の意味の言葉は「原因」です。

57 会社の経営 115ページ

❶ (1)経営 (2)利益 (3)損
(4)得 (5)営 (6)得
(7)損失 (8)有益 (9)営業
(10)経

(1)消防 (2)殺風景

まちがえたら、見直しましょう。 ≫99ページ

ポイント

❶ (1)「営」は「⺍」の部分の向きに気をつけましょう。「⺌」と書かないようにします。
(2)「利益」と反対の意味の言葉は(7)「損失」です。「益」の「䒑」の部分を「⺍」と書かないように注意しましょう。
(3)「損」と(4)「得」は、反対の意味をもつ漢字どうしです。二つの漢字を組み合わせた「損得」という熟語があります。
(4)「得」と同じ読みの言葉に「徳」があります。「得」は「もうけ」という意味、「徳」は「すぐれた品性」という意味です。
(8)「有益」の反対の意味の言葉は「無益」です。

58 外国との貿易 117ページ

❶
(1)貿易 (2)輸入 (3)税金
(4)鉄鉱石 (5)輸送 (6)消費税
(7)鉱山 (8)容易 (9)空輸
(10)易

(1)測定
(2)支社

まちがえたら、見直しましょう。 ≫101ページ

ポイント
❶ (1)「易」を「昜」と書かないように注意しましょう。
(8)「容易」は、「たやすいこと」という意味です。反対の意味の言葉は、「むずかしいこと」という意味の「困難」です。同じ読みの言葉に「用意」があります。
(9)「空輸」は、「航空機で荷物を輸送すること」という意味です。
(10)「易しい」の反対の意味の言葉は「難しい」です。

59 工場の仕事 119ページ

❶
(1)製造 (2)技術 (3)点検
(4)造 (5)日本製 (6)検品
(7)改造 (8)製作 (9)技師
(10)美術館

(1)用件
(2)救

まちがえたら、見直しましょう。 ≫103ページ

ポイント
❶ (3)「検」は、形の似た「険」と書き分けましょう。
(4)「造る」と同じ読みの言葉に「作る」があります。船などの大きなものをつくる場合には、「作る」と使い分けて「造る」と書くことがあります。
(6)「検品」は、「製品などの検査をすること」という意味です。
(8)「製作」と同じ読みの言葉に「制作」があります。工場などで機械や道具を用いてものをつくる場合には「製作」、美術作品や映画などをつくる場合には「制作」と書きます。

60 国際政治 121ページ

❶
(1)国際 (2)政治 (3)国境
(4)領土 (5)条約 (6)実際
(7)大統領 (8)政府 (9)境目
(10)条件

(1)制度
(2)導

まちがえたら、見直しましょう。 ≫105ページ

ポイント
❶ (1)「国際」は、「いくつかの国と関わって世界的であること」という意味です。
(3)「境」は、音読みでは「キョウ」、訓読みでは「さかい」と読みます。

61 まとめのテスト⑮ 123ページ

❶
(1)こころえ (2)しんけい
(3)しゅとく (4)きょうかい
(5)ぜいかん (6)ちょくえい
(7)とくい (8)せいず
(9)かぜい (10)けいゆ
(11)はそん (12)せいし
(13)みんえいか

❷
(1)鉱石 (2)実益 (3)特技
(4)手術 (5)領地 (6)輸出
(7)木造 (8)演技 (9)条例
(10)国政 (11)運輸 (12)貿易港

ポイント
❶ (5)「税関」は、「空港などで貨物の出入りや税についての事務を行う場所」という意味です。
(10)「経由」は、「目的地に向かうと中で、ある場所を通って行くこと」という意味です。
❷ (2)「実益」は、「実際に得たもうけ・実際に役に立つこと」という意味です。

62 まとめのテスト⑯ 125ページ

❶ (1)さけづく (2)い
(3)むえき (4)ようりょう
(5)げいじゅつ (6)たんこう
(7)ゆけつ (8)ぎのう
(9)じょうぶん (10)こうえき
(11)さいげん (12)ぎょうせい
(13)ぞうせんじょ[ぞうせんしょ]

❷ (1)県境 (2)損得 (3)経験
(4)製品 (5)検定 (6)運営
(7)損害 (8)境 (9)検
(10)鉄製 (11)得点 (12)消費税

ポイント

❶ (2)「易」には、「イ」という音読みのほかに、「エキ」という音読みがあります。
(3)「無益」と反対の意味の言葉は「有益」です。
(10)「交易」は、「おたがいに品物の売り買いや受けわたしをすること」という意味です。

❷ (12)「税」は、最後の画をしっかりはねるようにしましょう。

63 パズル・実践⑮ 127ページ

❶ (1)領 (2)政

❷ (1)①輸入 ②輸出
(2)①利益 ②損失
(3)①得意 ②苦手

❸ (1)①うんえい ②いとな
(2)①せいぞう ②つく
(3)①あんい ②やさ

❹ (1)糸・経 (2)金・鉱 (3)木・検
(4)土・境

ポイント

❶ (1)「領地」「領土」「領域」「領収」の熟語ができます。
(2)「行政」「国政」「政治」「政府」の熟語ができます。

❷ (1)「輸」は共通で、「入」と「出」が反対の意味をもつ漢字になっています。

❸ それぞれ①は音読み、②は訓読みで読みます。

❹ 漢字の成り立ちには、物のかたちをかたどった象形文字があります。また、意味を表す部分と音を表す部分とを組み合わせた形声文字があります。

64 パズル・実践⑯ 129ページ

❶ (1) ①国サイ的な問題。 — 際
②祝サイの行事。 — 祭
(2) ①望遠キョウで見る。 — 鏡
②国キョウに着く。 — 境
(3) ①コウ物の採取。 — 鉱
②コウ大な土地。 — 広

❷ (1)エ (2)ア

❸ 条→益→貿→領

❹ (1)①けんぴん ②せいひん
③はそん
④輸送 ⑤技術 ⑥未経験
(2)宮→営

ポイント

❶ 共通する部分があって、読みが同じ漢字を注意して使い分けましょう。

❷ □に漢字をあてはめて考えてみましょう。

❸ 「益」は十画、「貿」は十二画、「条」は七画、「領」は十四画で書きます。

❹ (2)「営業」と書くところが「宮業」となっています。

65 報道・調査① 131ページ

❶ (1)判断 (2)総合 (3)証言
(4)仮説 (5)総理 (6)断
(7)証明 (8)小判 (9)断定
(10)仮

(1)益虫 (2)市営

まちがえたら、見直しましょう。 ≫115ページ

ポイント

❶ (3)「証言」は、「物事が真実かどうかを明らかにするために事実を話すこと」という意味です。
(4)「仮説」は、「仮に立てる説」のことです。「仮」の音読みは「カ」、訓読みは「かり」です。
(6)「断る」の「断」は、「米」のあとに「し」を書きます。送りがなにも注意して書きましょう。
(7)「証明」は、「物事が真実かどうかを、あかしを示して明らかにすること」という意味です。

66 報道・調査② 133ページ

❶
(1) 報道 (2) 編集 (3) 構成
(4) 評価 (5) 示 (6) 予報
(7) 構 (8) 指示 (9) 評判
(10) 手編

(1) 安易
(2) 鉱物

まちがえたら、見直しましょう。 ≫117ページ

ポイント

❶ (2)「編」は、「扁」の字形に注意して書くようにしましょう。

(3)「構成」は、「いくつかの要素をまとまりのある形に組み立てたもの」という意味です。同じ読みの熟語に「公正」「校正」「後世」があるので、注意して書き分けましょう。「構」は、「冓」の字形に注意して書くようにしましょう。

(8)「指示」は、同じ読みの言葉の「支持」「師事」などに注意して書き分けるようにしましょう。「命令する・指図する」という意味で用いる場合には、「指示」と書きます。

67 社会問題に取り組む 135ページ

❶
(1) 豊 (2) 貧 (3) 興味
(4) 調査 (5) 基本 (6) 豊富
(7) 復興 (8) 基金 (9) 査
(10) 貧

(1) 競技
(2) 造花

まちがえたら、見直しましょう。 ≫119ページ

ポイント

❶ (3)「興」は、「𦥑」や「ヨ」の字形に注意して書きましょう。

(7)「復興」は、「おとろえていたものが再び勢いを取りもどすこと」という意味です。

(8)「基金」は、「基本となる資金」のことです。

68 身のまわりの経済 137ページ

❶
(1) 財産 (2) 貯金 (3) 金額
(4) 増減 (5) 財政 (6) 増
(7) 減 (8) 文化財 (9) 額
(10) 貯水池

(1) 交際
(2) 心境

まちがえたら、見直しましょう。 ≫121ページ

ポイント

❶ (4)「増減」は、反対の意味をもつ漢字の組み合わせになっています。訓読みはそれぞれ、「増」が「ま(す)」「ふ(える)」「ふ(やす)」、「減」が「へ(る)」「へ(らす)」です。

(9)「ねこの額」は、「場所がとてもせまいこと」をたとえた表現です。「額」の音読みは「ガク」で、「ガク」と読む熟語には、(3)「金額」のほか、「半額」「全額」などがあります。

(10)「貯水池」は、「水をためておくための人工的な池」のことです。

69 まとめのテスト⑰ 139ページ

❶
(1) まず (2) かりず
(3) はんげん (4) こうそう
(5) そうで (6) かま
(7) へんにゅう (8) しんこう
(9) しょうにん (10) かざい
(11) げんてん (12) こうない
(13) そうすう

❷
(1) 査 (2) 判定 (3) 決断
(4) 基点 (5) 豊作 (6) 好評
(7) 情報 (8) 増加 (9) 半額
(10) 報告 (11) 表示 (12) 切断

ポイント

❶ (4)「構想」は、「これからしようとする物事についての内容などを考えてその組み立てをまとめること」という意味です。

(12)「構内」は、「建物や土地の中」という意味です。

❷ (5)「豊作」の反対の意味の言葉は「不作」です。

(7)「報」は、九画目の「𠃌」をしっかりはねるようにしましょう。

70 まとめのテスト⑱ 141ページ

❶ (1)しめ (2)ぞうだい (3)はんめい (4)ちゅうだん (5)こうさ (6)ほうりょう (7)ていひょう (8)そくほう (9)きじゅん (10)ていじ (11)はんべつ (12)ぞうすい (13)ぜんがく

❷ (1)編成 (2)減量 (3)総力 (4)仮定 (5)証書 (6)構図 (7)貧 (8)貯金 (9)後編 (10)興 (11)財 (12)減少

ポイント

❶ (5)「考査」は、「学校で行われる成績を調べるための試験」のことです。

❷ (1)「編成」は、「一つ一つのものをまとめて一定のまとまりにすること」という意味です。

(2)「減」は、十一画目の「ノ」や十二画目の「、」を書きわすれないようにしましょう。

71 パズル・実践⑰ 143ページ

❶ (1)仮 (2)評

❷ (1)①豊か ②貧しい (2)①増える ②減る (3)①高額 ②低額

❸ (1)ウ (2)イ

❹ (1)①きこう ②かま (2)①しじ ②しめ

❺ (1)証 (2)財 (3)総

ポイント

❶ (1)「仮面」「仮装」「仮定」「仮説」の熟語ができます。

(2)「好評」「悪評」「評価」「評判」の熟語ができます。

❷ (1)「豊か」の反対の意味の言葉には「とぼしい」もあります。

❸ (1)「判」には、「ハン」と「バン」の音読みがあります。「小判」は「こばん」と読み、同じように「バン」と読むのは、**ウ**「評判」です。ほかは「ハン」で読み、それぞれ**ア**「判明」は「はんめい」、**イ**「判別」は「はんべつ」、**エ**「判決」は「はんけつ」と読みます。

(2)「興」には「コウ」と「キョウ」の音読みがあります。「興味」は「きょうみ」と読み、同じように「キョウ」と読むのは、**イ**「余興」です。ほかは「コウ」で読み、**ア**「復興」は「ふっこう」、**ウ**「興行」は「こうぎょう」、**エ**「新興」は「しんこう」と読みます。

❹ それぞれ①は音読み、②は訓読みで読みます。

❺ (1)「証」は「正」、(2)「財」は「才」の部分が音を表しています。

72 パズル・実践⑱ 145ページ

❶ (1)差→査 (2)財→貯 (3)講→構 (4)期→基 (5)領→額

❷ (1)9(画目) (2)5(画目) (3)15(画目)

❸ (1)①そうせんきょ ②そくほう ③ちょうへん ④判定 ⑤横断 ⑥好評 (2)豊漁［大漁］

ポイント

❶ (2)「財」も「貯」も、お金に関係する漢字です。どちらにも「貝」という部分があります。「お金」に関わる漢字には「貝」がつくことが多いのは、昔、貝がお金として用いられてきたからです。

❷ (2)横画と左はらいがある場合には、短いほうを先に書きます。

❸ (1)①「総」という漢字には、「すべての・そろって」という意味があります。「総選挙」の「総」はこの意味で用いられています。「総」が「まとめる」という意味で用いられている熟語には「総合」などがあります。

(2)「不漁」は「魚がとれないこと」という意味です。反対の意味の言葉は、「魚がたくさんとれること」という意味の「豊漁」です。「大漁」とも書きます。

73 歴史を学ぼう 147ページ

❶ (1)歴史 (2)武士 (3)世紀 (4)歴代 (5)世界史 (6)博士 (7)紀行文 (8)兵士 (9)史上初 (10)武者

(1)横断 (2)仮面

まちがえたら、見直しましょう。 ≫131ページ

ポイント

❶ (2)「武」には、「ブ」と「ム」の音読みがあります。「ブ」と読む熟語には「武士」「武力」など、「ム」と読む熟語には(10)「武者」があります。

(4)「歴代」は、「何代も続いてきていること」という意味です。

(6)「博士」は「はかせ」と読む特別な読み方の言葉

です。「はくし」と読むこともあります。
(7)「紀行文」は、「旅の体験や見聞などを書き記した文章」のことです。
(9)「史上初」は、「歴史のうえで初めて」という意味です。

74 現在・過去・未来 149ページ

❶
(1)過去 (2)現在 (3)比
(4)過 (5)在 (6)現実
(7)実在 (8)対比 (9)見過
(10)現

(1)暗示
(2)長編

まちがえたら、見直しましょう。 133ページ

❶ ポイント
(5)「在る」には、同じ読みの「有る」という言葉があるので注意しましょう。「在」の音読みは「ザイ」です。
(10)「現れる」には、同じ読みの「表れる」という言葉があるので注意しましょう。二つの言葉を組み合わせた「表現」という熟語があります。

75 わたしたちの夢 151ページ

❶
(1)夢 (2)航空 (3)個性
(4)航海 (5)習性 (6)夢中
(7)可能性 (8)個人 (9)夢物語
(10)個別

(1)基地
(2)豊

まちがえたら、見直しましょう。 135ページ

❶ ポイント
(2)「航空」は、「飛行機などに乗って空を飛ぶこと」という意味です。
(4)「航海」は、「船で海をわたること」という意味です。
(5)「習性」は、「同じ種類の動物にみられる行動などの特有の性質」のことです。「修正」「集成」「終生」などの同じ読みの熟語があるので注意して書き分けましょう。
(9)「夢物語」は、「見た夢について語ること・夢のような現実とは思えない話」という意味です。

76 まとめのテスト⑲ 153ページ

❶
(1)ここ (2)まさゆめ
(3)せいしつ (4)ゆうし
(5)しゅっこう (6)ざいじゅう
(7)しじつ (8)せいべつ
(9)むそう (10)べっこ
(11)こうろ (12)きんだいし
(13)はかせ

❷
(1)力比 (2)歴任 (3)現地
(4)通過 (5)武器 (6)学歴
(7)現金 (8)比 (9)武力
(10)表現 (11)過不足 (12)紀元前

❶ ポイント
(2)「正夢」は、「夢で見たことが現実になる夢」のことです。「夢」には、訓読みの「ゆめ」と音読みの「ム」があるので、注意して読み分けましょう。
(4)「勇士」は、「勇者」のことです。
(9)「夢想」は、「夢のように実現するあてのないことを空想すること」という意味です。
❷
(1)「比べる」の「比」は、左右で形がちがうので注意して書きましょう。
(11)「過不足」は、「多すぎることと足りないこと」という意味です。「過」は、「咼」の字形に注意して書きましょう。
(12)「紀元」は、「元年となるキリストが生まれた年」のことです。

77 まとめのテスト⑳ 155ページ

❶
(1)ぶ (2)しゅつげん
(3)ひれい (4)けいれき
(5)かしつ (6)ひじゅう
(7)げんだい (8)ぶどう
(9)しょくれき (10)ひりつ
(11)いっか (12)れきぜん
(13)ぶゆうでん

❷
(1)在 (2)初夢 (3)名士
(4)個室 (5)性能 (6)風紀
(7)欠航 (8)悪夢 (9)個数
(10)在校生 (11)運転士 (12)日本史

❶ ポイント
(4)「経歴」は、「その人が経験してきた学業や仕事などの内容」という意味です。
(5)「過失」は、「不注意などでしてしまうこと」という意味です。反対の意味の言葉は「故意」です。

❷ (11)「一過」は、「すばやく通り過ぎること」という意味です。
(6)「風紀」は、「社会生活が正常に保たれるための規律」という意味です。「紀」の「己」を「巳」と書かないように注意しましょう。

78 パズル・実践⑲

157ページ

❶ (1)士 (2)航 (3)性

❷ (1)現代＝現在 (2)明白＝歴然

❸ (1)①かこ ②す (2)①たいひ ②くら

❹ (1)ア (2)ウ

❺ (1)9(画) (2)4(画) (3)12(画) (4)10(画)

ポイント

❶ (1)「兵士」「名士」「戦士」の熟語ができます。
(2)「航空」「航海」「航路」の熟語ができます。
(3)「性別」「性能」「性質」の熟語ができます。

❸ それぞれ①は音読み、②は訓読みで読みます。

❺ 続けて書く画、分けて書く画などに注意して画数を数えるようにしましょう。

79 パズル・実践⑳

159ページ

❶

■	時	■	A成	■
B現	代	C史	年	D表
実	■	上	■	情
■	■	E初	F夢	■
■	G青	■	H物	品
I航	空	用	語	■

❷ (1)①個 ②固 (2)①性 ②生 (3)①仕 ②士

❸ (1)𠂇 (2)厂止 (3)己 (4)弋

止 糸 林 土

(1)在 (2)歴 (3)紀 (4)武

ポイント

❶「タテのカギ」と「ヨコのカギ」を手がかりにして、あてはまる熟語を考えましょう。

❷ 同じ音読みで共通する部分のある漢字は、特に注意して書き分けるようにしましょう。

80 パズル・実践㉑

161ページ

❶ (1)武 (2)在

❷ (1) ①思いをアラワす。 ②すがたをアラワす。 ― 表 現
(2) ①大きな公園がアる。 ②はりに毒がアる。 ― 有 在

❸ (1)3(画目) (2)6(画目)

❹ (1)①せいき ②ぶし ③しゅつげん ④夢 ⑤過去 ⑥歴史
(2)比べる

ポイント

❶ (1)「武道」「武力」「武器」「武術」の熟語ができます。
(2)「現在」「存在」「在住」「在校」の熟語ができます。

❷ (1)「思いや考えを示す」という意味で用いる場合には「表す」、「見えなかったものが見えるようになる」という意味で用いる場合には「現す」と書きます。
(2)「その場所に存在する」という意味で用いる場合には「在る」、「持っている・備えている」という意味で用いる場合には「有る」と書きます。

❸ (1)「小」のように中と左右に分かれている部分は、中の画を先に書きますが、「忄」は例外として中をあとに書きます。

❹ (1)②「士」を書くときは、横画の長さに注意するようにしましょう。
(2) 漢字は、送りがなまでふくめて、しっかり書けるようにしておきましょう。

81 総復習＋先取り① 163ページ

❶ (1)規則 (2)技術 (3)判断 (4)歴史 (5)現在 (6)経営 (7)模様 (8)値段

❷ (1)退 (2)絶 (3)刻 (4)承

❸ (1)無益↔有益 (2)許可↔禁止 (3)横断↔縦断 (4)複雑↔簡単

❹ (1)みき (2)こころざし (3)わたゆき (4)ぶし (5)えいきゅう (6)いただき (7)ふっきん

ポイント

❶ (1)・(2)「規則」の「則」と「技術」の「技」は、それぞれ形の似た「測」「枝」に注意して書き分けるようにしましょう。

(7)「模」、(8)「値」「段」は、六年生で習う漢字です。「模」には、「モ」という音読みと「ボ」という音読みがあります。「値」には、「ね」という訓読みのほかに「チ」という音読みがあります。

❷ (1)「一進一退」は、「進んだり退いたりすること・良くなったり悪くなったりすること」という意味です。「進」と「退」は、反対の意味をもつ漢字です。

(2)「空前絶後」は、「とてもめずらしいこと」という意味です。

(3)「一刻千金」は、「短い時間だけれどもとても貴重な時間のこと」という意味です。

(4)「起承転結」は、「『起』で書き起こし、『承』で話題を受け、『転』で話題を転じて、『結』でまとめるという、文章の構成や物事の順序」のことをいいます。

❸ (1)「無」と「有」は、反対の意味をもつ漢字です。

(3)「横」と「縦」は、反対の意味をもつ漢字です。

❹ (6)「頂」の訓読みには、「いただき」のほかに「いただ(く)」があります。音読みは、「チョウ」です。「頂」を使った熟語には、「山頂」「頂点」「頂上」などがあります。

(7)「腹筋」の「腹」の音読みは「フク」、訓読みは「はら」です。「筋」の音読みは「キン」、訓読みは「すじ」です。「腹」を使った熟語には、「腹部」「空腹」「満腹」などがあります。

82 総復習＋先取り② 165ページ

❶ (1)価格 (2)責任 (3)情報 (4)犯罪 (5)発展 (6)呼吸

❷ (1)殺 (2)厚 (3)腹 (4)舌

❸ (1)勢い (2)快い (3)逆らう (4)修める (5)忘れる (6)難しい

❹ (1)①ぼうし ②ふせ (2)①こうち ②たがや (3)①けいい ②うやま

ポイント

❶ (5)「発展」は、「勢いなどがのびてさかんになること」という意味です。

(6)「呼吸」の「吸」は、「及」の字形に注意して書くようにしましょう。また、筆順にも注意して書くようにしましょう。「ノ→乃→及」の順に書き、「乃」はひと続きに書きます。

❷ (2)「厚い」には、同じ読みの「熱い」「暑い」という言葉があるので注意しましょう。

(4)「舌」は、六年生で習う漢字です。同じ読みの「下」という言葉があるので注意しましょう。「舌」を使った熟語には、「舌先」「舌打ち」「舌つづみ」などがあります。

❸ (6)「難しい」の「難」は、六年生で習う漢字です。訓読みは「むずか(しい)」、音読みは「ナン」です。「難」を使った熟語には、「難問」「難解」「困難」「災難」などがあります。

❹ それぞれ、①は音読み、②は訓読みで読みます。

83 総復習＋先取り③ 167ページ

❶ (1)①険 ②検 (2)①織 ②識 (3)①蔵 ②臓

❷ (1)情 (2)得 (3)背 (4)宝

❸ (1)①指示 ②支持 (2)①改修 ②回収 (3)①想像 ②創造

❹ (1)ひき (2)あ (3)ま (4)もう (5)さば (6)たず

ポイント

❶ 同じ音読みで、同じ部分をもつ漢字は書きまちがいが多いので、注意して書き分けましょう。

(3)「蔵」と「臓」は、六年生で習う漢字です。

❷

(2)「得」は、音読みは「トク」、訓読みは「え(る)」です。「得」には「徳」という同じ音読みの漢字があります。

(3)「どんぐりの背比べ」とは反対に、「比べ物にならないほど大きくちがっていること」という意味を表すことわざに、「月とすっぽん」「ちょうちんにつりがね」があります。「背」は、六年生で習う漢字です。「背」の訓読みは「せ」「せい」、音読みは「ハイ」です。

(4)「宝」は、六年生で習う漢字です。訓読みは「たから」、音読みは「ホウ」です。

❸

(2)②「回収」は、「使ったものなどを集めること」という意味です。

(3)②「創造」は、「新しいものを初めてつくり出すこと」という意味です。

❹

(5)「裁く」の「裁」は、六年生で習う漢字です。訓読みは「さば(く)」、音読みは「サイ」です。「裁」を使った熟語には、「裁判」「裁定」「裁断」などがあります。

(6)「訪ねる」の「訪」は、六年生で習う漢字です。訓読みは「たず(ねる)」、音読みは「ホウ」です。「訪」を使った熟語には、「訪問」「来訪」「歴訪」などがあります。

漢字ギガドリル　小学5年

さくいん

五年生で習うすべての漢字を、音読みの五十音順にならべています。音読みを小学校で習わない漢字や、訓読みしかない漢字は、訓読みでならべています。

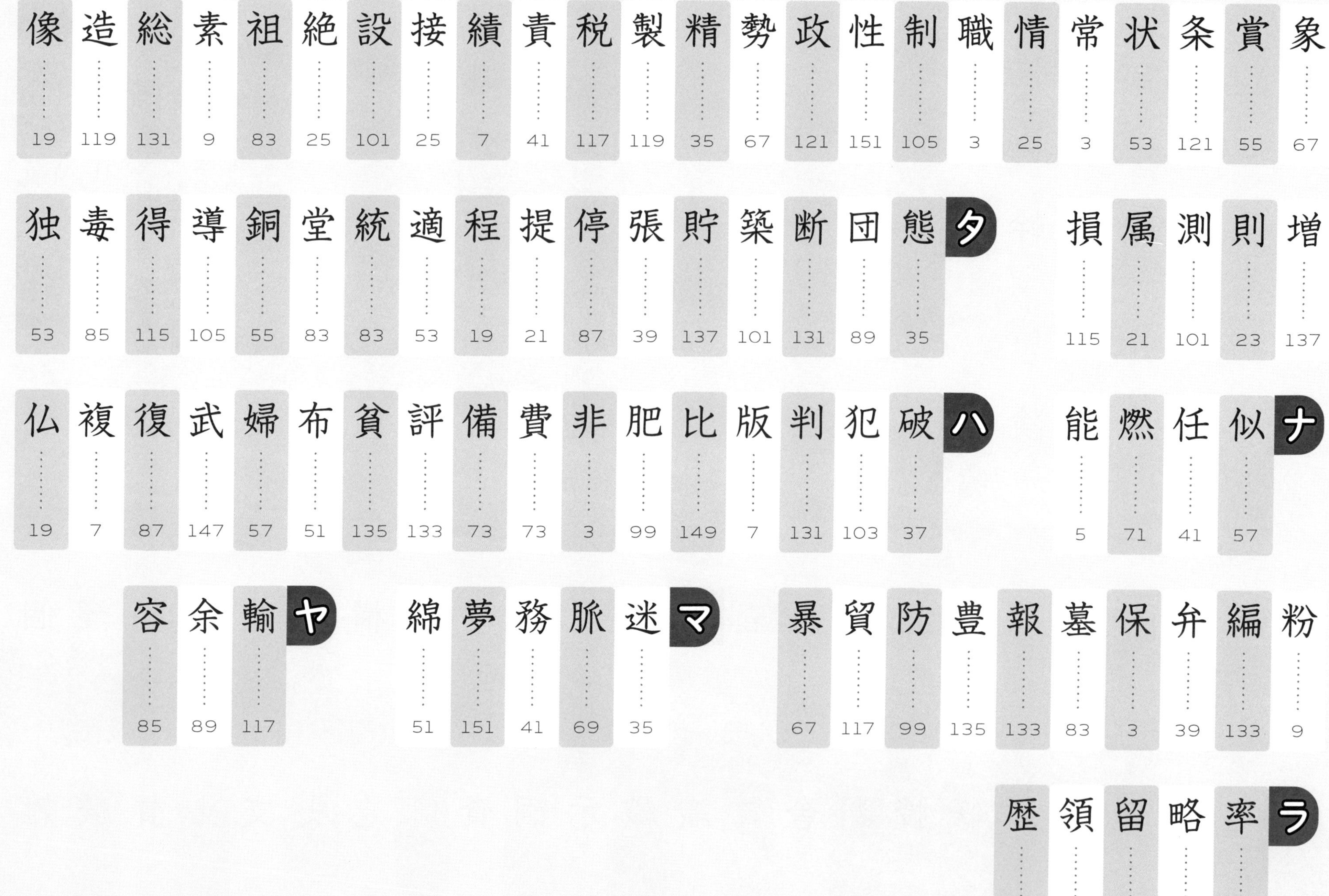

小学五年生の漢字 193字

※「—」は音読みまたは訓読みの読みがないことを表します。

- 圧　アツ　—
- 厚　(コウ)　あつい
- 囲　イ　かこむ　かこう
- 移　イ　うつる　うつす
- 因　イン　(よる)
- 永　エイ　ながい
- 営　エイ　いとなむ
- 衛　エイ　—
- 易　エキ　イ　やさしい
- 益　エキ　(ヤク)　—
- 液　エキ　—
- 枝　(シ)　えだ
- 演　エン　—
- 応　オウ　こたえる
- 往　オウ　—
- 可　カ　—
- 仮　カ　(ケ)　かり
- 価　カ　(あたい)
- 河　カ　かわ
- 過　カ　すぎる　すごす　(あやまつ)　(あやまち)
- 快　カイ　こころよい
- 解　カイ　(ゲ)　とく　とかす　とける
- 格　カク　(コウ)　—
- 確　カク　たしか　たしかめる
- 額　ガク　ひたい
- 貸　(タイ)　かす
- 刊　カン　—
- 幹　カン　みき
- 慣　カン　なれる　ならす
- 眼　ガン　(ゲン)　(まなこ)
- 紀　キ　—
- 基　キ　(もと)　(もとい)
- 寄　キ　よる　よせる
- 規　キ　—
- 喜　キ　よろこぶ
- 技　ギ　(わざ)
- 義　ギ　—
- 逆　ギャク　さか　さからう
- 久　キュウ　(ク)　ひさしい
- 旧　キュウ　—
- 救　キュウ　すくう
- 居　キョ　いる
- 許　キョ　ゆるす
- 境　キョウ　(ケイ)　さかい
- 均　キン　—
- 禁　キン　—
- 句　ク　—
- 型　ケイ　かた
- 経　ケイ　(キョウ)　へる
- 潔　ケツ　(いさぎよい)
- 件　ケン　—
- 険　ケン　けわしい
- 検　ケン　—
- 限　ゲン　かぎる
- 現　ゲン　あらわれる　あらわす
- 減　ゲン　へる　へらす
- 故　コ　(ゆえ)
- 個　コ　—
- 護　ゴ　—
- 効　コウ　きく
- 耕　コウ　たがやす
- 航　コウ　—
- 鉱　コウ　—
- 構　コウ　かまえる　かまう
- 興　コウ　キョウ　(おこる)　(おこす)
- 講　コウ　—
- 告　コク　つげる
- 混　コン　まじる　まざる　まぜる　こむ
- 査　サ　—
- 再　サイ　サ　ふたたび
- 災　サイ　(わざわい)
- 妻　サイ　つま
- 採　サイ　とる
- 際　サイ　(きわ)
- 在　ザイ　ある
- 財　ザイ　(サイ)　—
- 罪　ザイ　つみ
- 桜　(オウ)　さくら
- 殺　サツ　(サイ)　(セツ)　ころす
- 雑　ザツ　ゾウ　—
- 酸　サン　(すい)
- 賛　サン　—
- 士　シ　—
- 支　シ　ささえる
- 史　シ　—
- 志　シ　こころざす　こころざし
- 師　シ　—
- 資　シ　—
- 飼　シ　かう
- 示　ジ　(シ)　しめす
- 織　シキ　(ショク)　おる
- 識　シキ　—
- 質　シツ　(シチ)　(チ)　—
- 舎　シャ　—
- 謝　シャ　(あやまる)
- 授　ジュ　(さずける)　(さずかる)
- 修　シュウ　(シュ)　おさめる　おさまる
- 述　ジュツ　のべる
- 術　ジュツ　—
- 準　ジュン　—
- 序　ジョ　—
- 招　ショウ　まねく
- 証　ショウ　—
- 象　ショウ　ゾウ　—

歴 レキ ―	綿 メン わた	豊 ホウ ゆたか	複 フク ―	費 ヒ (ついやす) (ついえる)	能 ノウ ―	銅 ドウ ―	貯 チョ ―	則 ソク ―	設 セツ もうける	政 セイ (ショウ) (まつりごと)	賞 ショウ ―
輸 ユ ―	防 ボウ ふせぐ	仏 ブツ ほとけ	備 ビ そなえる そなわる	破 ハ やぶる やぶれる	導 ドウ みちびく	張 チョウ はる	測 ソク はかる	絶 ゼツ たえる たやす たつ	勢 セイ いきおい	条 ジョウ ―	
余 ヨ あまる あます	貿 ボウ ―	粉 フン こ こな	評 ヒョウ ―	犯 ハン (おかす)	得 トク える (うる)	停 テイ ―	属 ゾク ―	祖 ソ ―	精 セイ (ショウ) ―	状 ジョウ ―	
容 ヨウ ―	暴 ボウ (バク) あばれる (あばく)	編 ヘン あむ	貧 ビン (ヒン) まずしい	判 ハン バン ―	毒 ドク ―	提 テイ (さげる)	損 ソン (そこなう) (そこねる)	素 ソ (ス) ―	製 セイ ―	常 ジョウ つね (とこ)	
率 リツ (ソツ) ひきいる	迷 (メイ) まよう	弁 ベン ―	布 フ ぬの	版 ハン ―	独 ドク ひとり	程 テイ (ほど)	態 タイ ―	総 ソウ ―	税 ゼイ ―	情 ジョウ (セイ) なさけ	
略 リャク ―	脈 ミャク ―	保 ホ たもつ	婦 フ ―	比 ヒ くらべる	似 (ジ) にる	適 テキ ―	団 ダン (トン) ―	造 ゾウ つくる	責 セキ せめる	職 ショク ―	
留 リュウ ル とめる とまる	務 ム つとめる つとまる	墓 ボ はか	武 ブ ム ―	肥 ヒ こえる こえ こやす こやし	任 ニン まかせる まかす	統 トウ (すべる)	断 ダン ことわる (たつ)	像 ゾウ ―	績 セキ ―	制 セイ ―	
領 リョウ ―	夢 ム ゆめ	報 ホウ (むくいる)	復 フク ―	非 ヒ ―	燃 ネン もえる もやす もす	堂 ドウ ―	築 チク きずく	増 ゾウ ます ふえる ふやす	接 セツ (つぐ)	性 セイ (ショウ) ―	